PRESENT AND FUTURE OF KOREAN TEACHER TRAINING PROGRAMS

한국 교원양성교육의 현황과 미래

신현석·김동중·김영식·김자미·류태호·박현숙
서태열·신창호·어도선·유태명·정재림·정주혁
조영달·최상호·최승식·최의창·홍서영·홍후조

박영story

:: 머리말
Preface

교원양성교육이라는 말은 사실 다의적이며 중의적이어서 현실에서 모호하게 그냥 습관적으로 쓰이는 경우가 많다. 교원양성교육은 말 그대로 학교에서 학생들을 가르칠 교사와 그 교사 및 학생들로 구성된 교육기관으로서의 학교를 관리·경영하는 학교행정가를 길러내는 교육을 뜻한다. 우리의 상황에 따르면 국가가 지정하여 위탁 운영하는 자격과정 중심의 대학 부설 연수원을 제외하곤 학교행정가 양성기관이 별도로 존재하지 않기 때문에, 특별한 언급이 없는 한 교원양성교육은 대학 및 교육대학원에서 교사 양성과정에서 이루어지는 교육으로 한정된다. 교원양성교육은 상위적 개념인 교원양성체제의 한 구성요소로서 교원양성제도 및 교원양성정책과 병렬적이면서 중첩적으로 존재한다. 이때 제도는 정책과 교육을 매개하거나 연결하는 고리 역할을 한다. 우리나라에서 교원양성정책에 따라 파생된 제도는 교원양성교육을 담당하는 교육기관을 지정하고, 교육 내용과 운영 방법을 법규적으로 안내하며, 교육받은 자의 자격을 검정하고 부여한다. 따라서 교원양성제도는 양성교육기관 그 자체뿐 아니라 양성 내용과 방법 그리고 결과에 대해서도 제약하는 등의 교원양성교육 전반에 걸쳐 관여한다. 이처럼 우리나라에서 교원양성교육은 국가의 통제를 받는 타율적 현실에 놓여 있다고 볼 수 있지만, 다른 한편으로는 그만큼 교육이 국가사회의 지대한 관심사이며 민간에 맡겨질 수 없는 공적 영역의 실체라는 것을 알 수 있다.

교원양성교육은 왜 중요한가? 이 우문에 대한 대답의 실마리는 무엇보다도 양성교육의 미래 시제에서 찾아야 할 것이다. 양성교육은 국가가 지정한 고등교육기관에서 '미래'의 교사를 길러내는 활동이다. 예비 교사들이 대학에서 어떤 교육을 받았느냐는 그들의 질을 결정하고, 그들이 드디어 약속된 땅에 이르렀을 때, 그들은 교육받은 범위 내에서 학생들을 가르칠 것으로 기대된다. "교육의 질은 교사의 질을 넘지 못 한다"라는 경구는 교사의 수준이 그만큼 중요하다는 의미와 함께 교원양성교육의 가능성과 한계에 시사하는 바가 크다. 따라서 교원양성교육은 교사의 수준을 결정할 뿐 아니라 미래 교육의 질을 결정하는 현재적 활동이다. 다음으로, 국가사회로 범위를 넓혀 볼 때 교원양성교육은 전문성을 담보로 하는 국가관리 자격시스템의 핵심에 해당되기 때문에 중요하다. 미래 국가사회가 요구하는 인재의 보편적이면서도 전문적인 지식과 기술은 물론 사회도덕적 자본 형성에 기틀을 마련하는데 요구되는 것들이 교원양성 교육과정으로 편성되고 이수되어야 한다. 당연한 일이지만 이러한 전문 교육과정을 성공적으로 이수한 자에게 교사자격이 주어진다. 이러한 전문적 자격을 갖춘 교사들이 학교교육을 통해 미래 국가사회의 인재를 가르치고 길러내는 원인 행위로서 교원양성교육만큼 중요한 자격시스템이 또 있을까 싶다.

교원양성교육이 미래 교육의 질을 가름하는 결정적 요소이고, 중요한 국가의 사업이라고 해서 그 자체의 모든 것이 성스러운 존재로서 귀중하게 여기고 존중되어야 할 마땅한 것으로 보증되는 것은 아니다. 양성교육 자체의 타당성과 중요성에 대한 외부로부터의 인정은 그들의 요구에 대한 부응으로부터 당위적으로 확보될 수 있는 것이다. 교원양성교육을 담당하고 있는 우리가 외부의 변화에 둔감하고 국가사회의 요구를 자율에 대한 침해로 방어막을 치는 것은 고립을 자처하고 교원양성교육의 가치를 파당적으로 환치하는 것이다. 이렇게 되면 교원양성교육의 중요성은 외부와 단절된 상아탑의 공허한 그들만의 메아리에 불과하게 된다. 이런 점에서 교원양성교육을 담당하고 있는 전문가들인 교수, 연구자, 실무자들의 자각과 반성 그리고 성찰이 필요하다. 우리들이 당연히 해왔던 것이 여전히 이 시대 환경에서도 필요한 것인지, 우리가 중요하다고 생각하고 있는 것들을 외부인들도 그렇게 알고 있는지, 내가 가르치고 있는 것들에 대해 학생들이 공감하고 있는지 엄밀한 잣대로 냉철하게 점검해야 할 때이다.

교원양성교육을 담당하는 자기 자신에 대한 반성적 성찰은 개인의 깨달음으로 끝나서는 전체 양성교육의 변화로 이어질 수 없다. 때문에 성찰의 내용은 소통 공간에서 관계 네트워크를 통해 대학에서 교원양성교육을 담당하는 다양한 교과의 교수와 실무행정가들, 연구기관의 연구자들, 그리고 정부의 관료들과 공유되어야 한다. 교원양성교육자로서 이런 걱정을 갖고 있고 어떻게 해결해야 할지 서로 고민하는 가운데 교원양성교육은 집단지성의 힘으로 그들만의 독주곡에서 유려한 합주곡이 될 수 있다. 1986년 미국 연구중심대학의 사범대학장들이 중심이 되어 The Holmes Group의 교사교육프로그램 개혁을 위한 협동적인 노력으로 발간된 '미래의 교사(Tomorrow's Teachers)'와 최근 다양한 교사교육 분야의 교수, 연구자, 실무행정가들의 집단 프로젝트인 TEER(Teacher Education and Education Reform)의 성과물인 '교사교육의 책무성 요청' 등은 교원양성교육을 담당하는 교수 개인 혹은 단일의 학과, 대학을 넘어서 협력을 통한 협업이 필요함을 예시하고 있다. 교원양성교육 개선을 위한 다 주체 간의 협력은 시대적 변화에 부응하고 국가사회의 요청에 부합할 수 있는 환경적합성이 높은 모두가 공감할 수 있는 방안을 모색하는 데 반드시 필요하다. 그리고 교원양성교육의 타당성과 중요성을 내·외부로부터 인정받을 수 있는 당위적 전제이기도 하다.

본서는 고려대학교 교육대학원 설립 50주년 기념 학술심포지엄의 주제인 '한국 교원양성교육의 미래'로부터 비롯되었다. 교원양성교육을 주제로 한 심포지엄은 반백 년이 갖는 교원양성기관의 의미와 함께 대외적으로는 학령인구 감소와 인공지능의 발달 등 사회 환경의 변화에 따른 교육 현장의 급격한 변화 그리고 교원양성교육의 현황과 미래에 대한 종합적인 점검과 발전방향에 대한 모색의 필요성이 증폭됨에 따라 기획되었다. 이때 발표자로 참여한 조영달, 최의창 교수는 서울대학교 사범대학의 교수로 어려운 환경임에도 불구하고 주제의 취지에 동감하여 발표에 임해주었다. 고려대학교 사범대학의 각 교과 교수들이 협업을 통한 협력을 모색하기 위한 내부적인 의도도 있었지만, 어찌 보면 국사립 사범대학을 대표하는 두 대학의 교수들이 함께 참여했다는 협력 공간의 확대라는 의미가 더 커 보인다. 이처럼 교원양성 교육기관 내에서 다양한 교과의 교수들이 협업하고, 나아가 다른 대학 교수들과 교원양성교육 이슈에 대해 서로 지혜를 나누는 소통과 협력이 이 작업을 계기로 전파되어 교원양성교육의 지속가능한 발전의 토대가 구축되었으면 하는 바람을 가져본다.

이 책의 출간이 갖는 의미는 위에서 암시한대로 교원양성교육을 정책이나 제도적인 차원에서 혹은 학회를 통한 학술적인 차원에서가 아닌 대학 단위의 자발적인 노력에 기인한 것이라는 점에서 찾을 수 있다. 학문적 배경이 다른 교과 교수들의 참여는 교원양성교육을 담당하고 있지만 서로 비슷한 고민을 하고 있었고, 약간은 다른 문제의식을 갖고 있다는 것을 확인할 수 있게 해주었다. 뿐만 아니라 자칫 대학에서 양성교육에 오래 임하다 보면 학교 현장의 양성교육에 대한 시각과 요구에 둔감해질 수 있는데 본서에 참여한 김영식 교사와 최승식 교사는 대학의 양성교육과정에 대한 문제의식에 더해 개선방안까지 제시하여 현장과의 소통이 중요하고 협력이 필요함을 일깨워주었다. 무엇보다도 이 책이 출간하기까지 시간을 내어 사범대학 교수로서 공통적인 관심사에 몰두하고, 각 교과의 양성교육에 대한 현황과 미래에 대한 고민을 귀중한 옥고로 탈고한 사범대학 교수들에게 감사의 마음을 전하고 싶다. 지난 2년간 사범대학 학장직을 수행하면서 교수, 실무행정가들과 가능하면 대화를 통해 많은 이야기를 듣고, 함께 일하면서 서로를 이해할 수 있었으며, 교원양성교육에 대한 책무를 공감할 수 있는 협력의 조그만 실타래를 이 책을 통해 푼 것 같아 위안이 된 것 같다. 이 모든 것에 감사드리고 싶다.

2020.5.
저자들을 대표하여
신현석 씀

:: 차례
Contents

제3부 / 한국 교원양성교육의 미래 방향

1

한국 사회의 변화와 교원양성교육에 대한 성찰

조영달(서울대학교 사회교육과 교수)

한국 사회의 변화와 교원양성교육에 대한 성찰[1]

조영달(서울대학교 사회교육과 교수)

1. 4차 산업혁명시대의 한국사회와 교원양성교육

가. 한국사회의 변화와 교육

한국사회는 한편으로는 세계사에 유래 없는 고도성장을 이루면서 1인당 국민소득 3만 불 시대(27,970달러, 2015)와 무역규모 세계 10위권의, 꿈꾸었던 선진사회의 문턱을 밟았지만, 다른 한편으로는 해결책을 찾기 어려울 정도로 심각한 불확실성과 불평등에 직면하면서 커다란 고통에 휩싸여 있다. 10% 이상의 청년 실업률, 빈곤의 증가, 가족의 해체, 가난한 노인, 고학력 푸어, 빈번한 폭력과 일상의 위험, 무의미한 교육과 사교육비 부담은 우리가 느끼는 고통의 현주소이다. 사실, 이러한 시대상은 어쩌면 산업혁명 이후에 인류가 경험했던 7~80년의 혼란기와 유사하다. 당시에도 실업과 불평등, 환경오염, 비인격화의 문제는 새로운 경제체제와 복지국가의 패러다임이 등장하기 전까지 인류에게 심각한 고통이었다.

4차 산업혁명의 진전과 근대적 성장 패러다임의 붕괴, 인구절벽과 다문화화로 대변되는 급변한 사회구성, 그리고 남북 관계의 불안정성은 과거 시대로부터 내려와 우리에게 불확실성과 불평등을 남긴 고통의 근원이지만, 과거 근대화 과정에서 사용했던 매뉴얼과 추격 전략으로는 더 이상 이 문제를 해결할 수 없다. '위험 사회'의 징후나 최근 우리 사회가 경험한 '세월호 참사' 및 '고민만 거듭하는

---

1 본 원고는 필자의 논문인 "4차 산업혁명 시대, 시민교육의 지향과 과제(시민교육연구, 제 49권 4호(2017년 12월) pp. 1~22.; 조영달, 김재근)"와 "한국 교원양성교육에 대한 성찰과 지향−해체와 재구성의 논리와 윤리−(韓國教員教育研究, *The Journal of Korean Teacher Education*, 2013, Vol. 30, No. 4, pp. 1−29.)"의 두 편에서 내용을 인용하고 책으로 출판하기 위하여 재구성하였다.

일자리 창출' 등의 여러 실패들은 이를 증명하고 있다. 이제 우리는 기존의 틀이 지닌 정당성을 의심하고 비판하면서 창의롭게 생각하고 풍부하게 상상(想像)하여야 한다. 스스로 성장 동력을 찾고 새로운 기회를 열어야 한다. 어쩌면 우리에겐 생각의 패러다임 전환이 필요할 것이다. 이는 사실상 기존의 제한된 지식과 과거의 권위(힘)가(이) 구성한 현재의 틀을 해체하고 새로운 생성(生成)의 틀을 만드는 것이다.

사실, 이러한 시대상은 어쩌면 산업혁명(18세기 중반-19세기, 영국; 20세기까지, 전세계) 이후에 인류의 역사가 경험했던 것과도 유사한 것일지도 모른다. 산업혁명 이후 인류는 대략 7~80년의 혼란기를 경험했다. 당시 실업과 불평등, 환경오염, 비인격화의 문제는 인류에게 심각한 고통이었다. 인류는, 이러한 전환기적 시대의 고통을 벗어나 자본주의의 틀을 새롭게 하고 복지국가의 패러다임을 만들기까지 꽤 긴 세월을 필요로 하였다.

여기서 고통[2]은 사실 그것에서 반드시 벗어나려 한다는 점에서 행복보다 더욱 원초적이면서도, 그것을 극복하는 과정에서 새로운 생각과 제도를 구축하게 되는 일종의 '부정의 긍정성'을 지닌다. 사람들은 추위의 고통을 이겨내려 집을 지었으며, 시장자본주의의 위기에서 벗어나려 새로운 자본주의를 모색하였다. 오늘날 실직, 사회적 갈등, 평화의 훼손, 생명에 대한 위협과 폭력, 부정의, 무질서, 억울함 등이 우리를 괴롭히고 아프게 한다. 이러한 것들이 우리를 고통스럽게 하기에, 우리는 현재의 상태에 대한 변화를 모색하고, 과거의 우리를 성찰하며, 건강하고 평화롭고 질서와 정의가 지배하는 사회와 제도를 그려 나가게 된다. 우리는 고통의 원초성과 부정의 긍정성으로부터 새로운 "생성과 탈주"의 가능성을 찾게 되는 것이다.

사회적 생성의 측면을 강조하면, 사실 우리가 바라보는 현상이나 진리라 여기는 것들도 따져보면 그 시대 구성원들이 합의한 하나의 해석에 지나지 않을 수 있다. 우리가 금과 옥조로 여기는 자유민주주의, 시장경제, 학교제도, 심지어 오늘의 주제인 교원양성교육과 같은 것들도 우리 바깥에 초월하는 것이 아니라 어쩌면 사회 안의 관계맺음 속에서 구성되어진 것일 수 있다. '텍스트의 바깥에는 아무 것도 없다'는 말을 생각하게 한다. 이제 우리는 "그 시대"를 뛰어 넘어 새롭게

2 국제고통학회의 정의에 따르면, 고통은 우리의 일상적인 삶이 실제로 파손 또는 바람직하지 않은 방향으로 변화되거나 그럴 가능성이 있는 경우에, 이와 관련하여 겪게 되는 불쾌한 감각이나 정서적인 경험 및 그 가능성을 말한다. 필자 역시 이 정의를 염두에 두고 있다.

해석하고 새로운 관계 맺음을 만들어야 한다. 이것이 곧 새로운 생성의 틀이다.

우리 사회의 교육문제 해결 역시 마찬가지이다. 한국의 교육은 한편으로는 양적 팽창과 인적 자본의 확충을 통하여 근대화의 중심 축으로 기여하였지만, 다른 한편으로는 과도한 입시경쟁, 사교육과 교육 불평등의 심화, 학교교육의 붕괴라는 심각한 고통에 직면하게 되었다. 근대화에 성공한 이후 한국교육은 거의 40여 년간 이러한 문제를 해결하기 위해 여러 정책을 고안하고 새로운 내용과 교수학습을 강조하여 왔지만 대부분 실패하였다. 언급한 고통에 오히려 "생각 없는 아이들", "정치이념의 개입", "학교를 떠나는 선생님", "무력한 학교"의 문제들이 더해졌다. 이것은 교사교육에서도 마찬가지일 것이다. "교육으로 흥하여 교육 때문에 붕괴하는 대한민국"의 모습으로 변하고 있는 것이다.

이는 기존의 우리 교육이 지닌 틀을 회의(懷疑)하게 하는 것이며, 패러다임의 전환을 통해 새로운 기회를 만들어야 함을 의미하는 것이기도 하다. 교원양성교육은 학교교육의 한 핵심적인 주체인 교사를 양성하는 공교육의 틀이며 그릇으로 학교교육 패러다임의 핵심에 속한다. 이 점에서 교원양성교육의 틀을 새롭게 하는 일은 우리 교육이 지닌 현재의 틀을 해체하고 새로운 탈주로를 만들어 생성을 가능하게 하는 일이기도 하다. 물론 이러한 일은 교육의 본질을 중심에 놓고 이루어져야 할 것이다. 이를 교사교육의 관점에서 "교육적 해체와 재구성(deconstructive moral formation)"이라 이름 붙일 수 있을지 모른다.

나. 4차 산업혁명 시대의 학교

1) 4차 산업혁명의 특징

그렇다면 지금까지 살펴본 기존의 교사교육에 대한 도전으로서, 4차 산업혁명은 어떠한 정치사회적 환경을 형성하고 있는가? 이 질문에 답하기 위해서는 우선 4차 산업혁명을 어떻게 규정하고 설명할 수 있을까에 대한 논의가 선행될 필요가 있다.

과학자나 공학자들이 지적하는 4차 산업혁명의 흐름은 대체로 다음의 특성을 지닌다. 즉, 기술변화로서 하이브리드(hybrid)[3]의 경향, 인간, 사물, 컴퓨터 등 모든

---

3 예를 들어, 가상현실과 같이 피지컬과 사이버가 결합하고 알고리즘과 데이터가 결합한다. 가상현실

것이 네트워크로 연결되는 추세, 차별화의 노력과 함께 협력이 같이 이루어지는 점 등이다(The Science Times, 2017). 구글 트렌드 분석에 의하면 4차 산업혁명의 연관어는 빈도순으로 인공지능, 빅 데이터, 사물인터넷, 데이터 소프트웨어였다(한국과총, 2017). 기업들은 이미 이러한 4차 산업혁명적 도구를 활용하여 새로운 고객가치를 창출[4]해 나가고 있으며, 이와 관련하여 미국전자전기학회(IEEE)는 인공지능의 개발을 위한 "윤리적 디자인(Ethically Aligned Design)"의 추구에 주목하면서 문화적 가치와 인권, 책임, 투명성, 교육의 네 가지 쟁점을 언급하기도 하였다(TechCrunch, 2016.12.13.). 그리고 이러한 혁명적 변화의 주체는 다름 아닌 창의적인 인재가 될 것이라는 점에 많은 사람들이 동의하고 있다(한국과총, 2017).

산업혁명의 역사적 흐름에서 보면 4차 산업혁명에 대한 평가는 다소 엇갈린다. 혹자는 4차 산업혁명을 기존의 혁명과 구분되는 또 하나의 혁명으로 보기도 하지만, 다른 사람들은 1, 2차 산업혁명이 인류 역사에 미쳤던 영향력과 선을 그으면서, 3차 산업혁명의 끝자락 정도로 여기기도 한다. 후자의 견해를 주장하는 사람들은 핵심 기술의 선도에 대하여 의문을 제기하며, 제조업의 혁신에 기반을 둔 인더스트리 4.0(Industry 4.0) 논의에서 출발했던 것이 4차 산업혁명이라는 용어를 통해 경제 전반으로 확산되었다는 점을 지적하기도 한다. 이러한 평가의 차이에도 불구하고 많은 연구자들은 4차 산업혁명의 결과로서 생산의 유연화나 성장과 더불어, 관련 산업과 직종의 심각한 실업,[5] 정치적 불안, 환경 문제, 자원의 감소, 자연 재해 등의 여러 문제가 발생할 수 있음을 지적하고 있다(World Economic Forum, 2014; 2016).

(VR)은 현실을 왜곡할 수도 있으며, 재해석할 수도 있고 표현할 수 있는 도구이다(Science times, 2017).

4 GE는 이와 관련하여 인간과 장비를 통합(운영과 산업인터넷의 결합 등)하여 완전히 새로운 제조 프랜드를 창조한다는 관점에서 "생각하는 공장(Brilliant factory)"을 도입하여 상당한 비용절감 효과를 달성한 것으로 알려져 있다. 참고로 생각하는 공장은 가상제조, 지능을 갖춘 기계, 유연한 공장, 재구성이 가능한 공급망 등의 비전을 지닌다.

5 예를 들어, 혹자는 인공지능의 학습능력과 관련하여 교육과 의료 산업의 대규모 실업을 예측하기도 한다(PT 2017-2).

2) 4차 산업혁명과 한국의 정치경제

이러한 4차 산업혁명의 환경 속에서 한국의 민주주의와 자본주의는 어떠한 상황에 처하게 될 것인가?[6] 우선 한국사회의 시장[7]과 자본주의의 관점에서 보면 다음과 같은 예측이 가능할 수 있다. 즉, 지능정보를 활용한 컴퓨터 기술의 혁신을 통해 생산과정의 융합이 이루어지고, 새로운 상품의 등장과 신규시장 개척의 속도가 더욱 빨라지며, 생산과정에서 효율과 더불어 효능성(效能性)의 향상을 이루게 될 것이다. 그리고 이러한 산업전체의 생산과 소비 과정에서의 효율성 증진 속에서 한국 자본주의의 생산성이 획기적으로 증가할 가능성이 있다.

그러나 생산성과 효율성의 향상은 언제나 동전의 양면과 같은 문제점을 내포하고 있다. 인류 역사를 앞서간 다른 산업혁명의 시대가 그러했듯이, 기술혁신과 관련된 분야에서 대규모 실업사태가 발생할 수 있다. 또한 혁신 기술에 접근할 수 있으며 새로운 기술을 개발할 수 있는 능력을 가진 집단과 그렇지 못한 집단 사이에 소득과 재산의 양극화 현상이 일어날 가능성도 높다. 생산과정의 혁신에 따른 산업의 재편과정에서 경제정책의 유동성은 증가하고, 투자 및 기대의 불확실성 또한 크게 높아지게 될 것이다. 이러한 변화들로 인하여 기업 내에서는 경영자와 노동자 사이에서, 기업 밖에서는 산업과 산업 사이에서, 그리고 국민경제 내의 다양한 집단들 사이에서 예기치 못한 갈등이 발생할 가능성이 높다. 따라서 이러한 갈등을 어떻게 해결할 것인가의 문제, 기업의 사회적 책임과 본질이 무엇이며, 기업의 시민성과 기업가 정신은 어디를 향해야 하는가 등의 문제는 끊임없는 논의의 대상이 될 것이다. 결과적으로 이는 새로운 자본주의에 대한 논의를 확산시키게 될 것으로 보인다.

조영달(2015)이 제안했던 "인격적 자본주의"는 그러한 논의의 일환이다. 경제공간으로서 기업공간의 구성이 "인격적 존재의 복수성"과 "타자가 주체의 성립조건"이라는 점을 전제한다고 생각한다면, 경제(특히 기업) 활동 주체의 행동윤리는 마땅히 자신의 존재를 가능하게 하는 타자를 "인정(recognition)"할 뿐만 아니라 영접하고 환대하는 것이어야 할 것이며, 고통 받는 타인의 호소를 받아들이고 책임

---

6 이에 대한 논의는 필자의 최근 경험과 PT－2017－5, PT－2017－6 등에 의거한 것이다.

7 여기서 시장의 개념을 강조하는 것은 시장과 국가의 관계를 염두에 두었기 때문이다.

지는 행동양식이어야 할 것이다(조영달, 2015, p. 7). 여기서 타자에 대한 인정과 환대는 "주체의 윤리"이기도 한데, 이와 관련하여 레비나스(E. Levinas)의 주체의 윤리성에 대한 주장을 참고할 수 있다. 즉, 레비나스에 따르면 근대적 인간은 노동과 소유를 통해 자신을 타자로부터 분리하고 이를 통해 고유한 주체로서의 자유를 획득하는 데, 이에 따라 점차 자기중심적이며, 모든 것을 자아 속에서 전체화하려는 경향을 지니게 된다는 것이다. 따라서 이러한 근대적 인간의 행동양식에 타자를 향한 초월이나 환대는 존재하지 않는다(Levinas, 1979). 레비나스는 주체의 윤리란 이처럼 근대에 잊혀진 타자에 대한 환대를 회복하는 것에 있다고 본 것이다.

이러한 관점에서 보면, 경제 내의 근로자와 소비자의 소유를 인정하고 구성원의 "자유"를 보장하는 것은 자본주의의 중요한 성립 요건이라 할 수 있다. 한나 아렌트(H. Arendt)는 인간이 사적 영역을 벗어나 공적 영역에서 자유롭게 말하고 행동하면서, 그리고 타자와 구별되는 자기의 정체를 드러냄으로써 자신만의 삶을 초월할 수 있는 "인격적 존재"로 거듭나게 된다고 이해한다. 이러한 공적 영역에서의 활동은 인간이 인격적 존재로서 영위하는 활동이기도 하지만 진정한 인간으로 거듭남을 의미하기도 한다. 그는 공적 영역에서 이렇게 자신의 인격을 드러내는 활동을 인간 실존의 객관적 상태로 이해하고 이를 자유로운 사람이 되는 것으로 생각한 것이다(Arendt, 1996). 이러한 자유의 보장 문제는 경영과 근로 또는 배분의 당사자 모두에게 해당된다. 또한 이러한 논의에 의한 기업가 정신이나 기업의 시민의식 등은 기업 활동의 불확실성을 줄이고 생산 활동에서 나타나는 축적의 문제를 해결하는 데에도 기여하게 될 것이다.

4차 산업혁명은 경제와 산업, 그리고 자본주의뿐만 아니라 한국사회의 민주주의에 대하여도 강한 영향력을 미치게 될 것이다. 이는 주로 한국 사회가 당면한 소통의 문제와 관련되어 있다.

오늘날 한국사회가 당면한 갈등과 소통의 문제는 적지 않다. 압축적 근대화의 결과에 따른 문제들, 세대 간, 계층 간, 집단 간, 지역 간에 존재하는 중첩적인 갈등들, 그리고 복합사회로의 변화의 흐름 등은 모두 우리 사회의 연대의식과 공동체적 기반을 흔들 수 있는 위험요소로 작용하고 있다. 이러한 갈등상황에서 중요한 역할을 담당하는 것이 집단 간 의사소통이라 할 수 있는데, 이러한 맥락에서 SNS나 소셜 미디어 등을 중심으로 하는 정치적 소통 도구들이 혁신적 성장을 통해 의사소통을 증진시키게 될 것이라는 점은 분명해 보인다. 또한 정치영역이 정치 이외의 다른 영역과 혼종화(hybridization)되는 현상은 더욱 뚜렷해 질 것으로 예상된다. 이미 우리는 최근의 정치 과정에서 댓글 정치의 득세라던가, 연예오락을 목적으로 하는 방송 프로그램과 정치시사 프로그램이 혼합되는 양상 그리고 이에 따른 정치적 인식의 중첩현상을 경험한 바 있다.

그러나 한국의 민주주의와 정치과정에서 예견되는 이와 같은 소통도구의 혁신은 다른 한편으로는 한국정치의 전근대성이나 근대성과 엉키면서 정치적 시민성의 양상을 더욱 복합적으로 만들 가능성이 있다. 오늘날 우리의 정치는 한편으로는 4차 산업혁명의 미래를 논의하면서도 다른 한편에서는 여전히 "세력과 프레임의 전쟁"을 통하여 정치적 승부를 결정하려 한다. 정치문화의 복잡화 경향성 속에서도 여전히 자기 집단의 이해(利害)를 위한 소통의 장벽이 공고하게 존재할 것임을 짐작할 수 있는 것이다. 이 과정에서 SNS 등의 소통 도구의 성장은 오히려 "굴절된 소통"을 강화하고, 집단을 자기들만의 섬에 더욱 분리시키며, "집단 이성의 감성적 동화"를 촉진하게 된다.

이처럼 의사소통의 도구 자체가 윤리성과는 무관한 존재임에 따른 "소통도구의 이중성" 문제는 한국정치에서 '집단이성의 굴절과 감성적 동화' 경향과 더불어 아마도 상당 기간 심각한 문제로 남게 될 것이다.

3) 4차 산업혁명 시대의 교사

역설적이게도 4차 산업혁명이라는 첨단의 변화는 일반 대중들의 주체적이고 반성적인 시민성의 향상과는 별개로 진행되고 있는 것처럼 보인다. 점점 더 많은 사람들은 주체적으로 사고하고 행동하기보다, 앞서 논의된 바와 같이 대중매체와 소셜 미디어에 자신의 의견형성과정을 의지하려는 경향성을 드러내고 있기 때문이다.[8] 근대적 주체성의 의미에서 보면, 이제 "주체적 시민의 죽음"을 말해야 할지도 모른다. 이러한 주체적 시민의 죽음은 탈 근대화 과정에서 나타나는 정치경

---

8 이는 최근의 한국 정치에서도 그리고 구미의 선거과정에서도 입증된 바 있다 할 것이다. 캐나다의 리차드슨(G. Richardson) 교수 역시 필자와의 세미나에서 비슷한 견해를 표현하고 이를 부족화(tribulization)라고 개념화하였다.

제적 불확실성 증대의 문제와 맞물리며 한국사회의 위기를 가시화하게 될 것으로 보인다. 우리 삶의 근간이 되어 주었던 근대적인 이성에 대한 회의에 따라 이제 근대적 기준이나 표준화된 잣대는 상실되며, 진리의 상대성과 지식의 유동성은 증진되고, 집단의 문화적 다양성은 증진되는 가운데 다양한 이해가 상충하는 갈등상황이 출현하고 있는 것이다. 또한 이에 더하여 4차 산업혁명의 진전과 더불어 정보통신기술에 의존할 수밖에 없는 상황으로 시민의 행동이 내몰리고 있음도 사실이다. 이미 우리는 AI 기반의 통신기술과 휴대폰의 사용에서 사용자의 주체적 대응능력의 상실을 경험하고 있다. 이처럼 주체적인 시민성이 절실히 요청되는 시대에, 우리는 주체적인 시민의 죽음을 목도하고 있다.

따라서 한국의 교사교육과 학교교육은 이러한 소통 도구의 이중성 속에서 근대적 양상(mode)을 해체하고 새로운 방향을 모색해야 하는 과제를 떠안게 되었다. 근대적 확정성과 합리성의 한계 속에서 오늘날 학교교육과 교사교육은 교실수업의 위기, 사교육의 만연, 대학입학 전형의 고통, 학교의 소외, 인성교육의 실패 등으로 위기의 확산 과정을 겪고 있으며, 다른 한편으로는 근대 교육의 "탈 학교화 현상"을 경험하고 있는 것으로 보인다. 또한 기존의 근대성에 기초한 교수학습 패러다임의 전환과 더불어 학교는 "고기 잡는 방법을 가르치는 곳(근대교육)"이 아니라 "스스로, 고기 잡는 방법을 어떻게 인식하고 그 방향을 어떻게 탐색하며 서로 논의해서 이를 찾아가는 장을 제공하는 역할을 하는 곳"으로 그 개념을 새롭게 부여받고 있다 할 것이다. 이는 학교가 원하든 그렇지 않든 간에 4차 산업혁명의 흐름 속에서 그렇게 되어가고 있는 것이라 할 수 있기도 하다. 이러한 흐름 속에서 교사교육의 근간을 이루는 학교교육의 성격, 교수학습의 구성, 교사상, 구성원의 상호작용 양식 등이 전면적으로 전환하는 계기를 맞고 있는 것으로 여겨진다.

다. 국가와 교사교육

이미 한국사회는 과거의 미덕을 강조하는 시민성이나 개발 시대의 국가와 시민의 이분법에 기초한 "개발적 시민성(developmental citizenship; Chang, 2012)" 프레임에서 벗어나 다양한 집단이 존재하고 차이가 승인되어 있다. 개인(때로는 개별 집단)의 인격적 가치와 타인 또는 타자에 대한 책임은 다원화된 한국사회를 구축하는 바탕이며, 동시에 전체성과 대비되는 평화의 프레임이다. 한국사회는 개별 시민(또는 시민 집단)이 공동으로 구성하고 있으며, 개별 정체로서 시민인 나(我)는 홀로 서서 타자(他者)에 대한 관계적 의무와 존중을 다할 수 있을 때,[9] 비로소 사회적 주체(主體)로 등장하는 것이다. 물론 주체로서의 "나(我)"는 전체의 관점을 일정 부분 지니게 되겠지만, 이는 무조건적인 이념 추종이 아니며, '생명,' '인권,' '평화' 등의 보편 가치에 대한 존중은 "나"의 성립의 바탕이다.

여기서 사회적 주체인 "나(시민)"는(은) 주체로서 형성되는 과정에서 한편으로는 전체성의 틀에 포함되겠지만, 또한 동시에 새로운 생성의 과정을 추구하는 양의적 존재[10]일 수 있다. 현재에 주어진 전체성의 틀을 벗어던지고 탈주를 꿈꾸는 생성의 과정은 고통을 극복하고 새로운 문화의 창조를 가능하게 하는 시민의 또 하나의 속성이다.

한국사회에서, 이러한 시민은 물론 의식주의 경제적 기본 권리, 자기 존속을 위한 불안을 해소하고 편안함을 누릴 권리, 폭력, 환경파괴, 비교육 등 갖가지 위험으로부터 안전하면서도 평화로운 삶을 향유할 권리 및 시민 개인의 잠재력을 확대하고 자유를 증진시킬 권리 등의 시민 개인 차원의 생활세계적 기본권을 지닌다. 여기서 잠재력의 확대와 자유의 증진은 다른 것들과는 달리 매우 능동적인 권리에 속한다. 이는 한마디로 "주체로서 행동해야 하는 나(我)의 삶과 존속의 기본 조건"이기도 하다. 또한, 이러한 삶의 권리를 회복케 하는 것은 국가의 시민 개인에 대한 기본 의무이기도 하다.

이렇게 고통의 시대의 시민을 그 권리와 의무 및 주체의 차원에서 논의한다는 것은, 시민들이 "스스로" 그리고 "다 같이" 이러한 시민성[11]을 키워나가기 위해 노력해야 함을 의미하는 것이기도 하다. 우리는 때로 다른 시민과 협력하거나 협상하여야 하며, 때로는 국가에 대하여 비판적으로 요청하여야 하지만, 동시에 국가와 소통하고 협동하여야 할 것이다. 이는 우리 자신이 "생성적 존재"로 위치할

9 이는 레비나스의 표현을 빌면, "타자의 윤리학"이라 할 수 있다.

10 이러한 생각은 영토화와 탈영토화 또는 코드화와 탈코드화 등으로 논의되는 들뢰즈(G. Deleuze)의 생각을 일정 부분 수용한 것이기도 하다.

11 정체성을 바탕으로 개별 시민과 시민집단의 참여와 권리, 윤리적 의무와 생성을 강조하는 "참여적-개별 인격적 시민성(Identity-based Participatory Citizenship)"을 비슷한 예로 생각할 수도 있다.

수 있는 조건에 대한 이야기이고, 시민 개인의 권리/의무에 대한 것이기 때문이다. 물론, 이 경우 국가는 현재의 전체성을 옹호하고 생성과 탈주를 억압할 수 있다는 측면[12]에서는 비판의 대상이지만, 개발시대의 권위적 전체성이 아닌 논의와 협상의 공적 합리성을 지닌다는 점에서 과거 산업화 시대의 국가와는 그 성격이 다르다.

이러한 상황을 염두에 두면, 시민은 고통의 극복 과정에서 국가와 소통하면서 같이 이 시대를 이끌어야 한다. 이러한 상황은, 스스로의 성장과 자발적 참여, 그리고 소통을 통하여 정부와 여러 집단의 시민들이 또는 개별 시민이 같이 고통을 극복해나가는 집단지성의 발현과정이기도 하다. 사실, 이를 통해서만이 우리는 새로운 패러다임의 수립과 실천을 담보할 수 있을 것이며, '고통의 부정성(벗어나려는 원초성)'을 긍정적 생성과 변화 과정으로 이끌 수 있을 것이다.

이러한 과정에서 만들어진, 비록 작아 보이지만, 개별 시민과 시민 그리고 국가 사이의 수평적 리더십과 소통 그리고 공존을 위한 노력의 결과(공존의 리더십)는 시민들의 권리 회복과 개별적 성장에 기여하여, 사회적으로는 자발적인 참여와 더불어 새로운 시각과 창의적 노력을 배가하는 원동력이 될 것이다. 곧 서로가 다른 신념이나 의미구조를 띄고 있다 하더라도 그러한 '작은 이야기'들이 삶의 맥락 안에 중첩적으로 공존[13]하면서 소통하고 뜻을 모으면서 생활세계적 관점(전체적 관점이 아닌)에서 어느 정도 "중첩적인 일치[14]"를 구할 수 있을 때에, 우리는 다양성이 존중되고 특수성과 보편성이 조화를 이루는 상호 관계성 속에서 함께 변화하고 진화하는 새로운 문명의 길을 열 수 있을 것이다.

이러한 시민과 국가에 대한 관계성은 교사교육의 관점에서도 마찬가지일 것이다. 교사(예비교사), 교원양성대학, 국가 등 이들 사이의 수평적 리더십과 소통 그리

12 이는 원래의 국가가 지니는 고유한 성격이기도 하다.

13 시민과 시민집단의 개별적 정체성을 인정하게 되면, 그들의 작은 이야기들은 하나로 전체에 녹아 내리는 것이 아니라, 중첩적으로 각기 존재하지만 공존하는 것이다.

14 전체성의 관점에서 일치는 논리적으로 하나가 되는 것이어서 일치라 할 수 있지만, 정체를 지닌 나와 타자 사이의 일치는 원래의 정체성 때문에 완전히 일치할 수는 없을 것으로 여겨진다. 그러나 비슷한 위상과 포지션을 서로 유지할 수는 있을 것이며 이 경우 하나가 되는 것이라기보다는 중첩적으로 겹쳐져 비슷한 위치에 공존하는 것이라 할 것이다. 이러한 의미에서 "중첩적 일치"라 표현하였다.

고 공존을 위한 노력(공존의 리더십) 속에서 교사교육의 '작은 이야기'들이 삶의 맥락 안에 중첩적으로 공존하면서 소통하고 뜻을 모으면서 생활세계적 관점(전체적 관점이 아닌)에서 "중첩적인 일치"를 구하려는 경향은 변화하는 시대의 새로운 교사교육을 위한 탈주로가 될 수 있을 것이다. 이를 통하여 교사교육에서 다양성이 존중되고 특수성과 보편성이 조화를 이루면서 함께 진화하는 새로운 생성의 길을 열 수 있을 것이다.

라. 교육의 개념과 교원양성교육[15]

여기서 과거를 근저에서부터 깊이 있게 성찰하고, 부정의한 고통에 분노하며 생성과 변이를 용기 있게 그러나 '중첩적 일치'를 구하면서 지혜롭게 추구할 수 있는 시민의 등장은, 고통의 시대를 넘어 새로운 시대를 여는 데에 필수적이다. 여유를 갖고 관조하고 사유하며, 온당한 방법으로 가치 있는 것을 바로 세우고, 경계를 넘어 대화하면서 새로운 질서를 위한 개혁과 창조를 가능하게 하는 특성을 지닌 교육은 이러한 시민의 등장에 절대적 역할 기대를 갖게 한다(조영달, 2012).

그러면 교육은 어떤 의미를 지니는가?

동양의 전통에서 교육은 스스로를 수양하여 다른 사람에게 영향을 끼치게 되는 과정(수기치인, 修己治人)을 말하며,[16] 이는 하늘의 명을 따르게 하는 도(道)를 닦는 것[17]이기도 하다. 그리고 이러한 교육을 통해 모두가 원래의 본성을 지니는 대도(大道)로 돌아갈 수 있다.[18] 이때 수기치인(修己治人)의 바탕인 수신(修身)은 사물의 이치를 추구하여 앎을 지극히 하고 뜻을 진실되게 하고 마음을 바로 하여 자신을 수양하는 것이요, 이를 통해 지역과 나라와 세상이 다스려져 평안해질 수 있음(治人)을 의미한다.

비슷한 시기에 서양의 스토아 철학은 교육에 대해 동양의 유교적 전통과 사뭇

---

15 이 절은 조영달(2012)의 <고통의 시대 희망의 교육>에 쓰여진 내용을 재구성하였다.

16 格物致知 誠意正心, 修身, 齊家治國平天下 ≪大學≫

17 天命之謂性 率性之謂道 修道之謂敎 ≪中庸≫

18 有敎無類 ≪論語≫ <衛靈公>

유사한 생각을 지녔다. 좋음을 추구하는 인간의 본성에 대한 전제에서 출발하여 자신의 절제와 수양 및 훈련을 중시하고 이를 확장하여 세계시민이 될 수 있다고 생각했으며, 이러한 과정에서 교육은 미덕을 이루어 나가는 핵심적인 출발점이었다.[19] 금욕과 평정심을 강조하고 현인이 되기를 추구했으며, 자연(신의 뜻, 이성)을 따르려 한 것 등은 이 시대의 교육이 추구한 이상이었던 것으로 보인다(문형찬 외, 2012).

이에 대해 근대 이후 서구에서는 여러 사람들에 의해 교육의 개념이 논의되어 왔다. 교육이 지니는 질서유지와 사회화의 기능을 강조한 뒤르켕(Durkheim. E.)의 논의나, 가치 있는 것(지식, 이해, 안목 등)을 온당한 방법으로 전달해야 하면서 안목을 기르는 일에 집중할 것을 주장한 피터스(Petres, R.)의 교육에 대한 논의는 우리에게 잘 알려진 것들이다. 또한, 오크쇼트(Oakeshott, M.)는 시장(또는 정치)의 원리와는 다른 것으로서, 세상을 바라보는 '어떤 방식'을 중심으로 교사와 학생이 대화하는 과정으로서의 교육을 강조했다. 더하여 교육공학적 색채를 띠었던 정범모의 논의 등은 모두 참고할 만한, 교육에 대한 대표적인 생각들(이홍우, 2009)[20]이다.

실용주의 철학자였던 듀이(Dewey, J.)의 교육에 대한 생각 또한 흥미롭다. 듀이(Dewey, J.)는 학생의 경험을 중시하고 그 과정에서 경험의 계속적인 재구성을 통해 학생의 지속적인 성장에 기여하는 것을 교육이라 생각했다. 특히, 듀이는 각자가 자신의 관심에 따라 다양한 경험을 추구하고 다른 사람들과 상호작용하는 과정에서 이를 자유롭게 공유할 수 있는 사회를 민주주의의 이상으로 여겼다. 이 점에서 교육은 민주주의를 보장하는 중요한 요건이었다.

여기서 개인의 지속적인 성장이 이루어지는 사회는 과거의 틀에서 벗어나 지속적으로 생성하고 변화할 수 있다. 그러한 개인은 사회 변이의 원동력이기 때문이다. 이러한 생성과 변화의 측면은, 물론 듀이의 논의와 직접적으로 바로 연결되지는 않지만, 오늘날 들뢰즈(Deleuze) 등의 후기구조주의자들의 사유에서 충분히 논의된 바 있다(조영달, 2013). 이러한 논의는 교육이 생성의 측면에 연결되어야 함

---

19 물론, 후기 스토아 사상과 전기의 사상은 조금의 차이가 있으나 여기서는 그것을 구분하여 언급하지는 않았다.

20 정범모, 피터스, 뒤르켕의 생각은 이홍우의 책 ≪교육의 개념≫(2009년 개정판, 문음사, 서울)에 잘 드러나 있다.

을 말해주는 중요한 생각임에는 틀림이 없다.

이러한 논의를 통해 한 가지 분명해 보이는 것은, 교육이 시장에서 일할 수 있는 근로자의 양성이나 국가를 위한 시민적 자질 형성과 같은 기능적으로 유용한 도구적인 측면을 지니는 반면, 동시에 교육은 비도구적이면서 그 자체로 내재적 가치를 지닌다는 점이다. 위의 예에서도, 뒤르켕은 교육의 도구적 측면을 지적한 반면, 피터스나 오크쇼트 및 듀이의 교육에 대한 생각은 비도구적 성격을 지적한 것이라 할 수 있다. 공자 역시 천명(天命)을 이루는 출발점에 교육을 존치시킴으로써 교육의 내재적 가치를 전제로 논의를 출발시킨 것으로 보인다. 이는 누구에게나 차별 없이 교육을 행해야 한다(有教 無類)고[21] 했던 공자의 생각에서도 잘 드러난다.

이러한 교육의 내재적 측면은, 교육에는 시장이나 정치영역과 같은 다른 영역으로 환원할 수 없는 그 무엇이 존재하고 있음을 의미하는 것이기도 하다. 동시에 이는 교육은 그 실행과정에서 나름으로 존중되어야 할 자율성이 있음을 말하는 것이기도 하다. 예를 들어, 교육은 인격체 자신이 스스로 노력하며 성숙해 가는 과정과 그 결과로서 사회가 유지되고 성장하는 기능이 같이 결합되어 있다는 점이다. 이는 수기치인을 핵심으로 한 유교적 동양전통 사상에서도 그러하거니와 앞에서 교육의 기능을 중심으로 논의한 서구적 전통에서도 그러하다. 이러한 인격체의 성장과정에서 개인의 잠재력과 자유는 확대되고 증진되는 것이다. 또한 이러한 교육은, 인류의 역사가 고통의 극복 과정에서 발전해왔음을 전제로 하면, 자유와 평등, 생명과 평화와 같은 보편가치와 맞닿아 있음을 알 수 있다.

또한, 기능의 측면에서도 인류가 형성해 온 문화와 관련하여 좀 폭넓게 생각해 보면, 교육은 문화를 전수하여 사회를 유지시키는 기능을 지님과 동시에 그 문화를 혁신하여 변화를 모색하게 하는 문화적 생성의 기능을 동시에 담당해 온 것으로 여겨진다. 사회를 개혁하거나 이상적인 사회를 위한 인간사의 많은 노력들이 교육의 결과에서 일어난 일로 보이기 때문이다. 흔히 "배운 사람이 앞장서야지"라는 말은 이러한 측면과 무관하지 않은 듯하다. 또 어쩌면 이러한 기능은 교육의 결과로서의 기능에 해당할 수도 있다. 문화의 전수는 일정 부분 의도할 수 있는

---

21 ≪論語≫, 衛靈公 第十五: 有教 無類

바이지만, 문화의 변화와 변이는 예상 밖의 또 다른 결과일 수 있기 때문이다.

이에 더하여 또 하나 언급할 수 있는 것은 가르침과 배움의 관계성이다. 배움과 가르침이 함께 앎을 완성시킨다는 특성은, 교육에 대한 동양적 전통에서는 널리 알려진 바이다. “가르침은 학문의 반이니, 생각의 끝과 시작을 학문에 한결 같이 하면, 덕이 닦여 알지 못하는 사이에 깨닫게 될 것”[22]이라 언급한 ≪서경(書經)≫의 구절이나, 흔히 알려진 “가르침과 배움은 서로 자신을 성장시킨다”[23]는 말들은 이를 잘 나타내 준다. 즉, 가르침과 배움은 서로 독립적인 것이 아니라 상호 연계적이며 보완적인 것임을 드러낸 것이라 여겨진다. 이러한 생각은 수요와 공급의 독립성을 중심으로 하는 시장의 원리나, 집단의 목소리를 중심으로 권력을 획득하는 정치의 세계와는 확연히 다른 특성이라 할 수 있다.

이러한 방식으로 생각하면, 교육이 지니는 수신의 측면은 인격체 자신과 관련된 것이지만, 보편 가치와의 관계성이나 결과적인 기능의 측면은 타인(타자)와 관련된 부분이다. 그리고 가르치는 자와 배우는 자의 관계성에 대한 것은 교육의 과정(過程)에 대한 것이다. 교육이 고통의 시대를 극복하고 새로운 문명을 여는 원동력이라 전제할 때에, 위에서 언급한 이러한 교육의 본래적 가치와 기본 성격은, 고통의 극복 과정에서 일어나는 생성과 문화적 변이에서 훼손될 수 없는 기저로 작용할 것이다.

동시에 이러한 생각은 교육의 과정에서 중요한 핵을 이루는 교원양성교육에도 그대로 적용될 수 있을 것이다. 교원양성교육의 내용구성과 실현방식 및 학생과의 관계성에 대한 고려에서, 지금까지 언급한 바의 논의는 그대로 교원양성교육을 바라보는 기저적인 시각을 제공할 것이다. 이는 다음에서 이루어지는 교원양성교육에 대한 논의의 전제적인 논의에 해당하는 것임을 의미하기도 한다.

---

22 ≪書經≫, 商書 說命 下: 惟斅 學半, 念終始 典于學 厥德修 罔覺

23 ≪禮記≫, 學記編: 學然後知不足 教然後知困 知不足然後能自反也 知困然後能自强也 故曰教學相長也

2. 교원양성교육 재구성[24]의 논리와 윤리

가. 기존 교원양성교육에 대한 비판과 재구성

과거와 현재의 틀을 벗어나, 고통 극복의 새로운 틀로 나아가려는 한국의 교육과 교사교육이 지향해야 할 하나는, 기존의 교육과 교사에 대한 지식과 틀로 형성된 현재의 구도에 대한 회의와 의심이다. 물론 이러한 의심과 회의에는 객관적 진리와 표준에 대한 불신이나, 진리나 언어적 실체는 구성되어진다는 생각이 바탕을 이루고 있다. 사실 우리가 바라보고 생각하는 현상이나 진리라 여기는 것들을 자세히 따져보면, 이는 오히려 사회의 다양한 구성원들이 협상을 통하여 합의한 하나의 해석에 지나지 않는 수가 많다. 우리가 금과옥조로 여기는 학교제도나 교사의 수업에 대한 주체성, 학생에 대한 인식, 교과의 내용 지식 같은 것들도 따지고 보면 본질적으로 우리 바깥에 초월하는 것이 아니라 우리 사회의 관계맺음 속에서 구성되어진 것이다. 사실, '*텍스트의 바깥에는 아무 것도 없을 지도*' 모른다.

이런 점에서 보면 오늘날 우리가 당연시하는 많은 '진리효과'를 내는 것과 담론들 및 제도들은 새롭게 의심받아야 한다. 사범대학의 졸업장과 교사자격, 국가수준의 교원양성제도, 교과 내용지식의 확정성, 교사교육 교육과정, 교직과목의 존재와 구성, 교사의 교실수업 방식, 학교의 역할 등 많은 것들을 우리는 그냥 받아들여 왔으며, 당연시하고 의심하지 않았다. 그러나 이것들은 우리가 구성한 것이며 당연히 변할 수 있는 것이다. 이러한 것들은 학교, 예비교사, 교육연구자, 그리고 교원양성 집단의 형성과 재형성, 관계의 구성과 재구성 속에서 새롭게 구성될 수 있는 것이다.

회의와 의심을 만들어내는 기제의 중요한 또 하나는 재현(representation) 불가능성에 따른 절대 진리에 대한 의심이다. 우리는 지금까지 인식주체의 외부에 객관적이고 본질적인 실체가 존재하고 이는 재현할 수 있는 것이라 여겼다. 그러나 사고의 표현과 전개를 포함하여 모든 것이 언어에 의존하는 인간사회에서, 만약 언어가 '자의적인 상징체계'에 불과하다는 점을 인정한다면, 상황은 크게 변할 것

24 이 글이 사용하고 있는 해체 및 재구성의 개념은 데리다 류의 개념을 원용하고 있기는 하지만 그 자체는 아니다. 이 글에서는 교원양성교육의 성찰과 지향을 말하기 위해 성찰적 지향을 강조하는 의미로 그 형식을 빌어 사용하였다.

이다. 사실 기표(記標)와 기의(記意)는 일치하기 힘들다. 독자나 청자 내부에서 형성되는 기호의 개념이나 의미(기의)는, 기호의 지각/전달 가능한 물질적 부분인 소리나 표기(기표)를 만들어가는 과정의 순환이다. 우리가 어떤 기표의 의미를 알고자 하여 사전을 찾으면 우리는 더욱 많은 기표를 만날 것이며, 그 과정은 순환적이며 무한하다.[25] 결국 우리는 본질적으로는 기표가 아닌 기의를 찾지는 못할 것이다. 진정한 실체를 지닌 기의에는 결코 도달할 수 없으며, 기호를 통해 대상을 재현한다는 것은 사실상 불가능한 것이다.

이렇게 생각하면, 교사교육, 초중등학교, 사범대학, 교과내용, 교과교육, 교직, 교육실습 등의 의미는 정말 그 지시체(referent)나 대상을 재현한 것이 아니라 다른 말이나 기호와 연결된 연쇄망을 이룰 뿐이다. 즉, 이러한 말들은 '하나의 해석체계'일 뿐이지 참다운 인식으로 존재할 수 있는 것이 아니다. 따라서, 이러한 말들이 교육계 내에서 특별한 지위를 누리거나 다른 말들을 판단하는 잣대가 되는 것은 기존의 교사교육 이데올로기의 작용일 뿐 진리나 진실에 기댄 것이 아니다.

이러한 진리나 지식의 구성성과 함께, 생각해보아야 할 또 다른 하나는 기존의 지식과 현재의 구도(구성)가(이) 지닌 권력성에 대한 비판이다. 푸코의 말처럼 담론[26]을 통하여 우리는 진리와 지식 또는 정의를 만들어 내지만, 동시에 모든 담론은 그 특유의 선택과 배제를 통하여 권력을 행사한다. 권력 역시 이러한 담론을 통하여 스스로를 정당화하게 된다.[27] 사실, 지식, 진리라 이름붙인 것들의 상당수는 이러한 담론의 실천에 불과할 수 있다. 만약 담론이 특정한 정치경제적 조건에 의해서 생성된다고 생각하면, 담론에 의해 형성된 진리는 그 상황의 권력관계와 역사성을 반영할 수밖에 없다. 이렇게 보면 권력[28] 관계는 담론의 형성에도 관여

---

25 라깡(Lacan)은 이를 '기표 밑에서 기의의 부단한 미끄러짐'으로 표현하였고 데리다(Derrida)는 이를 차연(differance; 공간개념인 차이와 시간개념인 지연이 합쳐진 것)의 개념으로 설명하였다.

26 푸코에 의하면 담론은 말할 수 있는 것과 없는 것, 특정 주제를 말할 수 있는 사람과 아닌 사람, 진리인 것과 아닌 것을 구분시키는 사회적 규칙 체계이다. 그리고 사회적·정치적 제도와 담론은 상호 생성적이며 동시에 재생산적이다.

27 예를 들어, 푸코는 벤담의 팬옵티콘에 대한 분석에서, 기하학적 배치를 통해 작동하는 '보이지 않지만 보는 시선'을 통해, 감시당하는 자 스스로가 감시가 있든 없든 스스로에게 강제하고 내면화하게 하는 권력의 도식(diagramme) 사례를 보여주기도 하였다.

28 푸코는 권력이 효과를 발휘하고 사람들이 받아들이는 것은 단순한 금지기능이 있어서가 아니라, 무엇인가 사물을 관통하고 생산하며, 쾌락을 유도하고 지식을 형성하며, 담화를 만들어내는 기능을

하지만, 담론의 형성과정에서 생성되는 것이기도 하다.

특히 지식은 세계를 배치하고 조직하기 때문에 제도화되며, 다른 것에 대해 규정하는 힘을 갖고 있다. 이렇게 보면 지식은 권력과 밀접한 관계를 지니며, 권력을 생산하기도 한다. 동시에 권력은 지식을 확인하고 증명해주는 역할을 하기 때문에 양자는 불가분의 관계에 있다. 좀 극단적으로 말하면 모든 지식(특히 사회적 지식)은 권력관계를 전제하거나 이를 구성하고, 모든 권력은 지식을 상관적으로 구성하면서 존재한다. 이러한 과정에서 매개적 권력이 생겨나고 생성적 소통이 억압되는 것은 물론이다.

이렇게 보면, 우리는 우리가 교원양성교육에서 접하는 많은 지식체계를 기존 권력에 대한 비판을 바탕으로 새롭게 조망하고 의심하며, 평가해야 함을 알 수 있다. 다음에 예로 든 질문은 그러한 회의를 반영하는 것들이다. 교원양성교육의 핵심인 교직의 전문성은 무엇인가? 임용시험을 통한 교사임용제도는 타당한가? 교과내용과 교과교육 그리고 교직과목의 영역구분은 타당한가? 학문 내용을 잘 이해하면 학생을 잘 가르치는가? 교과교육은 내용과 분리될 수 있는가? 논쟁적 문제에 대한 수업에서 교사의 공정한 개입은 과연 타당한가? 활동경험은 그 분야의 주제에 관련된 개념과 이론의 성찰에 어떠한 도움을 주는가? 다문화학생을 위한 '제3의 공간(the third space)'은 그 설치목적과는 다르게 숨겨진 교육과정을 작동시키지는 않는가?

나. 해체와 재구성의 윤리

우리는 앞에서 현재 이루어지고 있는 교원양성교육의 생성과 변이를 위하여 일종의 비판적 해체가 필수적임을 논의하였다. 그리고 그 논의는, 기존에 이루어지고 있는 교원양성교육과 관련한 표준과 계산적 합리성에 대한 회의, 언어(개념, 용어, 영역 구분 등)의 자의적 상징성, 기존 교원양성교육 지식(개념과 이론 등)의 구성성과 권력성 등이 그 핵심이었다.

그런데 이러한 해체는 관계성의 관점에서 보면 몇 가지 윤리성을 갖는다.

하기 때문으로 보았다. 이렇게 보면 권력은 억압의 기능만 있는 것이 아니라 생산적 그물망의 역할을 하기도 한다.

그 중 한 가지는 '관계성의 윤리'이다. 사실, 일반적인 사회의 구성과 마찬가지로 교원양성교육이란 영역의 사회제도, 행동하는 주체는 반드시 타자와 더불어 존재하며, 타자 없는 주체는 의미가 없다. 사실상 타자는 주체의 전제이며, 양자는 교원양성교육 사회체를 형성하는 기본이다. 레비나스(2001)의 관점에서 보면, 이러한 타자와 만나는 것은 "나(주체)"의 전체성을 탈피하여 타자라는 차이를 체험하는 것이다. 이 때 타자는 "민낯(face)"으로 다가와 연약하고 상처받기 쉬워, 주체인 나는 타자와의 차이를 그 자체로 배려하고 존중할 윤리적 책임이 있다. 이러한 관점에서 보면, 예를 들어, 오래지 않은 교원양성교육 공동체의 구성에서 특히 소수자와 소수이론은 크게 존중되고 배려되어야 할지 모른다. 다른 말로 이질성에 대한 수용이 오히려 상시적 규범이 되어야 할지도 모른다.

그런데 다른 관점에서 보면, 해체는 곧 바로 레비나스의 타자성의 윤리학으로 연결되기도 한다(Critchley S, 1999). 사실 현재의 존재 구도가 해체되지 않으면, 타자를 자신의 세계로 환원하려는 '자아의 자유'에서 벗어날 수 없다. 이렇게 되면 레비나스의 관점에 따르면 외적 존재에 접근할 수 없으며, 타자의 얼굴과 관계 맺을 수 없다. 이렇게 생각하면, 해체는 윤리적 요청의 바탕이 된다.

또한 교원양성교육의 해체와 재구성의 정치학이 지니는 지식의 과정성과 불확정성을 인정하게 되면, 가능성에 대한 개방성과 유연성 및 소통의 중요성에 대해 깊이 인식해야 한다. 지금까지의 합리성과 그 틀에서는 지금의 교원양성교육이 지닌 문제를 해결할 수 없으며, 기존 지식의 우월성이나 절대성을 보장할 수 없다면, 다른 방식의 등장에 대한 가능성을 열어두고 제도와 영역 구분을 유연하게 하며, 타자와의 소통을 중시할 수밖에 없을 것이다.

아울러 기존의 교원양성교육의 해체는 교육과 교육정의[29]를 실현하는 데에 기여하는 해체여야 한다.[30] 본래적 의미의 교육의 실현과 교육정의에 대한 노력은

29 교육정의는 교육기회라는 사회적 가치를 배분하는 기준과 그 정당성을 말하며, 이는 교육의 자율적 영역과 교육의 메타영역적 관련성에 비추어 논의될 수 있다. 자아와 교육적 성장 잠재력을 높여 더욱 자유로운 상태에 이르는 것은 교육자율성의 영역과 관련된 것이며, 시민적 미덕과 우정을 키우는 것은 메타영역적 관련성에 속하는 것이다. 이에 대하여는 조영달(2011)의 논의를 참고할 수 있다.

30 이 점에서 이 글이 사용하고 있는 해체의 개념은 데리다(Derrida) 류의 해체의 개념과는 다르다. 데리다 류의 해체는 일반적 의미의 비판도 아니며 칸트적 비판도 아니다. 비판과 선택적 판단 역

해체할 수 없는 것이며, 오히려 관계성의 윤리를 위한 바탕에 해당하는 것이기 때문이다.[31] 더하여 이러한 보편성에 기초한 해체는 이행과정의 비용을 줄이고 전체성에서 오는 권력적 억압과의 긴장을 완화할 수 있는 장치로도 기능할 수 있을 것이다. 이미 앞 절에서 논의한 수신의 측면이나, 보편가치와의 존중, 그리고 결과적 기능성으로서의 문화적 생성, 배움과 가르침의 상장성(相長性) 등은 교육의 본래적 가치와 연결된 것이며(조영달, 2012), 자아의 성장 잠재력 함양이나 시민적 미덕과 우정을 키우는 일은 교육정의와 연관된 것이다(조영달, 2011).

또 하나 언급되어야 할 것은 기존 교원양성교육의 생성과 관련된 국가의 윤리성이다. 사실 국가는 비인격적 제3자로서 앞에서 언급한 윤리성을 중재할 수 있다. 궁극적으로 앞에서 언급한 해체와 재구성의 윤리성은 교원양성교육 분야의 개별 주체들 사이에서의 일대일 책무성으로는 확보될 수는 없다. 이에는 국가적 제도에 의해 확인되는 절차적 정의가 필요하다. 그럼에도 정부의 제3자적 역할은 명시적인 형태의 국가적 책무성 부과라는 형식을 띄지는 말아야 한다. 만약 그러한 형태를 띄게 되면 이는 억압의 형태를 재현할 것이며, 동시에 앞에서 언급한 관계성의 윤리는 이루어질 수 없다. 오히려 정부의 역할은 관련자들의 협상과 공적 합리적 소통 공간의 제공에 치중하여야 할 것이다.

더하여 한 가지 더 분명히 되어야 할 국가의 윤리성은 해체와 생성의 공간을 제공하는 것이다. 이는 오늘의 고통스러운 생활세계 속에서, 시민과 개별 시민집단들이 자신의 교육에 대한 권리를 회복[32]할 수 있도록 국가는 그 바탕을 마련하

시 해체의 주제이자 대상이다. 철학의 전통에서 해체는 사유하지 않은 것에 대한 것이 아니라 도무지 사유될 수 없는 것을 향하고 있다고 할 수 있다. 그러나 이 글이 사용하고 있는 해체는 교육의 보편가치적 내재성과 교육정의의 측면을 인정하고 있다. 이 점에서는 이 글이 해체론을 지지하는 것은 아니라 할 것이며, 오히려 교원양성교육의 탈바꿈을 위하여 해체의 논리를 활용하고 있다고 말하는 것이 더욱 정확할 것이다. 이 점에서 이 글에서는 자주 탈바꿈이라는 용어를 사용하고 있다. 그럼에도 현존의 존재구도에서는 고통의 시대를 넘을 수 없다는 점은 데리다 류의 해체의 관점과 통하는 부분이기도 하다.

31 교육에 대한 직접적인 논의는 아니라 하더라도, 이와 비슷한 보편주의(universialism)에 대한 견해로는 Harvey(2000)와 Corbridge(1994) 등을 참고할 수 있다.

32 여기서 시민적 교육권의 회복은 시민들이 타자와 공존하면서 자발적으로 참여하는 교육 리더십 아래서, 새로운 시각과 창의적 노력으로 오늘의 교육문제를 해결하고 삶의 새로운 지향을 찾아 나가게 되는 것("생활세계의 교육시민권 성취")을 의미하였다.

여야 함을 의미한다. 그러한 바탕이 곧 교원양성교육의 재구성과 생성을 가능하게 할 것이기 때문이다. 예를 들어, 교사의 학문적 자유와 권한 및 교육의 정의실현을 분명히 하고, 교육의 영역적 자율성을 존중하며, 생성적 교원양성교육이 이루어질 수 있도록 재정과 제도를 정비하는 일, 등은 이에 속하는 것이다.

3. 한국 교원양성교육의 성찰적 지향: 생성을 위한 탈주

가. 학교의 재개념화

우선 교사교육과 관련하여 생각되어 질 수 있는 하나는 학교개념의 재개념화이다. 이미 앞에서 언급한 바와 같이 고기잡는 방법을 가르치는 학교는 과거 근대교육의 학교이다. 4차 산업혁명과 포스트모던한 사회 구성 속에서 고기잡는 방법이 무엇인지, 어디에 어떤 양태로 존재하는지를 확실한 형태로 인지하는 것은 불가능하다. 그 결과 많은 경우 인지 자체가 실패를 거듭할 수밖에 없다. 이렇게 생각하면 학교의 개념은 새롭게 생성될 수밖에 없다.

즉, 학교는 전수와 가르침의 장이 아니라 소통과 탐색의 협력적 공간일 가능성이 커진 것이다. 같이 논의하고 소통하면서 거기에서 지혜를 깨치고 방법을 찾아가는 장을 제공하는 곳이 학교이다. 이 경우 물론 문제를 제기하는 것은 학교공동체일 수도 있지만 많은 경우에 학생 개인일 가능성이 많다. 문제는 개인과 작은 이야기에서 출발할 것이기 때문이다. 그 다음으로 문제시되는 것은 교사의 역할 기대일 것이다. 이는 다음의 주제이기도 하다.

나. 교사의 역할 기대 변화

교원양성교육의 해체와 생성 그리고 변이를 위해서는 교육의 대상이 앞으로 활동하게 될 역할기대로서의 교사에 대한 논의가 필수적이다. 이는 사실상 교원양성교육이 길러야 할 인재상에 대한 논의이기도 하다. 그 가운데에서도 교사의 교직활동이 교사의 '인식 및 의지'와 어떤 관련성을 갖는가는 교원양성교육 과정에서 논의해야 할 중요한 문제이다. 논의의 방향에 따라 교원양성교육의 지향점과 길러야 할 인재상이 달라질 수 있기 때문이다. 이러한 교사에 대한 역할기대의 논의는 교사의 주체성이란 관점(다음에서 논의)을 포함하지 않을 수 없다.

우선 교사의 역할 기대는 학교와 그곳에서 이루어지는 교수학습 모형이 어떤가에 따라 다를 수 있다는 점이다. 근대교육의 학교가 고기잡는 방법을 가르치는 곳이었으면 교사는 당연히 가르치는 존재로서의 역할 기대를 부여받을 것이다. 이 경우 전수자로서의 교사도 어느 정도 의미를 지닌다. 그러나 앞에서 언급한 바와 같이 스스로 문제를 찾고 같이 소통하면서 해결을 위한 지혜를 깨쳐야 하는 학교에서 교사는 전수자로서 자신의 역할을 마칠 수 없다. 이는 오히려 학생에게는 장애의 요인일 수도 있다.

이 경우 생각할 수 있는 하나는 학생과 문제와 그 해결을 같이 탐색하는 존재로서의 교사이다. 불확정성의 답이 없는 교실에서 이는 어쩌면 당연한 역할 개념일 수 있다. 교사는 오히려 "유목적 탐색자"가 되는 것이다. 교사는 확실성과 획일적 책무성의 세계를 버리고 학생들과 사회적 실제(social real)를 바탕으로 새로운 교육실천적 경험을 탐색하는 사람("탐색자로서의 교사"; explorer)[33]이다. 이는 학교 수업의 주제가 실제 세상의 지적 수행을 중심으로 할 뿐만 아니라 학생의 기본 위치가 주도적 탐구자라는 관점에서 연유하는 당연한 논리적 귀결이기도 하다.

즉, 교사는 관리자가 아니라 "차이와 생성에 참여하도록 되어 있는 사람(engagementor)"이어야 한다.[34] 이러한 교사는 수업이라는 변하고 돌아다니는 세계[35]에서 학습의 "유목적 중재자(travelling mediator)"로 기능하게 될 것이다. 여기서 이러한 교사의 역할을 위해서는 사회지식의 권위자로부터 새로운 지식형성(또는 재구성)을 위한 동등한 대화자로 또는 협상자로 학생과의 관계에서 교사의 위치가 변화해야 함은 물론일 것이다.

---

33 Allan, J. (2004). Deterritorializations: Putting postmodernism to work on teacher education and inclusion. *Educational Philosophy and Theory*, 36(4), 417–432.

34 물론 교사는 기존의 방식대로 지적 생성의 공동참여자이자, 격려자이며 학생들의 활동이 더욱 참여적일 수 있게 그 때 그 때의 상황을 정리하여 학생들의 참여와 협력의 방향 설정에 간접적으로 도움을 주는 사람이자, 학생들의 상담자 역할을 할 수 있을 것이다. 이 절에서 탐색자로서의 교사를 강조하는 것은 "사회지식 공동구성 수업"의 학습관이 반영된 새롭게 강조되는 교사의 역할이라 할 수 있다.

35 이는 들뢰즈의 노마드(Nomad)의 세계를 염두에 두고 서술한 것이다.

다. 교사의 주체성에 대한 재고

주체라는 말은 여러 가지로 방식으로 이해될 수 있다. 이러한 주체에 대한 이해는 또한 근대적 주체와 탈근대적 주체의 여러 논의를 포함하는 것이기도 하다. 이러한 생각을 염두에 두고 4차 산업혁명시대의 교사 주체성에 대한 생각을 정리해보면 다음과 같다.

근대이론의 관점에서 교사의 주체성을 보면, 교사는 수업에서 인식과 판단의 출발점을 만드는 존재이다. 교사는 학생과는 분리되어 있으며, 그 실체를 달리하는 존재임은 물론이다. 동시에 교사는 사회의 교육적 주체로서 수업에 대한 의지를 바탕으로 행동하는 사람이며 또한 수업과 수업설계에서 권리와 자유를 행사할 수 있는 사람이다.

비판적 교육이론은 비판이론의 관점을 공유하면서 교사와 학생으로 하여금, 그들의 경험을 주변인을 교육하고 권능화하는 일에 힘쓰게 하려는 의도를 지닌다. 이들은 계급적 범주화로 인해 사람들은 그 자신의 중요성을 깨닫지 못하고 압제 상태에서 벗어나지 못한다고 생각한다. 이러한 비판교육론의 관점에서 보면 교사는 그들의 비판적 경험을 주변인과 공유하고, 그들로 하여금 어떻게 효과적으로 공동체의 지배성에 도전하면서 권능을 지니게 할 것인가를 주도하는 존재이다. 교사의 주체성 역시 이와 연관된 것이라 하겠다.

이와는 달리 라깡과 같이 생각하면, 교사는 교직에 대해 상징적으로 구조화되어 있는 무의식을 통해 그가 속한 학교사회의 표상체계(또는 학교질서) 속으로 들어가며, 그 안에서 교사는 타자(학부모, 학생, 지역사회, 정치경제, 교육 관련자 등)로부터의 "인정 욕망"을 지닌 채 타자의 응시 속에서 "정의되고 획득된 교사로서의 자아의 이상"을 추구하는 주체로 존재하게 된다. 이렇게 보면 교사는 타자에 근거하여 획득된 자아의 이상을 타자의 것이 아니라 이상적인 자아의 형성으로 오인하는 '상상적 동일시' 과정을 겪는 것이다. 이는 사실상 교직이라는 언어적으로 구조화된 무의식 속에서 타자의 상징계가 구성해낸 결과물이 곧 교사라는 주체인 것이다. 이러한 생각은 앞에서 살펴본 바와 같은 스스로 인식하고 판단하는 근대적 교사의 주체성과는 그 성격을 완전히 달리하는 것이다.

이처럼 교사의 주체성이 교직에 대한 일종의 무의식적 근저와 타자와의 연관성 속에서 형성된다는 생각은, 비록 용어와 사용된 개념은 다르다 하더라도 들뢰즈나 푸코에게서도 발견된다. 예를 들어, 들뢰즈의 경우, 교사의 주체성은 교직과 관련된 욕망의 탈주선과 탈영토화한 것이 그 특정한 방식으로 코드화하고 재영토화되는 배치로서 또는 배치 내의 어떤 기능으로서 존재하게 된다. 주체는 바로 그러한 배치의 파생물이 되는 것이다.

그럼에도 들뢰즈의 경우는 욕망이 지닌 생산성과 적극성을 전제하고 욕망의 탈주선을 받아들임으로써, 교사가 지닐 수 있는 교직에 대한 변이와 창조의 선을 찾으려는 의지를 인정하였다. 이렇게 함으로써 들뢰즈의 경우에는, 라깡 류의 생각에서 볼 수 없는, 즉 타자의 교직에 대한 상징계로 환원할 수 없는 생성적 균열과 이탈의 흐름이 교직과 학교사회에 있을 수 있는 것이다. 다시 말해, 교사 주체성의 일면은 이러한 생성과 변화의 흐름에 연관되는 것이다. 이렇게 생각하면 들뢰즈의 생각에서 유추한 교사의 주체성은 이중적인 것이라 하겠다.

이러한 라깡이나 푸코의 논의(들뢰즈의 경우는 예외적이라 하더라도)에 터한 교사의 주체성은 일종의 "타자 일반적 총체"에 의해 파생된 결과물로서의 성격이 강하였다. 여기서 "타자 일반적 총체"라는 용어는 필자가 이 장에서 라깡과 푸코의 생각에 미루어본 교사 주체성을 논의하기 위해 사용한 개념이다. 필자의 생각으로는 라깡의 '사회의 표상체계'나 푸코의 '팬옵티콘'적 체계는 사실상 주체로서의 교사 자신에게 가해지는 '보이지 않는 그러나 그럴 수밖에 없는 또는 자발성을 강제하는 무언의 총체적 체계'로 여겨진다. 이는 하나하나의 물질적·신체적 상태로 다가오는 것이 아니라, 전체적이고 일반적으로 그리고 총체적으로 다가와 교사 자아의 주체화 과정에 영향을 끼치는 것이라 여긴 것이다. 또한 이는 교사 자아와는 영역적으로 그 밖에 있는 존재에서 출발한다는 점에서 "타자"라 이름한 것이다. 이 두 의미를 종합하여 필자는 "타자 일반적 총체"라 표현한 것이다.

또한 이러한 "타자 일반적 총체"의 개념에는, 적어도 변화와 생성의 교직의 삶을 영위하는 교사에게는 특히 비판-반성적 성찰이 강하게 요구되어야 함이 포함되어 있다. 이를 통하여 교사 자신에게 보이지 않게 다가오는 틀을, 의심하고 회의하며 때로는 벗어날 수 있기 때문이다. 이러한 측면은 앞 절에서 강조한 비판적이면서 실천행동적 연구자로서의 교사의 역할과도 직접적으로 맞닿아 있는 생각이기도 하다.

한편 레비나스의 주체화는, 앞에서 언급한 바와 같이, 향유와 거주의 과정에서 노동과 소유를 통해 요소세계를 대상화하고 지적으로 사유하며, 그 과정에서 신체적(특정적, 고유한) 존재로서 자신을 구성하는 과정이었다. 이 경우, 교사의 주체화는 지식형성이란 인간의 또 하나의 기본 욕망과 관련된 노동의 과정이며, 요소세계와 학생이란 대상의 타자를 교사와의 동일성 영역으로 환원하는 행위를 하는 것이다. 이러한 주체화는 신체를 통하여 학생과 요소세계를 나의 영역으로 환원한다는 점에서는 교육영역의 무규정성의 위협에서 해방되는 것이며, 주체적 노력(노동)을 통하여 내 소유의 세계로 전체화한다는 점에서는 자유의 측면이 있다 할 것이다. 또한 교사는 자아의 주체화의 과정에서 학생이란 "타자[36]"에 대하여 상호관계에서 비대칭적 윤리성을 지녀야 함을 이미 간접적으로 언급한 있다.

이러한 레비나스의 생각에서 유추한 교사의 주체성 논의에서 우리는 한두 가지 중요한 특징을 발견할 수 있다. 즉, 교사가 자아를 중심으로 교직과 학교 세계를 전체화하는 특성이 있는 반면에 이것은 학생에 대한 '타자의 윤리학'에 기반하여야 한다는 점이다. 이러한 측면에서 보면, 레비나스의 관점에 미루어 본 교사의 주체성은 일종의 "윤리적 주체화" 과정임을 알 수 있다. 즉, 교사는 자아의 주체화 과정에서 타자인 학생에 대하여 비대칭적 책임과 배려의 의무를 다해야 하며, 마치 신의 계시(啓示)가 현현(顯現)하듯 학생을 대하여야 하기 때문이다. 이러한 윤리성은 교사의 존재론에 앞선 형이상학을 구성하는 것이다(Levinas, 2001). 이러한 특성은 앞에서 논의한 근대 이론적 교사의 주체성이나, 포스트모던 계열의 교사 주체성 논의와는 확연히 구분되는 점이라 하겠다.

이처럼 교사의 교육주체성이란 관점에서 보면, 현재의 교원양성교육은 다음의 몇 가지 측면에 지향을 두어야 할 것으로 보인다. 하나는 교사는 스스로 탐색하면서도 생성과 변화를 촉진하는 사람으로서, 비판적 연구실천자이자 문화적 중재자라는 점이다. 물론 이러한 전제는 앞 장에서 논의한 바 있다. 이렇게 보면 교원양성교육에서 길러야 할 예비교사는 그 사회의 지배 가치 및 사유와 실존의 방식에서 어떤 전환과 변이를 촉발하는 사람이며, 지배적인 가치와 질서에서 벗어나 끊임 없이 새로운 생각과 새로운 삶의 가치를 창출하는 탈주적인 생각과 힘을 갖는

36 레비나스적 타자의 개념에 대하여는 다음 절에서 소개할 것이다.

사람이어야 한다.[37]

이 경우 교사는 자신이 서있는 그 자리에서, 잘못된 교육정책이나 기존의 교육구조만을 탓하면서 무력감에 젖거나 냉소적 입장을 견지하는 것이 아니라, 교수학습의 의미를 적극적으로 새롭게 하고 잠재적 생성의 사유방식과 실존방식을 택하고 변이의 탈출구를 찾게 될 것이다. 이러한 관점에서 보면 교사는 체제 내부에 위치한 외부자의 역할을 수행하게 되며, "내재하는 외부"로서 체제 내의 역학관계를 뒤흔들게 되며 기존 체제의 통제와 동일화의 힘을 넘어 변이와 생성을 모색하게 된다.[38]

또한, 교사의 주체성은 "타자 일반적 총체성"에서 파생된 것으로서 존재하지만 그러면서도 "비판적 탈주를 통한 생성성"과 "타자의 윤리학"을 지녀야 하는 존재로서의 주체성이다. 이 점은 교원양성교육이 단순한 지식의 생성과 변화가 아니라 가치 지향의 내재화와 맞물려 있음을 말해주는 것이기도 하다. 학생에 대한, 교직사회 내의 타자에 대한, 특히 소수자와 이질적(異質的) 존재에 대한 비대칭적 책임과 배려는 근저에서부터 내면화되지 않으면 행동으로 현재화하기 어렵다.

동시에 교사는 '타자 일반적 총체성'이 지니는 함정인, 기존의 전체성으로부터 오는 무의식적 상징체계가 덧씌우게 될 피동성과 무기력화 그리고 일종의 이중의식(double consciousness; Du Bois, 1969)[39]에서 해방되어야 한다. 이는 곧 교원양성교육에서 교사 스스로에 대한 성찰성과 비판성을 강조할 수밖에 없음을 의미하는 대목이며, 일상적 수신(修身)의 중요성을 말하는 대목이기도 하다.

---

37 다음 논문은 비슷한 생각을 담고 있다(최명선, 2006).

38 물론, 이 경우, 교사는 자유롭게 사고하고 실험할 수 있는 권리를 지녀야 할 것이다. 이를 통하여 탈영토화의 시도가 가능해지며 새로운 사유의 시작, 새로운 가치의 전환, 새로운 삶의 방식을 의미하는 리좀적인 지식의 형성이 가능할 것이기 때문이다(최명선, 2005).

39 예를 들어, 타자일반적 총체로서의 교사는, 자기 자신의 결정이나 행동의 정당성을 사회 지배집단에 속한 사람들의 기대와 눈을 통해 볼 수밖에 없는 '이중의식(double consciousness)'을 지니게 될 수 있다. 이러한 이중성은, 예를 들어, 아프리카계 미국인들의 자기의식은 이들에 대한 미국 내 지배집단(또는 다수파)의 기대와 생각에 따르게 되는 것과 유사하다. 이로써 이들은 원래의 자기의식에서 오는 생각과 그들이 따라야 하는 다수파의 생각과 기대에 근거한 의식이란 '이중의식'을 지니게 되는 것이다. 이 말은 아프리카계 미국인 학자 Du Bois가 ≪흑인의 영혼(The Souls of Black Folk)≫이라는 저서에서 처음으로 사용한 말로, 다수파 문화에 대한 소수민족 구성원의 복합적 의식을 가리키는 데 쓰였는데, 교사가 지닐 수 있는 전체성의 함정을 지적하기 위하여 필자에 의해 원용되었다.

라. 교원양성교육 체제의 변화

언급할 수 있는 또 하나는 현재의 4년제 교육대학과 사범대학 및 교직과정 이수자로 이루어져 있는 교원양성교육 체제의 타당성에 대한 의문이다. 기존의 교육대학과 사범대학의 구분이나 틀은 우리의 전통과 가치를 담은 사범(師範)을 양성하는 틀도 아니었으며, 당시의 지배적인 교육이론에 근거한 것도 아니었다. 오히려 당시의 정치권력과 사회체제의 이양과정에서, 1946년 미군정청의 조치에 따라 일반대학과 유사한 제도로서 자리 잡은 것이었다. 교직과정 이수에 의한 교사의 양성도 그러하다. 교직과정은 교사의 수급과 관련하여 만들어진 임시적 제도로서 교사교육의 이론이나 논의를 바탕으로 한 것은 당연히 아니었다.

이렇게 생각하면, 기존의 교원양성교육 체제는 마땅히 의문시되어야 하며, 해체와 재구성의 대상이 되어야 한다. 이는 오늘의 시대가 주는 교육환경을 고려하여서도 그러하다. 물론, 이러한 해체와 재구성의 과정에서는 교육의 과정에서 존재해야 할 수신(修身)의 중요성이나, 보편가치에 대한 존중, 그리고 결과적 기능성으로서의 문화적 생성, 배움과 가르침의 상장성(相長性) 등이 깊이 고려되어야 할 것이다. 참고로 최근에 이러한 논의와 관련하여 학생의 50%를 1학년에서 선발하여 6년 동안 교육하고 석사학위를 수여하며, 나머지 반은 여타 대학 졸업자와 사회 일반에서 선발하여 사범교육과정을 이수하게 하는 개방형 6년제 사범대학의 체제모형이 제안되기도 하였다(Cho, 2012).

마. 교원양성교육의 교과 내용의 변화

더하여 교원양성교육에서 이루어지는 학문 지식 위주의 교육 내용구성 방식에도 의문을 제기할 수 있다. 예를 들어, 왜 우리는 경제학(미시경제학, 거시경제학, 화폐금융론 등) 자체를 가르쳐야 하는가? 교원양성교육에서 지식과 가치는 분리되어 교수될 수 있는가? 부르너(Bruner, J.)의 지식의 구조가 지니는 정치성은 교원양성교육에 어떻게 작용하는가? 교원양성교육에서는 오히려 지식의 구조에 대한 비판이 중요하지 않은가? 확정성을 지닌 학문적 개념과 이론이 교원양성교육에 의미를 지니는가? 오히려 교원양성교육에서 지식과 가치는 연계되어 논의되어야 하며, 지식 역시 생성의 과정에 있는 일종의 흐름은 아닌가?

사실, 학교교육 현장에서 흘러야 할 지식은, 종합적이며 이질적인 것에 대하여도 접속 가능성을 지니는, 그러면서도 어느 하나의 원리나 학문으로 환원되지 않는 다양체적 가능성을 지니는 것일지 모른다. 또한 획일적 방식이 아닌 "생성적인 사유와 삶의 지도"를 작성할 수 있는 것으로 변화와 창조의 가능성을 열어 둔 것이어야 한다. 더하여 이러한 지식관은 정보 양식(mode of information)에서도 구술적이거나 인쇄적인 양식보다는 디지털전자 정보양식(Hypertext 등)[40]에 가깝다 (Landow, 1997). 이러한 상황에 기초한 "하이퍼텍스트(hypertext)형 교수학습모형"은 위계성보다는 아나키성을 강조하며, 어느 관점에서도 다른 관점과 연결되며, 근본적으로 서로 다른 정보 사이에도 연계가 이루어지는 형태의 것이다.

이런 관점에서 보면,[41] 기존 교원양성교육의 교과 내용은, 제도화되고 규격화된 삶을 바탕으로 교육 내용 전반을 기존 권력관계에 종속시키고 재생산시키는 반복의 지식이며, 오히려 교원양성교육이 지향해야 할 교수학습의 목적을 거부하는 것으로 보인다. 확정성을 중심으로 하는 개념과 이론의 교수가 그러하며, 학문영역적 지식의 구조에 얽매이고 이를 배타적으로 보호하려는 이기적/권력적 경향이 그러하다.

다시 강조하는 것이지만, 교원양성교육에서 이루어져야 할 수업의 목적은 위계적이고 서열화된 삶과 지식의 체계를 벗어나, 유연한 사고와 태도로 끊임없이 생산적이며 창의적인 삶을 추구하는 교사를 길러내는 데에 있다. 이는 우선은 학사 전반을 통하여 변혁적 사유와 생성적 삶의 지도를 학생(예비교사) 스스로 그리게 하는 것이라 하겠다. 이렇게 생각하면, 교원양성교육의 교육과정은 짜여진 개념과 이론의 학습이 아니라 변화와 창조를 중시하고 "처음과 끝이 없는 흐르는 과정"을 중심으로 재편되어야 한다. 이렇게 될 때만이, 학생들은 끊임없이 새로워지는 학생 자신을 만들어 갈 것이고 자유로운 사유와 "삶의 지도 그리기[42]"가 가능해질 것이다.

---

40 주로, link, node, network, web, path 등의 용어로 묘사된다.

41 이는 교통의 시대, 생성과 변화라는 이 글의 기저를 반영한 관점이다.

42 이는 들뢰즈의 용어를 빌어온 것이다.

이러한 지식관과도 관련된 것이지만, 교원양성교육의 (교과)교육 모형은 학생들 각자의 정체를 인정하고, 학생 각자가 스스로 새로운 사고와 창조의 경험을 할 수 있는 방향을 지향하게 해야 할 필요가 있으며, 이러한 일이 보통교육 현장에서도 일어나게 촉진하는 교수모형이어야 한다. 교원양성교육 기관의 학생들은 미처 알지 못했던 세계에 대한 호기심과 상상력을 키워 나갈 수 있어야 하며, 존재 양식을 선택하고 생성적으로 생각하는 경험을 스스로 할 수 있어야 한다. 예를 들어, 모두 같이 작문(작품)을 하지만 각기 다른 창조적 경험과 생각을 이어가는 것이다. 그리고 이러한 경험을 초중등학교 현장에서 그 학생들과 어떻게 공유하고 그들이 스스로 생성과 창조성을 이어갈 수 있게 도와줄 수 있을 것인가를 교수와 예비교사(교원양성교육 기관의 학생)가 같이 고민해야 할 것이다.

이러한 생각의 바탕에는 차이와 다양성에 대한 존중이 깔려있다. 학생(보통교육 현장이든, 교원양성교육 기관이든)들 자체의 다양성을 교사 또는 교수가 인정해야할 뿐만 아니라, 학생들 역시 자신과 상대의 차이에 대한 주장을 인정하여야 하며, 이러한 차이는 끊임없이 생성된다는 사실을 인식해야 할 것이다. 동시에, 자기 자신도 이전의 자신으로부터 끊임없이 변이하고 차이가 생성되는 존재임을 인식해야 하는 것이다. 이러한 과정은 동일성과 통일성이 무너지고 교육자와 학생들 자신들의 앎과 삶의 방식에 스스로 의문을 던지며 기존의 특권을 전복하는 것이기도 하다. 이미 앞에서 말했듯이, 이질성의 규범이 상시화하고 오히려 동질성의 규범이 이질적이 되는 과정이기도 할 것[43]이다. 물론 이러한 과정에서 "소수자와 일탈(逸脫) 그리고 해학(諧謔)"은 오히려 소중하게 여겨져야 할 것이다. 그들이 지니는 비판성과 창조성은 생성의 단초를 제공할 수도 있기 때문이다.

이러한 경우에, 교원양성교육의 장은 소통하면서 해체와 집합이 이루어지는 만남의 장소이자 공공의 공간(public space)이 되어야 할 것이며, 민주적이면서 학문적인 소통 규칙과 교수학습이 함께하는 소통의 광장(agora)이다(McMahon C. R., 1996). 이러한 광장에서는 교수가 학생에게 권한을 이양(empowering)하는 것이 아니라, 교수와 학생의 소통 그 자체가 이미 학생 자신의 힘이고 에너지이며 기쁨이다.

이러한 관점에 서면, 후기구조주의자인 들뢰즈의 "~되기(devenir)" 개념 역시

43 이는 필자의 판단이다.

교과와 교수학습 방법에 대한 논의에서 커다란 함의를 지닐 수 있다. '되기'는 다른 존재로 생성의 블록을 이룸으로써 스스로를 변형시켜나가는 운동이며, 외부의 힘에 의해서가 아니라 내재적으로 이루어나가는 과정이다. 또한, 되기의 창조적인 것은 소수파 되기의 과정에서 존재할 가능성이 크며, 이 과정에서 되기는 표준에서 일탈하거나 탈주하면서 이행하고 대안을 창조해내는 것과 연결될 가능성이 크다. 그리고 이러한 되기의 효과적인 교수학습법으로 글쓰기가 제안되기도 한다(Warren & Noel, 2010). 사람들은 글을 쓰는 과정에서 다른 사람이 되고 동물이 되며, 주류적 인간에서 벗어나 "소수자와 약자 되기"를 하면서 약자의 입장에서 느끼고 생각하며 그들의 삶을 체험할 수 있게 될 것이다. 가상현실 또한 비슷한 효과가 있을 수 있다. 소수자의 실제체험에 비슷한 체험을 통하여 학습자로 하여금 소수자 세계의 삶의 방식과 사유, 소수자적 가치를 체득할 수 있게 할 수 있으며, 이 역시 교육에서 탈영토화를 이끄는 탈주선이 된다(목영해, 2010).

더하여 변화와 생성의 원동력으로서의 수신(修身)에 대한 욕망(desire)과 그 노력을 몸에 익히는 것은 배움의 감성을 자극하며, 학습의 표현적(expressive) 측면을 촉진한다(McWilliam, 1997). 예를 들어, 들뢰즈에게서 인간은 '큰 신체와 작은 정신의 결합체'로서 '기호로서의 대상'을 이를 통하여 의식하며, 기호와 마주치는 가운데에서 신체와 무의식을 통하여 배우게 된다. 이렇게 생각하면, 신체의 장에서 미세한 지각들이 차이화를 수행할 수 있게 하는 능력을 지니게 교육하는 것은, 생성과 변이의 바탕으로 작용할 수 있다.[44] 이때의 신체는 먹고 입고 모양을 지니는 신체가 아니라, 자신과 세상을 변형시키고 이에서 작동을 매개하는 역할(agent)을 수행하는 신체를 의미한다.

여기서 수신(修身)의 의미는 되새길 만하다. 수신의 핵심인 공부는 <대학(大學)>에 의하면 널리 알고, 묻고 밝히고 분명히 판단하는 일(博, 問, 明, 辨)이며, <논어(論語)>에서는 널리 알고 자신의 관심에 뜻을 돈독히 하며, 절실하게 문제를 제기하고 삶의 세계와 가까이에서 사유하여야 함[45]을 논하고 있다. 일반적으로 말하여

---

44 이러한 관점에서 '감각의 교육학(pedagogy of senses)'이란 말을 쓰기도 한다; 김재춘(2012). 들뢰즈의 기호와의 마주침을 통한 배움의 교육적 의미 탐색, *교육원리연구*, 17(1), pp. 65-87.

45 博文而篤志 切問而近思 <論語>

사물의 이치를 추구하여 앎을 지극히 하고 뜻이 진실되게 하고 마음을 바로 하여 자신을 수양하는 수신은 공부에 있어서 이치를 궁리하고 앎을 지극히 하며 스스로를 돌이켜 비판적으로 성찰하고 행동으로 실천해나가는 과정이라 할 것이다.[46] 이러한 수신에 대한 욕망을 함양하는 일은, 교원양성교육 전체를 통틀어 되새겨야 할 중요한 핵심 요목으로 여겨진다.

이렇게 생각하면, 교원양성교육의 교수학습의 장에서, 교수는 수신(修身) 공부에 대한 욕망과 열정을 촉진하는 것이 우선적인 일이며, 지식 전수의 측면보다는 학생과의 사이에 이루어지는 복합적인 관계성에 더 주목해야 할지도 모른다. 여기서 교수와 학생은 과목의 수강과 교수에서, 지속적으로 아비투스(habits)와 감성적 주의집중(emotional attentions) 속에서 협응하게 될 것이며, 상호관련성과 상호주관성의 새로운 지평을 여는 공간을 형성해야 할 것이다.[47] 우리가 흔히 '사랑의 교육학(pedagogy of eros)'이라 부르는 것이나 동양적 스승과 제자의 관계성은 이와 관련된 논의를 포함한다.

사실 교직적 소양이나 교육실습 역시 이상에서 논의된 바를 근간으로 해체와 재구성을 시도할 수 있다. 차이와 다양성을 근간으로 하는 생성의 관계적 윤리관 정립, 타자의 윤리학을 체험하는 일, 흐름과 과정의 지식관, 공부에의 욕망과 "사랑의 교육학"에 대한 체득, 비판과 생성 그리고 변이적 체험 등은 교직의 기본 소양일 것이며, 교육실습의 과정은 이러한 관점에 접목되어야 할지 모른다.

바. 교원양성교육과 교사교육 연구의 변화

또 하나 논의해 볼 것은 교사교육 연구에서 언어의 의미에 대한 것이다. 실제로 교육 연구에서 언어의 역할과 의미는 과소평가되어 온 측면이 있으며, 최근의 연구 변화에 비추어 재조명되어야 할 필요가 있는 중요한 부분이다. 지금까지 한국의 교사교육 연구에서는 언어의 역할이 충분히 인식되지 않았다. 언어에 대한

---

46 <朱子語錄> 卷 9; 居(窮理 致知), 敬(反躬 實踐)

47 스승과 제자의 관계에 대한 동양적 관점은 아니지만, Michalinos Zembylas(2007) 역시 후기구조주의적(특히 들뢰즈) 관점에서 비슷한 주장을 하고 있다.

깊이 있는 고려는 담론적(discursive) 관점에서도 그리고 중재성(mediation)에 대한 고려에서도 매우 중요한 작업이 될 것이다.

교사의 활동을 매개하는 언어적 소통(구어, 문어, 소통을 위한 작문이나 서술 등을 모두 포함)과 언어적인 표현들은 표시된 바의 의미를 그대로 담고 있다기보다는 이미 합의된 언어사용 규칙에 따라 어떤 특별한 의미를 선택할 수 있는 안내자의 역할을 담당할 수 있다.[48] 학생과 교사는 수업공동체의 일상사에서 다른 학생이나 교사와 지속적으로 언어적인 사회적 상호작용을 하게 된다. 그들은 이러한 과정을 거치는 동안 상대가 사용하는 언어의 의미와 자신의 생각을 조절하면서 "상황을 정의(definition of situation)"하고 추상화된 규칙(code)을 형성하며 이로부터 말의 의미를 파악하고 언어적 소통을 이루어나간다. 이렇게 보면 수업의 언어적 소통이란 학생과 교사가 지속적으로 수업의 사회적 상호작용을 경험하면서 가능한 개념적 네트워크들을 주관적으로 구성해가는 과정(subjective construction)으로 이해할 수 있다. 이러한 관점들이 반영되는 교사교육과 교사 연구는 실제로 일어나는 수업의 실체를 규명하는 데에 크게 기여할 수 있을 뿐만 아니라 교사의 일(수업 등)을 새롭게 생성하는 데에도 중요한 역할을 하게 될 것이다.

교사교육의 연구방법 역시 체제의 새로운 생성에 눈뜰 필요가 있다. 지금까지의 연구가 주로 의존해온 "눈에 보이는 증거기반(visual evidence-based)의 연구[49]"를 넘어, 인식으로 증명될 수는 없더라도 의미 있는 연구의 결론이 가능한 방식으로 기존의 연구론을 해체할 필요가 있다. 이는 한편으로는 교사교육 연구에 과학성을 넘어 예술성을 추가한 창의적이고 비평적인 연구의 가능성을 모색하는 일이 될 수 있을 것이며, 다른 한편으로는 쿤(Khun)의 패러다임 혁신이나 푸코적인 의미에서의 연구 에피스테메(episteme)를 탈주하려는 시도가 될 것이다.

이 과정에서는 필연적으로 다양한 방면의 노력이 요청되는데, 소수의 목소리와 일탈적 지식에 대한 새로운 이해, 담론의 복수성 존중 등은 의미 있는 교사교육 연구의 시대를 여는 계기가 될 수도 있을 것이다. 이에 대해 앞서 주체의 윤리

48 Von Glasersfeld, E. (1989). Cognition, construction of knowledge, and teaching. Synthese, 80(1), 121-140.

49 실증주의, 후기실증주의, 객관성을 표방하는 해석적 전통의 상당 부분의 연구들은 대체로 인식 가능한 증거에 기반한 연구로 이해할 수 있다.

와 관련해 논의된 바 있는 레비나스의 철학은 참고할 만하다. 레비나스의 타자지향적인 윤리학에서는 타자의 목소리에 귀를 기울이고, 그들의 목소리를 그대로 받아들이는 비대칭적(asymmetric) 관계가 제시된다. 이러한 타자와의 관계설정은 그 동안 연구자와 연구참여자 사이에 존재했던 이원론적인 구분, 즉 연구자는 관찰자이자 연구의 주체이며, 연구참여자는 피관찰자이자 연구의 대상이라는 근대적이고 실증적인 관계설정이 가진 폭력성을 드러낸다. 또한 레비나스에서는 해석적 구성주의적 접근에서의 연구자와 연구참여자 사이에 설정되었던 상호작용적인 관계조차 초월하는 절대적인 타자존중의 자세가 요청된다. 물론 실제의 연구수행에 있어 연구자와 연구참여자 사이에 이러한 관계는 온전히 성립하기 어렵다. 그러나 연구수행에 있어 이러한 자세를 견지하는 지속적인 노력은 기존의 교사교육 연구체제가 간과해왔던 타자의 절대성과 주체의 존립기반으로서의 타자의 존재에 대하여 다시금 숙고해보게 할 것이다.

또한 교사교육의 실천성 제고를 위하여, 학계는 학문을 자신만의 과학성으로 치장된 하나의 특권으로 여기는 인식적인 한계를 넘어설 필요가 있다. 특히 최근 상호연계성의 강화와 혼종화의 특징을 보여주고 있는 한국 자본주의와 민주주의의 정치경제 환경적인 특성은 교사교육연구가 학제적 연구와 같은 타 연구 분야와의 소통, 그리고 연구의 주체이자 대상인 학생과의 진정성 있는 소통을 확대해야 할 필요성을 제시해주고 있다.

4. 결언: 스스로 꿈을 이루는 학교와 교사교육

지금까지 우리는 4차 산업혁명과 포스트모던의 시대와 그 극복 과정이 지니는 필연적 생성의 과정을 전제로 기존 교원양성교육의 비판적 해체와 재구성을 논의하여 왔다. 물론 이러한 논의는 그것이 지니는 관계성의 윤리를 중심으로 하는 해체의 도덕성이나 교육의 본래적 가치와 그 영역 자율적 특성을 행동윤리적 기반으로 하여 이루어져야 함을 포함하는 것이었다. 또한 당연히 이러한 논의는 교사의 존재성과 더불어 교육활동에 대한 인식론적 논의를 포함하는 교육주체성 논쟁을 수반할 수밖에 없었다. 이 논의 없이는 교원양성교육에서 길러져야 할 인재상이나 그 실제적 지향을 찾기 힘들기 때문이다. 한마디로 요약하여, 우리는 지금까지 기존의 교원양성교육이 지닌 구조를 새롭게 바라보면서도 교육적 가치를 존중하는 "교육적(도덕적) 형상을 지닌 탈바꿈(deconstructive moral formation)"을 시도한 것이다.

어찌 보면 교육은 현 사회체의 주된 원동력인 자본에 의해 아직 완전히 잠식당하지 않은 분야인 듯하다. 우리 사회의 대부분의 분야는 사실상 자본으로 환원되고 자본의 논리에 의해 지배당하고 있는 측면이 있다. 심지어 예술 분야 역시 예술작품에 대한 투자 경향이나 작품시장의 흐름의 보면 자본의 논리에 의해 잠식되고 있음을 느낄 수 있다. 그럼에도 교육은 천명(天命)에 이르는 첫 단추이자 기반이라는 전통(맥킨타이어적 개념으로 사용됨) 속에서, 일정 부분 우리의 의식 속에 그 영역의 자율적 특성을 유지하고 있다. 물론, 오늘날 회자되는 교육열의 저변에는 도구적 측면의 자본적 논리가 개재되어 있음도 사실이지만, 그 열기의 과도함이나 부모들의 헌신 속에는 교육의 내재적 가치에 대한 일종의 종교적 믿음이 포함되어 있는 것으로 보인다.

이러한 측면에서도 교육은 고통의 시대를 넘어 새로운 문명을 건설할 수 있는 통로라는 사실에 많은 사람들은 동의하고 있으며, 그러한 교육의 확장선에 교원양성교육이 있다. 교원양성교육은 그러한 확장선의 원동력이다. 물론 교사의 교육주체성은 타자 일반적 총체성을 지니지만, 동시에 논의한 바와 같이 원초적 탈주와 생성의 주체성을 지닌다. 이렇게 보면 교원양성교육은 고통의 극복과 새로운 문화 생성의 원동력 중 하나임에 분명하다. 다만 시장자본주의의 소키우스(socius)인 자본의 비인격성을 막고 교육의 본래적 의미와 가치를 회복하면서 어떠한 길을 걸을 것인가는 교사교육 학문 공동체에 주어진 중요한 논의 사항일 것이다.

그리고 이 모든 논의의 지향에는 학생들이 스스로 꿈을 이루어나가는 학교의 모습이 상정되어 있다. 이는 불평등과 복지의 교육담론이 지닌 한계를 넘어 새로운 시대의 새로운 논의 구조를 생성하는 것이다. 교사교육의 해체와 재구성 논의는 그 통로를 만드는 핵심적인 고리라 할 것이다.

memo

제1부

교원양성 교육과정의 문제와 개선 방향

한/국/교/원/양/성/교/육/의/현/황/과/미/래

2

현장의 교사가 바라본 교원양성 교육과정의 문제와 변화 방향

김영식(좋은교사운동 공동대표)

현장의 교사가 바라본 교원양성 교육과정의 문제와 변화 방향

김영식(좋은교사운동 공동대표)

18년째 학교에서 역사를 가르치는 교사로 살고 있다. 처음 교사가 되고 난 이후 교실에 처음 들어선 날의 당황스러움을 잊을 수 없다. 밀림에 내던져진 초식동물처럼 무엇을 해야 할지 모를 막막함이 몰려왔다. 학생들과의 관계를 어디에서부터 시작해야 할지, 수업은 어떻게 풀어가야 할지 막막하기만 했다. 교사가 되기 위해 대학에서 배웠던 것들은 전혀 생각이 나지 않았고, 몇 가지 생각나는 것들도 교실 현장에서는 무력하기만 했다. 신규 교사에게만 나타나는 현상이라 말할 수도 있고, 한 개인에 국한되는 문제라 말하는 이도 있을 수 있다. 그러나 교사로 사는 내내 전문성을 확보하기 위해 동료 교사들에게 물어가며 맨 땅에 헤딩하는 식으로 살아왔으니, 단순히 신규 교사만의 문제라 말할 수는 없다. 또한 교사들 대부분에게서 공통적으로 이야기되고 있으니 한 개인의 경험에 그치는 것이라 말할 수도 없다.

교사의 질은 교육의 성패를 좌우하는 가장 핵심 요인이다. 질 높은 전문성을 가진 교사를 길러내는 것이 우리 교육의 질을 높이는 핵심이다. 사회적으로도 학생을 가르치는 교사들에게 교육하는 일에 적합한 자질과 자격을 갖출 것을 요구하고 있다. 교육을 둘러싼 환경이 급변한 현실에서는 달라진 환경에 맞는 교육과정을 새롭게 만들고, 예비 교사들을 길러내야 우리 교육의 질을 담보할 수 있을 것이다. 이런 맥락 속에서 기존 교육과정이 가진 문제점과 교육환경의 변화를 짚어보고, 변화의 방향성을 현장 교사의 관점으로 이야기해 보고자 한다.

1. 달라진 교직 환경

가. 인공지능 시대의 도래

2016년에 이세돌 9단과 인공지능 알파고와의 바둑 대국의 결과를 보면서 많은 이들이 큰 충격에 빠졌다. 바둑이라고 하는 특정 분야이지만 인공지능이 인간의 능력을 앞선 현실을 직접 눈으로 확인했기 때문이다. 로봇이 인간의 일자리를 대체하게 될 것이라는 예측들이 곳곳에서 이야기되고 있다. 이제 일은 로봇이 하고, 인간은 국가가 준 기본소득으로 소비하는 경제 형태가 등장할 것이라는 예측도 나온다. 예측은 현실화되고 있다. 장기간 지속되고 있는 청년 실업의 원인 중 하나가 산업계의 구조 변화 때문이라는 분석들이 있다. 이런 변화들 속에서 인간의 삶의 의미는 무엇인가라는 근본적인 질문들이 제기되고 있다.

사회변화는 교육의 방향과 방법에 대한 변화를 요구한다. 많은 지식을 일방적으로 전달해서 학습하고 평가하는 방식의 교육은 더 이상 유효하지 않게 되었다. 지식을 일방적으로 전달하는 것은 이미 인터넷 공간에서 일어나는 교육으로 대체되고 있다. 학교가 교육을 독점하던 시대의 교육의 명제가 폐기되고 있다. 기존의 교육 시스템을 지배하던 명제는 다음과 같다.

첫째, 누가 가르치고 누가 배우느냐의 문제다. 과거에서는 교사가 가르치고 학생은 배웠다. 교사는 과거로부터 형성된 전통적 지식을 잘 정리해서 전달하면, 학생들은 그것을 받아서 배우는 존재였다. 그러나 이제 교사만 가르치지 않는다. 요즘 학생들은 유튜브에서 삶에 필요한 것들을 배운다고 한다. 생활에서의 지혜, 화장법, 인생관 등 다양한 강의와 정보들이 유튜브를 통해 학생들에게 전달되고 있다. 특정 분야에서는 교사보다 학생이 더 많이 알고 있는 경우도 있다.

둘째, 무엇을 가르치고 배울 것인가의 문제다. 과거에서 형성된 지식 중 엄선된 내용들을 배웠다. 그러나 과거에 형성된 지식이 학생들에게 의미있을 때는, 그 지식이 학생들의 현재와 미래의 삶에도 여전히 유효할 때다. 학생들의 삶에 유효한 과거의 지식들도 여전히 많다. 삶과 인간을 이해하고, 사회와 자연을 이해함에 있어 필요한 지식들은 여전히 학생들이 배워야 할 중요한 지식들이다. 그러나 이미 유효기간이 끝난 지식들도 상당히 많다. 지식의 기초를 형성하는 내용은 여전히 중요하지만, 특정 기술과 관련된 것들은 매년 달라지고 있다. 구글 번역기나 네이버 파파고와 같은 번역 애플리케이션들이 개발·활용되는 현실에서 과거와 같은 영어 교육의 방식은 달라져야 한다.

셋째, 어디서 배울 것인가의 문제다. 전통 교육에서 학교는 교육을 받기 위한 거의 유일한 공간이었다. 학교에 가야만 배울 수 있었고, 학교에서 배웠다는 것을 인증해 주는 졸업장은 한 사람의 능력과 경력을 평가하는 데 중요한 평가요소였다. 학교 졸업장이 갖는 사회적 힘이 컸기 때문에 우리 사회의 입시 경쟁도 치열할 수밖에 없었다. 이렇게 되니 대부분의 학생들은 학교를 당연히 가야만 하는 곳으로 알고 학교를 다녔다. 학교를 중도에 그만두는 것은 삶에서 큰 오점으로 인식되었다. 그러나 교육을 받을 수 있는 통로가 다양한 상황에서 굳이 학교에 가야 하는 이유를 묻게 된다. 학교가 아니라도 얼마든지 배울 수 있다면 가기 싫은 학교를 억지로 가야 할 이유가 없다. 그렇다면 오늘날 학교는 왜 존재하는가를 물어야 한다. 교사가 되기를 희망하는 사람들 스스로 학생들이 굳이 학교에 와야 하는 이유를 묻고 답할 수 있어야 한다.

넷째, 언제 배울 것인가의 문제다. 교육의 시기를 묻는다. 우리나라 학생들은 8세~19세에 학교에 가는 것으로 되어 있다. 많은 사람들이 학교를 가지 않거나 중간에 일이 있어 학교를 쉬는 것을 문제가 있다고 느낀다. 그러나 학교가 아니라도 배울 수 있는 곳이 많은 상황에서 굳이 8세~19세에 교육을 받을 필요는 없다. 학생의 발달단계에 따라 교육의 시기가 빨라지는 것은 조심해야 할 일이지만 경우에 따라서는 일찍 교육을 시작할 수도 있다. 반대로 학교 가는 것을 늦출 수도 있다. 학생에게 학습의 의지가 있다면 언제라도 배울 수 있는 기회는 충분히 가질 수 있는 현실이다. 그렇다면 현재 같은 나이를 중심으로 운영되고 있는 학급 구성에 대한 생각은 완전히 달라져야 한다. 이제 한 학급 안에 여러 연령대가 있을 수 있다는 가정 하에 학급 운영 방식, 상담, 생활교육 기법 등을 배워야 하는 것이다.

위와 같이 과학 기술의 발달로 인한 인공지능의 출현, 인공지능 기반의 발전된 정보화 사회 속에서 학교 운영의 기초적 논리들의 변화가 일어나고 있음을 교원양성과정을 고민할 때 충분히 고민하고 반영해야 한다.

나. 학생 구성의 변화

학교에 들어오는 학생들에게 변화가 일어나고 있다. 가장 큰 변화는 학생 숫자의 감소다. 1990년대에는 한 해 60만~70만의 아이들이 태어났다. 그러다가 2000년대 초반에 출생자 수는 50만 명 아래로 떨어졌고 그 이후로 한 번도 50만 명 이상의 아이들이 태어난 적은 없다. 급기야 2017년 이후로는 40만 명 아래로 곤두박질쳤다. 2019년 초등학생 숫자가 270만 명대 중반이지만 이후 계속 감소해서 2024년경에는 250만 명대 아래로 떨어지게 된다. 초등학교뿐만 아니라 중고등학교의 학생 수도 계속 감소하는 추세에 있다. 자연스럽게 학급당 학생 수도 줄어들게 될 것이다. 이제 교사들은 많은 수의 학생들 전체에게 하나의 방식으로 가르치는 것에서 적은 수의 학생들 하나하나에 맞는 개별적인 교수학습을 모색해야 할 필요가 있다. 과거에는 수많은 학생을 경쟁시켜 우위에 있는 일부 학생들의 성공만을 중시했다. 그러나 이제는 모든 학생의 성공을 지향하는 것이 인권적 측면에서나 사회적 측면에서 타당하게 되었다.

학생 구성과 관련해서 다문화 학생 숫자가 늘어나는 것도 중요한 변화다. 법무부 통계에 따르면 2016년 5월 기준 195만 명이 단기 및 장기 체류를 하고 있다. 10년 전 91만 명과 비교해 봤을 때 2배 이상 늘어난 숫자다. 이 추세로 계속된다면 체류 외국인 숫자는 더욱 증가할 것이다. 이에 따라 다문화 학생수도 자연스럽게 증가될 것이다. 2015년 교육통계연보에 의하면 초·중등학교에 8만 명 이상의 다문화 학생이 분포하고 있다. 반면, 이들에게 필요한 교육적 지원은 매우 취약한 상태이고, 지원할 변변한 시스템도 아직은 부족하다. 2014년 학업성취도 평가 결과 국어 과목에서 다문화 학생들의 기초학력 미달 비율은 일반 학생들의 6.5배였다.[1] 일반 학생들이 보통 2% 정도의 기초학력 미달률을 보이는 것에 반해 다문화 학생들의 13%가 국어 과목에서 기초학력 미달을 나타내고 있다. 부모의 한국어 사용이 취약한 환경 속에서 이들을 위한 한글교육과 학습지원 시스템에 대한 대책을 요구받는 현실이다.

학생들 중에 정서적 어려움을 겪는 학생들이 늘어나는 것도 주목해보아야 한

1 교육부 보도자료, 2014년 국가수준 학업성취도 평가 결과 발표, 2014.11.28.

다. 지난 2018년 8월 한 언론에서 초등학생 중 흔히 과잉행동장애라 일컬어지는 ADHD를 겪는 아동이 25만 명에 달하지만 실제 소아정신과적 치료를 받는 학생은 14,000여 명에 불과하다는 기사를 보도했다.[2] 교사들이 실제 학급에서 이런 유형의 아이들을 학급당 1~2명씩은 만나고 있기 때문에 어느 정도의 신빙성을 갖고 있는 기사로 볼 수 있다. ADHD와 같은 정신과적 문제를 보이고 있는 학생들이 점점 늘어나고 있는 추세다. ADHD, 품행장애, 우울증, 아동학대 트라우마 등으로 인한 외상후 스트레스 장애 등 다양한 원인의 정신적 문제를 보이고 있다. 뿐만 아니라 매년 200~300명의 가까운 학생들이 자살하고 있으며, 최근 학생들 사이에 자해가 유행하고 있는 상황이기도 하다. 이런 상황임에도 학교는 여기에 대비할만한 시스템이 많지 않다. 반면, 교사들은 이 문제에 대처할 준비가 거의 되어 있지 않다. 담임들의 경우 학급 안에 이런 문제를 겪는 학생이 한 명만 있어도 이를 제대로 대처하지 못해 학급이 무너지는 현상이 비일비재하다.

다. 교육정책의 변화

교육정책의 변화에 따라 교사들에게 요구되는 직무역량도 변하게 된다. 교사들에게 요구되는 역할에 큰 변화를 가져온 대표적인 정책이 혁신학교 정책이다. 2009년 경기도교육청에서 가장 먼저 시작된 혁신학교는 민주적 자치공동체와 전문적 학습공동체에 의한 창의지성교육을 실현하는 공교육 혁신학교의 모델학교로 정의되었다.[3] 혁신학교에서 말하는 민주적 자치공동체와 전문적 학습공동체에 대해 다음과 같이 설명한다.[4]

> 민주적 자치공동체는 학교장의 소통과 전문성에 입각한 리더십을 바탕으로, 민주적인 회의체계와 운영원리를 통해 학교의 비전과 교육목표를 함께 만들고 함께 실현하며, 학생들의 적극적인 자치활동 보장과 자치역량 강화, 그리고 학부모와 지역사회의 자발적이고 적극적인 참여와 협육이 활발하게

---

2 중앙일보 2018.09.05.일자 보도.

3 경기도교육청(2012), 혁신학교기본문서.

4 경기도교육청(2012), 위 자료.

일어나는 공동체를 말한다고 하였다. 이러한 구조와 운영과정에서는 교사를 비롯한 학교 구성원들이 상호 소통하고 신뢰하며, 자아존중감과 자아효능감을 높여 전체적인 교육력을 강화하는 것을 중시하게 된다. 또 혁신학교에서 말하는 전문적 학습공동체는 교사들의 동료성을 강화하여 서로의 수업에 대해서 개방하고, 교육활동에 대하여 대화하고 협의하는 과정에서 교사가 함께 성장하는 원리와 철학을 담고 있는 전문성 향상을 위한 공동체를 말한다. 교사가 자신의 수업을 성찰하고 나아가 새로운 시도를 하여 끊임없이 성장하는 과정을 통해 교사와 교사, 교사와 학생, 학생과 학생 사이에서 배움이 일어나는 것을 목적으로 한다.

위 글에서 볼 수 있듯이 혁신학교 정책에서는 학교의 민주성과 교사의 주체성, 동료성을 강조하고, 교사의 전문성 신장을 위해 과거의 일방적인 연수 방식이 아닌 동료들과의 개방적인 대화와 집단적 성찰 중심의 학습공동체에 대한 참여를 강조한다. 경기도교육청에서 시작된 혁신학교 정책이 일정 정도의 학교 변화의 성과를 보이게 되면서, 혁신학교 정책은 전국적인 흐름으로 확산되었다. 또한 이 흐름은 단기적인 변화에 그치지 않을 것으로 예상된다. 혁신학교에서 지향하고 있는 통합 수업, 프로젝트 수업, 토론식 수업 등은 단순한 정치적 목적의 정책이 아니라 급속한 사회변화 속에서 필요한 학생 교육의 방식으로 주목받아왔던 방식이고, 이와 같은 수업이 학교에 실천하기에 적합한 학교 운영의 모델로 평가받았고, 향후 수업의 방법이 달라진다 할지라도 변화를 만들어가는 전략적 관점에서 혁신학교가 지향하는 의사결정방식과 소통의 문화들이 유효한 수단으로 활용되고 있기 때문이다. 이와 같은 변화는 향후 교직에 들어올 교사들에게 교사의 전문성에 대한 관점, 전문성 신장을 위한 실천의 방향성, 학교 운영의 소통 원리들을 충분히 학습할 것을 요구하고 있다.

현재 추진되고 있는 전국의 혁신학교에서는 학생을 바라보는 전통적인 관점에서도 변화가 일어나고 있다. 학생을 학습의 대상으로 보지 않고, 학습의 주체로 인식한다. 학생이 학습의 주체라면 학생의 생활교육의 패러다임도 변화되어야 한다. 과거 생활교육에서는 지시와 통제를 기본 패러다임으로 한다. 학교에서의 생활규정은 교사를 중심으로 한 학교가 정하고 학생은 규정에 복종해야 할 의무를 갖게 된다. 그러나 학생이 학습의 주체요, 학교생활의 주체라고 하면 학교에서의 생활 규정도 학생의 삶을 중심으로 다시 논의를 시작해야 한다. 그리고 논의의 주체도 당연히 학생들이다. 학생 생활규정은 해야 할 것과 하지 말아야 할 것을 정하게 되는데, 그 기준은 학생 생활규정 하나하나가 한 개인이 누려야 할 기본적인 인권을 존중하는 바탕 위에 여러 사람이 함께 살아가는 공공시설로서의 학교 공간에 필요한 질서에 필요한가 여부다. 학습이라고 하는 공동의 목적 속에서 서로를 존중하기 위해 필요한 것들을 학생이 주체가 되어 협약을 만들어가는 과정이 학생생활규정을 만드는 과정이 된다. 이 자체가 학생들에게 중요한 학습의 과정이다. 이런 모든 과정들은 교사들이 학생을 어떻게 바라보느냐에 따라 다른 결과들을 만들어내기 때문에, 교사들의 교육관과 생활지도 역량이 상당히 영향을 미친다.

혁신학교 정책과 함께 학교폭력 관련 대책도 교사들에게 요구되는 직무역량의 큰 변화를 만들어내고 있다. 학생들 간에 일어나는 갈등을 처리하는 과정이 과거 교육의 영역에서 법의 영역으로 변화되면서 교사들이 많은 혼란을 겪게 되었다. 학생들 간에 싸움이 일어나면 과거에는 교사가 학생들을 잘 타이르고 화해시키면서 교육해 왔는데 이제는 단순히 타이르고 화해시키는 것에 그칠 수 없고, 법에 따라 처리절차를 시행해야 한다. 그 과정에서 학생들이나 학부모들 간에 더 큰 갈등이 일어나고 법적 소송으로 이어지면서 교사들의 개입이 매우 애매한 현실이다. 아무리 법에 따른 절차가 중요하더라도 교육기관으로서의 학교의 본질적 책무를 소홀히 할 수 없다. 이에 따라 학생들의 갈등을 교육으로 전환시킬 수 있는 역량, 의사소통역량 등이 교사의 매우 중요한 필수 역량으로 자리잡게 되었다. 이는 학생을 지시하고 통제하는 패러다임에서 삶의 주체요, 학습의 주체로 보는 혁신교육의 맥락과 맞물리며 그 중요성은 더욱 커지게 되었다.

최근의 교육정책 중 교사들의 직무 환경에 큰 영향을 미치는 정책 중 하나가 고교학점제다. 교육부는 입시·경쟁 중심의 교육에서 벗어나 학생들의 진로 설계와 성장을 지원하기 위해 고교학점제를 도입하겠다고 발표하였다.[5] 교육부에 따르면 4차 산업혁명 시대 도래에 따라 모든 학생의 창의적 역량을 키울 수 있는 교육이 더욱 절실함에도 불구하고 입시와 수능에 종속되어 획일적 교육과정 운영

5 교육부 보도자료, 고교학점제 추진 방향 및 연구학교 운영계획 발표, 2017.11.27.

과 줄 세우기식 평가가 이루어지는 고교교육의 근본적 혁신이 필요하다는 것과 고교교육이 모든 학생의 성장과 진로 개척을 돕는 본연의 기능을 되찾고, 수평적 고교체제 하에서 다양한 교육을 제공할 수 있도록 종합적 제도 개선이 필요하다는 문제의식에 따라 고교학점제를 추진한다고 하였다. 고교학점제는 교육과정 이수단위를 학점으로 전환하는 차원을 넘어 학생의 과목 선택권 보장, 교수학습·평가 개선 등을 통해 고교교육의 실질적 변화를 가져오는 것을 핵심으로 한다. 이는 과거 교사의 교육과정과 수업의 운영 형태에 큰 변화를 가져올 것으로 예상된다. 고교학점제 하에서는 교사가 하나의 과목만을 가르치는 것이 아니라 대학과 같이 여러 과목을 개설하여 운영해야 한다. 여러 과목을 담당하는 것도 중요하지만, 교사가 한 학기의 교과 교육과정을 직접 설계해서 개설하는 것도 중요하다. 이에 따라 교사의 교육기획력이 중요한 직무역량으로 요구된다. 김민남·손종현(2007)은 교육기획력이란 교육목적에 따라 교과지도, 생활지도, 학생평가를 교사가 기획할 수 있음을 의미한다고 하였다. 즉 교사가 교육과정 편성권을 가지고 수업을 전개한 과정과 교사별 학생 평가로 완성시킬 수 있는 교사의 권한 및 능력을 교육기획력이라 할 것이다. 입시 경쟁 교육에서는 교사에게 교육기획력을 요구하지 않는다. 국가의 표준화된 교육과정이 있고, 이에 따라 출제되는 표준화 시험을 잘 대비시켜 줄 것만을 요구했기 때문에 교사가 별도의 교육과정을 기획할 필요를 느끼지 않았다. 그러나 교육부의 문제의식과 같이 4차 산업혁명 시대에 따른 모든 학생의 창의적 역량을 키우기 위해 획일적 교육과정을 탈피해서 다양한 교육과정을 기획하고 운영할 수 있는 역량을 요구하게 되는 것이다. 이를 위해 교사에게는 교육과정을 기획할 뿐만 아니라 그에 맞는 수업 방식의 구안과 학생평가를 실시하고 피드백하여 학생의 성장을 견인할 수 있는 총체적인 역량이 요구된다. 이와 같이 고교학점제는 시기는 조금 미뤄질 수 있으나, 교사의 직무 수행에 매우 지대한 영향을 끼칠 것으로 예상된다.

2. 현장과 괴리된 교원양성 교육과정

가. 교과교육론 교육의 부족

현장 교사들은 사범대에서 교과내용학에 비해 교과교육학의 내용이 부족하다는 것에 대체로 공감하고 있다. 김현자 등(2016; 110)은 2개 사범대학의 교육과정을 분석하여 교과교육학과 교과내용학의 비율이 학과에 따라서 16%:84%, 20%:80%, 35%:65%의 차이가 난다고 하였다. 같은 연구에서 인터뷰에 참가한 교사들은 교수학습방법론에 대한 교육이 좀 더 늘어나기를 희망하고 있다. 반면, 심화된 교과내용학에 대해서는 필요하다는 의견과 현장의 필요에 비해 불필요하게 심화된 내용을 배우고 있다는 상반된 의견들을 보이고 있다. 교사가 교육과정을 기획하고 수업을 운영하는 역할을 하기 위해 어느 정도 해당 교과의 내용을 심층적으로 이해하는 것은 필요하다 할 것이다. 그러나 교육과정과 수업, 평가의 기획은 내용만 깊이 알고 있다고 해서 수행할 수 있는 것은 아니다. 학습자에 대한 이해, 학습 과정에 대한 이해, 내용 전달을 위한 효과있는 방법들에 대한 이해가 충분히 뒷받침되어야 교육과정과 수업, 평가의 기획이 가능해지는 것이다.

나. 학습자에 대한 이해 부족

교사들은 교사의 가장 핵심적인 역할을 수업과 생활지도라고 생각한다. 학교에서 교사가 담당하고 있는 여러 역할들 중에 불필요한 것을 하나씩 제거해 간다고 했을 때 가장 마지막에 남는 것이 수업과 생활지도다. 김현자 등(2016; 143-145)의 연구에 따르면 신임교원의 6가지 직무역량–교육가치, 교육과정 및 수업운영, 학생지도, 학급관리 및 행정, 관계, 환경 및 정책 이해– 중 가장 중요한 3가지를 교육가치, 교육과정 및 수업운영, 학생지도로 꼽았다. 이 결과는 현장 교사들의 일반적인 인식과 일치한다. 연구결과를 보면 현장교사들은 신임교원들이 교육가치에 관한 역량(교사의 윤리의식이나 확고한 교육관, 학생, 학부모, 동료교사의 다양성 인정, 학생을 교육주체로서 존중, 상대방에 대한 공감)과 학생지도에 관한 역량(학습자의 학습과 발달에 대한 이해, 학생 문화에 대한 이해, 학생의 생활 및 상담지도, 학생의 진학 및 진로지도, 학생 개별화 지도)은 중요도에 비해 상대적으로 준비가 부족한 채 학교 현장으로 들어오고 있다고 인식하고 있다. 그에 비해 교육과정 및 수업운영에 관한 역량들은 상대적으로 더 준비되어 현장에 들어왔다고 인식하고 있다. 실제로 많은 교사들이 수업보다 학생을 이해하고, 학생의 생활이나 상담, 개별화 지도 등에 대해 더 많은 어려움을 느끼고 있다. 개별 인간으로서 교사의 삶은 학교에서 만나는 다양한 학생들의 배경과 성격 등을 이해하기에는 어려울만큼 단편적인 모습을 띠고 있다. 인지적 학습에 치중하면서 어느 정도의 성공을 거둔 사람들이 주로 교사가 되기 위해 사범대 진학을 하기 때문에 학습에 어려움을 느끼는 학생들의 원인과 심리를 이해하는 데 어려움이 따른다. 이해를 하지 못하니, 학습자에 맞는 방식의 지도법을 찾는 것에도 당연히 어려움이 따를 수밖에 없다. 학습자를 이해하고 상담하기 어려운 또 하나의 이유는 사범대에서 배운 학습심리, 상담 등의 과목들이 이론 중심으로 진행되기 때문이다. 상담심리 영역은 특히 임상적 과정이 가장 중요한 학습의 과정임에도 현행 사범대 교육에서 임상적 상담심리 학습을 진행하기에는 여러 면에서 한계를 갖고 있다.

다. 관계에 대한 이해 부족

김현자 등의(2016; 143)에서 교원의 직무역량에 대한 중요도－실행도 분석에서 중요도와 실행도 사이에 가장 높은 인식의 간극을 나타낸 영역은 '관계' 영역이었다.[6] 교원의 직무역량 중요도에서 교육가치나 교육과정 및 수업 운영 등에 비해 상대적으로 낮은 인식을 보였지만, 준비도(실행도)와의 간극면에서는 가장 높은 간극을 보인 것이다. 관계 역량의 하위 직무역량을 보면 갈등해결 및 관리, 의사소통 및 대인관계, 공동작업, 코칭, 멘토, 대외 협력관계의 형성 등이다. 기술된 하위 역량들은 학생의 학교생활을 지원하고 관리하는 교사의 역할에서 매우 중요한 역량이라 할 수 있지만, 교사들이 매우 어렵게 느끼는 분야이기도 하다. 특히 최근 학교 현실은 해당 분야의 부족함을 더욱 절실히 느끼게 만든다. 교실 안에서 일어나는 갈등을 해결해 보려 하지만 뜻대로 되지 않고, 오히려 학생과 학부모의

6 김현자 외 3인(2016), 위 자료 p. 143.

민원에 시달리기도 하고, 학부모와의 의사소통 과정에서 어려움을 경험하기도 한다. 학부모는 학생 교육의 장면에서 매우 중요한 협력자이지만 학부모와의 관계가 협력적이지 않고 갈등 관계에 빠지게 되면 학생 교육 자체도 매우 어려운 지경에 이르게 된다. 이 문제는 최근 교사들의 가장 큰 직무 스트레스 원인이기도 하다. 경기도교육연구원이 진행한 교사 직무 스트레스 실태 및 경감 방안 연구에서 '선생님께서는 일반적으로 교사의 직무 스트레스를 유발하는 가장 큰 원인을 무엇이라고 보시나요?'라는 질문에 학부모와의 관계, 학생과의 관계, 관리자와의 관계가 순서대로 1, 2, 3순위로 가장 많이 언급한 스트레스 원인에 속하였다(강호수 외, 2018; 30).

'관계'의 문제는 중고등학교 학생들에게 매우 중요한 학습의 대상이자 수단이 되기도 한다.

의사소통역량과 공동체 역량은 미래 교육을 대비하기 위한 2015 개정 교육과정에서 지향하는 창의융합형 인재의 핵심역량들이다. 자신의 생각을 잘 표현하고 타인의 의견을 경청·존중하는 능력은 타인과의 관계 속에 있을 때 가장 잘 배울 수 있다. 이것은 최근 주목받고 있는 협력적 문제해결능력의 기초역량이기도 하다. 학생들이 교실에서 생활하면서 만나게 되는 타인과의 관계와 갈등은 의사소통역량, 갈등해결역량, 협력적 문제해결역량을 학습하는 중요한 학습의 장이 될 수 있다. 이것은 가르치는 교사가 '관계'에 대한 이해와 통찰을 갖고 있을 때 가능하다.

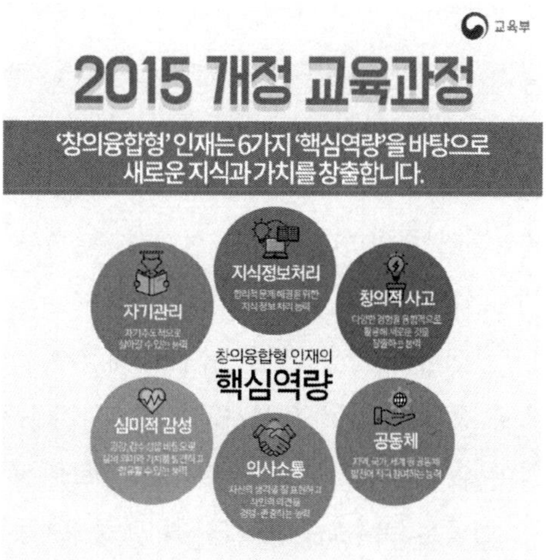

창의융합형 인재의 핵심역량

교육에서 중요한 요소이기도 하고, 교사를 어렵게 만들기도 하는 영역이지만 교원 양성과정에서는 거의 학습할 기회를 갖지 못하기 때문에 이에 대한 준비없이 많은 교사들이 학교 현장에 들어오고 있는 현실이다. 최근 교사들 사이에서 주목받고 있는 비폭력대화나 회복적생활교육, 교사역할훈련, 교실역동, 학급긍정훈육법 등은 학생들의 생활과 교실의 역동, 학생들 사이의 관계, 의사소통을 가르치고 문제를 해결하는 데 도움을 주고 있는 프로그램들이다. 과거 교원 양성과정에서는 주목받지 못했던 영역이었지만 그 중요성이 계속 커지고 있기 때문에 양성과정에 반영할 필요가 있다.

라. 학습부진에 대한 이해 부족

우리 교육에서 학습부진 문제는 해결하기 매우 어려운 난제 중 하나로 꼽힌다. 학습부진을 해결하기 어려운 원인에는 여러 가지가 있다. 첫째, 원인을 제대로 진단하지 못하고 있다. 학습이 부진한 학생은 개인의 학습 능력이 떨어지기 때문이라고 결론 내릴 때가 많다. 물론 개인의 학습능력이 떨어지면 학습부진이 당연히 발생하겠지만, 학습부진의 원인을 찾지 못하고 제대로 지원하지 못한 지도방법에서도 그 문제를 찾을 수 있어야 한다. 세계 여러 나라들의 특수교육 대상자 비율은 5%~17%까지 다양하다. 미국 7%, 캐나다 10%, 핀란드 17.1%, 독일 7%, 덴마크 13%에 비해서 우리나라 특수교육 대상자 비율은 2015년 기준으로 1.3%이다.[7]

우리나라 학생들만 특수교육대상자가 없을까? 미국에 사는 인종들은 유전학적으로 문제가 있어서 특수교육대상자가 7%에 이르고 우리 민족은 우수해서 1.3%밖에 없을까? 그 비밀은 다음 그래프에 나와 있다.[8]

미국은 특수교육대상자 학생 중 난독이나 난산과 같은 특정 학습장애 비율이 40.7%를 차지하는 것에 비해 우리나라의 학습장애 비율은 3.1%밖에 되지 않는다. 그 동안 학교에서 머리 나쁘고 공부 못한다고 하는 학생들 중 상당수가 학습장애를 갖고 있었다는 것이 밝혀지고 있다. 실제 한 학습클리닉센터에 찾아온 초등학교 학습부진 학생 246명을 진단해 본 결과 94%에 해당하는 학생이 읽기 장애를 드러냈고, 읽기 장애 학생 중 65%는 한글미해득 상태였다. 그리고 42%의 학생이 실제 난독증인 것으로 드러났다.

7 김중훈, 학습부진사업이 어려운 이유, 월간 좋은교사 2019-2월호 특집.

8 김중훈, 위 자료.

그림 1 세계 여러 나라 특수교육 현황

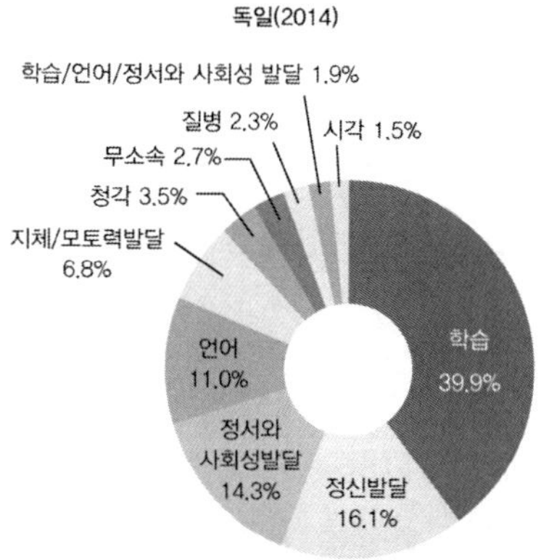

〈KMK, 2014/Bertelsmann Stiltung, 2014〉

OECD 주요 국가 (1995)	Total proportion of students
FIrland	17.1
Iceland	15.7
Denmark	13.0
Canada	10.8*
USA	7.0
Germany	7.0
Norway	6.0
Austrailia	5.2
Switzerland	4.9
Netherlands	3.6

출처: OECD 1995.

그림 2 우리나라와 미국의 특수교육 현황 비교

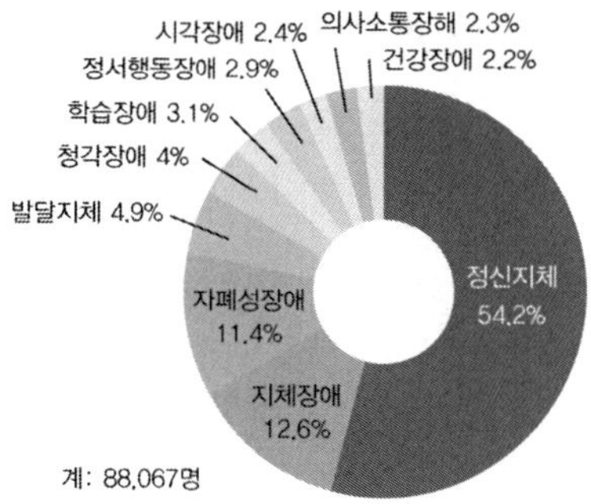

우리나라

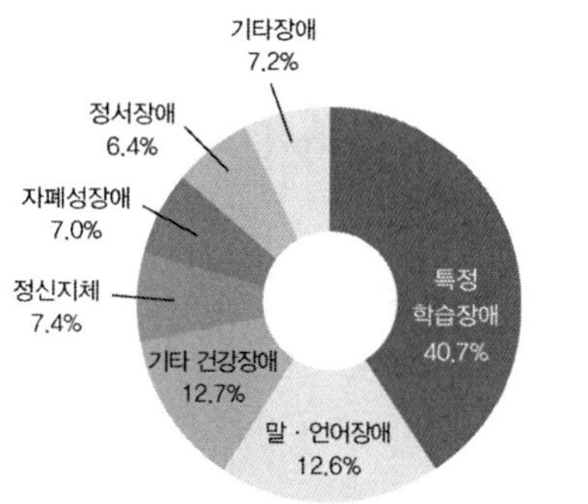

미국

둘째, 학습이 부진한 학생들을 위한 개별화된 중재프로그램이 충분치 않다. 난독증을 가진 학생들이나 경계선급 지능을 가진 학생들의 경우 다른 교수법으로,

좀 더 많은 시간을 들여 개별적으로 지도하면 한글을 깨우치고 자기 학습을 할 수도 있음에도 우리 사회에서는 이들에 대한 지원이 매우 부족했다. 이런 학생들이 우리나라에 매년 3~4%의 학생들이 나타난다고 가정하면 20,000~30,000명의 학생들이 난독으로 학습부진에 이른다고 볼 수도 있다는 것이다. 현재 이 학생들의 학습은 대부분 부모의 개입으로 해결되고 있다. 난독증 협회를 쫓아다니고, 소아정신과에 다니고 있다. 이마저도 경제적 형편이 안되거나 부모가 아예 정보가 없으면 그냥 글씨도 못 읽는 머리 나쁜 학생으로 살아가게 되는 것이다. 읽기를 좀 더 집중적으로 배워야 하는 아이들은 난독증 학생들뿐만 아니라 경계선급 지능을 가진 학생들, 외국에서 온 다문화 학생들, 중국에서 온 탈북 학생, 한국어를 배우고 싶은 외국인 등 매우 다양하게 존재하고 있다. 이들은 좀 더 특별하고 개별적인 지원을 필요로 하는 학생들이다. 학교에 읽기를 전문으로 가르치는 교사가 1~2명만 있어도 학생이 담임교사와 협력해서 읽기를 가르칠 수 있다. 교사들이 읽기 교수법을 배우고, 학생들의 학습지원에 대한 전문성을 가진 경력 많은 교사들이 1~2명 배치되고, 사회적 일자리로서 뒤처지는 학생들을 돕기 위한 읽기를 가르치는 전문적인 연수를 받은 사람들이 학교나 지역아동센터, 공공 도서관 등에 한 명씩 배치되어 있으면 충분히 해결 가능한 문제들이다. 교원 양성과정에서 학습 부진 학생의 다양한 원인과 해법 등을 충분히 가르치게 되면 좀 더 많은 학생의 배울 권리를 보장하고, 모든 학생이 자신의 배움을 만들어 갈 기초적인 능력을 기르는 교육이 가능해지는 것이다.

마. 부실한 현장 실습

중등교사가 되기 위해 필요한 현장 실습은 단 4주다. 교직 실습을 경험한 사람들은 대부분 형식적인 '맛보기'식의 과정과 실습학교의 수준에 따라 너무도 현저하게 달라지는 실습 성과가 달라지는 현실을 비판적으로 이야기하고 있다(김현자 외, 2016). 실습을 경험한 많은 사람들의 공통적인 이야기다. 한 달의 시간으로는 수업이나 학급운영, 생활지도 등의 여러 장면들을 실제적으로 경험하고, 경험에 대한 성찰을 통해 교사의 삶을 자체적으로 구성해보는 단계에까지 이르기는 어렵다. 충분한 시간 동안 학생과 직접 만나는 시간들이 있어야 학습자에 대한 이해를 넓혀

갈 수 있고, 선배 교사들과의 대화도 여러 차례 가질 수 있어야 교사의 삶을 이해할 수 있다. 수업에서 무엇이 중요하고, 학생들은 수업 속에서 어떻게 반응하는지 다양한 사례를 접하고, 직접 해보면서 피드백을 얻을 수 있어야 교직의 실체에 좀 더 접근할 수 있게 된다.

3. 교원양성 교육과정 변화의 방향

가. 교육철학 중시

교육은 교사의 질을 넘을 수 없다는 말처럼 교사가 교육을 어떻게 바라보느냐는 교육의 성패를 좌우하는 가장 중요한 열쇠다. 김현자 등(2016)이 언급한 것처럼 교사의 윤리의식이나 확고한 교육관, 학생, 학부모, 동료교사의 다양성 인정, 학생을 교육주체로서 존중, 상대방에 대한 공감 등이 기본적으로 교원 양성과정을 통해 길러져야 한다. 현행 교직과정의 필수과목으로 편성되어 있는 교육철학, 교육사회학, 교육사 등의 과목들이 중요하다 할 것이다. 여기에, 교사가 되고자 하는 학생 스스로 교육과 학생에 대한 탐구와 성찰을 지속적으로 할 수 있도록 여러 활동들이 투입되어야 한다.

1학년 때 소외계층 학생들을 지도하는 사회봉사활동을 경험한다면 여러 교육적 효과를 얻을 수 있을 것으로 기대한다. 지역아동센터, 특수학교 및 특수교육지원센터, 특수학급 체험활동 도우미, 학습클리닉센터, Wee센터, 학업중단위기 학생 위탁교육시설 등 학교에서 상대적으로 소외되고 있는 학생들을 만나봄으로써 얻을 수 있는 효과는 다음과 같다.

첫째, 교사라는 직업의 본질에 보다 가깝게 접근할 수 있게 된다. 혼자 잘 배우고 성장하는 학생에게는 교사의 역할이 제한적이다. 그러나 혼자의 힘으로 학습을 감당하기 어렵거나, 가정형편 때문에 여러 고민을 가진 학생들에게는 교사의 역할이 절실해진다. 결국 교사의 존재 이유는 이처럼 어려움을 가진 학생들을 돕는 데에 있다고 할 것이다. 이들에 대한 높은 이해도를 가지고 있어야 좋은 교사로서의 자질을 갖출 수 있다.

둘째, 향후 교육학을 학습하는 내용에 대한 이해도를 심화시키는데 도움을 줄 수 있다. 현장에서 직접 만나는 다양한 경험이 바탕에 깔려 있어야 교육학 이론의 여러 내용들이 쉽게, 그리고 깊이 이해될 수 있기 때문이다.

셋째, 교사로서 본인의 적성을 점검하는 계기가 될 것이다. 어려운 학생을 감당하는 것이 본인의 적성에 맞지 않는다고 판단될 때에는 본인 스스로 진로를 재설정할 기회를 이른 시간에 가질 수 있다.

학교의 여러 활동에 참여해 볼 기회를 사회봉사활동의 한 형태로 가져보는 것도 좋을 것이다. 학생들에게 등교도우미, 학교체험학습이나 체육대회 등의 활동에 보조교사로 참여할 기회를 주는 것이다. 이것은 시도교육청과 사범대의 협력을 통해 공고와 신청 창구를 일원화시킨다면 충분히 현실화시킬 수 있다.

나. 교과교육론 강화

현장 교사들의 이야기를 통해 언급한 것처럼 교과교육론 교육은 매우 낮은 수준으로 제공되고 있다. 초중고 교사들에게 있어서 수업의 어려움은 교과 내용보다는 교과 교육의 방법 때문에 더 많이 일어나게 된다. 교과내용학도 중요하지만, 교과교육학이 부실하게 운영되고 있다면 현행보다 강화시켜 균형점을 찾을 필요가 있다.

특별히 교과 내용에 따라 효과적인 교수방법은 다를 수 있기 때문에 다양한 형태의 교수방법들이 소개되어야 한다. 이 과정에서 현장 교사들의 사례와 경험들이 사범대 교육과 활발하게 교류될 필요도 있다.

교과교육론 교육은 강의보다는 학생 참여 중심의 과정이 필수적이다. 가령, 협동학습을 강의로만 배우는 것은 한계가 있다. 직접 협동학습에 참여해 봐야 협동학습을 진행할 수 있는 능력을 갖추게 된다. 프로젝트 학습은 실제 프로젝트를 경험해야 학생들의 프로젝트 과정을 견인하고 지원할 수 있다. 토론식 수업, 거꾸로 수업 등 다양한 교수학습 방법들을 직접 참여하도록 해야 한다.

특별히 최근 수업의 흐름에서 교육과정상의 성취기준 달성을 위해 필요한 효과적인 활동 과제를 만들어내는 전문성, 성취기준 달성 여부를 판단할 평가를 설계하는 전문성이 중요해지고 있다. 가령, 역사수업에서 병자호란이 조선사회에 끼친 영향을 학습할 때와 병자호란의 결과를 통해 전쟁과 인권의 관계를 학습할 때의 활동 과제는 다를 것이다. 그리고 학습의 결과를 어떤 과제를 통해 평가할 것인지도 학습 설계에서 매우 중요한 요소다. 교과 내용을 전달하는 방법을 넘어서 수업활동을 기획하고 평가하는 모든 과정을 설계할 수 있는 전문성을 갖춘 교사를 길러낼 수 있는 교원양성과정이 필요하다.

재학생들이 교사들의 연구모임이나 전문적 학습공동체에 참여할 기회를 제공하는 것도 하나의 방법이 될 수 있다. 교육청이나 여러 교사단체들과의 협력을 통해 충분히 가능한 방법이다. 현장 교사들이 듣는 현장 연수 등을 재학생이 참여해서 듣는다면 실제 학교현장에서 고민하는 주제를 현장 교사의 목소리를 통해 접할 수 있게 되고, 활동에 직접 참여해 봄으로써 전문성을 키울 수 있는 매우 좋은 기회가 될 수 있다.

다. 학습심리 교육 강화

교사의 가르치는 활동은 학생의 배우는 활동과 긴밀히 연결되어 있다. 아무리 강의를 잘하는 교사라 할지라도 강의를 듣는 학생이 아무것도 배우고 있지 못하다면 그것은 학생의 책임인 동시에 교사의 책임이기 때문이다. 그러므로 가르치는 교사는 학생이 어떻게 배움에 이르게 되는지를 매우 세밀하게 알고 있어야 한다. 텍스트를 읽을 때, 강의를 들을 때, 영상을 볼 때, 대화를 나눌 때와 같이 여러 장면에서 어떻게 학습의 과정으로 연결되는지를 알아야 수업을 설계하는 과정에 반영시킬 수 있다.

활동 중심의 수업이 유행하면서 오히려 학생들의 학력이 떨어진다는 비판이 사회적으로 일고 있다. 학력이 무엇인지, 실제 활동 중심의 수업이 학생들의 학력을 떨어뜨리고 있는지에 대한 심층적인 연구가 필요할 것이다. 그러나 교사들이 활동 중심 수업을 하면서 학습으로 연결시키는 인지강화 전략에 대한 전문성이 부족하면 얼마든지 일어날 수 있는 일이기도 하다.

학습심리의 학습과정에는 학습부진의 문제를 이해하고 진단할 수 있는 전문성을 길러내는 과정이 포함되어야 한다. 학습에 어려움을 느끼는 학생들의 다양한 사례들을 살피고, 학습자를 지원하는 다양한 연구 사례 등을 검토함으로써 학습의 과정을 보다 효과적으로 이해할 수 있게 된다.

라. 사람과 삶에 대한 성찰능력 향상

교직은 사람과 삶을 다루는 직업이다. 사람과 삶에 대한 이해가 있어야 학생을 교육의 공간으로 초대할 수 있게 된다. 학생에 대한 이해를 갖는다는 것은 학생들 한 명 한 명의 삶의 과정을 조망할 수 있는 능력을 높임을 의미한다. 한 사람이 태어나서 학교교육을 통해 배우고 성장해서 어떤 사람으로 살아갈 것인가에 대해 조망해 볼 수 있어야 한다는 것이다. 이는 결국 교사 스스로 자신의 삶을 성찰할 수 있는 힘을 갖고 있어야 가능하다. 인문학이 필요한 이유다. 역사와 철학, 예술, 종교 등의 영역에서 사람과 삶의 다양한 모습들을 이해할 때 학생을 좀 더 깊이 이해할 수 있는 힘을 가질 수 있다.

사람과 삶을 이해하려는 노력 속에서 사람과의 관계, 특히 갈등에 대한 이해는 필수적이다. 비폭력대화, 회복적 생활교육, 교실 역동 등 공동체와 대화에 관한 깊은 탐구와 성찰의 결과물들을 학습한다면 학급운영, 수업운영, 교육과정 편성, 상담 등 교직에 필요한 다양한 전문성을 갖출 수 있게 된다.

마. 혁신교육에 대한 이해도 제고

경기도에서 시작된 혁신교육은 이제 전국적 흐름이 되었다. 17개 시도교육감들이 갖고 있는 정치적 성향과 상관없이 교육개혁을 위해 필요한 의제들이 대부분 혁신교육에서 다루어지고 있다. 특별히 혁신교육이 교육개혁에 기여한 것은 단위학교가 학생을 교육하는 가장 핵심적인 조직으로서 역할을 하기 위해서는 단위학교의 자율과 독립성이 보장되어야 한다는 것을 입증한 것이다. 이러한 흐름에 따라 단위학교의 자율성이 강화되는 방향, 교육부와 교육청의 정책사업보다 단위학교의 교육활동을 중시하는 방향, 단위학교의 기본운영비 예산을 증가시키는 방향으로 교육개혁이 진행되고 있다. 단위학교의 자율성은 단위학교 안에서 민주적 소통과 의사결정, 교사 동료성을 바탕으로 한 전문적 학습공동체, 자율적인 윤리규범 등이 스스로 작동하는 것을 의미한다. 이렇게 자율성이 발현될 때 가르치고 배우는 공간으로서 학교 본연의 역할이 살아날 수 있게 되는 것이다. 이는 학교조직론, 학습조직, 학교리더십, 교사리더십, 의사결정 방식 등 교육행정학의 다양한 학습 분야들이다. 예비교원들이 교육행정학을 학습할 때 좀 더 중시되어야 할 필요가 있다.

바. 현장 실습 강화

현장을 통해 배우는 것이 교사의 삶을 가장 잘 배우는 길이다. 현행 4주간의 짧은 실습과정을 더 강화할 방법이 필요하다. 앞서 이야기한 것처럼 1학년 때 학교 현장을 경험할 수 있는 과정을 만들고, 예비 교원들에게 교사들의 공개수업연구회에 참여할 수 있는 기회를 가급적 많이 제공하는 것도 필요하다. 교사의 질이 교육의 질을 결정하는 핵심요소라 한다면 유능한 교사 한 명을 양성하는 것은 교육의 질을 높이는 지름길이라 하겠다. 교원양성 정책에서 좀 더 과감하게 투자해야 할 필요를 느낀다. 교사들의 전문성을 확보하는 과정이 4년으로 짧다고 할 수 있겠다. 신임교원이 학교 안에 들어와 시행착오를 반복하는 과정을 감안한다면 교원양성 과정이 4년보다는 좀 더 길어질 필요성도 있어 보인다. 4년의 과정 이상으로 늘리기 어려운 현실을 감안한다면 교원 임용과정과 연계해서 일정 기간 동안의 현장 실습 시간을 갖게 하는 것도 하나의 방법일 수 있다.

4. 맺음말

예비 교원을 양성하는 교육과정에 변화가 필요한 시점임은 분명하다. 예비 교원들이 실제 교사가 되어 학교 현장에 들어갈 때에는 4차 산업혁명이라고 하는 사회적 변화는 지금보다 더 격렬하게 일어날 것이다. 4차 산업혁명이 어떠한 사회적 변화를 만들어낼지 예측하기 어렵다는 것이 우리를 더 어렵게 한다. 예측가능한 범위 내에서 대응할 수밖에 없는 노릇이지만, 예상을 뛰어넘는 변화도 대비해야 한다. 사회적 변화와 함께 학교에 들어오는 학생들의 생활과 사고의 양식도 기성 세대가 이해하기 어려울 정도의 빠른 변화의 속도를 보이고 있고, 더불어 학부모들의 삶의 방식도 달라지고 있다. 여기에 대응하기 위해 교육정책도 빠르게 변화되고 있어 현장의 교사들도 변화를 따라가기가 버거울 정도이다.

교직 환경이 빠르게 변화하다 보니 과거에 유효했을 교원양성 교육과정도 그 변화를 따라잡기에 역부족인 현실이 되었다. 교사들에게는 교과내용뿐만 아니라 교과교육의 방법의 전문성도 중요해졌다. 이미 달라진 존재로 학교에 들어오는 학습자들을 이해하는 일, 학습자들 간의 관계를 이해하고 조직해서 사회적 상호 작용을 통해 배움을 촉진하는 일 역시 교사의 중요한 전문성의 영역이다. 개개인의 학습과 성장이 중요해진 시대에는 학습에 어려움을 겪는 학생에 대한 이해와 지원의 방법을 갖추는 것도 역시 중요한 전문성의 영역이 되었다. 무엇보다 학교 현장과 긴밀하게 연계된 교원양성과정을 설계하는 것이 필요하다 하겠다.

에크하르트 톨레(2008)는 "내면적인 변화에 관련해서 당신이 할 수 있는 것은 아무것도 없습니다. 당신은 당신 자신을 변화시킬 수 없으며, 당신의 동료나 다른 누구도 변화시킬 수 없습니다. 당신이 할 수 있는 일이 있다면, 은총과 사랑이 들어올 수 있는 공간을, 변화를 위한 공간을 창조하는 것뿐입니다."라고 하였다. 좋은 교사를 찾는 과정도 마찬가지일 것이다. 인위적이고 조작적으로 만들어 낼 수는 없다. 다만 좋은 교사가 만들어질 수 있는 변화를 위한 공간을 만들 수 있을 뿐이다. 변화를 위한 공간을 만들기 위해 많은 사람들의 마음과 지혜가 필요할 때다.

3

현장 교사가 제안하는 '21세기 사범대학 교육과정'

-교육 역량 강화를 중심으로-

최승식(동우여자고등학교 교사)

현장 교사가 제안하는 '21세기 사범대학 교육과정'

- 교육 역량 강화를 중심으로 -

최승식(동우여자고등학교 교사)

1. 들어가며

우리는 학생을 종종 자유를 갈망하는 새로 비유한다. 리처드 바크의 『갈매기의 꿈』에서 엄마와 대화를 나누는 갈매기 조나단의 이야기는 교사가 학생의 심리를 이해하는 데 도움이 된다. 조나단의 엄마가 "왜 넌 다른 갈매기처럼 되는 게 그리도 힘든 거니?"라고 묻자, 갈매기 조나단은 "엄마, 전 다만 공중에서 제가 무얼 할 수 있고, 무얼 할 수 없는가를 알고 싶을 뿐이에요. 그게 전부에요. 전 단지 알고 싶을 뿐이에요."라고 하면서 자신이 바라는 바를 말한다. 자기 자신이 어떤 존재이고 스스로 무엇을 할 수 있는가를 묻고 찾는다는 점에서 갈매기 조나단의 마음은 학생의 마음과 유사하다.

같은 책의 '우리는 지금 **이 생**에서 어떤 배움을 얻는가에 따라 우리의 다음 생을 선택한다는 것이지. 아무런 배움을 얻지 않는다면 그다음 생 역시 똑같은 것일 수밖에 없어. 똑같은 한계, 극복해야 할 똑같은 짐들로 고통 받는(강조는 인용자).' 에서는 현재의 삶에 대한 가치를 느낄 수 있다. '이 생' 대신에 '중등학교'나 '사범대학'을 대입하면 학습자의 졸업 이후의 삶에 학교와 사범대학이 끼치는 중요성을 느끼게 된다. 중등학교와 사범대학에서 어떤 배움을 얻는가, 한계를 극복하는 힘을 어떻게 배우고 익히는가에 따라 학습자의 미래뿐만 아니라 우리나라 교육의 미래가 달라지기 때문이다.

예비교사는 중등학생이 자신의 존재감과 역량을 찾는 데 도움을 주기 위해서, 학생의 변화와 성장을 이끌어내기 위해서, 학생의 창의적인 면을 발견하기 위해서 교육자로서의 역량을 사범대학에서 키워야 한다. 또한, 사범대학은 사회와 교육 현장의 요구에 맞는 역량 중심의 교육과정을 구성하고 운영할 필요가 있다. 이에 본고에서는 교사의 지속적인 발전과 교육적인 성취를 위해서 교사에게 필요한 역량과 예비교사의 역량 강화에 도움을 줄 수 있는 사범대학 교육과정에 대해서 살펴보고자 한다.

2. 사회적인 요구에 따른 중등교사의 역량

21세기 사회적인 요구와 관련하여 교육 부문에서는 두 가지 프로젝트를 참고할 수 있다. 1997년부터 2002년까지 OECD에서 진행한 'DeSeCo 프로젝트(Defining and Selecting Key Competencies Project)'와 2015년부터 시작한 'OECD 교육 2030 프로젝트(OECD education 2030 Project)'이다. 두 프로젝트 모두 인간에 관한 탐구와 교육에 대한 분석을 통해 새로운 시대를 준비하였다. DeSeCo 프로젝트에서는 미래 사회에서 필요한 핵심 역량(Key Competencies)을 연구하였다. 핵심 역량은 미래 사회 시민으로서 성공적이고 행복한 삶을 살아가기 위해 필요한 핵심적인 능력으로, 지식·기능·태도 및 가치가 통합적으로 작용하여 발현되는 능력을 의미한다(교육부, 2016). 미래 사회 핵심 역량은 세 가지 하위 요소인 '도구의 상호작용적 사용', '이질적인 집단에서의 상호작용', '자율적 행동'으로 구성된다. OECD 교육 2030 프로젝트에서도 핵심 역량을 기르기 위해서 교육과정, 교수·학습법, 평가시스템 등을 만들어 내고자 하였다.

두 프로젝트에 따르면 21세기에 학생들이 학교에서 배우고 논의하고 체득해야 할 교육 내용은 미래 핵심 역량이며, 학교는 이를 학생들과 함께 구현하기 위한 체계 또는 조직이라고 할 수 있다. 또한, 이와 같은 핵심 역량에 대한 강조는 교사들도 상호작용을 위한 의사소통 역량을 갖추어야 하고 서로 협력하여 조직의 발전을 이끌어 낼 수 있어야 하며 교사 스스로 자신의 교육 활동을 계획, 진행, 평가, 송환(feedback)할 수 있는 역량이 필요하다는 것을 의미한다. 허희옥 외(2011)는 21세기 교수자 역량을 배양하기 위해서 문제해결 역량의 함양과 학습자와의 관계형성 역량 함양 등이 중요하다고 보았다.

사회적인 요구의 변화, 핵심 역량에 대한 강조 등 교육 내용의 변화는 교육방법의 변화를 수반하게 된다. 최근에 주목하는 문제 중심 학습(PBL: Problem Based

그림 1 21세기 교수자 역량 프레임워크(허희옥 외, 2011: 37)

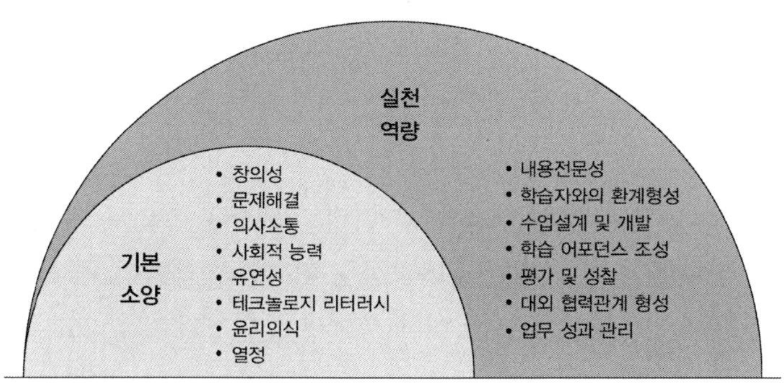

Learning)이나 액션 러닝(Action Learning)은 반복과 암기, 기능의 발달에 학습의 초점을 두었던 전통적인 학교 교육의 내용 및 형식과 차별성을 지닌다.

- 학습자들의 직접적인 경험을 통해 의미 있는 학습이 이루어질 수 있다.
- 실제적 과제 해결을 통해 학습이 이루어진다.
- 자기주도적으로 문제해결에 필요한 자료를 수집, 분석, 종합, 적용해야 한다.
- 튜터(tutor) 또는 러닝코치(learning coach)는 내용의 전달자가 아닌 학습의 조력자 역할을 수행한다.
- 팀원들의 협동을 중요시하며, 협동과정에서 이루어지는 논의를 통해 문제해결 능력이 향상될 수 있음을 강조한다.
- 학습 과정과 학습 결과에 대한 성찰을 강조한다.

—장경원, 고수일(2014: 29, 인용자 편집)

결국 '교육—학교—학생—교사'의 역할에 대해 새로운 개념 정의가 필요하게 된다. 교육은 '학생 중심 교육'을 강조하는 사회의 요구를 반영한다. 학교는 학생들의 직접적인 경험을 통해 학생의 실제적인 문제를 해결할 수 있는 공간이 되어야 하며, 학생은 학교 공간에서 교사의 도움을 받아 미래 핵심 역량을 키울 수 있어야 한다. 교사는 전달자 또는 지도자가 아닌 학습의 조력자 또는 후원자로서의 위상을 지니게 된다.

교사의 위상 변화는 예비교사가 갖추어야 할 역량에도 변화가 필요하다는 것을 의미한다. '교실 혁명'이라는 이름으로 우리나라에 소개되어 주목받은 핀란드의 교육에서도 예비교사는 '학습하는 것을 배우는 사람(탐구자)과 다른 사람을 돕는 사람(후원자)'로 성장을 강조한다(후쿠타 세이지, 2009: 83-84).

가. 교육 기초 역량이 있어야 한다.

전문적인 교과교육은 교양 교육인 교육 기초 역량의 기반 위에 성립될 수 있다. 장은섭 외(2010: 276)는 대학 교육과정을 이수한 학생들이 대학 이후 과정에 대한 고민이 커지면서 교양 교육에 대한 중요성이 인정되고 있다고 하였다. 화이트헤드(2003: 13)는 『교육의 목적』에서 전공을 시작할 수 있는 토대에 비유하면서 교양의 중요성을 언급하였다.

> 교양은 사고의 활동이자 아름다움과 인간의 감각에 대한 감수성이다. 단편적인 지식은 교양과 무관하다. 그저 박식하기만 한 사람은 세상에서 가장 쓸모없는 존재이다. (...) 우리가 목표하는 것은 어느 정도 특수한 방향에서 전문적인 지식을 갖춘 사람들을 길러내는 일이다. 그들의 전문적인 지식은 시작할 수 있는 토대를 제공하고, 그들의 교양은 깊이 있는 철학과 고상한 예술로 안내할 것이다.
>
> –화이트헤드(2003)

전공을 계속 이어가는 힘, 새로운 것을 받아들이려는 자세, 스스로 평생교육을 실현할 수 있는 힘은 교양에서부터 시작된다. 사범대생에 요구되는 교양은 교육과 관련한 교육 기초 역량이다.

첫째, 교사는 교육관이 있어야 한다. 교사는 친구, 외모, 진로, 입시, 주도권, 학습, 이성 등 학생들이 겪는 문제와 수업, 행정, 교권 등 교사가 부딪히는 문제에 대해서 교사로서의 관점을 갖고 있어야 한다. 교육문제를 논의하다 보면 교육의 의미와 목적, 교육적인 논의 및 주장들의 논리적 타당성과 정당성의 문제가 제기되고 이를 해결하기 위해서는 철학적 탐구가 요구된다(고미숙, 2013: 16). 특히 학생의 처지와 고민을 이해하기 위해서는 학생의 심리, 특성에 관해서 알고 있어야 한다. 교육문제에 대한 철학적 탐구와 학생에 대한 이해를 바탕으로 교육 관련 자료를 분석하고 교육 현장에 실제로 적용해 보면서 교사로서의 정체성과 학생, 학교, 교육에 대한 관점이 형성될 수 있다.

둘째, 교사는 스스로 체육활동을 즐기며 건강을 유지하여야 한다. 교육은 늘 새롭게 진행하는 역동적인 과정이다. 교사는 바쁘다. 학생을 고려하여 수업을 계획하고 학생과 면담하고 수업 자료를 만들고 다양한 방식으로 수업하고 체험학습을 준비하고 동아리를 운영하고 동료 교사와 협의하기 위해서는 교사에게 강한 의지와 활동력이 필요하다. 그리스의 철학자 헤라클레이토스가 '같은 강에 두 번 발을 들여놓을 수는 없다'고 했듯이 학생과 교육 내용이 달라짐에 따라 교사의 교육활동은 매년 달라질 수밖에 없다. 그렇지만 매년 같은 시기에 같은 활동을 하게 되는 학사일정을 수동적으로 받아들이는 경우, 이전에 했던 자료나 다른 교사가 사용했던 자료를 그대로 가져다 활용하게 되는 경우 등에서 교사의 의지는 무너지고 정체가 시작된다. 교사가 늘 새로운 삶을 살고 건강하게 생활해야 학생도 건강하게 생활한다. 교사와 학생은 미래를 함께 만들어가는 존재이기 때문이다. 교사 자신을 위해서도, 함께 생활하는 학생을 위해서도 교사에게 건강한 체력이 필요하며 교사의 체육활동은 필수적인 덕목이다.

셋째, 교사는 문식성을 갖추어야 한다. 문식성은 의사소통을 위한 도구이면서 편견을 줄이는 능력이며 새로운 미디어 환경에 적응하는 역량이기도 하다. 중고등학교의 모든 과목이 말과 글을 활용하여 의사소통을 전개한다. 모든 교과에서 논술형 답안을 출제하고 수행평가에서 발표 또는 협력 학습을 진행하며, 이러한 활동의 비중을 점차 확대해가는 이유는 학생들의 문식성이 미래 사회에 중요한 역량이라는 점을 인지했기 때문이다. 또한, 문식성은 서로의 처지에 대한 이해와 공감대 형성에 기여한다는 측면에서 서로에 대한 편견을 줄이는 데 기여한다. 편견은 이미 형성된 생각만을 고집하거나 특정 사상을 무비판적으로 수용할 때 발생하며 교사와 학생 모두에게 위험하다. 반면에 여러 가지 자료 참고하여 다른 사람들과 함께 소통하는 일이 일상적으로 전개되는 과정은 편견과 오해를 줄이며 민주주의적인 교실 환경을 조성하는 데 매우 유용하다. 교육의 형태가 일방적인 전달과 수동적인 암기가 아니라 읽기와 쓰기, 발표, 토론과 협력 학습 등의 방식으로 의사소통이 이루어지고 다원적이고 수평적인 구조가 형성되면서 문식 활동에 관한 교사의 이해와 활용 역량이 매우 중요하게 부각되고 있다. 최근에는 코로

나19 바이러스 때문에 학생들이 등교하지 못하고 가정에 있을 때 인터넷을 이용한 실시간 의사소통으로 원격수업을 진행하는 상황이 발생했다. 교사들은 원격수업을 위해 교재를 제작하거나 학생들과 실시간으로 연락을 주고받으며 수업을 진행했다. 이처럼 사회는 의사소통 방식의 변화에 능동적으로 적응하고 새로운 미디어를 활용할 줄 아는 문식성 역량을 교사에게 요구한다.

나. 학습자 중심 활동 역량이 있어야 한다.

고등학교 교육을 다룬 영화에서 선생님의 대사로 유명한 '카르페 디엠'은 원래 로마의 시인인 호라티우스의 시구 중 'Carpe diem, quam minimum credula postero'에서 유래한 말로 '매 순간 충만한 생의 의미를 느끼며 살아가라(한동일, 2019: 162).'이다. 요즘에는 카르페 디엠 또는 현재에 충실하자는 의미의 경구를 좌우명으로 삼고 지내는 학생들이 많다. 학생들은 현재 자신이 겪고 있는 이성 문제, 진로 문제, 경제적인 문제를 어떻게 해결할 수 있을지 매일 고민하고 해결하려고 하며 공통의 관심사에 대해서는 또래들이 어떻게 생각하는지 궁금하게 여긴다.

그동안 이 영역은 학생의 개별적인 능력으로 여기거나 학교 밖 주제로 취급하였다. 학교 교육의 내용은 탈맥락적인(decontextualize) 성격이었다. 학교 안 수업에서는 이미 정해진 객관적인 수업 진도가 기준이었고 사범대학에서 교과 지식 위주로 학습한 교사가 지식 위주의 내용을 전달하였다. 학생의 실제 생활과 연관된 문제는 수업에서 다루는 주제, 학습목표와는 거리가 멀었으며 학생 각자의 배경지식과 처한 환경에 따라 관심을 갖거나 이해하는 구조였다. 따라서 학생 역량 계발 및 성장의 측면에서 바라볼 때, 개인의 문제해결력은 개인별 차이가 매우 컸으며 학업 성취도와 현실적인 문제해결력의 상관관계도 알기 어려웠다.

새롭게 강조되는 학습자 중심의 활동 역량은 교육 기초 역량이 교과교육에서 실현되는 과정이다. 교사는 학생과 면담하는 자리뿐만 아니라 수업 시간에도 최대한 학생들의 생활에서 사례를 최대한 끌어오고 현재의 문제를 해결하는 데 유용하게 활용될 수 있게 수업을 디자인해야 한다. 학습할 내용(교육과정)과 학생의 처지 그리고 수업의 실제 양상의 관계는, 새로운 것을 받아들여 더 높은 수준으로 상승하는 과정이라는 점에서, 헤겔이 말한 '정(Thesis) → 반(Antithesis) → 합(Synthesis)'

의 과정이나 화이트 헤드가 말한 '낭만의 단계(romance) → 정밀의 단계(precision) → 일반화의 단계'와 유사하다.

학습자를 중심에 둔다는 것은 학생을 고려하여 교육과정을 재구성하는 과정이며, 교실 환경에 구체적인 맥락을 조성하는 실제적인(authentic) 교육이다. 실제적이라는 말은 소재, 방식, 과제, 활동 등의 내용과 형식이 실제 생활에서 경험하는 것과 유사하며 현실 문제 해결에 유용하게 사용된다는 의미이다. 학생들의 머릿속에 있는 중요한 문제들을 학교 수업의 내용으로 포함할 때 학생들은 학교를 더 의미 있는 공간으로 인식할 것이다.

다. 교과 전문성 역량이 있어야 한다.

교과는 '학교에서 교육의 목적에 맞게 가르쳐야 할 내용을 계통적으로 짜 놓은 일정한 분야'를 가리킨다. 교과 전문성은 학생이 성장하기 위해 필요한 역량을 교과에서 어떻게 지원하고 계발할 것인가에 대한 영역이며, 교과의 정체성에 대한 영역이기도 하다. 교사는 교과가 왜 필요하고 어떠한 의의가 있는지에 대해서 명확하게 인지해야 할 것이다.

다음으로는 교과에서 다루는 과목에 대한 이해이다. 대체로 여러 과목으로 나뉘는 데 각각의 과목이 갖는 특성과 의의에 대해서 이해하고 과목의 특성을 잘 활용하는 교육을 설계할 수 있어야 한다. 이와 함께 좀 더 세부적이고 전문적인 영역에 관한 탐구도 이루어져야 할 것이다. 사회적인 요구에 의해서 세분화된 과목이 등장하는 때도 있으며 교과교육학의 학문적인 발전을 위해서도 전문 분야가 넓어지고 깊어지는 것이 바람직하기 때문이다.

교과교육의 전문성은 각 교과에서 '교육과정－수업－평가－송환(또는 기록)'을 연계하여 자체적인 프로그램을 기획하는 역량과도 관련이 있다. 국가 교육과정, 지역 교육과정, 학교 교육과정 등 여러 층위의 교육과정의 내용을 이해하고 이를 재구성하여 수업을 계획할 수 있어야 한다. 수업을 구성할 때는 각 교과의 특성이 반영된 구체적인 수업론이 필요하다. 교사는 학생이 어떤 내용을 배우기 어려워하며, 문제해결 과정 중 어느 지점에서 어려움을 겪는지 알기 위해서 학생 관찰을 한다. 관찰의 내용과 방법은 교과 특성별, 각 수업 차시의 내용별로 매우 다양할 것이다. 이를 교과교육학의 관점에서 풀어낼 수 있는 전문적인 역량이 요구된다.

예를 들어 자신의 수업을 모둠으로 진행하려는 교사는 수업을 진행하기 전에 많은 고민을 하게 된다. 모둠 수업의 학습 효과가 강의식보다 뛰어나다는 평가 결과처럼 모둠 활동이 조화롭게 진행될 수도 있지만, 학생 관찰 결과 학생 사이에서 겪는 불편함이나 정체성에 따른 교실 안에서의 역관계 등이 존재한다는 점을 생각하기 때문이다. 이러한 고민을 하면서 모둠을 구성하는 방식, 모둠의 대표를 선발하는 방식, 모둠원에게 역할을 부여하는 방식, 모둠 논의 결과를 발표하는 방식 등에 대해서 더 적절한 방안을 찾아서 적용하게 된다. 이러한 노력은 한 학기 동안의 모둠수업을 통해서 학생들의 역량이 성장하는 데 결정적인 요인으로 작용하게 된다.

교과 전문성은 평가 과정에서도 나타난다. 평가 과정 역시 교과별로 매우 다르다. 예를 들어 모든 교과에서 시행하는 지필평가는 읽기 능력을 기반으로 정답을 선택하는 형식의 시험이다. 선택지는 모든 과목에서 다섯 개씩 주어진다. 정답을 맞히면 해당 배점을 모두 얻고 다른 선택지를 선택하면 무엇을 선택하였든지 0점이다. 이런 절차는 당연하며 의문을 가질 필요가 없는 사실처럼 보이기도 한다. 그러나 선택지의 영향을 덜 받는 수학시험과 선택지가 없으면 답을 할 수 없는 국어시험에서 선택지가 갖는 의미와 비중은 다르다. 수능시험을 비롯한 모든 지필평가에서 정답이 아닌 선택지는 모두 0점으로 평가되는 방식에 대해서는 합리적인 개선 방안이 필요하다. 그러나 이 분야에 대해서 구체적인 논의는 아직까지 부족한데, 이러한 현상도 교과 전문성 역량을 높여야 한다는 것을 보여주는 예이다.

라. 교육 연구 역량이 있어야 한다.

사범대학에서 배우는 내용이 뛰어나고 전문이고 새로운 방식이라고 할지라도 졸업하고 몇 년이 지나면 이를 대체하는 새로운 내용과 형식이 생겨난다. 사범대학에서 배운 내용이 학교 현장에서는 추상적으로 느껴질 때가 있다. 학생들과 만남, 학생들의 질문은 매우 현실적이고 구체적인 교육 현상이다. 그래서 교사는 구체적인 교육 내용과 방법에 관한 관심이 열려 있어야 한다. 늘 새로운 만남을 준비하고 학생의 질문을 소중하게 여기고 문제를 해결하기 위해 노력해야 하며, 좀 더 새로운 분야를 알아가려고 노력하는 교육 연구 역량이 있어야 한다.

교사가 끊임없이 배워야 하는 이유는 또 있다. 교사가 마주하는 존재는 학생이며 학생은 글자 그대로 늘 배우는 사람이다. 학생들은 자신의 판단만을 강조하는 완고한 교사보다는 작은 실수도 솔직하게 인정하며 올바른 길을 찾아 나서는 교사를 좋아하고 따른다. 교과교육에 대한 전문적인 이해가 뛰어난 교사가 학생의 가장 가까이에 서서 일상생활과 교과교육에 대해서 늘 배우는 자세를 유지한다면 학생들은 그 교사를 닮고 싶은 인생의 모범으로 삼을 것이다. 학생은 늘 배우는 교사를 기대한다.

노력하는 교사는 학생을 직접 관찰하고, 학교의 환경을 점검하고, 수업 가능한 여건을 종합하여 생활 안내와 교과교육을 진행한다. 학생 관찰하기 위해서는 사전에 관련 자료를 찾아 읽고 분석하며 교육 전반에 관한 이해의 폭을 넓힐 필요가 있다. 교사는 분석과 관찰 결과를 토대로 하여 수업의 내용을 결정하고 교육 환경 점검을 통해 수업의 형식을 확정하게 된다. 수업이 끝난 후에는 평가 과정을 통해 학생에게는 성장을 위한 송환을, 교사에게는 새로운 수업을 기획하는 자료를 제공한다.

이러한 과정은 교육활동 내내 진행되므로 교사는 교직을 그만둘 때까지 스스로 연구하며 계속해서 변화해야 한다. 교육 관련 통계 자료나 다큐 프로그램을 찾아볼 수 있다. 스스로 연수를 찾아서 듣거나 교육대학원에서 재교육을 받을 수도 있다. 교사 동아리 활동을 하거나 다른 교과와의 융합 수업을 준비하면서 새로운 교육을 경험할 수도 있으며 온라인 수업을 병행하거나 빔 프로젝터, 휴대 전화 등의 매체를 활용한 수업을 구상할 수도 있다. 웰링햄(2011: 192)은 체스를 예로 들면서 일반적인 분야에서는 대체로 10년 법칙이 통용되는데, 전문가가 된 다음에도 연구와 연습을 게을리 해서는 안 되며 전문가의 지위를 유지하려면 꾸준히 연구하고 연습해야 한다고 조언한다. 교육 전문가로서 교사의 연구 활동도 계속 진행되어야 할 것이다.

3. 교육 역량 강화를 위한 사범대학 교육과정

사범대학의 현행 교육과정은 대체로 교양, 전공, 교직 과목으로 구성되어 있고 필수 과목과 선택 과목으로 나뉘어 편성된다. 우선 교양 과목은 대학교 전체의 범위에 따라 편성된 교양 과목과 중복되는 경우가 많아 사범대학의 특성에 꼭 맞는 교육과정을 구성하지 못하고 있다. 교과교육은 '○○교과교육론', '○○교과 교재연구및지도법' 등 몇 개 과목을 제외하고는 교과교육학으로서의 완결성을 갖는다기보다는 전공 교수의 교과(내용학) 과목과 교육학과 교수의 교육학 과목을 각각 수강하고 학습한 내용을 예비교사가 종합하여 내면화해야 하는 형태가 많다. 즉, 전공은 내용학, 교직은 교육학으로 구분된 형태를 유지하고 있으며 교과교육학은 일반교육론 수준에서 머물고 있다.

교육 역량 강화를 통한 교사양성이라는 목표 아래 '교과교육학'의 관점에 사범대학의 정체성을 확보하기 위해서 사범대학 교육과정을 새롭게 편성할 필요가 있다. 역량 강화 중심의 21세기 사범대학 교육과정 편성 방향은 다음 네 가지이다.

1. 교육 기초 역량: 사범대학 기초 교양 운영
2. 학습자 중심 활동 역량: 교과연계 교양 활성화
3. 교과 전문성 역량: 개론, 일반, 전문, 연계 과정으로 세분화
4. 교육 연구 역량: 자료 분석→현장 관찰→학습→현장 실습의 4단계 과정

그림 2 21C 사범대학 교육과정

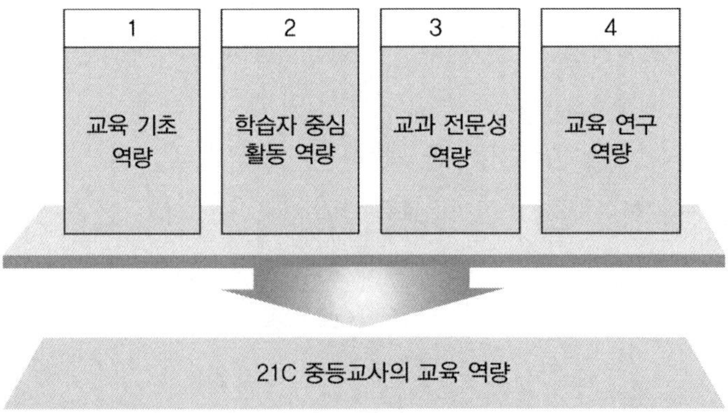

가. 교육 기초 역량: 사범대학 기초 교양 운영

사범대학 기초 교양은 교사가 되기 위해 정신적, 신체적 기반이 되는 교양 강좌이다. 기초 교양 과목은 교육관 형성 강좌, 체육 강좌, 문식성 강좌로 구성된다.

첫째, 교육관 형성을 위한 강좌이다. 교사로서 자기 정체성 확립과 변화하는 시대에 맞춰서 교사 자신의 교육관 구성을 위한 교육학 개론(또는 교육이란 무엇인가), 교육 심리, 교육 철학, 청소년학개론 강좌로 구성된다. 교육자로서 학생을 대하는 자세뿐만 아니라 교육문제, 사회문화적 이슈를 이해하고 문제를 해결하는 데 유용한 강좌이다.

둘째, 체육활동과 건강 유지를 위한 강좌이다. 1학년에만 한정하여 운영하는 과목이 아니라 최소한 3개 학년 동안 체육1, 체육2, 체육3의 형태로 지속적으로 운영하고 이러한 경험이 교직에 진출해서도 이어질 수 있도록 의미 있는 강좌로 구성한다.

셋째, 이해와 소통을 위한 문식성 강좌이다. DeSeCo 프로젝트에서도 강조한 의사소통 역량, 이해와 표현 역량, 공동체 역량, 도구의 활용 역량을 강화하기 위

그림 3 21C 중등교사의 교육 기초 역량

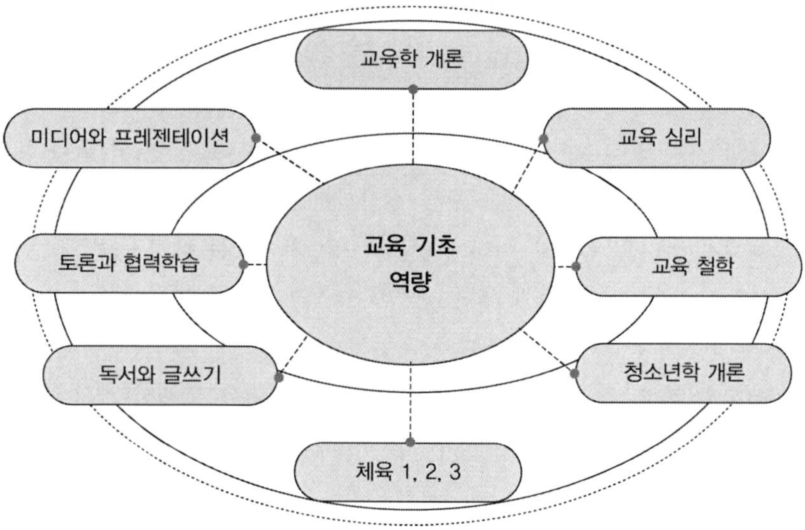

한 강좌이다. 문자를 활용한 소통 역량 강화를 위한 '독서와 글쓰기' 강좌, 토론을 통한 교섭과 공동체 협력 학습을 위한 '토론과 협력 학습' 강좌, 새로운 매체를 활용하여 의사소통할 수 있는 '미디어와 프레젠테이션' 강좌를 운영한다.

나. 학습자 중심 활동 역량: 교과 연계 교양 활성화

교과 연계 교양은 기초 교양의 기반 위에 실현되는 학습자 중심 활동의 교과 교육이다. 중등학교 교과 수업 시간에 심리적인 문제나 철학적인 주제와 만날 수 있다. 게임, 원자력 개발, 인공지능(AI, Artificial Intelligence), 사물인터넷(IoT, Internet of Things), 청소년, 인권, 성, 바이러스, 학교, 폭력, 학습 방법, 경제적 문제, 다문화, 미디어 등 학생들의 관심사 또는 학생들이 해결해야 하는 주제이다.

예를 들어 국어교육과의 '국어교육 연계교양' 강좌에서는 '청소년'을 주제로 하여 성장소설, 청소년 잡지, 미디어 기사 등에 나타나는 청소년에 관한 서술을 분석하여 시대나 장소에 따른 청소년에 대한 인식을 국어교육의 관점에서 탐구할 수 있다. 작가의 관점에서 글을 분석하던 전통적인 방법과는 다르게 청소년의 관점에서 자료를 분석하고 정리할 수 있다. 수학교육과에서는 학습 방법을 주제로 하여 중등학생들의 다양한 수학공부법에 대해서 조사하고 수학 공부를 힘들어하는 이유에 대해서 논의하는 강좌를 진행할 수 있다.

교실에서 진행되는 교과 학습 내용의 실제적인 범위와 수준은 학생 요인으로부터 도출된다. 중등학교에서 다루게 되는 내용은 중등학생에게 유용한 것이며, 이는 학생의 자기 관리 역량, 지식 정보 역량, 창의적 사고 역량, 심미적 감성 역량, 의사소통 역량, 공동체 역량을 두루 성장시키는 방법으로 전개될 수 있다. 학생의 문제해결 능력을 높이고 미래를 창의적으로 계획하는 데 도움을 줄 수 있는 강좌이다.

교과 연계 교양을 수강한 예비교사는 임용 후 학생들과 다양한 주제에 관해서 교과 수업을 전개할 수 있게 된다. 중등학생은 이 수업을 통해서 관심 주제에 관해서 자신의 시각으로 바라볼 수 있게 되며 또래들의 생각도 함께 알 수 있게 되어 공동체 문화 형성에도 기여하게 된다. 또한, 일반적인 내용보다는 구체적이고 전문적인 내용을 다루게 되므로 교과 심화학습의 효과까지 누릴 수 있다.

그림 4 21C 중등교사의 학습자 중심 활동 역량

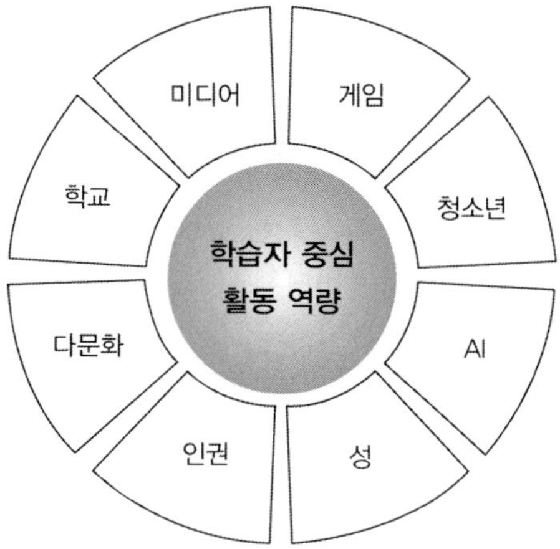

다. 교과 전문성 역량: 개론, 일반, 전문, 연계 과정으로 세분화

교과 전문성 역량 강화를 위해서 현행 '필수-선택' 방식을 '교과교육 개론-일반 교육론-전문 교육론-연계교육론' 과정으로 재구성할 필요가 있다.

재구성한 교육과정에 따라 사범대에 입학하여 ○○교육과에서 처음 수강하는 강좌는 '○○교육학 개론' 강좌이고 다음으로는 '○○(과)교육론'이다. 이 두 강좌는 각 교과교육론의 개론 성격으로서, 고등학교 때까지 막연하게 알고 있었던 교과의 내용과 성격 등에 관해서 체계적인 고민과 탐구를 시작하는 강좌이다. 개론 강좌를 통해 학과에 관한 이해를 높이고 '○○교육과' 학생으로서의 정체성에 대해 고민을 시작하게 된다.

교과 일반 교육론은 '○○(과)교육론'의 하위 영역과 밀접한 관련한 강좌이며, 중등학교에 개설되어 있는 구체적인 교과목과 연결된 강좌이다. 국어교육과를 예로 들면, '화법교육론(화법), 독서교육론(독서), 작문교육론(작문), 문학교육론(문학), 문법교육론(문법 또는 언어)' 등이다.

교과 전문 교육론은 교과 일반 교육론에서 더 세분화된 전문 영역을 다루는 강좌이다. 예를 들어 국어교육 중에서도 쓰기 교육에 관심이 있는 학생은 교과교육학 개론 강좌와 교과 일반 교육론인 '작문교육론'을 수강한 후에 전문 단계인 '정보전달 글쓰기 교육론'을 수강하면서 쓰기 교사로서의 전망을 세우고 이에 관한 전문 역량을 신장시킬 수 있게 된다. 같은 원리로 '독서교육론'을 수강한 후에 '설명글 읽기 교육론'을 수강하여 논리적인 글 읽기에 대해서 학습할 수 있다.

교과 연계 교육론은 기존의 교과 전공과목에 새롭게 추가되는 강좌이다. 지금까지 사범대학의 교육과정, 교육평가, 교사론 등 교육론 강좌들은 교직 과목으로 분류되어 주로 교육학과에서 담당하고 있었고 내용은 교육 전반에 걸친 일반론 중심으로 진행되었다. 교과교육을 전공한 사범대 학생이 학교 현장에서 활용하기 위해 필요한 강좌는 일반적인 교육론보다 구체적인 상황을 반영하는 해당 교과의 교육론이었다. 교과 연계 교육론은 기존의 교직 중에서 '교육과정→수업→평가→송환' 관련 과목을 교과별로 각각의 구체적이고 특수한 상황에 맞게 발전시킨 융합 강좌의 형태이다. 교과 연계 교육론 수강을 통해 교사는 교사 자신, 교육과정, 교재, 수업, 평가, 학습 방법 등 교육 환경을 파악하고 교육과정을 재구성하여 수업을 스스로 계획하고 평가할 수 있게 된다.

예를 들어, 국어교육과에서는 '국어과 교사론', '국어과 교육과정', '국어과 교재론', '국어과 수업론', '국어과 평가론', '국어과 학습론' 등의 강좌를 개설하여 예비교사들이 교과 관련 기초를 세우고 방향을 잡는 데 도움을 줄 수 있다. 또한,

그림 5 21C 중등교사의 교과 전문성 역량

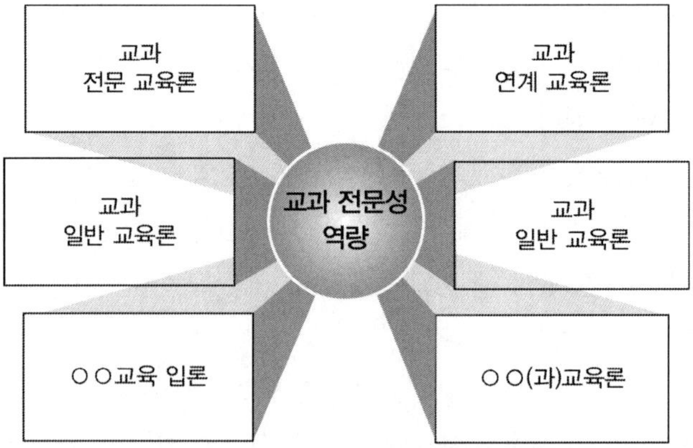

국어 교과 내에서도 '읽기교육 평가론', '쓰기교육 평가론' 등 세부 전공에 따른 전문적인 연구와 구체적인 강좌로 더 확대될 수 있다. 이와 같이 사범대학 교과연계 교육론의 분화 과정은 교과교육의 정체성을 확보하면서 좀 더 전문화된 영역으로 각 학과의 외연이 확장된다는 것을 의미한다.

라. 교육 연구 역량: 자료 분석 → 현장 관찰 → 모둠 학습 → 현장 실습의 4단계 과정

교육 연구 역량 강화를 위해 교육실습은 형식적인 절차가 아니라 실질적인 도움을 줄 수 있는 중요한 과정으로 운영되어야 한다. 현행 사범대학의 4주간의 일회적 교육실습이 매우 형식적으로 진행된다는 비판은 오래전부터 있었다. 실습학교 상황에 대한 설명을 듣고 학교에 적응하는데 2주, 수업 관찰 1주, 수업 시연 1주의 일정으로 진행되는 4주 실습이었으며, 이를 이수하면 사범대생으로서 유일한 실습이 마무리되는 구조였다. 실제 활용할 수 있는 기간은 2주 정도에 불과했고 그 기간마저도 학생 면담만 진행하다가 실습 기간이 지나가는 경우, 학교 행사 기간과 겹쳐서 행사 보조 역할만 담당한 경우, 시험 기간과 겹쳐서 수업을 진행하지 못하는 경우 등 예상했던 실습과는 전혀 다른 상황으로 마무리되는 경우도 많았다.

이러한 한계를 극복하고 현장 체험 및 역량 습득을 위해 교육실습 프로그램을 1학년부터 4학년까지 '자료 분석 → 현장 관찰 → 학습 → 현장 실습'의 4단계로 시행할 수 있다. 1단계 분석 과정과 3단계 학습 과정은 대학교에서, 2단계 관찰과 4단계 실습은 실습학교에서 진행한다. 1단계는 교육 관련 자료와 영상을 보면서 분석하는 단계이다. 고등학교 때까지는 학생의 처지에서 교육 관련 자료를 바라보았다면 1단계에서는 예비교사의 시각으로 자료를 검토하고 분석한다는 점에서 사범대학 입학 전과는 질적인 차이점을 갖게 된다. 2단계는 교육 현장과 교육 환경에 대한 이해를 위해서 실습학교를 방문하여 학교. 교실, 수업 상황을 관찰하는 단계이다. 1단계에서 자료를 분석하며 교육적인 관점을 정립했다면 2단계에서는 교육자의 시각으로 현장을 답사하여 교육 환경을 관찰하고 실습에 필요한 사항을

그림 6 21C 중등교사의 교육 연구 역량

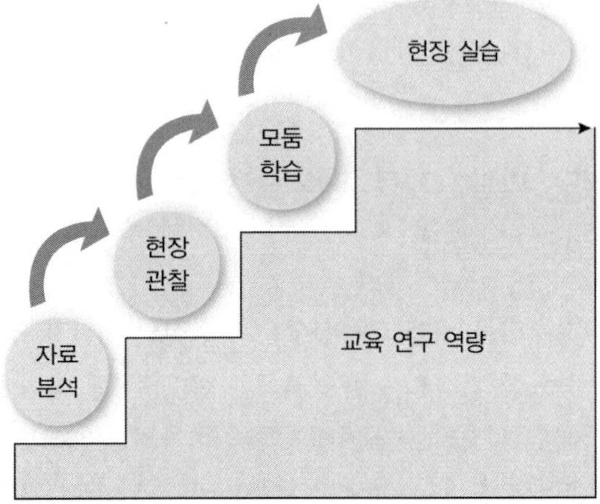

점검한다. 3단계는 실제 교육 현장에 나가기 전에 대학에서 관련 강좌를 수강하며 현장 실습을 준비하는 단계이다. 3단계는 예비교사들의 모둠 토의와 발표 형식으로 진행되며 교과학습지도안 작성 및 발표, 모의 수업 시연 및 종합토론 등 교과교육을 위한 교육 실습생의 준비 상태를 최종 점검하는 단계이다. 4단계는 교과 수업, 학생 지도, 교사 협의 등을 교육 현장에서 실제로 시행하는 단계이다. 충분한 실습 기간을 확보하여 현장 감각을 익히고 실습학교 담당 교사와의 의사소통을 통해서 실습 학생이 교사로서 성장하는 데 결정적인 도움이 되는 과정이다.

마. 사범대학 교육과정 이수 과정

이상의 네 가지 지향점에 관한 논의를 바탕으로 사범대학과 각 학과의 교육과정을 구성할 수 있다. 이에 따라 21세기 사범대학 교육과정을 학년별로 정리하여 이수 강좌를 제안하면 <표 1>과 같다.

표 1 21C 사범대학 교육과정 이수 과정

역량 / 교육과정 / 학년	교육 기초	학습자 중심 활동	교과 전문성				교육 연구
	기초 교양	연계 교양	교과교육 개론	일반 교육론	전문 교육론	연계 교육론	교육 실습
1학년	○	○	○				○
2학년	○	○		○			○
3학년	○			○	○		○
4학년	○				○	○	○

4. 나가며

늘 새로운 각오와 설레는 마음으로 교실 문을 열고 학생을 맞이하는 사람이 교사이다. 교사가 설렘을 간직하고 교육 활동을 지속할 수 있도록 본고에서는 21세기 교사에게 필요한 교육 역량을 교육 기초 역량, 학습자 중심 활동 역량, 교과 전문성 역량, 교육 연구 역량으로 분류하여 제안하였다. 이 제안이 훌륭한 교사가 되려는 예비교사들의 꿈을 현실로 만드는 데 실질적인 도움이 되길 바란다. 이와 함께, 사범대학에서 교과교육학 연구 및 교사 양성 연구도 풍성하게 진행되어 사범대학이 중등교사 양성기관으로서의 정체성을 확실하게 형성해 나가길 기대한다.

memo

4

중등교사양성 교육과정의 성찰과 과제

홍후조(고려대학교 교육학과 교수)

중등교사양성 교육과정의 성찰과 과제[1]

홍후조(고려대학교 교육학과 교수)

1. 서론

좋은 교사가 좋은 교육을 낳는다. 좋은 교사에게 기대되는 역할은 시대에 따라 다르다. 21세기 교사에게는 모든 학생의 가치와 성장을 돕는 교육이라는 점에서는 20세기와 같으나, 좀 더 개별적 배려를 하여서 졸업한 이후에도 평생학습자로 살아가는데 필요한 역량을 길러주는 역할이 기대된다. 그래서 예비교사를 양성하는 교육기관의 교육과정은 거듭하여 살펴볼만한 가치가 있다.

대학교육과정은 몇몇 전공에 의한 교양교육의 침해와 부실, 대학원과 학부의 경계 모호, 교수 개인의 학문적 배경이 지배하는 교육과정, 관련 산업과 학문공동체로부터의 공인 부족 등으로 비판을 받아왔으나 잘 고쳐지지 않는다(홍후조, 2004; 2011). 또한 교사양성 교육과정 역시 달라진 환경에도 불구하고 내용적 체계성 부족, 낮은 변화 대응력, 교원양성기관으로서의 특수성 미흡 등의 문제점이 지속적으로 제기되고 있다(박영숙·허은정·황은희, 2018). 또한 문리과대학에 의해 설립된 태생적 한계를 가지고 있어, 차별화가 될 수 있는 여지가 매우 협소하다. 특히 중등교사 양성기관은 사범대학, 비사대 교직과정, 교육대학원, 특성화고 교사를 길러내는 특수전문 대학 등 전국적으로 319개로 거의 모든 4년제 대학에서 자격증을 부여하여 기관 남설(濫設)이나 질 관리 방임이라는 비판을 듣는다(전제상, 2018). 교육기관에 대한 질 관리가 방임상태라면 그 기관에서 개설하고 있는 교육과정에도

1 이 글은 한국교원교육학회 50주년 기념 학술대회(2018.12.8.; 한국교총)에서 발표한 졸고 "교사양성 교육과정의 성찰과 과제"를 수정 보완하고, 이를 발전시킨 "유·초·중등 교사양성 '전공' 교육과정의 성찰과 과제"(2019.3.18. 탈고)에서 중등교사 양성 부분을 발췌한 것임을 밝힙니다.

문제가 있을 것이라는 합리적 의심을 지우기 어렵다.

인간의 모든 활동과 마찬가지로 교육을 통해 교사와 학생들은 문명변화를 좇아가는 변화적응력과 함께 변화주도력을 키워야 할 것이다. 즉 교육은 현행 문명에 대한 비판적 이해와 보다 나은 방향으로 창의적 인도를 하는 인재를 키워야 하는 과제를 안고 있다. 이에 필요한 가치관, 세계관, 문명관, 인간관, 생명관, 지식관, 기술관 등을 키우는 것은 인문학적 소양이 바탕이 될 수 있다. 이처럼 세계화와 지능정보화라는 큰 문명사적 흐름은 장차 교사양성 교육과정을 재구성하는 배경이 될 수 있다.

가. 교사양성 교육과정의 분석을 위한 교육환경 이해

다음과 같은 시대적 추세나 우리 교육의 형편을 이해하는 것은 교사양성 교육과정을 분석하는 데 도움을 준다.

첫째, 지식전달의 다양성으로 인해 학교에서 교과 지식의 체계적 전수에 어려움이 가중된다. 교육은 오랫동안 '전대의 가르침이 후대의 삶의 개척에 도움이 된다.'는 가정 하에 이루어져 왔다. 그러나 지능정보의 급증과 급변은 교육의 이런 가정을 점차 흐릿하게 하고 있다. 전대의 뒤처진 가르침은 후대의 삶의 개척에 오히려 방해가 될 수 있다. 또한 교육에서는 '지식의 체계적 전수와 습득을 통한 지력의 개발'을 매우 중요시해왔다. 그러나 학교 외의 다른 정보원들을 통해 지식과 기술의 습득이 가능해졌기에 학교의 독점적 지식 전수 기능은 취약해지고 있다. 전통적으로 IQ에 해당하는 영역은 AI가 더 잘 처리하게 되었고, 인간의 교육적 자산 중 인지 영역만 아니라 정의·심동·사회성 영역 중 논리·수학적 처리(알고리즘)가 가능한 영역은 IQ화, 지능정보화 되어 가고 있기 때문에 인간의 지식기반교육이 해낼 영역은 급격히 줄어들고 있다.

둘째, 교과나 학문 전수보다 학생과 사회 요구를 우선할 것을 꾸준히 요구받는다. 학생들에게는 어떤 교사가 좋은 교사일까? 전통적 관점에서 잘 가르친다는 교사는 반 전체 학생들을 대상으로 교과지식을 알아듣기 쉽게 친절히 잘 설명해 주는 교사였다. 마치 능숙한 연설가나 웅변가와 유사하였다. 그러나 이제는 보다 세밀한 개별적 보살핌을 요구하고 있다. 학생들의 개인적 형편을 살펴서 그 요구에 응대하는 교사를 말한다. 교사들은 '교사로 인한 학생의 성장'에 기쁨을, '학생들과의 친밀한 일상'에서 즐거움을, '수업지도에 불응하는 학생들'과 '학생과 학부모로부터의 무시'에서 노여움을 경험한다(김병찬 · 임종헌, 2017). 그만큼 교사의 삶에서 학생이 차지하는 비중은 크다. 더구나 학생수는 급감하고 있어 개별화된 보살핌의 필요성은 더욱 높아지고 있다. 교사와 학생이 만나서 주고받는 그 무엇을 교육과정이라고 할 때 우리는 '교육과정은 교과'라고 등치시켜왔다. 흔히 교과서중심 수업은 '교과서를 수단으로 학생을 가르친다.'는 것을 의미하고, 교육과정에서도 '교과를 수단으로 학생을 가르친다.'는 명제를 강조한다. 더 나아가 교과와 창의적체험활동의 정규 교육프로그램을 넘어 방과후학교, 돌봄교실 등도 교육과정이라고 할 때, 교과보다 교육과정으로 학생을 가르치게 된다.

셋째, 교원, 교육과정, 학제 등 교육의 기본제도간의 상치가 야기하는 학교급간 교육의 단절을 극복하고 학교간을 넘나들이하여 가르칠 수 있는 교사를 요구한다. 우리나라의 독특한 제도이자 문화이지만, 교육의 핵심요소에 해당하는 교원, 교육과정, 학생이 만나는 교육의 기본제도는 교사양성과 운용이 6·6제, 교육과정이 9·3제, 학생 수용의 학제가 6·3·3제로 운영되고 있다(홍후조 · 민부자, 2012). 교육의 근간이 되는 기본 제도 간 부정합은 부지불식간 많은 문제를 낳는다. 이들은 거의 경직되게 운용되어 학생인구가 급격히 줄어드는 농산어촌이나 도농지역, 도심지역 등에서 학교급간 협동운용을 어렵게 하고 있다. 유치원과 초등 저학년, 초등 저학년과 초등 고학년, 초등 고학년과 중학교, 중학교와 고교, 고교와 대학 혹은 사회 직업분야 간의 교육과정 연계 혹은 부드러운 변이(變移)는 학생들에게 지속가능한 성장과 발달을 가져다준다. 특정 학년군에 대한 교사 전문성을 키우는 것도 중요하지만, 교사가 아래 위 학년을 넘나들이 할 수 있도록 하는 제도적 개혁이 요구된다. 담임연임제나 학년전담제, 그리고 이음학교, 협동운영학교 등은 교사 직무수행의 전문성을 높여주는 동시에 학생수가 급감하는 상황에서 교원들이 유연하게 대처할 수 있도록 하는 방안이 될 수 있다.

이 글은 교사를 길러내는 교사양성 교육과정의 현황과 문제점, 그리고 대안적 방향의 일부를 그려보는 것이다. 현행 교사양성 교육과정이 좁은 교과서보다 교육과정을, 교과보다 학습자를 더 우대할 준비가 되어 있는가를 확인하려는 것이다.

나. 교사양성 교육과정 분석의 대상과 준거

본 연구의 주요 분석 대상은 교사양성 교육과정 중 교양, 교직, 전공, 일반선택 중에서 전공이다. 전공은 교원이 되는데 필요한 교과목이나 해당 학교급의 학생을 이해하는 핵심적인 교과목이다. 본 연구에서는 교사양성 교육과정의 핵심과 비중은 '전공' 교육과정에 있다고 보아 전공의 과목 편제와 비중을 살펴보고자 한다.

교사양성 교육과정의 분석 대상은 교원양성을 가장 종합적으로 하는 국립 한국교원대학교 화학교육과의 교사양성 교육과정이다. 이 대학을 선정한 것은 다른 사범대학들은 특정 교과나 학교급의 교사를 부분적으로 양성하는 데 반해, 이 대학은 특성화고 교원을 제외한 유-초-중-고 및 특수학교를 모두 아울러 교원을 가장 종합적으로 양성하는 체제를 갖추고 있기 때문이다. 이 대학은 본 연구의 주요 관점인 학생발달의 연속성과 교과목의 체계적인 통합과 분화의 연계성, 나아가 학생수 급감에 대비한 교원의 유연한 학교급 넘나들이 운용이라는 사회적 요구에 가장 잘 부응할 수 있는 교사양성의 제도적 여건을 가지고 있기 때문이다. 자연히 본 연구의 주요 관점은 예비교사가 장차 각 학년군의 독특성과 함께 전후 학년군의 연계를 다룰 수 있는 능력을 길러주는 교사양성 교육과정인가가 될 것이다. 본 연구는 교사양성 대학의 공식적인 교육과정 '문서(편제표, 과목 편성표)'를 기본으로 총론적으로 분석 비교하고 개선안을 제안하고자 하였기 때문에, 해당 과목명의 강의요목과 '실제'로 어떤 교육이 이루어지는가를 살펴본 것은 아니다.

2. 중등교사양성 전공 교육과정의 현황과 과제

중등교사 양성기관은 사범대학, 비사대 교직과정, 교육대학원, 특성화고 교사를 길러내는 특수전문 대학 등 전국적으로 319개로 거의 모든 4년제 대학에서 자격증을 부여하여 기관 남설이나 질 관리 방임이라는 비판을 듣는다(전제상, 2018). 중등 전기인 중학교는 주로 공통필수 교육과정을 운영하고, 후기인 고교는 진학계와 직업계를 중심으로 진로별 교육과정을 운영한다. 중학교에서는 공통필수 교육과정을 통해 생활교양인을 양성하지만, 고교는 진로별 교육을 통해 대학진학이나 사회진출을 돕는 보다 심화된 내용을 다루거나 나아가 특수, 전문, 직업인 양성을 지향한다. 자유학기제에서 드러나듯이 중학교와 고교는 이론이나 실제로 아주 판이한 교육과정을 운영하는 편이다. 더구나 인간발달 특히 뇌과학이 밝혀낸 성과에 따르면 사춘기 학생들은 그간 복잡하게 발달한 시냅스를 일정하게 가지치기(synaptic pruning)를 하게 된다(한진호, 2018). 즉 10세 전후까지 온갖 자극과 반응을 통해 신체운동, 감성사회성 등이 충분히 발달한 위에서 이제 개념학습을 비롯하여 인지적 고차적 사고를 위한 대뇌피질의 발달을 시작해야 할 시점이다. 초등학교를 거치면서 고른 교과학습 맛보기를 통해 학생들은 점차 하고 싶은, 잘 할 수 있는, 해야 하는 공부를 찾거나, 역으로 그렇지 못한 공부를 제외하려는 시도를 한다. 초등학교의 학급담임에 의한 공부에서 중학교의 교과담임에 의한 분과형 공부로 급격히 전환하는 데 있어 학생들은 일정한 불안을 내보이므로 여기에는 특별한 고려가 필요하다(고영희, 2012). 그럼에도 사범대학 등에서는 중고교에 동일한, 그러나 고교 분과 위주의 교사양성 과정을 거치도록 되어 있다. 여기서는 지능정보화와 과학기술시대에 중요한 과학과 중 화학교육과 교육과정을 통해 교사양성 교육과정을 살펴보기로 한다.

여기서는 중등 예비교사를 길러냄에 있어서 화학교육과를 중심으로, 그 주변의 다음 세 가지 경우를 살펴보기로 한다. 먼저 화학교육과를 주(제1)전공으로 하는 경우인데 이는 고교 2, 3학년에서 과학을 가르치기에 합당한 경우로서 한국교원대와 서울대학의 화학교육과 전공과정의 객관적 형편을 살펴보기 위하여 해외대학 2개교의 화학교육과의 전공과정 개설과 비교해보고자 한다. 다음으로 화학교육과를 넘어 통합과학교육과를 이수하여 중학교 과학을 담당하기에 합당한 경우를 살펴보고, 끝으로 복수(제2)전공을 통해 다른 학년군을 담당할 수 있도록 준비시키는 경우로 나누어 살펴보기로 한다.

가. 한국교원대학교 화학교육과 전공과정

<표 1>은 한국교원대의 교육과정 편제표를 종합해본 것으로 중등 교사양성 전공과정이 처한 위치를 확인하는데 도움이 된다.

한국교원대의 졸업에 필요한 이수학점은 140학점 이상으로, 교양 23학점, 교직 24학점, 전공은 유아 66, 초등 90, 중등 57학점이다. 개설된 과목들이 모두 교

표 1 한국교원대의 전공별 교육과정 편제(전체)

<table>
<tr><th colspan="3" rowspan="3">영역</th><th colspan="7">전공별 이수단위</th></tr>
<tr><th colspan="2">유아교육과</th><th colspan="2">초등교육과</th><th colspan="3">중등학과</th></tr>
<tr><th>주전공</th><th>복수전공</th><th>주전공</th><th>복수전공</th><th colspan="2">주전공</th><th>복수전공</th></tr>
<tr><td rowspan="10">교양</td><td rowspan="2">청람 인성</td><td>교원인성I</td><td>1</td><td rowspan="10"></td><td>1</td><td rowspan="10"></td><td colspan="2">1</td><td rowspan="10"></td></tr>
<tr><td>교원인성II</td><td>1</td><td>1</td><td colspan="2">1</td></tr>
<tr><td rowspan="2">청람 역량</td><td>안전</td><td rowspan="2">3</td><td rowspan="2">3</td><td colspan="2" rowspan="2">3</td></tr>
<tr><td>소통·상담</td></tr>
<tr><td rowspan="5">청람 융합</td><td>창의·융합</td><td rowspan="5">18
※ 5개 영역 중 4영역(1과목) 이상</td><td rowspan="5">18
※ 5개 영역 중 4영역(1과목) 이상</td><td colspan="2" rowspan="5">18
※ 5개 영역 중 4영역(1과목) 이상</td></tr>
<tr><td>인간과 삶</td></tr>
<tr><td>사회와 문화</td></tr>
<tr><td>자연과 과학</td></tr>
<tr><td>예술과 스포츠</td></tr>
<tr><td colspan="2">**교양 소계**</td><td>**23**</td><td>**23**</td><td colspan="2">**23**</td></tr>
<tr><td rowspan="6">교직</td><td colspan="2">교직이론</td><td>12</td><td rowspan="2"></td><td>12</td><td rowspan="2"></td><td colspan="2">12</td><td rowspan="2"></td></tr>
<tr><td colspan="2">교직소양</td><td>6</td><td>6</td><td colspan="2">6</td></tr>
<tr><td rowspan="3">교육실습</td><td>현장교육실습</td><td>4</td><td>2</td><td>교육실습 4
참관실습 P/F</td><td>2
P/F</td><td colspan="2">4</td><td>(2)
유아나 초등</td></tr>
<tr><td>교육봉사</td><td>2</td><td rowspan="2"></td><td>2</td><td rowspan="2"></td><td colspan="2">2</td><td rowspan="2"></td></tr>
<tr><td>응급처치 및 심폐소생술 실습</td><td>P/F</td><td>P/F</td><td colspan="2">P/F</td></tr>
<tr><td colspan="2">교직 소계</td><td>24</td><td>2</td><td>24</td><td>2</td><td colspan="2">24</td><td></td></tr>
<tr><td rowspan="5">전공</td><td colspan="2" rowspan="2">기본</td><td rowspan="2">24</td><td rowspan="2">24</td><td>22</td><td>22</td><td rowspan="2">교과교육</td><td>기본 3</td><td rowspan="2">9 (57)</td></tr>
<tr><td>초등교육학 9</td><td>7</td><td>선택 6</td></tr>
<tr><td colspan="2">심화</td><td>15</td><td>15</td><td>교과교육 및 실기 38</td><td>38</td><td rowspan="2">교과내용</td><td>기본 18</td><td rowspan="2">48 (57)</td></tr>
<tr><td colspan="2">선택</td><td>27</td><td>18</td><td>심화과정 21</td><td></td><td>선택 30</td></tr>
<tr><td colspan="2">전공 소계</td><td>66</td><td>57</td><td>90</td><td>67</td><td colspan="2">57</td><td>57</td></tr>
<tr><td colspan="3">**자유선택**</td><td>**27**</td><td></td><td>**3**</td><td></td><td colspan="2">**36**</td><td></td></tr>
<tr><td colspan="3">사도교육</td><td>P/F</td><td></td><td>P/F</td><td></td><td colspan="2">P/F</td><td></td></tr>
<tr><td colspan="3">합계</td><td>**140**</td><td>**59**</td><td>**140**</td><td>**69**</td><td colspan="2">**140**</td><td>**57**</td></tr>
</table>

사양성을 위한 것이지만 특별히 교직과정과 전공 교과교육에서 교원자격 무시험 검정 기준의 표시(전공)과목별로 기본이수과목 7과목(21학점) 이상, "교과교육영역"에서 3과목(8학점) 이상을 이수한다. 이 두 개 영역이 유·초등 교원양성에서 교과교육이 확고한 위상을 차지하는 근거가 되고 있다는 것은 앞에서도 지적한 바 있

표 2 한국교원대 중등 화학교육과 전공과정 교과목 편성

구분			교과목 \ 학년		1학년		2학년		3학년		4학년		이수학점	
과정		영역	번호	과목명 \ 학기	1학기	2학기	1학기	2학기	1학기	2학기	1학기	2학기	소계	계
전공과정	교과교육	기본	420-310	과학교육론★			3-3-0						3	
		선택	432-118	과학철학 및 과학사		3-3-0								
			432-125	화학교육과정 및 평가				3-3-0						
			432-214	화학교재연구★					3-3-0					
			432-225	학생중심 화학학습지도					3-3-0					
			432-314	탐구화학실험	3-2-2									
			420-320	과학교재론						3-3-0			6	9
			432-421	화학교육세미나								3-3-0		
			432-411	화학논술★							3-3-0			
			432-320	화학수업의 실제								3-2-2		
			432-417	화학교육론 심화 Ⅰ							3-3-0			
			432-418	화학교육론 심화 Ⅱ								3-3-0		
	교과내용	기본	432-211	유기화학 Ⅰ			3-3-0							
			432-212	무기화학 Ⅰ				3-3-0						
			432-221	유기화학실험							2-0-4			
			432-213	무기화학실험					2-0-4				18	
			432-223	물리화학 Ⅰ			3-3-0							
			432-311	분석화학 Ⅰ			3-3-0							
			432-312	물리화학실험				2-0-4						
			432-321	분석화학실험						2-0-4				
		선택	432-113	일반화학 Ⅰ	3-3-0									
			432-114	일반화학실험 Ⅰ	1-0-2									
			432-115	일반화학연습 Ⅰ	1-1-0									
			432-117	기초화학 Ⅰ	3-3-0									
			432-122	일반화학 Ⅱ		3-3-0								
			432-123	일반화학실험 Ⅱ		1-0-2								
			432-124	일반화학연습 Ⅱ		1-1-0								
			432-126	기초화학 Ⅱ		3-3-0								
			432-215	화학수학		2-2-0								
			432-226	유기화학 Ⅱ				3-3-0						
			432-227	무기화학 Ⅱ					3-3-0					
			432-315	유기분광학						3-3-0				
			432-316	유기금속화학						3-3-0				
			432-317	물리화학 Ⅱ				3-3-0						
			432-318	생화학 Ⅰ					3-3-0					
			432-412	유기화학특강							2-2-0		30	48
			432-419	기기분석						3-3-0				
			432-414	물리화학 특강							2-2-0			
			432-415	생분자 분석 및 실험							3-2-2			
			432-416	화학사							2-2-0			
			432-324	생무기화학						2-2-0				
			432-325	분석화학 Ⅱ					3-3-0					
			432-326	통계열역학						2-2-0				
			432-327	생화학 Ⅱ						3-3-0				
			432-429	화학세미나 Ⅰ							2-2-0			
			432-430	화학세미나 Ⅱ								2-2-0		
			432-422	유기합성								2-2-0		
			432-423	무기화학 특강							2-2-0			
			432-428	분광분리 분석화학								3-3-0		
			432-425	분석화학 특강								2-2-0		
			432-426	양자화학					2-2-0					
			432-427	환경화학								2-2-0		
계													57	57

다. 중등학과의 전체 교과교육과가 그러하듯이 화학교육과도 교과교육과 교과내용의 기본과 선택에 걸쳐 57학점 속에 교과 전공과정의 과목이 개설되어 있고, 학점이수가 규정되어 있다.

위와 같은 중등교원 양성의 큰 틀에서 한국교원대 화학교육과는 "화학에 대한 깊이 있는 이해와 교육에 대한 전문성을 갖춘 우수 화학 교사를 양성"하는 것을 목적으로 한다. 화학교육과에서는 학생들에게 교육학, 화학, 화학교육학, 교육실습의 영역을 제공한다. 화학 영역에서는 대표적인 세부 분야인 유기 화학, 물리 화학, 무기 화학, 분석 화학, 생화학 등을 실험과 함께 심도있게 가르침으로써 화학 현상에 대한 이해를 넓혀주려고 한다. 화학교육과의 교수는 7인으로 화학교육 전공자가 2인이고 5인은 무기화학, 분석화학, 물리화학, 생화학, 유기화학을 전공한 교수들이다.

<표 2>를 보면 화학교육과의 전공과정에는 총 52개의 과목이 개설되어 있다. 폭넓은 의미에서 과학교육 관련 과목은 과학교육론만 필수이고, 과학철학 및 과학사, 과학교재론 6학점은 교과교육영역의 필수과목으로 지정되어 있어 다른 과목들을 선택할 가능성은 매우 희박해보인다. 전공과목의 경우 교과교육에서는 기본 3학점과 선택 6학점의 9학점을 이수한다. 교과교육학은 화학교사 양성을 위한 중요한 부분인데 학습이 부족하면 화학과와 교육학 간에 관련성이 약해질 수 있다. 교과내용에서는 기본은 8과목에서 거의 필수로 18학점을 이수하고, 선택으로는 32개 과목에서 30학점을 선택 이수하는데, 학년과 학기에 고정되어 과목을 개설하고 있다.

나. 4개 대학 비교를 통해서 본 화학교육과 전공과정

한국교원대의 화학교사 양성과정이 세분화된 전공과정에 치우쳐 있다는 것은 다른 나라와 비교할 때 잘 드러난다. 국내외 4개 대학에서 개설한 화학교육과 교과목은 <표 3>과 같다(백종민 외, 2018).

<표 3>을 보면 한국교원대 화학교육과는 전공교과목 수가 가장 많고, 다른 대학에서 개설되지 않은 전공교과들(예 유기금속화학, 생화학2, 생무기화학, 양자화학, 생분자 분석 및 실험 등)이 매우 세분화되어 개설되어 있다. 서울대의 경우 상대적으로 교육부에서 제시하는 기본이수교과 위주로 26개 과목이 개설되어 있다.

다른 나라의 사례에서는 북경사범대학은 30개, 퍼듀대는 18개 과목을 개설하

표 3 각 대학 화학교육과 전공과목 중 교과교육 관련 과목 개설 현황과 학점수

개설 교과목		한국교원대	서울대	북경사대(BNU)	퍼듀대(PU)
화학교재연구 및 지도법		3	3	1	–
화학교육론		–	3	2	–
과학교육론		3	–	–	3
화학교육연구		–	3	2	–
화학교육세미나		3	1	2	–
화학교육 실험		3(2)	2	1	–
과학교육 콜로키움		–	1	–	–
화학논술		3	–	–	–
과학철학 및 과학사		3	–	–	–
과학교재론		3	–	–	–
화학교육과정 및 평가		3	–	–	–
화학학습지도		3	–	–	2(과학지도)
화학사		2	–	–	–
화학교실수업 교수법연구		–	–	2	–
중학교 화학교수법 설계		–	–	2	–
중학교 화학실험 설계		–	–	2	–
중·외국중학교화학교육개혁		–	–	2	–
교육실습(학점수)		6	4	13	10
과목수	교과내용학	32	19	17	12
	일반화학	6	1	4	4
	교과교육학	10	6	9	2
	소계	48	26	30	18

* ( )안의 수는 주당 실험·실습시간임.
출처: 백종민·한기태·장우정(2018).

고 있다. 북경사범대는 특이하게 중학교에서 화학 교수법에 대한 과목을 개설하고 있다. 미국 퍼듀대학의 경우 교수학습방법은 주로 교육학과 교직에서 이수하도록 되어 있다. 이는 학교 현장에서 과학을 통합적으로 지도해야 하는 현실을 반영한 것으로 보인다. 나아가 화학교육과와 자연과학대학의 화학과의 차별성을 살펴보기 위해 부산대 화학과 개설 교과목과 비교해 보면, 부산대 개설 교과목 수는 33개로 교원대 화학교육과보다 더 적음을 알 수 있다.

이 같은 내용으로 볼 때 과학 교사양성 교육과정은 일반대학과의 차별성 미약, 교과내용학과 교과교육학 간의 갈등, 과다하게 세분화된 교과목의 개설, 지식 중심의 교육, 학생을 이해하고 지도할 수 있는 사도교육 부재의 문제점을 지니고 있는 셈이다(권재술, 1999).

양성과정에서 화학만 배운 예비교사들이 현직에서는 중학교 3년과 고교 1년 학생들에게 통합적인 '과학'을 가르친다. 이들의 과학적 소양은 고교 수준에 머물러 있기도 한다. 이과 출신이라고 하여도 물리, 화학, 생명과학, 지구과학의 2수준을 모두 배운 것이 아니고, 수능에서 일부를 선택하여 시험을 치렀으므로 그 다음 수준의 과학은 스스로 배워서 가르쳐야 하는 형편에 처하게 된다. 서울대의 과목 이수 단서조항 "고교과정에서 물리2(물리2와 동급 또는 더 높은 수준의 물리과목)를 모두 이수하지 않은 학생은 물리학1,2 대신 물리의 기본1,2를 이수해도 됨. 단, 물리학실험1,2 해당 실험과목을 동시에 수강하여야 함."을 보면 고교에서 과학을 높은 수준으로 이수하지 않아도 입학이 가능했다는 것을 알 수 있다. 물론 이들이 졸업 후 일부 영재고나 과학고에서 교사를 하면 그 전공을 충분히 살릴 수 있겠지만, 이런 경우는 전국적으로 극소수에 불과하다. 결국 이런 교육과정은 교사양성을 위한 것이라기보다 오히려 전공연구자나 교수요원 양성에 더 적합해 보인다.

다. 중등 화학교육과 전공과정의 특징

중등 화학과 예비교사 양성 전공 교육과정 구성은 졸업한 예비교사들이 모두 고교 2~3학년만 가르칠 것처럼, 혹은 영재고나 과학고에서만 가르칠 것처럼 세부 전공 교사를 길러내고 있다. 화학교육과 교육과정을 이수한 예비교사들도 교사가 되면 중학교와 고등학생들에게 각각 과학과 화학을 다 가르친다. 중등 6년간 중학교 3년과 고교 1학년 1년까지는 통합적인 과학을 모두 가르치도록 되어 있다. 물론 전반부 4년 동안은 특정 영역 중심으로 교육과정을 구성할 수도 있을 것이고, 교직생활을 통해 차츰 교사 나름대로 재구성할 수도 있을 것이다. 그럼에도 현재와 같이 지나치게 세부과목에 집중한 학습은 중학교에서 통합과학교사로서 과학을 가르쳐야 하는 현실에 비추어 볼 때 중학교에서 맞게 될 상황을 제대로 준비시키지 못하고 있다. 즉 중학교와 고교의 교육과정이 다르므로 교사양성과정에서도 상호 구별되어야 하는데 그렇지 못하고 고교 위주로 되어 있다는 점, 다른 한편으로 중고교를 잇는 가교적 교육과정이 제대로 개설되어 있지 못하다는 점, 하위분야가 세분화되는 과학이나 사회 등의 교과에서는 통합적인 교육과정의 운영이 약하다는 점이다.

결국 이런 학과들은 이공대의 대학들과 다름없는 교과교육 내용을 위주로 교육과정을 구성하고 있는 것이다. 사범대학의 화학교육과, 이과대의 화학과, 공과대학의 화학공학과의 교육과정을 구별할 수 없을 정도로 한 분과학문에 심화된 교육과정을 개설하고 있는 형편이다. 이처럼 대학의 지나친 과목 세분화는 미래 교사의 역량이나 중등교원양성이라는 목적보다는 학과 교수들의 세부 전공에 따른 교육과정의 구성, 또는 대학원 등으로의 진학을 위한 교과목의 구성으로 보인다.

이런 형편은 다른 교과에서도 예외는 아니다. 가령 사회과에서도 그러하다. 역사교육과는 역사만 배우고, 지리교육과는 지리만 배울 뿐, 정치, 경제, 사회문화, 도덕, 윤리 등 일반사회적인 교과목은 거의 배우지 않고 중학교 3년과 고등학교 1학년에서 사회를 가르친다. 이들의 사회과를 가르칠 수 있는 실력은 고교 이후 상당 부분 정체되어 있다고도 할 수 있다. 범과학과 범사회과적 소양이 부족한 가운데 통합적인 교과를 공부해서 가르치는 격이다.

이는 사실상 사범대학의 교사양성과정에 개설하기에 부적합한 교육과정을 개설하여 운영하는 셈이다. 사범대학 교과교육은 문과대학이나 이과대학의 전공과는 달리 학생의 구성주의적 특성과 사회의 실용주의적 특성의 요구를 들어 교과나 학문의 구조주의적 특성을 변용하여 교과를 수단으로 학생을 가르치는 것이다. 이렇게 협소하게 전공 집중으로 길러진 교사들은 과학을 가르칠 때 자신의 전공 영역만 더 강조하거나 더 많은 비중을 두고 가르칠 것이고, 그렇지 않은 영역은 간과할 가능성이 높다. 결과적으로 학생들의 학습권은 침해되고, 교육과정 편성 운영을 위반하는 셈이다.

이에 대한 대안은 크게 세 가지 방향에서 생각할 수 있다. 첫째, 대학의 교사양성 교육과정이 중고교 교육과정 4(통합된 교과)+2(심화된 개별 과목)로 되어 있는 것을 감안해서 전공의 편제를 바꾸는 방법이다. 현재 전공 60학점 중 40학점은 중학교를 고려해서 통합과학 혹은 통합사회에 투여하고, 20학점을 하위 세부 과목인 심화전공에 투여하는 방법이다. 그 역으로 20학점만이라도 물리, 화학, 생명과학, 지구과학을 아우르는 통합과학과 지리, 역사, 일반사회를 아우르는 통합사회과를 가르칠 필요가 있다. 둘째, 아예 중학교 교사 양성과정과 고교 교사 양성과정을 분리하고 복수전공이나 이중전공을 통해 두 개의 자격을 이수하도록 하는 것이다. 이렇게 되면 중학교에서 보다 통합적인 기본 교과를 가르치고, 고교에서는 진로별로 심화된 교과를 가르칠 수 있을 것이다. 셋째, 통합이나 분과된 전공과목은 학부에서 배우고, 교사가 되는데 필요한 교육학이나 교육연구법과 현장적합성을 높이는 교직소양 및 교육실습을 대학원 과정에서 적어도 1년 정도 배우도록 하는 방안도 고려할 수 있다.

3. 단일 전공과정과 복수(제2) 전공과정

유·초·중등 교사양성 전공 교육과정이 '교과' 교육에 치우치고 학생과 사회의 요구를 소홀히 한다는 것이 현장 교원들과 교육학자들의 한결같은 비판이다. 이는 교과교육의 정체성 확립과 연결되는 문제이기도 하다. 중등교사 양성과정에서는 통합사회과교육과 통합과학교육과를 통해 중학교 교육의 특성을 존중하고자 한 시도가 있었으나 실효성을 갖지 못하여 실종된 현상을 다루고, 뒤에서는 복수자격 혹은 복수전공의 효과적 활용 방안을 모색해보고자 한다.

가. 학부에서 중학 교과 전공과정의 결여

중·고교에서 화학 분야를 가르치는 교사라면 먼저 기본 화학 개념과 화학 개념체계에 대한 정확한 이해를 통하여 의미를 파악하고, 개념 획득과정에서 요구되는 탐구능력을 배양하는 것이 중요하다. 나아가 세부 전공분야를 넘어 범과학과내 타 영역에 대한 기본 개념, 타 영역 교과 교수법에 대해 교과목의 통합적 안목이 필요할 것이다. 특히 보다 통합적인 중학교 과학교사에게는 이런 교육과정이 더 필요할 것이다. 한국교원대는 중학교와 고교 1학년의 통합과학을 담당하는 교사를 재교육하는 교육대학원 과정의 통합과학교육과에서 이를 담당하고 있다.

즉 졸업 후 현직 교사로서 대학원에 진학하지 않는다면 이런 통합적 안목을 기르기 어렵다고 할 수 있다.

통합과학교육 전공에서는 중등학교에서 과학 과목을 효과적으로 지도할 수 있는 교사를 양성하게 된다. 이 전공에서는 과학의 네 분야인 물리, 화학, 생물, 지구과학의 기초내용을 폭넓게 학습함은 물론, 네 분야가 통합된 교과와 이의 지도 방법에 대한 교육을 받게 될 것이다. 뿐만 아니라, 기존의 네 분야를 전공한 학생이 '복수전공'을 통하여 과학 일반을 지도할 수 있는 자질을 함양하도록 교과의 내용을 구성하고 있다(한국교원대, 2018: 97). 한국교원대에서는 물리교육과 7인, 화학교육과 7인, 생물교육과 7인, 지구과학교육과 5인의 교수들이 학부나 교육대학

표 4 한국교원대 통합과학교육과의 기본이수과목(교직과목)

<table>
<tr><th rowspan="2">학과</th><th rowspan="2" colspan="2">기본이수과목
또는 분야</th><th colspan="4">본교 개설과목</th><th rowspan="2">비고</th></tr>
<tr><th>교과목번호</th><th colspan="2">교과목명</th><th>학점</th></tr>
<tr><td rowspan="17">통합
과학
(Integrated
Science)</td><td>(1)</td><td>통합과학교육론 및 통합과학지도</td><td>420-310</td><td colspan="2">과학교육론</td><td>3</td><td rowspan="17">(1) 분야에서 1과목 (2)-(5)분야 중 각 분야에서 2 과목 이상 이수(주 전공 표시 과목 해당 분야 제외)</td></tr>
<tr><td rowspan="4">(2)</td><td rowspan="2">일반물리학 및 실험</td><td>421-111</td><td>기본물리학 및 실험 Ⅰ</td><td rowspan="2">모두
이수</td><td>3</td></tr>
<tr><td>421-112</td><td>기본물리학 및 실험 Ⅱ</td><td>3</td></tr>
<tr><td>전자기학</td><td>431-311</td><td colspan="2">전자기학 Ⅰ</td><td>3</td></tr>
<tr><td>현대물리학</td><td>431-221</td><td colspan="2">현대물리학 Ⅰ</td><td>3</td></tr>
<tr><td rowspan="4">(3)</td><td rowspan="2">일반화학 및 실험</td><td>421-113</td><td>기본화학 및 실험 Ⅰ</td><td rowspan="2">모두
이수</td><td>3</td></tr>
<tr><td>421-114</td><td>기본화학 및 실험 Ⅱ</td><td>3</td></tr>
<tr><td>무기화학</td><td>432-212</td><td colspan="2">무기화학 Ⅰ</td><td>3</td></tr>
<tr><td>유기화학</td><td>432-211</td><td colspan="2">유기화학 Ⅰ</td><td>3</td></tr>
<tr><td rowspan="4">(4)</td><td rowspan="2">일반생물학 및 실험</td><td>421-115</td><td>기본생물학 및 실험 Ⅰ</td><td rowspan="2">모두
이수</td><td>3</td></tr>
<tr><td>421-116</td><td>기본생물학 및 실험 Ⅱ</td><td>3</td></tr>
<tr><td>세포학</td><td>433-317</td><td colspan="2">세포생물학</td><td>3</td></tr>
<tr><td>분자생물학</td><td>433-422</td><td colspan="2">분자생물학</td><td>3</td></tr>
<tr><td rowspan="4">(5)</td><td rowspan="2">일반지구과학 및 실험</td><td>421-117</td><td>기본지구과학 및 실험 Ⅰ</td><td rowspan="2">모두
이수</td><td>3</td></tr>
<tr><td>421-118</td><td>기본지구과학 및 실험 Ⅱ</td><td>3</td></tr>
<tr><td>지질학</td><td>434-202</td><td colspan="2">지질학 Ⅰ</td><td>3</td></tr>
<tr><td>대기과학</td><td>434-405</td><td colspan="2">대기과학</td><td>3</td></tr>
</table>

원 통합과학교육과 교육에 참여하고 있다. 학생들은 교과교육에서 9학점, 4개로 나뉜 교과내용 기본에서 18학점, 교과내용 선택에서 30학점을 이수하여 총 57학점을 이수한다. 교육대학원 석사과정에서라면 24학점일텐데, 57학점이므로 거의 사문화된 학부 복수전공을 위한 교육과정편성이다. 또한 전공의 기본이수과목에서 표시과목별 7개 과목 21학점에 대해 한국교원대에서는 다음과 같이 대응하고 있다.

기본이수과목을 보면 중학생을 위한 통합적인 과학교육을 위한 강좌들이 체계적으로 개발 제시된 것은 아니다. 서울대의 경우는 통합과학(일반 물리, 화학, 생명과학, 지구과학)을 교양필수(14학점)로 이수하게 하고 있다. 이 경우 중학교급에서는 과학교사들이 시행착오를 겪으면서 통합과학적 안목을 기를 수밖에 없을 것이고, 그 피해는 고스란히 학생들에게 전가된다. 이화여대의 경우 연계전공(통합사회, 통합과학)을 이수하는 경우 주전공에서 이수한 전공과목 중 15학점까지 연계전공의 이수학점으로 인정(중복인정)하여 졸업학점 140학점 중 70학점을 이수하도록 되어 있다. 그러나 이를 위한 별도의 교육과정 편성표가 없고, 네 개의 하위영역의 주전공 교육과정만 안내하고 있었다. 화학교육과에서도 140학점 중 전공은 70학점을 이수하되, 복수전공자의 최소전공은 51학점이다. 통합과학(공통과학)을 복수전공으로 이수할 수 있도록 조치하고 있으나 현장에서 이에 대한 별도의 임용 수요가 크지 않기 때문에 이수하는 학생이 적다. 결국 높은 수준의 전공을 깊이 있게 공부했기에 낮은 수준의 중학교 통합과학을 문제없이 가르칠 것으로 상정하고 있기 때문이고, 중학생에게 과학을 가르칠 별도의 자격도 요구하지 않기 때문이다.

나. 복수(제2)전공을 통한 전공과정 정상화의 가능성과 한계

학생의 점진적 발달과 성장, 교과의 점진적 통합과 분화, 학생수 급감에 따른 소규모 학교의 증가 등은 새로운 교육과정 편성 운영을 요구한다. 이에 따라 교사양성 교육과정은 보다 탄력적인 대응이 필요하다. 학년군을 넘나들 수 있는 교원의 양성이다. 협력적 통합운영학교, 이음학교에서 일하는데 어려움이 없는 교원의 양성을 말한다.

특정 전공에 치우치는 것을 완화하기 위한 또 다른 장치는 복수전공이다. "복수전공을 통해 학교 급별 또는 교과교육 간의 연계적 이해를 높이고 현장에서의 변화에 효과적으로 적응할 수 있도록 한다."(한국교원대, 2018: 24). 여기서는 복수전공을 통해 특정 전공에 고착된 교사양성 교육과정을 개선하여 학교 급별 또는 교과교육 간의 연계가능성을 찾아보자.

<표 5>를 보면 자신의 입학시 소속학과에서 주전공으로 유아교육과는 140학점 중 27학점을 자유선택 제외한 113단위, 초등교육과는 심화과정 21학점과 자유선택 3학점을 제외한 116단위, 중등학과는 자유선택 36학점을 제외한 104단위를 이수한 이후에 복수전공에 나설 수 있다. 졸업이수학점 140학점에서 보면 유아교육과는 자유선택이 27학점, 초등교육과는 자유선택 3학점과 심화과정 21학점의 24학점, 중등학과는 자유선택이 36단위에서 출발하여 복수전공을 할 여유를 가진 셈이다. 또 복수전공할 경우 유아에서는 전공에서 57학점과 실습의 2학점을, 초등에서는 전공 67학점과 실습(2+P/F)을, 중등에서는 57학점과 유초등의 경우 실습 2단위를 이수해야 한다. 이화여대에서는 이를 '최소전공'이라고 하여 유아교육에서는 51학점, 초등교육과는 57학점, 과학교육에서는 51학점을 요구하여 상대적

표 5 한국교원대의 복수전공을 위한 학점 이수 규정

복수전공학과 / 소속학과	유아	초등	중등학과
유아		182학점 유아(113)+초등(67)+ 실습(2+P/F)	172학점 유아(113)+중등(57)+ 실습(2)
초등	175학점 초등(116)+유아(57)+ 실습(2)		175학점 초등(116)+중등(57)+ 실습(2)
중등학과	163학점 중등(104)+유아(57)+ 실습(2)	173학점 중등(104)+초등(67)+ 실습(2+P/F)	161학점 중등(104)+중등(57)

으로 이수부담이 적게 규정되어 있다. 즉 복수자격취득을 위해서는 어느 학교급이나 상호 교차하여 자격을 취득할 수 있도록 되어 있으나 문제는 유아에서 중등으로 혹은 그 역으로, 초등에서 고교로 건너 뛸 수 있다면 이는 교육적 고려가 매우 부족한 교육과정 이수체계라는 점이다. 가령 중등의 화학교육을 세부전공한 학생이 어떻게 유아교육을 복수전공하여 유아를 다룰 것인가? 이는 초등교원양성을 위한 목적중심대학인 교대의 정원 제한에 따라 초등과 중등 사이의 복수전공도 사실상 쉽지 않다.

비사대와 같이 타전공과에서 복수전공을 하려는 학생들은 자기 주(제1)전공 학과에서 학업성적이 상위 10%에 들어야 한다. 한국교원대의 입학정원은 546명으로 여기서 분석한 유아교육과는 19명, 초등교육과는 111명, 중등 화학교육과는 20명이다. 교원임용률이 높은 초등교육과를 타전공과에서 이수하려는 학생이 가장 많아서, 매년 40명 정도가 지원하는데, 다른 전공에서 초등교육을 복수전공하려면 4년 안에 175학점을 이수해야 한다. 역으로 중등학과나 유아교육과로 복수전공을 하려는 학생은 많지 않은 편이다.

앞서 복수전공 표를 보면 모든 학생이 재학 중 혹은 졸업을 연장해서 복수전공을 할 수는 있는데, 최소 161학점에서 최대 182학점까지 이수해야 한다. 통상 학생들은 학기당 18학점 정도를 이수하므로 재학연한을 넘겨서 복수전공을 하게 된다. 중등학과 소속 학생은 자유선택 36학점을 이용하고 추가로 21학점을 더 이수해서 총 161학점을 이수해야 복수전공자격을 취득하게 된다. 하나의 대안은 140학점 안에서 복수(제2)전공을 할 수 있는 가능성을 모색하는 것이나, 현실적으로 이미 단일 과목 전공과정이 졸업이수학점수가 매우 많아서 복수자격취득이 어려우므로, 본래의 전공에서 교과교육영역과 기본이수과목과 같은 제1전공을 필수 위주로 대폭 줄일 필요가 있다.

중등학과 학생이 중학교 과정을 별도로 이수하거나, 중학교와 초등학교 고학년을 이수할 '특화된 기회'가 없다는 점이다. 결국 복수전공은 모두 열려 있는 듯하나 사실상 정교하게 연속적으로 대응하도록 만들어지지 않았다. 한국교원대의 화학교육과의 52개 과목 개설이나 전공 57단위 이수와 같이 제1전공 하나에 과도한 투여를 하고 있다는 점이다.

다. 학년군에 특화된 전공과정의 개발과 복수 전공과정 이수 방식 개선

재학 중에 제1전공과 제2(복수)전공을 통해 아래 위 6개년간의 2개 학년군을 감당할 수 있는 교사를 길러내는 것은 이론적으로나 실제적으로 절대적으로 필요하다. 앞에서 우리는 6－3－3의 학제(학생 수용), 6－6의 교원 양성과 운용(교사 자격과 근무 범위), 9－3의 공통과 선택 교육과정 등 교육활동에 핵심적인 세 제도가 서로 달라서 연속적이어야 할 학생 발달과 학생들의 발달 단계별 특성에 상응하는(compatible) 교육과정 운영이 어려움을 겪는다고 진단한 바 있다.

유초중등학교 15년에 걸친 교육과정은 이론적으로 보면 취학전과 초등 저학년의 미분화 통합의 활동 중심 교육과정에서 출발하여, 점차 개념적(추상적) 사고와 인지적 학습을 시작할 도구적 준비를 갖추는 초등 고학년과 중학교의 기본 교과 중심의 교육과정을 거치고, 나아가 고교 졸업 후 대학진학 혹은 사회진출을 위한 진로별 교육과정을 운영하고 이를 가르치는 교사를 기르고 각 시기 학생들의 배움을 돕는다(홍후조, 2017). 아래 학년으로 갈수록 아동과 학생에 대한 개인적·집단적 인간이해가 중요하고, 위의 학년으로 갈수록 상대적으로 교과에 대한 이해가 더 비중있게 다가온다. 어느 편이든 점진적 통합과 분화가 요구되는 부분이다. 이는 교사들이 경우에 따라 아래위 학년군 혹은 옆으로 여러 과목들의 복수전공이나 교과군을 가르칠 수 있는 능력을 키워주어서 학생수 급감과 학교의 소규모화에 대응하고, 교사의 전문성 향상에 대한 기대에 부응하는 것을 말한다. 학습자의 발달과 성장, 교과의 점진적 통합과 분화, 학생수 급감에 따른 소규모학교와 이음학교의 증가 등이 그것이다. 이 절은 앞 절에서 거칠게 열어둔 복수전공을 보다 정교하게 구상해 대안으로 제시해보기로 한다.

어느 누구나 입학시 제1전공(주전공)을 유, 초저, 초고, 중, 고 중 3개년의 학년군 하나를 교과와 학생을 이해하는 전공으로 삼을 필요가 있다. 제1전공을 한다면 아래 혹은 위 3개년 학년군을 제2(복수·이중·연계·융합)전공으로 재학 중 이수할 수 있도록 교육과정을 재설계하는 것이 바람직할 것이다. <표 6>은 이를 모형화한 것이다.

<표 6>에서 보면 인근 학년군을 제2전공으로 이수하는 것이 학생발달의 연

표 6 교사양성기관에서 제2전공의 적정 범위

	유아교육 (3년)	초저 교육 (3년)	초고 교육 (3년)	중학교육 (3년)	고교교육 (3년)
유아교육 전공	보육기관				
	⇅				
	유치원				
초저교육 전공		초 저학년			
초고교육 전공			초 고학년		
중학교육 전공				중학교	
고교교육 전공					일반고
					⇅
					직업고

* 위 표에서 제1전공 / 제2전공 / 재학 중 보다 현직 경력 교사의 자격연수를 통해 복수자격화할 범위

속성에 대한 이해, 교과의 체계적 통합과 분화 측면에서 바람직하다. 반면, 한국교원대처럼 몇 개 학년군을 건너 뛰어 제2전공을 하는 것은 교육적이지 못한 편이다. 가령 유아교육과 같이 아동중심의 활동에 치중한다면 유아교육과는 이를 확장해서 초등 저학년을 제2전공으로 하는 것이 바람직할 것이다. 또는 동급으로 횡적으로 현실적으로 존재하는 보육기관의 교사자격을 제2전공으로 삼을 수도 있다. 유아교육을 하면서 중학교 혹은 고교로 건너뛰는 것은 교육의 점진적 발전(progress)과 계열(sequence)을 심각하게 훼손할 여지가 있다. 초등 저학년을 제1전공으로 하는 초등교육과는 아래로 유아교육이나 위로 초등고학년을 제2전공을 할 수 있으면 바람직하다. 초등에서 고교로 훌쩍 건너뛰는 것은 교육적으로 바람직하지 못하다. 차례로 초등 고학년을 제1전공으로 할 경우 아래로 초등 저학년이나 위로 중학교를 제2전공으로 하면 적절하다. 중학교육을 제1전공으로 할 경우 아래로 초등 고학년 혹은 위로 고교 교육을 제2전공으로 하는 것이 더 적절하다. 고교교육의 특정 교과를 제1전공으로 할 경우 아래로 중학의 교과나 옆으로 직업계 고교에서 가르칠 제2전공을 준비하는 것이 전문성을 갖추는 길이다. 직업계

과목을 제1전공으로 할 경우, 일반고나 중학교에서 해당 과목을 가르칠 준비를 제2전공으로 하는 것이 적절할 것이다. 어느 학년군에서나 아래 위로 양날개를 펼치는 식이면 적절할 것이다. 아래는 보다 통합적이고 학생에게 더 큰 관심을 두는 식을 말한다. 이는 교원양성기관평가를 통해 지속적으로 유도되어야 학생을 위한 현장지향적인 예비교사 양성교육과정으로 개선이 이루어질 것이다.

앞서 한국교원대에서 학년군을 크게 건너뛰는 복수전공은 교육적 고려가 치밀하지 못하게 명백히 과장된 것이다. 인근 학년군을 벗어난 학년군 전공과정은 현직의 경력교사들이 자격연수를 통해 가까운 학년군부터 차례로 복수(제3, 제4)전공으로 이수할 부분이다. 이는 <표 6>에서 음영을 칠하지 않고 비어 있는 부분을 지칭한다.

4. 요약 및 결론

우리나라는 6－3－3의 학제(학생 수용), 6－6의 교원 양성과 운용(교사 자격과 근무 범위), 9－3의 공통과 선택 교육과정 등 교육활동에 핵심적인 세 제도가 서로 달라서 연속적이어야 할 학생 발달과 발달 단계별 특성에 상응하는(compatible) 교육과정 운영이 어려움을 겪는다(홍후조·민부자, 2012). 유초중등학교 15년에 걸친 교육과정은 이론적으로 보면 취학전과 초등 저학년의 미분화 통합의 활동 중심 교육과정에서 출발하여, 점차 개념적(추상적) 사고와 인지적 학습을 시작할 도구적 준비를 갖추는 초등 고학년과 중학교의 기본 교과 중심의 교육과정을 거치고, 나아가 고교부터 졸업 후 대학진학 혹은 사회진출을 위한 진로별 교육과정을 운영한다(홍후조, 2017). 교육과정의 핵심은 교사와 학생 간에 주고받는 그 무엇인데, 그 주목하는 바가 교과지식의 전달이나 이해를 강조하는 것이냐, 학생의 전인적 성장 발달에 대한 배려냐 혹은 사회적 요구를 충실히 따라서 실용성 높은 지식과 기술에 주목하느냐의 비중 차이에서 드러나는데, 이는 교과나 학년군에 따른 정도의 차이라고 할 수 있다.

앞의 화학교육과의 문서상 드러난 중등 교사양성 전공 교육과정만 본다면 중등 예비교사는 고교 2~3학년 과목을 배워 중고교 6년을 가르치도록 길러지고 있다. 중학교와 진학계 고교의 교육과정은 어느 정도 연속성이 있으나 직업계 고교의 그것과는 단절되는 편이다. 연속성이 있는 중학교와 진학계 고교의 경우에도 교육목적상 지향하는 바는 서로 다르다. 고교는 진로에 따라 선택과 집중이 요구된다. 그럼에도 불구하고 중등 교사양성 교육과정에서는 고교 2~3학년에서 상당히 분화된 과목을 가르치는 것을 기본으로 특정 과목전공에 치우친 교과목의 개설과 이수를 강조하고 있다. 중학교 1~3년과 고교 1학년까지 전기 4년간은 상대적으로 통합된 교과를 가르치게 되어 있어 중학교 과정은 거의 영(null) 교육과정화되어 있다. 앞에서 살펴본 화학교육과의 경우 심지어 이과대 화학과보다 많은 교과목을 전공에 개설하고 있으나 중등 전기 4년의 통합적인 과학을 가르칠 준비를 거의 시키지 않고 있다. 이는 대학수준의 전공을 어렵게 가르쳐 두면 배우지 않은 더 쉬운 내용조차 잘 가르칠 수 있다는 가정에 터한 것으로 보인다.

또한 교육과정 문서상 드러난 바에 따르면 거의 모든 학교급에서는 단일(주)전공의 이수학점이 과다한 편이고, 복수(제2)전공을 통해 인근 학교급이나 학년군의 교사자격과정을 이수하기 위한 교육과정이 서류상 규정되어 있으나 실효성이 떨어지고 교육적으로 정교하게 기획되지 못한 편이다. 고교 2~3학년 전공은 있지만 중학교 교육 전공은 없다. 한국교원대의 경우 모든 유아, 초등, 중등 예비교사는 복수전공을 통해 다른 모든 학교급의 교사자격을 취득할 수 있도록 열어두었다. 그러나 입학시 제1전공학과의 이수할 학점수가 매우 많아 실효성이 떨어지는 편이다. 초등교육에서는 저학년을 가르칠 교육과정적 준비가, 중등교육에서는 중학교를 가르칠 교육과정적 준비가 거의 전무하다시피 하다.

특히 교원자격 무시험검정 기준에 따라 전공과목의 (1) 교과교육영역 '교과교육론, 교과교재 연구 및 지도법, 논리 및 논술' 분야에서 각 1과목을 반드시 포함하여 8학점 이상을 이수하여야 한다는 규정과, (2) 기본이수과목[표시과목별 21학점(7개 과목) 이상]을 반드시 이수하여야 한다는 규정에 근거하여 대학에서는 각종 교과교육의 내용과 방법에 관련된 과목을 만들어내고 있다. 즉 이 두 가지 기준이 교원양성과정에서 교과교육을 지나치게 강화하는 수단으로 오용되는 면이 있다는 것이다. 뒤집어보면 이 두 가지로 교과교육은 충분한 셈인데, 대학은 여기에 더하여 전공심화나 전공선택을 교과위주로 부과한다. 오히려 이것을 교정하기 위한 규정을 둔다면 첫째, 학년군의 학습자 발달 이해에 초점을 맞춘 강좌 개설과 둘째, 교과교육의 내용과 방법의 균형적 발전을 고려한 강좌 개설을 제시할 수 있다.

현재 초중등 교사양성 교육과정은 고학년의 분할된 교과 중심(홍후조, 2018)인 것은 역설적이게도 이렇게 양성된 교원들이 아래 위 학년군을 도울 수 있다는 것이다. 즉 중학교와 고교의 교육과정이 다르므로 교사양성 과정에서도 상호 구별되어야 하는데 그렇지 못하고 고교 위주로 되어 있다는 점, 중고교를 잇는 가교적 교육과정이 제대로 개설되어 있지 못하다는 점, 하위분야가 분절된 과학이나 사회에서 통합적인 교육과정의 운영이 약하다는 점, 교직으로 진출하거나 교직 아닌 타 분야로 진출할 학생들을 위한 복수 혹은 이중 전공을 위한 배려가 약하다는 점 등을 들 수 있다.

이에 대한 대안은 크게 세 가지 방향에서 제시할 수 있다. 첫째, 대학의 교사양성 교육과정이 중고교 교육과정 4(통합된 교과)+2(심화된 개별 과목)로 되어 있는 것을 감안해서 전공의 편제를 바꾸는 방법이다. 둘째, 중학교 교사 양성과정과 고교 교사 양성과정을 분리하고 복수전공이나 이중전공을 통해 두 개의 자격을 재학 중에 동시에 이수하도록 규정하는 것이다. 셋째, 통합이나 분과된 전공과목은 학부에서 배우고, 교사가 되는데 필요한 교직이론과목, 교직소양, 교육실습 등은 1년 이상 대학원 과정에서 배우도록 하는 방안이다.

더구나 고교의 경우 진로별 교육을 실시해야 함에도 이를 위한 국가교육과정 기준 문서도 미진하지만 교사양성 교육과정에서도 교사가 되어 진로에 따라 자신의 교과목을 변용해서 가르칠 수 있는 재구성 능력을 키워주기에는 역부족이다. 고교 교사는 자신의 교과를 먼저 진로[문이예체 4대 계열, 나아가 인문, 사회, 경상, 국제, 이학, 공학, IT, 농림수산, 체육(개인·단체)운동, 체육산업, 미술디자인, 음악, 연극영화, 문화콘텐츠 등의 진로별 과정]에 맞게 가르칠 범위, 수준, 분량, 심도를 재조정·재구성하는 능력도 필요하고, 아울러 공통필수 교과목에서처럼 학생의 생활경험이나 사회적 요구 및 여타 인근 교과와 통융합하는 등 '이중의 교육과정 재구성' 능력이 요구된다. 이는 학생들의 다양한 진로별 요구에 따라 많은 과목을 개설해야 하는 형편과 교과목의 다양한 진로별 분화에 대비하여 중등교원에게 복수자격을 요구하는 추세와도 연결될 수 있다.

본 연구에서는 교과지향적인 교사양성 교육과정의 문제점을 해소하고 교사가 재학 중 복수의 자격증을 취득하려면 중학교의 통합적인 교과 전공과정이 신설될 필요가 있다고 보았다. 나아가 입학시 제1(주)전공과 함께 재학 중 제2전공을 필수화하는 것을 말한다. 즉 두 개의 전공과정을 재학 중 이수하되, 가장 가까운 학년군의 전공과정을 복수로 이수하는 것이 교육적으로 더 바람직하다는 것을 의미한다. 이는 중등교사양성에서 역사교육과를 제1전공하고 통합사회과를, 화학교육과를 제1전공하고 통합과학과를 제2전공으로 이수하는 것을 의미한다. 장기적으로 그리고 발달적으로 보면 제1전공을 중학교 교과로 하고, 심화전공으로 고교과목 전공을 하는 것이 바람직할 것이다. 이로써 교사들은 학교급을 넘어 학생들의 연속적 발달을 좇아 가르칠 수 있게 되고, 통폐합된 소규모학교나 이음학교에서 교육과정의 협동적 운영은 실질적으로 가능해질 것이다.

위와 같은 분석과 요약에 터하여 교사양성 교육과정이 지향할 바를 제언하면 다음과 같다.

첫째, 교사양성 교육과정에서는 교과보다 학생을 어떻게 이해할 것인가에 관한 교과목의 비중을 늘릴 필요가 있다. 특히 교과의 비중이 약한 유초등학교로 갈수록 이는 더욱 중요하다. 학교폭력, 다문화교실 등을 고려하면 교과보다 결과적으로 학생을 대하는 태도나 자세, 방법이 점점 더 중요해지고 있다. 교육의 기능이 점점 복잡해지고 교원의 역할이 다변화됨에 따라 교사가 학생, 동료교사, 학부모, 교육행정관계자 등과의 관계에서 어려움, 갈등, 급기야 소진을 겪을 가능성이 높다. 양성과정에서 이를 예방하고 대처하는 교육이 필요하다.

둘째, 전체적으로 교육과정에서 교과의 비중은 학교급이 올라갈수록 역피라미드형으로 사회와 학생의 비중은 피라미드형으로 점차 조정될 필요가 있다. 교사양성 교육과정에서는 대학의 학문처럼 어렵게 가르치고 배워두면 초중고교에서 학생에 맞추어 쉽게 가르칠 것이라는 가정을 버려야 할 것이다. 학년군에 알맞은, 교과의 통합과 분화에 알맞은 교사양성 교육과정이 될 필요가 있다.

셋째, 교사양성 교육과정은 핵심역량을 기르는 핵심 프로젝트를 담은 교육과정으로 재구성될 필요가 있다. 우리나라 수업이 상당 기간 교과서 위주, 이론 위주, 선택형 지식 암기와 회상 위주로 진행되어 온 것은 어느 정도 연유가 있는 것으로 보인다. 교사들이 초중등학생이었을 때에도 또한 교사양성 교육과정에서도 그렇게 배워왔기 때문이다. 이제 아는 것을 넘어 할 줄 아는 능력, 소위 '역량'을 길러주기 위해서는 초중등학교와 교원양성과정을 통해 직접 해보는 경험이 필요할 것이다. 협력적으로 함께 해보아 할 줄 아는 능력을 길러줄 필요가 있다. 이는 교사양성과정이 상대적으로 사회의 요구에 부응하는 것이다. 이른바 핵심역량을 기르는, 일부 주지 '교과의 지식의 구조를 꿰뚫는 핵심 프로젝트'를 배우는 경험(홍후조 외, 2018b)도 한 가지 대안이 될 수 있다. 따라서 현재 교과 위주의 교육과정을 대폭 줄이고, 참여, 협동, 활동, 체험, 성취 등을 중심으로 하는, 함께 해보아서 할 줄 아는 능력을 기르는 역량 중심의 교사양성 교육과정으로 변화될 필요가 있다.

넷째, 교사들의 전문적 직무수행을 성찰할 수 있도록 교사양성 교육과정에서 객관적 탐구능력을 길러줄 필요가 있다. 핀란드 등에서처럼 교사는 점차 연구자로서, 탐구자로서, 발명자로서 평생학습을 수행하는 모습을 학생들에게 솔선수범하는 모습이 요구되고 있다. 이렇게 하려면 교사양성 교육과정에서도 연구방법론, 현장연구방법론 등을 교육과정에 반영할 필요가 있다. 현장연구, 교원학습공동체 등에서도 교육상 시정할 것을 찾고 그 새로운 대안을 마련하려면 교사 스스로 능동적인 연구자가 되고 성찰적 실천가가 되는 바탕을 교사양성 교육과정에서 선행적으로 기를 필요가 있다.

다섯째, 문리과 대학을 비롯한 타 단과대학의 교육과정과 교사양성 교육과정의 차별화와 중복의 문제해결이 요구된다. 이는 20세기 들어 공교육의 확충에 따른 교사양성 수요가 폭증함에 따라 기존의 문리과대학 교수들이 교대나 사대의 교육과정을 제정·개설해온 전통에 기원하고 있다(홍후조, 2004; 2011). 간혹 교원양성기관평가에서 교수구성이나 과목개설에서 교육현장성을 강조하고 있지만, 기존 교과내용학 교수들의 영향력이 높아 교사양성 교육과정의 특성을 찾기에는 역부족이다. 하나의 대안은 교과교육 전공으로 교과교육과 교수들의 구성비율을 높이는 것이다. 특히 교과교육에는 교육과정 총론과 각론의 상호 협력이 요구되듯이 교육학과의 연계가 모학문과의 연계 못지않게 중요하다. 현장교사들 중에서 학문적 성취를 이룬 이들이 교사양성 교육과정을 개설·담당할 경우 개선의 여지는 더욱 높아진다. 대학의 재정상의 어려움을 감안하면 교과 내용 전공 교수나 강좌는 문리과대학에 두고, 현장지향적 교과교육 강좌나 교수는 교·사대나 교육대학원에

두는 역할분담도 고려할 필요가 있다.

끝으로, 모든 교사양성 교육과정에 개설된 교과목은 지능정보화, 세계화시대라는 관점에서 재구성이 요구된다. IT, BT, AI를 장착한 로봇과 더불어 일하는 시대에 대비하고, 대외의존도가 높은 나라에서 국제어문, 국제관계 및 국제정세 교육을 강조함은 개인과 나라의 존속과 번영에 긴요하기 때문이다. 유초중등학교 모든 교원이 공유할만한 세계화시대 덕목은 세계어문교육을 수단으로 세계정세를 읽어내는 능력일 것이다. 목하 미중패권경쟁시대에 우리나라가 장기적으로 추구하는 가치와 이념(자유, 민주, 평등, 정의, 인권, 법치, 번영 등)이 동일한 나라와 동맹을 굳건히 하여 나라의 지속가능한 독립과 번영에 기여하고, 학생들을 그런 방향으로 기르는 것이다. 나라가 쇠퇴하고 소멸하는 쪽으로 다른 나라와 친화하여 국가 존속과 번영을 가져올 국가들과 동맹하지 못한다면 우리나라의 존속과 번영은 멀어질 것이다. 교육은 사람을 사람답게 기르고 나라를 나라답게 가꾸어가는 일이다(정범모, 2015).

요컨대 중등 교사양성 전공 교육과정에서는 고교 2~3학년의 특정 과목을 깊이 있게 가르쳐서 중고교 6개년을 가르치는 불합리를 없애는 것이 중요하다. 중학교 교과 전공을 제1전공으로 고교 과목 전공을 제2전공으로 하는 방향으로 개선이 요구된다. 우선적으로는 교원자격무시험검정기준에 따라 전공과목의 교과교육영역과 기본이수과목을 중심으로 제1전공을 마치고, 재학 중에도 중학교 교과 전공을 제2전공으로 할 수 있도록 재구조화할 필요가 있다. 흔히 교육과정은 사회적 실용주의, 학문적 구조주의, 학습자 구성주의의 종합과 절충이다. 이것이 대학교육에서는 각각 사회봉사, 학문연구, 학생교육으로 대응된다. 유초중등 교육은 학문보다 교과, 교과보다 학생의 삶과 요구를 더욱 존중하는 일이다. 공통필수 교육과정에서는 상대적으로 학생의 요구를, 상이선택의 교육과정에서는 상대적으로 교과와 사회적 실용성을 강조하는 쪽으로 교사양성 교육과정이 각 학년군마다 차별성을 갖고, 나아가 전후 단계를 고려하여 점진적으로 연계성을 가지면서 학생으로부터 교과로 이행해가는 쪽으로 교육과정이 개선될 필요가 있다. 전반적으로 교사양성 교육과정에서 차하급단계의 저학년군에 대한 비중을 늘리고, 학생에 대한 이해와 배려 부분이 강화될 필요가 있다. 이를 위한 국가교육과정기준의 개선, 이에 상응하여 종적으로는 학교급을 넘나들이 할 수 있는 교사, 교과와 학생 경험간 교육과정 재구성 능력, 학생요구와 교육과정을 조율하는 역량, 교과 내 진로·창의성·협동심 교육, 특히 고교에서 진로에 따른 교과의 재구성 능력, 각 교과의 학년군별(학년별, 학기별) 지식의 구조를 꿰어보는 핵심 프로젝트를 발굴하여 수행해 보는 교사양성 교육과정으로의 개선이 요구된다.

memo

제2부

교과별 교원양성교육의 현황과 미래

5

국어 교과 교원양성교육의 현황과 미래

정재림(고려대학교 국어교육과 교수)

국어 교과 교원양성교육의 현황과 미래

정재림(고려대학교 국어교육과 교수)

1. 서론

다음 세대를 키워내는 교육이 중요하다는 것, 특히 교육을 담당하는 교사의 역량이 핵심이라는 것에 이의를 제기할 사람은 없을 것이다. 하지만 현재의 교원양성교육이 교육기관으로서의 이러한 책임을 다하고 있는지에 대해서는 의문이 많은 듯하다. 교원의 질 제고를 위한 교원양성교육이 효율적으로 이루어지고 있는지, 학령 인구의 급감, 예비 교원의 과잉 공급 등에 기민하게 대처하는 정책을 내놓고 있는지에 대하여 우려의 목소리가 적지 않은 것이다.

교원양성 제도에 대한 주요 비판을 정리해 보면 다음과 같다. 사범대학 외에도 일반대학 교직과정, 교육대학원 과정을 통하여 교원 자격 취득이 가능하다는 것, 사범대학과 일반대학의 교육과정이 크게 차이 나지 않는다는 것, 교사 임용시험이 제 기능을 하지 못한다는 것 등이다.

교원양성교육의 현황과 과제를 살펴보기에 앞서, 우리는 이 연구의 궁극적인 목적이 무엇인지 생각해 볼 필요가 있다. 현행 교원양성 제도가 옳은가, 그른가를 판단하는 데 그 목적이 있는 것이 아니다. 즉 현행 제도의 비판 자체에 목적이 있는 것이 아니라, 비판적 검토를 통해 더 나은 미래 교육을 모색하는 데 목적이 있다는 것이다. '우수하고 전문적인 예비 교원양성'을 위한 양성 체제와 교육과정이 무엇인지를 모색하기 위해서는 적어도 다음과 같은 질문에 답할 수 있어야 할 것이다.

- 교사의 전문성은 무엇인가?
- 교원양성 기관의 체제와 교육과정은 어떠한가?

• 교원 선발 및 임용 과정은 어떠한가?
• 교원 적응 지원과 연수는 어떻게 이루어지고 있는가?

OECD에서는 2011년부터 'Teaching and Learning International Survey'를 통해 3년 주기로 각 국가의 교사 질을 측정·비교하고 있는데, 여기에서도 '예비 교사들을 선발하는 방식', '예비 교원들을 교육하는 교육과정', '교사의 임용 방식', '교사의 교직 적응 지원과 연수' 등이 기준이 되고 있음을 참고할 수 있다(전수빈, 2018: 2-3).

이 글에서는 '국어과 교원양성교육의 현황과 미래 과제'로 논의를 제한하여 살펴보고자 한다. 교원양성 기관의 체제와 교육과정, 교원 선발 및 임용 방식, 교원 적응 지원과 연수 중에서, 특히 예비 교원 양성에 가장 핵심이 되는 양성 체제와 교육과정에 초점을 맞추어 국어과 교원양성교육의 현황과 문제점, 미래 과제를 정리해 볼 것이다.

2. 국어과 교원양성교육 체제의 현황과 문제점

가. 국어과 교원양성과정의 역사와 변천

우리나라에서 교원 자격증을 취득하는 방법은 크게 세 가지이다. 첫째, 중등교원 양성을 목적으로 하는 사범대학을 졸업하는 방법, 둘째, 일반대학에서 교직 과정을 이수하는 방법, 셋째, 교육대학원을 졸업하는 방법이 그것이다. 교원양성과정의 형태가 여럿인 것은 교원 부족 문제를 해결하기 위하여 다양한 방법으로 교사를 양성하는 정책을 시행하였기 때문이다(김운종, 2018).

1945년 해방으로 한국인 교원에 대한 수요가 급증하자 중등교원 양성을 목적으로 하는 사범대학이 설립되었다(경성사범대학 1945년, 대구사범대학 1946년, 공주사범대학 1948년). 하지만 사범대학 졸업자만으로 교원 공급이 충분하지 않아, 「교육공무원 자격검정령 시행세칙」(문교부령 제39호, 1954년 11월 11일)을 제정하여 일반대학 교직과정을 통해서도 교원 자격 취득이 가능하도록 했다. 또한 「교육공무원법」(법률 제1713호, 1965년 10월 2일)에 의하여 교육대학원 졸업자도 중등교원 자격을 취득할 수 있는 제도를 마련하였다.

임시적으로 만들어졌던 중등 교원양성과정이 현재까지 존속되고 있는 것인데, 이러한 교원양성교육 체제가 여전히 타당성을 갖는지 면밀히 검토할 필요가 있다. 왜냐하면 사범대학 및 교직과정 이수를 통한 교사양성 체제는 부족한 교사 수급을 충원하기 위한 '임시적 제도'로 시작한 것이지, 우리의 전통과 가치를 반영한 것도 아니고 어떤 확고한 교육 이론에 기반한 것도 아니기 때문이다(조영달, 2018: 21).

국어과 교원 자격을 취득하기 위해서는 교직과목, 전공과목을 이수해야 한다. 2009년 고시된 「유치원 및 초등·중등·특수학교 등의 교사자격 취득을 위한 세부기준」은 이수 과목을 다음과 같이 정하고 있다.

기본이수과목에서 7과목(21학점) 이상, 교과교육 영역에서 3과목(8학점, 교육대학원 6학점) 이상을 이수하도록 정해놓고 있다. 기본이수과목 중 문학교육론(소설교육론, 시가교육론, 희곡교육론, 수필교육론), 의사소통교육론(표현교육론, 이해교육론)을 이수하

표 1 교사자격 취득을 위한 세부기준

표시과목	관련학과 또는 학부	기본이수과목(또는 분야)	비고
국어 Korean Language	국어교육, 국어국문학 및 관련되는 학부 (전공·학과)	(1) 국어교육론 (2) 국어학개론, 국어문법론, 국어사 (3) 국문학개론, 국문학사 (4) 문학교육론(소설교육론 또는 시가교육론, 또는 희곡교육론, 또는 수필교육론) (5) 의사소통교육론(표현교육론, 이해교육론)	(1)-(5)분야 중 각 분야에서 1과목 이상 이수

중등학교 정교사(2급)	• 50학점 이상 -표시과목별 기본이수과목 21학점(7과목) 이상 포함 -표시과목별 교과교육영역 8학점(3과목) 이상 포함

2009학년도부터 표시과목별로 기본이수과목으로 고시된 '교과교육론'을 포함하여 '교과논리 및 논술', '교과교재연구 및 지도법', '교과별 교육과정', '교과별 평가 방법론' 등을 대학별로 8학점 이상(3과목 이상) 전공과목으로 이수.

도록 하였으며, 또한 '교과교육론', '교과논리 및 논술', '교과교재연구 및 지도법', '교과별 교육과정', '교과별 평가 방법론' 중 3과목 이상을 이수하도록 정하여 교과교육이 강화된 것으로 평가되는데, 이는 사범대학평가(교원양성기관 평가)와 2009년 고시된 중등교사 자격증 취득을 위한 세부 기준의 영향으로 볼 수 있다(김성진, 2012: 56).

살펴본 바와 같이, 우리나라의 교원양성제도는 사범대학, 일반대학의 교직과정을 통한 '동시적 모형'과 교육대학원을 통한 '연속적 모형'을 병행하고 있다. 하지만 교사 수급에 맞추어 교원양성기관을 설립·운영한 것이지, 각 모형에 대한 이론적 검토는 부재한 형편이다(문성윤, 2010: 159). 또한 최근에는 교원양성기관 평가를 통한 교원양성기관 감축이 이루어지고 있으나, 이것이 교육의 질 개선, 예비 교원의 전문성 신장으로 이어지리라 낙관하기는 어려워 보인다.

나. 국어교육과 개설 대학 및 공립 국어 교사 임용률 현황

사범대학, 일반대학 교직과목, 교육대학원 중 가장 큰 축을 이루고 있는 사범대학 국어교육과의 개설 및 교사 임용률을 살펴보고자 한다. 서울대학교(1946년), 공주대학교(1948년)를 시작으로 사범대학 국어교육과가 개설되었다. 2000년대 이후에도 이화여자대학교(2006년), 충남대학교(2009년), 대구가톨릭대학교(2010년), 인천대학교(2011년), 계명대학교(2012년), 안동대학교(2012년), 청주대학교(2015년) 등 7개의 대학에서 국어교육과가 생겨났으며, 한 해 배출되는 사범대학 국어교육과 졸업생 숫자는 1,100여 명에 이르고 있다.

반면, 사범대학 졸업생이 중등 교원으로 자리 잡는 비율은 매해 감소하는 추세이다. 실제 교원 수요보다 교원 자격증 취득자가 지속적으로 과잉 공급되어 온데다가 학령 인구 감소에 대비하여 교원 채용 속도는 늦추어지고 있기 때문이다. 특히, 2014년부터 2019년까지 최근 6년간 공립 중등학교 국어 교사 모집인원이 지속적으로 감축되었음을 알 수 있다. 또한 학령 인구 감소, 인구 절벽이라는 현실을 감안하면, 중등 교원 수요의 감소라는 문제가 쉽게 해결되기 어렵다는 것을 짐작해 볼 수 있다.

표 2 국어교육과 개설 대학 현황

대학/학년도	학과 창설 연도	구분	재학생 수 (2018)	교원 현황(2018)	
				전임	비전임
강원대학교	1969	국립	127	6	12
경북대학교	1966	국립	139	8	11
경상대학교	1972	국립	122	7	8
공주대학교	1948	국립	136	7	10
부산대학교	1972	국립	128	8	10
순천대학교	1982	국립	76	7	5
안동대학교	2012	국립	59	4	4
전남대학교	1978	국립	105	6	3
전북대학교	1972	국립	93	6	6
제주대학교	1952	국립	80	6	11
충남대학교	2009	국립	56	3	4
충북대학교	1972	국립	116	7	5
한국교원대학교	1984	국립	160	11	11
경남대학교	1972	사립	169	10	7
계명대학교	2012	사립	91	5	0
고려대학교	1978	사립	199	7	18
가톨릭관동대학교	1971	사립	185	4	5
대구대학교	1974	사립	177	7	7
대구가톨릭대학교	2010	사립	104	4	0
동국대학교	1968	사립	125	4	12
목원대학교	1975	사립	136	6	4
상명대학교	1967	사립	214	6	7
서원대학교	1976	사립	143	6	6
신라대학교	1971	사립	132	7	2
영남대학교	1983	사립	118	5	6
우석대학교	1979	사립	105	5	1
원광대학교	1975	사립	118	4	10
이화여자대학교	2006	사립	128	6	3
인하대학교	1973	사립	140	6	7
전주대학교	1972	사립	122	5	4
조선대학교	1968	사립	138	6	2
청주대학교	2015	사립	127	6	1
한남대학교	1976	사립	131	5	5
한양대학교	1984	사립	100	5	9
홍익대학교	1978	사립	149	7	11
한국외국어대학교	1974	사립	129	5	13
서울대학교	1946	국립대 법인	131	8	13
인천대학교	2011	국립대 법인	61	5	7

출처: 한국대학교육협의회 홈페이지.

표 3 최근 10년간 공립 중등 국어과 교사 선발 인원

최근 10년간 국어과 중등임용 선발인원										
지역 / 학년도	2019	2018	2017	2016	2015	2014	2013	2012	2011	2010
서울	46	65	66	57	52	57	23	35	9	61
경기	46	67	85	86	95	160	126	101	55	100
경기지역구분	8	7	5	5	6					
인천	15	13	9	9	9	18	17	8	24	17
강원	6	11	19	42	40	32	42	23	24	14
충북	5	28	23	24	34	36	9	25	27	9
충남	22	31	9	20	32	44	26	27	20	35
충남지역제한	3	4	3	3	4	5	7			
대전	6	6	4	14	13	14	23	13	16	17
세종	12	7	33	9	27	41	6			
경북	5	3	5	19	29	41	38	37	16	21
대구	4	5	12	20	33	18	22	23	15	19
경남	21	22	17	27	23	18	33	35	7	25
부산	17	13	10	12	21	26	13	9	9	14
울산	4	2	2		5	6			6	18
전북	35	16	14	18	19	26	6	5	8	12
전북도서벽지구분		2	1	2						
광주	3	2	2	5	13	15	14	24	24	5
전남	30	19	23	18	40	28	31	13	24	4
전남도서지역			1	1	2	2	2			
제주	10	14	6	5	25	13	8		1	11
합계	**298**	**337**	**349**	**396**	**522**	**600**	**446**	**378**	**285**	**382**

출처: 각 시·도 교육청 홈페이지.
(* 홈페이지에서 자료가 제공되지 않는 경우 인터넷 블로그 자료 등을 참고하여 작성하였음.)

중등 교원 자격증 취득자는 늘어나고 중등 교원 수요는 급감하게 되자, 결과적으로 공립 중등 교원 임용 경쟁률이 치열하게 되었다. 국어 교사 임용 경쟁률은

평균 23.47:2(2017년), 24.69:1(2018년), 26.54:1(2019년)로 갈수록 치열해지고 있음을 알 수 있다. 전국 경쟁률을 살펴보면 다음과 같다.

표 4 공립 중등 국어 교사 임용 경쟁률(2017~2019년)

최근 3년간 국어과 중등임용 현황									
학년도	2019			2018			2017		
지역	선발 인원	접수 인원	경쟁률	선발 인원	접수 인원	경쟁률	선발 인원	접수 인원	경쟁률
서울	46	1645	35.76:1	65	1664	25.6:1	66	1689	25.59:1
경기	46	1200	26.1:1	67	1453	21.7:1	85	1523	17.92:1
경기지역구분	8	164	20.5:1	7	149	21.3:1	5	104	20.8:1
인천	15	375	25.0:1	13	318	24.5:1	9	255	28.3:1
강원	6	222	37.0:1	11	335	30.45:1	19	427	22.47:1
충북	5	147	29.4:1	28	602	21.5:1	23	540	23.5:1
충남	22	532	24.18:1	31	643	20.7:1	9	178	19.8:1
충남지역제한	3	53	17.67:1	4	79	19.8:1	3	51	17.0:1
대전	6	198	33.0:1	6	195	32.5:1	4	102	25.5:1
세종	12	240	20.0:1	7	107	15.29:1	33	533	16.15:1
경북	5	195	39.0:1	3	105	35.0:1	5	156	31.2:1
대구	4	175	43.75:1	5	223	44.6:1	12	370	30.83:1
경남	21	601	28.62:1	22	789	35.86:1	17	598	35.18:1
부산	17	502	29.5:1	13	407	31.3:1	10	364	36.4:1
울산	4	129	32.25:1	2	61	30.5:1	2	93	46.5:1
전북	35	686	19.6:1	16	381	23:81:1	14	370	26.43:1
전북도서벽지구분				2	42	21.0:1	1	25	25.0:1
전남	30	573	19.1:1	19	448	23.58:1	23	553	24.04:1
전남도서지역							1	24	24.0:1
광주	3	98	32.7:1	2	104	52.0:1	2	102	51.0:1
제주	10	174	17.4:1	14	217	15.5:1	6	135	22.5:1
합계	**298**	**7909**	**26.54:1**	**337**	**8322**	**24.69:1**	**349**	**8192**	**23.47:1**

우수한 인력을 선발하는 과정에서 어느 정도의 경쟁은 불가피하다. 하지만 현재의 지나친 임용경쟁률은 우수한 교사 선발에 기여하지 못할 뿐만 아니라, 오히려 교원양성기관의 교사양성 기능에 부정적인 영향을 끼친다고 평가받고 있다(이상일, 2017: 81).

다. 해외 교원양성교육의 현황

우리나라 교원양성교육을 고민하는 많은 연구자들이 해외의 사례에 관심을 갖는 것은 자연스러운 현상이다. 물론 다른 나라와 우리나라의 교육 환경과 여건이 다르다는 점을 결코 간과해서는 안 될 것이다. 하지만 다른 나라와의 비교나 해외

표 5 해외 국가들의 교원양성 체제 구성

국가	학교 급	졸업학점	특징	수습기간			자격 시험	자격	갱신 여부
				학부	대학원	졸업 이후			
미국	초등	교양 60, 전공 30, 선택 30	2학년까지 3학점으로 36학점 B학점 이상			12개월	2차 (일반)	지역 교육청 공무원	학교와 계약: 계약직
	중등	전공 120학점, 대학원 1년				18개월	2차 (전공)		
독일	초등	120+40학점	고등학교 단계와 연계	6주	6주	18개월	2차	지방 공무원	5년 마다
	중등	160+40학점		6주	6주	24개월	2차		5년 마다
핀란드	초등	180+120학점	수습 기간이 3단계로 진행	8주	4개월		없음 (졸업장)	지자체 공무원	없음
	중등	180+120+60학점		8주	4개월				
영국	초등	매 학기별 60학점 이상 (upper second)	고등학교와 연계, 질적 측면 고려	18주		12개월	2차 인증	단위학교, 지역의 계약직(1~2년 계약: 학교재량)	
	중등			24주		12개월			

출처: 김자미, 2017: 56

* 일본은 10년마다 갱신. 면허제 시행

사례의 분석 과정에서 우리나라의 문제점을 해결할 시사점을 제공받을 수 있으리라는 기대는 해볼 수 있다. 문성윤(2010)은 독일의 연속적 모형이 현장 중심적이며, 미국의 동시적 모형은 다양한 경로로 교사를 양성할 수 있는 장점이 있다고 평가하고, 우리나라는 두 모형을 병행하고 있으나 교사 수급에서 어려움을 겪고 있다고 지적한다(문성윤, 2010: 176).

김자미(2017)는 미국, 독일, 핀란드, 영국, 일본의 교원양성 과정을 비교·분석하고 있어 참고할 만하다. 해외 교원양성교육 과정에서 특기할 만한 점으로 전문대학원 체제의 구축으로 교원 역량 제고를 꾀하고 있다는 것, 졸업 후 상당한 기간의 수습기간을 요구하고 있다는 것 등을 꼽을 수 있다(김자미, 2017: 57).

다른 OECD 국가와 비교할 때, 우리나라의 교직에 대한 사회적 인식이나 교직 선호도는 매우 높은 편이다. 이런 이유로 별도의 정책적 지원 없이도 우리나라에서는 우수한 인재가 교원양성과정으로 유입될 수 있었던 것으로 보인다(전수빈, 2018: 8). 하지만 임용 절벽이 사회적 현상으로 대두되고 있는 상황에서 앞으로도 우수한 예비 교원 확보가 쉬울 것이라고 낙관할 수만은 없다. 따라서 해외의 교원 질 관리 체제 및 정책, 교원 선발과 수급 정책에 대한 사례(고전, 2017; 김현욱·김정희·권동택, 2017; 주동범·정일환·정현숙, 2017), 수업 전문성 강화를 위한 해외의 사례(이상일, 2017; 곽수범, 2018a; 곽수범, 2018b) 등을 적극적으로 참고하여 우수한 재원을 지속적으로 충원할 정책을 마련하는 데 힘써야 한다.

3. 국어과 교원양성교육과정의 현황과 문제점

가. 주요 대학 국어교육과 교육과정 현황

교원의 교직 전문성 신장을 위해서는 예비 교원에게 충실하고 실제적인 교육과정이 제공되어야 한다. 우리나라에는 중등교원을 위한 국가 표준 교육과정이 존재하지 않는다(문성윤, 2010: 177). 그래서 각 대학 국어교육과는 교육과정을 자유롭게 운용하고 있는데, 주요 대학 국어교육과의 교육과정을 살펴보면 다음과 같다.

1) 고려대학교 국어교육과 교육과정

고려대학교 국어교육과에서는 교과교육영역인 3과목(<국어교과교육론> <국어교재연구 및 지도법> <국어교과 논리 및 논술>)을 포함한 전공 필수 9과목, 선택과목 중 24학점을 이수하도록 하고 있다.

표 6 고려대학교 국어교육과 교육과정[1]

	I	II
1	한문학의 이해	국어학의 이해(전필) 문장수사의 이해(전필)
2	한국문학의 이해(전필) 현대시선독 소설교육론 독서교육론 국어교과논리및논술(전필) 국어음운론 국어교과교육론(전필)	현대소설선독 시교육론 고소설교육론(전필) 국어통사론 작문교육론 중등한문교육론
3	고대시가교육론 구비문학교육론 중등문법교육론 국어형태론 고소설강독 희곡교육론 고전문학교육론 문학이론교육론 화법교육론	문예창작교육론 고전산문교육론 고전문학사 국어의미론 국어사(전필) 현대작가론 근대시가교육론 중세국어문법 국어교과교재연구및지도법(전필)
4	현대문학사(전필) 현대문학교육론 훈민정음의 이해	문법과 국어생활 한국한시강독

1 고려대학교 국어교육과 홈페이지(https://kupa.korea.ac.kr/koredu/curriculum.do)를 참고함.

2) 서울대 국어교육과 교육과정

서울대학교 국어교육과에서는 교과교육영역인 3과목(〈국어교육학개론〉 〈국어교수학습론〉 〈국어사고와 논술교육론〉)을 포함한 전공 필수 9과목을 포함한 60학점 이상(심화과목)을 이수하도록 하고 있다.

표 7 서울대학교 국어교육과 교육과정[2]

<table>
<tr><th></th><th>I</th><th>II</th></tr>
<tr><td>1</td><td>국어교육학개론(전필)</td><td>문학교육원론(전필)</td></tr>
<tr><td>2</td><td>한국현대문학사교육론(전필)
국어학교육론(전필)
한국문학교육론
한국언어규범론
화법교육론</td><td>한국고전문학사교육론(전필)
국어문법교육론(전필)
한국한문교육론
한국현대시교육론</td></tr>
<tr><td rowspan="2">3</td><td>국어문화교육론
국어사교육론(전필)
한국고시가교육론
국어사고와 논술교육론(전필)
독서교육론</td><td>매체언어교육론
작문교육론
국어사교재강독
한국현대산문교육론
한국어교육론</td></tr>
<tr><td>교육평가(국어과)</td><td>교직실무(국어과)
교육과정(국어과)</td></tr>
<tr><td rowspan="2">4</td><td>국어교수학습론(전필)
한국고전산문교육론
문학감상론연습
국어음운교육론</td><td>국어교육연습
국어의미화용교육론
한국구비문학교육론
연극교육론
국어교육세미나</td></tr>
<tr><td colspan="2">교육방법 및 교육공학(국어과)</td></tr>
</table>

2 서울대학교 국어교육과 홈페이지(http://koredu.snu.ac.kr/)를 참고함.

3) 한국교원대학교 국어교육과 교육과정

한국교원대학교 국어교육과에서는 개설 과목이 서울대학교, 고려대학교에 비하여 수적으로 많으며, 1~2학년, 3~4학년 구분으로 되어 있는 특징이 있었다. 교과 영역 과목이 다음과 같이 다양하게 개설되어 있다.[3]

표 8 한국교원대학교 국어교육과 교육과정[4]

	I	II
1~2학년	국어과교육과정론 국어학개론 독서교육론 현대문학개론 기초한문1 훈민정음강의 국어형태론 국어화법론 한국고전소설론 한국고전문학강독 한국현대소설론 국어어휘와 어휘 교육 한국한시의 미학(2학년)	국어교육론 국문학개론 국어문법론 국문학사1 기초한문2 국어과교재연구및지도법 국어음운론 국어정서법 한국현대시론 문예비평론 고전산문의 미학(2학년)
3~4학년	국어과교수학습론 화법교육론 국어과수업관찰및분석 국문학사2 고전문학교육론 작문교육론 국어사학교문법론	국어과평가방법 및 통계 국어과논리논술 국어교육세미나 현대문학교육론 한국구비문학론 문법교수학습법 근세시가론

3 한국교원대학교의 경우, 초등 국어교육과 교육과정이 포함되어 다음과 같이 교과 영역 과목이 다수인 것으로 보인다. <국어교육론>, <국어과논리논술>, <국어과교육과정론>, <국어과평가방법 및 통계>, <국어과교수학습론>, <국어과 교육방법론>, <국어과 현장교육의 이해>, <국어과 수업관찰및분석>

4 한국교원대학교 국어교육과 홈페이지(http://kredu.knue.ac.kr/smain.html)를 참고함.

한국어문법교육론	의미교육의 실제
중세국어문법	중세국어강독
고대시가론	고전독서론
한국고전문학작가론	한국현대문학강독
고전작문론	국어학세미나
고전문학교육세미나	현대문학세미나
현대시인론	국어과 교육방법론(3학년)
현대문학특강	국어과 현장교육의 이해(3학년)
현대시작품론	

이외 대학의 국어교육과 교육과정 역시 대동소이하다. 세부 전공 과목명이나 전공 과목 개수는 조금씩 다르지만, 기본이수과목이나 교과 교육 과목의 기본 틀은 유사하다. 국가가 정해 놓은 표준 교육과정은 없지만, 교사 자격증 취득을 위한 기본이수과목과 교과 교육 과목이 정해져 있기 때문에 교육과정의 차이가 크지 않은 것으로 보인다.

나. 사범대학 국어교육과 교육과정의 문제점

국어교육과가 학문적 정체성을 형성하기 시작하면서부터 가장 큰 논쟁이 되었던 것은 국어교육과의 교육과정이다(김성진, 2004; 노명완, 1999). 학문적 정체성을 얻기 전까지 국어교육은 '국어학+국문학+교육학'으로 이해되었고, 이러한 인식 속에서 국어교육과와 국어국문학과의 교육과정은 본질적으로 차이를 보이기가 어려웠다. 국어교육학을 국어국문학과 분리된 학문으로 정초하고자 한 학자들은 국어국문학과의 차별되는 교육과정의 편성과 운영을 주장하였고 특히 교과 교육을 강조하였다. 이와 견해를 달리 하는 학자들은 내용 교과를 충실히 가르쳐야 우수한 예비 교사를 양성할 수 있다고 주장하였다.

노명완(1999)은 국어교육과의 교육과정이 내용 교과 중심으로 편성되어 있으며, 이 같은 교육과정이 전문성 있는 교사 양성을 어렵게 한다고 비판하였다. 임칠성(2004)은 내용 교과와 교육 교과의 구분이 잘못 되어 있다고 지적하며, 화법론, 작문론, 독서론을 내용 교과로 이해하고 실제적 교육을 논의하는 '교육론' 교과를 교과 과목으로 보아야 한다고 주장하였다. 교사 전문성 제고를 위한 교육과정과 양성 제도 개선에 대한 연구는 2000년대 중반에 다수 발표되었다(김혜영, 2006; 이성영, 2009; 최지현, 2006).

국어교육과의 교육과정에 대한 논의가 2000년대 후반 이후 감소하는 것으로 확인되는데, 이는 교원양성기관 평가의 도입으로 인해 국어교육과에서 교과 교육 과목이 강화된 데 그 이유가 있는 것으로 보인다. 김성진(2012)은 국어교육과의 미래와 지속 가능한 전문성을 염두에 두고 국어교육과 교육과정을 제안하고 있어 주목할 만하다. 그는 2012년의 시점에서 국어교육과의 교육과정을 전반적으로 검토하며, 국어교육과 교육과정이 상당 부분 차별화 되었다고 고평하였다. 하지만 '-교육론'이라는 명칭을 붙인 강좌가 실제로 어떻게 운영되는지는 여전히 의문이며, 문법과 문학 영역에서 교육론 강좌가 강화되어야 함을 역설한다. 하지만 '교과 과목의 강화가 국어 교사 전문성 제고로 이어질 것인가'와 관련해서는 우려되는 부분이 있는데, 이는 다음 절에서 살펴본다.

다. 국어교육과 교육과정에 대한 개선 방향

앞서 언급하였듯이, 국어교육학이 학문으로서 연구되기 시작하면서 가장 많은 논의의 대상이 되었던 것은 국어교육과의 정체성이었다. 국어교육학이 별도의 학문으로 인정되기 이전까지 국어교육과는 '국어학+국문학+교육학'의 기계적 결합의 산물로 이해되었다. 1990년대 후반 대학원에 국어교육학 석·박사 과정이 생기면서 국어교육학은 학문적 정체성을 형성하기 시작하였고, 그에 따라 국어국문학과와 차별되는 교육과정의 편성을 주장하게 되었다. 특히 국어교과 교육론, 국어교과 교재론, 국어교과 지도법, 영역별 교수법 등의 교과 과목을 강화할 것을 주장하였다. 하지만 중등 국어 교육의 내용으로서 문학과 문법이 차지하는 비중이 크기 때문에 내용 교육과 교과 교육의 균형이 중요하게 고려되어야 한다. 국어교육과 교육과정의 구성에 대한 대표적 제안으로 노명완(1999), 임칠성(2004)이 있는데, 이를 정리하면 다음과 같다.

표 9 사범대학 국어교육과 교육과정 구성 제안1

구분		필수		선택	
		강좌명	학점수	강좌명	학점수
교과교육학	국어교육	국어교육론 국어교재연구 및 지도법	3 3	국어평가론 국어교육사	3 3
	소계		6		6
교과내용학	표현·이해	독서교육론 작문교육론	3 3	화법교육론 언어와 사고와 문화	3 3
	소계		6		6
	언어	국어학개론 국어문법론 담화분석론	3 3 3	문법교육론 언어와 심리 언어와 사회	3 3 3
	소계		9		9
	문학	<현대문학> 문학개론 현대소설론 현대시론 <고전문학> 국문학사 고전시가론 고전산문론	3 3 3 3 3 3	문학교육론 현대문학사 비평과 문학교육	3 3 3
	소계		18		9
일반교육학	교육학	교육철학 및 교육사 교육과정론 교육평가론 인간발달론	2 2 2 2 2		
	소계		10		
교육실습			6		
총계			55		30

출처: 노명완, 1999: 59.

표 10 사범대학 국어교육과 교육과정 구성 제안2

<table>
<tr><th colspan="2">영역 구분</th><th colspan="3">교과명</th></tr>
<tr><th>대영역</th><th>소영역</th><th>내용교과</th><th colspan="2">교육 교과</th></tr>
<tr><td rowspan="3">의사소통 영역</td><td>화법</td><td>화법론과 화법연습</td><td rowspan="3">의사소통교육론</td><td rowspan="15">국어교육학개론
국어과평가론
국어과교재론
국어과교육과정론
국어문화교육론
국어과수업행동분석실습
국어교육사
국어과교육공학론</td></tr>
<tr><td>독서</td><td>독서론 및 독서연습</td></tr>
<tr><td>작문</td><td>작문론 및 작문연습</td></tr>
<tr><td colspan="2">소계(6과목)</td><td>3</td><td>1</td></tr>
<tr><td rowspan="5">문학 영역</td><td rowspan="2">현대문학</td><td>현대소설론</td><td rowspan="5">문학교육론</td></tr>
<tr><td>현대시론</td></tr>
<tr><td rowspan="2">고전문학</td><td>고전산문론</td></tr>
<tr><td>고전시가론</td></tr>
<tr><td>국문학사</td><td>국문학사</td></tr>
<tr><td colspan="2">소계(6과목)</td><td>3</td><td>1</td></tr>
<tr><td rowspan="5">문법 영역</td><td rowspan="3">현대국어</td><td>음운·형태론</td><td rowspan="5">국어지식교육론</td></tr>
<tr><td>통사·의미론</td></tr>
<tr><td>국어정서법</td></tr>
<tr><td>중세국어</td><td>중세국어론</td></tr>
<tr><td>국어사</td><td>국어사</td></tr>
<tr><td colspan="2">소계(6과목)</td><td>5</td><td>1</td><td>8</td></tr>
<tr><td colspan="2">내용 교과와 교육 교과의 합계</td><td>13과목</td><td colspan="2">11과목</td></tr>
<tr><td colspan="2">총계</td><td colspan="3">24과목(×3학점=72학점)</td></tr>
</table>

출처: 임칠성, 2004: 111-112.

예비 국어 교사의 전문성을 높이기 위한 최적의 교육과정이 무엇인가에 대해서 우리는 여전히 심사숙고할 필요가 있다. '국어교과교육론', '국어과 교재론', '국어 지도법'과 같은 교과 과목이 강화된 것은 일단 환영할 만한 일이다. 하지만 중등 국어 교사 교육에서 '-교육론' 과목이 더 많아져야 하는지와 관련하여 반대의 목소리도 존재한다. 현상적으로만 보면, '국어과 교육과정론', '국어과 평가론', '영역별 교수방법론' 등의 과목이 국어 교사의 전문성을 제고하는 데 도움이 될 것 같다. 하지만 중학교와 고등학교의 국어과 교육 내용은 상식 수준을 뛰어넘는 경우가 대부분이다. 수업의 실제(가령, '어떻게 가르칠 것인가')만을 강조하게 될 경우, 교과 내용에 대한 내실 있는 교육이 어려워져 오히려 국어 교사 전문성을 낮추게 될 위험이 있다는 것이다.

4. 국어과 교원양성교육의 미래 과제

지금까지 살펴본 국어과 교원양성교육의 문제점과 과제를 세 가지 차원으로 정리해 보면 다음과 같다.

첫째, 안정적 교원 공급과 교육을 위한 정책적, 행정적 차원의 노력이다. 우리나라는 교직에 대한 선호도가 높아 사범대학이 우수한 재원을 안정적으로 유치할 수 있었다. 하지만 최근 교사 수요가 급감하여 우수한 예비 교사의 확보를 낙관하기 어렵게 되었고, 교원 선발 정책의 잦은 변동으로 사범대에 진학 중인 학생조차 많은 불안을 느끼고 있는 형편이다. 우수 재원의 확보와 유능한 예비 교원의 안정적 공급을 위해서는 정책적, 행정적 차원의 노력이 절실히 요구된다. 교원양성 및 선발 제도를 합리적, 실질적으로 정비·개선하여 교원 수급의 불균형이 조속히 해결되도록 해야 하는데, 이는 개별 대학 차원에서 해결할 수 없는 문제이므로 국가가 나서서 해결을 해야 한다.

둘째, 교육과정의 편성 및 운영의 개선을 통한 교사 전문성 제고의 노력이다. 우수한 국어 교사를 양성하기 위해서는 대학의 교육과정을 목표에 맞게 운영해야 한다. 즉 전문성 있는 국어 교사에게 필요한 이론과 실제 교육을 제공해야 하는 것인데, 이를 위해서는 먼저 국어 교사의 전문성이 무엇인가를 규명하는 실질적인 연구부터 차분히 수행할 필요가 있다. 국어과의 각 영역에 대한 이론적 지식과 수행 능력, 실천 능력이 무엇인지 면밀히 검토하고 이를 기반으로 하여 교육과정을 개선해 나갈 필요가 있다. 특히, 4주로 한정된 중등 예비 교원의 실습 기간을 연장하기 위한 제도적 노력이 절실히 요청된다. 대학에서도 중고등학교에서도 예비 교원의 현장 이해 능력이 긴요하다고 강조하고 있지만, 예비 교원의 실습 기간을 연장하거나 대학과 현장의 연계를 도모할 어떤 시도도 이루어지고 있지 않다. 대학과 현장을 연계할 학제적 노력을 강구하거나 교원 선발 과정에 이를 반영할 방안을 모색해야 한다.

셋째, 미래 사회에 대응한 미래 지향적 국어 교육상을 그려 보아야 한다. 정보화 시대, 4차 혁명 시대라는 구호에 걸맞게 국어 교육의 모습 역시 변해가고 있다. 국어 교육은 모국어 사용자가 다양한 국어 자료를 정확하고 효과적으로 이해하고 표현하도록 하는 데 목표를 둔다. 그런데 몇십 년 사이 국어 자료의 내용과 범위가 많이 달라졌고, 글을 읽는다는 것, 글을 쓴다는 것의 개념도 많이 변화하고 있다. 게다가 국어 사용자의 스펙트럼이 다양화되어 다문화 시대에 부응하는 국어 교육에 대한 요청도 많아지고 있다.

이 글에서는 국어 교육의 과제를 세 가지로 추려보았지만, 이외에도 고민할 과제는 많을 것이다. 글의 서두에서 강조하였듯이, 국어과 교원양성교육의 현황과 문제점에 대한 고민은 궁극적으로 더 나은 미래 교육, 더 훌륭한 국어 교사의 양성을 위해서 필요한 것이다. 미래 인재 양성을 위한 국어 교육의 목표와 내용이 무엇인지, 국어 교사에게 어떤 교육을 제공해야 하는지, 이를 위하여 교원양성 정책과 제도를 어떻게 개선해야 하는지 끊임없이 고민해 나가야 할 것이다.

6

영어 교과 교원양성교육의 현황과 미래

어도선(고려대 영어교육과 교수)

영어 교과 교원양성교육의 현황과 미래

어도선(고려대 영어교육과 교수)

1. 영어교육과 교원양성교육의 현황: 3개의 에피소드를 통해 돌아보다

가. 3개의 에피소드

1) 에피소드 1

몇 년 전 교환학생 프로그램 개설을 위해 국어교육과 교수 한 분과 함께 미국의 어느 주립 대학을 방문한 적이 있었는데, 그 방문이 내게 있어서 영어교육에 대한 이해와 접근을 다르게 하도록 한 몇 개의 경험 가운데 하나이다. 미팅이나 회의에서 이루어지는 의례적인 소개나 설명은 자연스럽게 내가 주로 하게 되었는데, 내가 그 분보다 '영어를 잘하기 때문에' 영어로 정보를 정확하게 전달해야 하는 상황에서는 내가 더 적합할 것이라는 생각이 암암리에 공유되었던 까닭이었을 것이다. 지금 생각하면 매우 부끄럽지만 그런 이유로 그날 저녁까지 내가 그 분보다 '영어를 잘 한다'고 분명히 믿었던 것 같다. 그러나 이 순박한 자부심은 그 대학의 부총장과 사범대학 교수 몇 분과 저녁을 같이 하게 되면서 모두 사라지고 말았다. 대신 영어교육에 대한 새로운 깨달음이 찾아 왔다.

의례적인 정보 전달 중심의 대화에서 차츰 일상의 삶과 개인적 신념과 소회가 담긴 소재에 대한 이야기로 옮아가기 시작하면서 오래지 않아 좌중의 분위기는 모두 비 '원어민 화자'인 그 분에게 모아지게 되었다. 와인을 곁들였어도 그 분의 발음이나 억양, 어휘 그리고 문장 사용은 모두 변함없이 그 분이 여전히 유창성이나 정확성 면에서 영어를 잘 한다는 평을 받을 수 없었기에 그런 상황을 예상할 수 없었다. 나를 포함해 그 자리에 있었던 '원어민' 교수들 모두 그 분이 소위 '짧은 영어'로 만들어 내는 위트와 깊은 내용에 매료되고 있었다. 여러 기능적 측면에서 그 분이 소위 '원어민' 화자와 많은 거리가 있었다는 것을 생각해 보면, 이날 저녁 내내 의사소통을 주도하고 공유하고 공감하게 했던 요인은 그 분이 사용했던 영어의 기술적 영역에 있었던 것이 아니었을 것이라고 쉽게 짐작이 갈 것이다. 그것은 '짧은' 영어로도 그 분이 만들어 냈던 '의미'(meanings)의 영역에 있었던 것이다. 그리고 매 순간 상황에 어울리게 의미를 생산하면서 화제를 신선하고 흥미롭게 이끌어 갈 수 있는 그 분의 탁월한 감각("화용적 능력"과 "사회문화적 능력"을 적절히 사용할 수 있는 "전략적 능력"; Celce-Murcia, 1995)이라고 생각된다. 물론 원어민 앞에서도 담대할 수 있는 그 분의 정신도 한몫했을 것이라는 생각도 든다.

2) 에피소드 2

오랜만에 미국을 방문하여 유학 시절 잘 알고 지냈던 지인 댁을 방문하게 되었는데 마침 추수감사절 때라 지인과 함께 일하는 직원들과 저녁 자리에 합석하게 되었다. 나중에 알게 됐지만 직원들 가운데 스페인어가 모국어인 '라티노'들과 아프리카와 자메이카에서 온 직원들이 있었다. 원어민인 아프리카계 미국인과 재미교포도 몇 명 있었다. 특별히 친교를 나누어야 할 사이는 아니었지만 '꿔다 놓은 보릿자루' 마냥 그냥 있는 것이 분위기를 어색하게 할 것 같아 적당히 상황을 헤쳐 나갈 요량이었다. 그러나 그 날 저녁 이 사람들과 보냈던 어색한 몇 시간이 몇 년간 지켜온 영어교육에 대한 나의 고정된 관념과 관점을 깨트리는 신선한 경험이 되었다. 한국 음식과 미국화 된 한식 그리고 국적을 정확하게 알 수 없는 퓨전 음식, 다국적 맥주와 위스키, 소주, 막걸리 또한 이 상황이 '다문화'를 상징적으로 대변하고 있다고 말해주고 있었지만, 지금 돌아보니 그들 각각의 어투, 생각, 느낌, 관습, 행동, 가치관, 희망, 선호도, 이력 모두 더 강렬히 '다문화' 상황을 '현장'에서 생생히 드러내고 있었다.

주로 백인 중산층에 해당하는 사람들을 만나왔고 저소득층 아프리카계 미국인에 대한 선입관도 여전히 조금은 남아 있었던 터라(그들의 영어사용 방식이나 표현 방식을 불편하게 여기고 있었다), 처음에는 아프리카계 미국인으로 착각했던 자메이카 사람과 나이지리아에서 온 사람, 그리고 아프리카계 미국인들과는 대화를 피했다. 적어도 그들의 '한국인 보스' 집에서 이루어진 우연한 자리였기에 그들과 친교를 나눠야만 한다는 심리적 의무감은 없었던 것 같다. 대신에 멕시코 직원 옆에 앉아 영어로 이야기를 나누게 되었는데, 그 당시 라틴계 미국 그림책을 수업 교재로 썼던 경험 때문인지, 아니면 인종적으로나 신체적으로도 조금 더 가까운 감정도 있고 또 같은 비원어민이라는 느낌이 들었기 때문인지, 그와의 대화가 덜 불편할 거라 믿었던 것 같다.

그는 멕시코 스타일의 영어로 나는 영미식과 한국식이 혼합된 것 같은 영어로 의사소통을 했는데 대부분은 문맥 속에서 서로 충분히 이해했던 것 같다. 소통에는 어려움이 거의 없었지만 간혹 있었던 경우에도 서로가 다른 어휘와 다른 내용을 들어 다시 설명해주면 무리가 없었던 것 같다. 그와의 소통이 보다 '순순이' 풀리게 된 계기는 그 나라의 전통 명절인 'Death Day'와 '터말리'(Tamale)라는 전통 음식을 이야기하는 순간부터였던 것 같다. 내가 그림책을 통해 알게 되었던 그의 문화에 대해 관심을 표한 순간부터 매우 의례적이고 형식적인 정보 교환을 넘어 인간적인 소통이 시작되었다. 이런 공동의 관심사가 없었다면 의례적인 정보 전달 수준의 대화로 3~4분 정도 버티다(?) 끝났을 것이다. 그와의 대화가 다른 관심사로 옮겨 가면서 오래 지속되었고 그와 나는 잠깐이지만 곧 친해질 수 있었다.

아프리카계 미국인으로 착각했던 다른 사람들은 나이지리아와 자메이카에서 왔다고 했다. 나이지리아에서 온 직원은 어릴 적엔 유럽에서 살다가 청년기에 미국으로 이민을 왔다고 했다. 자메이카에서 온 사람은 아프리카계 미국인으로 불리는 것을 싫어했는지 자신이 자메이카 출신이라는 것을 여러 번 밝혔는데, 그 때는 그 의미와 의도를 이해할 계제가 없었다. 나이지리아에서 온 직원 또한 '내가 처음에는 모르고 아프리카계 미국인이라고 생각했다'고 했을 때 좋아하지 않았던 것 같다. 그는 영어를 유창하게는 했지만 다른 억양과 다른 악센트 그리고 가끔 다른 방식으로 문장과 표현을 사용했던 것 같다. 멕시코 사람과 이야기하면서 깨달은 바로 나이지리아 직원에게도 나이지리아 작가로서 영어로 소설을 펴낸 작가의 작품('World Englishes Literature'라고 함)에 소개된 그 나라의 문화(주로 식민지 역사와 문화 관련)로 말문을 열었다. 이렇게 대화를 이끈 것이 조금은 덜 불편한 마음으로 소통을 지속하게 하는 기제가 되었던 것 같고, 그의 동료 가운데 같은 인종으로 분류되고 있는 사람들보다도 내가 그와 조금 더 깊이 있게 이야기를 나눌 수 있게 한 계기로 기억된다.

어떤 특수한 역사적, 문화적 경험(식민지와 성차별, 계급 사회 등)을 그와 공유하고 있는 내가 소통에 있어서 아프리카계 미국인들보다 더 유리한 배경 지식과 경험 또는 정서를 가지고 있었을 수도 있다. 자메이카 사람은 자메이카 식의 영어를 유창하게 했지만 그와는 별반 나눌 이야기가 없었고 그 또한 나에 대해서나 나이지리아 사람에 대해서도 관심을 두지 않았던 것 같다. 자메이카에 대해서 아는 바가 거의 없었다. 재미교포 3세는 미국에서 태어나고 자란 탓인지 막상 이야기를 나눠보니 한국 사람이 아니고 미국 사람이라는 생각이 들어 얼굴만 잠깐 반기고 이야기를 더 이어가지는 않았다. 그 곳에 있었던 우리 모두는 각자의 영어를 사용했지만 그 집 주인의 영어에 가장 힘이 실려 있었던 것 같았다. 그가 짧은 영어로 깊이 없는 이야기를 해도 모두가 경청을 했다.

3) 에피소드 3

캄보디아에서 일정을 마치고 숙소로 돌아가던 길에 일행과 과일을 사러 시장에 들르게 되었다. 노상에서 과일을 파는 아낙에게 영어로 어떤 과일이냐고 묻고 얼마냐고 물었지만 내 얼굴을 잠깐 보고는 아무 말도 없었다. 잘 알아듣지 못해 그러는 거라고 느껴졌다. 그 때 평소에 영어를 사용하지 않던 일행 한 분이 "What?"하며 손가락으로 과일을 가르치고는 "Name?" 그리고 입을 가리키고는 미소 지으며 한국말로 "얌얌?", "Good?"이라고 하자, 곧 이어 그에 준하는 짧은 영어로 아낙은 "Jack Fruit, good! Three dollar!"라고 말하는 것이었다. 그 때 나는 발음이 정확하게 들리지 않아 무슨 말인지 잘 몰랐는데 그 분은 잘도 알아듣더니 손짓으로 "Three, No! Two, OK?"라고 하며 흥정에 들어갔다. 그리고 몇 번 흥정이 영어와 제스처로 짧게 오가더니 수북한 과일 봉지가 우리에게 넘겨졌다. 그 후 음식점에서 주문을 할 때에도 내가 하는 '정형화된 정확한' 영어보다는 그 일행 분이 사용하는 아주 '짧은' 영어와 제스처가 더 효율적으로 소통되어 그 후로는 주문과 흥정을 할 때마다 그가 나서서 그만의 영어로 해결을 하게 되었다.

숙소에는 영어 원어민 숫자보다도 훨씬 더 많은 숫자의 비원어민들이 묶고 있었는데, 그곳에서 영어 원어민은 학원이나 학교에서 보는 영어 원어민의 지위를 갖고 있지 못했다. 왜냐하면 다른 영어 비원어민들이 서로 다 알아듣고 사용하는

'그들의 영어'를 그는 잘 알아들을 수 없었고(관심이 없었는지도 모른다) 거꾸로 그의 영어보다 내 일행의 영어를 그들이 더 잘 이해했기 때문이다. 이곳에서는 영어를 '원어민처럼' 정확하고 유창하게 잘 하려는 것보다는 이해 가능하도록 그리고 편하게 사용하는 것이 더 중요한 의미를 지니고 있었다. 숙소에서 보았던 이런 현상은 국제학술대회 중에 있는 차담 시간에서도 종종 엿보이기도 하였다.

나. 3개의 에피소드로 본 우리의 영어 교원양성교육 성찰

위의 세 가지 에피소드는 영어과 교원양성교육 현황을 성찰하고 미래 발전 방향을 함께 모색하는 일에 있어서 '현장에 답이 있다'라는 평범하지만 가장 실질적인 지혜를 상기시키고 있다. 현장의 실상과 유리된 채 우리의 영어과 교원양성교육 과정이 '원어민처럼' 영어를 해야 '잘 하는 영어'라는 그릇된 환상을 신조로 하여 소위 그들의 '표준 영어'(Standard English)만을 정확하고 유창하게 사용해야 한다고 예비 교원들에게 은연중에 주입하고 있는 것은 아닌지 돌아보게 된다. 전국에 우후죽순 격으로 생겨난 소위 'English Village'라는 시설 모두 '원어민 영어'를 홍보하는 것을 보면, 영어 원어민만이 "표준 영어의 가디언"(McKay, 2010, p. 110)이라는 믿음이 우리 사회에 여전히 강한 것 같다. Kramsch(1998)와 McKay(2010)도 지적하였듯이, 영어 원어민을 지나치게 이상화 하고 그들에게 의존하게 되면('진짜' *authentic* 영어와 문화 구현자라는 믿음 때문; Kramsch, 1998, p. 79) 영어 사용자 자신이 영어를 사용하는 주체로서의 '담대함'을 잃고, 결과적으로 '원어민'에 대한 두려움이나 열등의식을 갖게 되어 의사소통 의욕이나 행위가 심각하게 위축될 수 있다.

또한 암기와 모방에 의존하는 '형식 중심의'(form-based) 기술적인 영어 교육에 치우쳐 가변적이고 다양한 상황에 맞게 영어로 의미를 생산하고, 조정하고, 공유하고, 즐길 수 있도록 하는 창의적, 정의적, 사회문화적 관점의 영어교육 과정과 방법론이 소홀히 다뤄졌던 것은 아닌지 돌아보게 된다. 에피소드 1의 타과 교수 한 분이 증명하듯이, 외국어로서의 영어를 사용한다는 것은 그 언어에 대한 "어떤 기술이나 지식"을 의식적으로 사용하는 것 이상으로 '원어민'과 '비 원어민' 사이의 언어적, 심리적, 문화적, 정치적 차이로 인해 발생하는 여러 차이(차이는 "권력 관계"를 내포하고 있다고 한다)를 조정하고 극복하는 "사회적 행위"인데(Giroux, 1995), 이런 관점이 우리의 영어과 교원양성 과정에 충분히 반영되고 있는지도 생각해 보게 된다.

Crystal(2006)과 Jenkins(2006) 등 세계 곳곳에서 사용되고 있는 영어(World Englishes)를 연구하는 많은 학자들이 지적하듯이, "외곽/확장 국가"(Outer & Expansion Circle Countries)에서 영어를 제 2언어 또는 외국어로 사용하는 영어 사용자의 수(15억 명)가 영어를 모국어로 사용하는 "중심 국가"(Inner Circle Countries)의 영어 원어민의 수(3.7억 명)를 훨씬 상회하고 있다고 한다("TESOL 2014" 수치 참조). 이런 현상은 더 확대될 것이며 위의 에피소드처럼 영어는 '국제 공통어'(lingua franca)처럼 사용되어(Jenkins, 2017) 영어 사용자가 영어 원어민보다 비원어민 영어 사용자와 접촉하고, 교류하고, 관계를 맺는 기회가 훨씬 많아질 것이다. 이에 따라, "토착화된 표준"(nativized norms)을 갖추고 있으면서 "접촉 언어"로서 충분히 기능하고 있는 비원어민 국가의 "새로운 영어"(new Englishes 또는 World Englishes)가 세계화, 다문화 시대의 도래에 따라 이전과는 다른 위상과 중요성을 갖게 되고 또 더 많이 인지될 것이다(McKay, 2010, pp. 89~92). 그럼에도 우리의 영어교육은 소위 '정통 영어'라는 원어민 국가들의 영어 규칙(norms)에만 치우쳐 외곽 국가에서 통용되고 있는 다양한 종류의 세계 영어를 '변종'이나 '결함 있는'(deficient) 영어로 경시하거나 무시하고(Kachru, 1995) 교육과정에서 외면하는 경향이 있지 않았는지 돌아보게 된다.

또한 같은 이유로 아프리카계 미국인 영어처럼 인종적 차이나 이민자와 같은 국가적 차이로 인해 영어 원어민 사회 내부에서 다르게 형성되고 공유되고 있는 "문화적으로 특수한", "의사소통 특성들"을 지닌 여러 유형의 영어(Garcia & Willis, 2001, p. 10)에 대한 관심에도 소홀히 하고 있지 않은지도 돌아보게 된다. 유럽계 영어 원어민의 "문화적 정체성"(Kramsch, 1998, p. 84)과는 다른 문화 속에서 다른 방식의 표현, 다른 "의사소통 전략과 능력"(Garcia & Willis, 2001, p. 10) 그리고 다른 문화적 정체성을 지니게 된 비유럽계 영어 원어민들과도 자연스럽게 교류할 수 있도록 이런 유형의 영어에 대한 교육에 보다 관심을 가질 필요가 있다. 그런 가운데 다문화 역량이 향상될 수 있으며 또한 다문화 지구촌 사회를 보다 효율적이고 적합하게 살아갈 수 있는 담론 능력을 키울 수 있기 때문이다. 대학 강단에서 아프리카계 영어 원어민, 호주, 뉴질랜드, 남아공화국 영어 원어민이 기피되거나 덜 선호되는 사례가 지금도 있다면 시급히 시정되어야 할 것이다.

에피소드 1 & 2와 같이, 교내 캠퍼스에서도 여러 국가에서 온 외국인 대학생들이 섞여 과제를 공동으로 하고 함께 어울리는 모습은 이제 더 이상 낯선 광경이 아니다. 국제화, 세계화와 더불어 급속하게 진행된 지구촌 사회의 도래로 인해 그 어느 때보다도 다양한 차이(인종, 종족, 성, 국적, 종교, 계층, 지역, 언어 등)와 다양한 가치가 어떻게 다른 "방식, 기능과 형식"(modes, functions, and forms)을 통해 소통 방식과 내용에 영향을 주는지를 이해하고 이런 이해를 다문화 상황에서 적절히 적용할 수 있도록 하기 위한 "다문화 문식성"(multicultural literacies) 중심의 영어교육과정이 시급히 필요하다(Garcia & Willis, 2001, p. 4). 그런 점에서 Garcia와 Willis(2001)가 말하는 "다문화적 관점"의 영어교육이 우리의 교원양성 과정에서 얼마나 진지하게 강조되고 있는지 돌아볼 필요가 있다(p. 4). 왜냐하면 이러한 차이에 대한 무지가 곧 불필요한 긴장과 갈등의 원인이 되고, 역으로 다문화적 인식, 지식, 이해가 깊고 많을수록 바람직한 소통 관계가 더 잘 형성될 수 있기 때문이다.

영어를 잘 하면 마치 "[영어가] 알라딘의 요술 램프를 소유하는 것과 같이 국제 통상, 세계 수준의 테크놀로지와 과학으로 이끄는 언어적 대문을 열어주며", 영어가 보장할 것 같은 "사회적이고 지적인 이동성이라는 이점"을 통해 영어 원어민들의 사회("상상의 사회")에서 삶을 마음껏 즐길 수 있다는 환상이 영어를 배우는 동기나 목적에 크게 자리하고 있다고 한다(Kachru, 1986, p. 1; McKay, 2010, p. 96 재인용). 일부는 사실일 수 있지만 그런 "상상의 사회"가 이제 위의 에피소드에서 보듯 더 다양하고 예측을 넘어서는 사회나 상황으로 대치되고 있어, 이런 변화가 우리의 영어과 교원양성 과정에 보다 충분히 반영되어야 할 것이다. 영어를 모국어로 사용하지 않는 나라에서 다양한 문화와 국적을 지닌 사람들과 조우할 때, 그리고 특히 영어 사용자라고 볼 수 없는 비원어민들과 우연히 익숙하지 않은 상황을 연출하고 해소해야 할 때에는, 지금과 같이 특정한 상황을 염두에 두고 그 상황을 겪어내기 위해 암기 위주로 배운 '뻔한' 영어로는 제대로 헤쳐 나가기 힘들기 때문이다. 이런 점에서 Gee(2004)가 말하는 "담론"(Discourse) 중심의 교육도 우리의 영어 교원양성 과정에서 더 충분히 반영되어야 할 것이다. "타인들에게 때와 장소에 알맞은 다양한 방식으로 행동하고－반응하고－말하고－쓰고－듣고－읽고－생각하고－믿고－평가하고－느낌으로써 자신 스스로 '사회적－상황에 놓인 적절한 정체성'(appropriate socially-situated identity)을 설립하는"(Gee, 2004, p. 25; McKay, 2010, p. 100 재인용) 담론 능력이 다문화 환경에서 매우 중요한 의미를 지니게 되었기 때문이다.

필자 자신의 개인적인 영어 사용 경험을 약간 각색한 위 세 개의 에피소드는 '학교 영어'와는 다른－McKay(2010, p. 89)의 표현을 빌려 말하자면－영어의 "혼종성"(hybridity), 영어 사용자의 다양성, 영어 사용 환경의 "국지적 생태성"(the local linguistic ecology), 그리고 국제어로서의 영어(EIL, English As an International Language) 또는 국제 공통어로서의 영어 사용(ELF, English As a Lingua France)의 필요성을 나타내고 있다. 이를 통해 다문화주의적 관점, 사회문화적 접근, 정의적 관점, EIL 관점, 담론적 접근, 인본주의적 접근, 의미 중심의 영어교육, 영어 사용자 관점('원어민' 재고), 다층적 문화적 정체성, 다중 문식성(mutimodal literacy), 창의성과 언어, 비평적 페다고지, 비평적 문식성, 언어적 상대성, 기능적 영어 사용, 신 문식성(New Literacy Studies) 등 국내외에서 이미 소개된 새로운 관점과 접근을 통해 보다 포괄적으로 영어과 교원양성교육의 현실을 성찰하고자 하였다. 이러한 관점과 접근이 보다 더 구체적이고 체계적으로 우리의 영어과 교육 과정과 교수 학습 방법론에 녹아들어야 "사회 환경의 변화에 부응하는 영어 교육"(a socially sensitive English pedagogy: McKay, 2010, p. 89), 즉 시대의 변화와 함께 하는 영어 교원양성 교육이라는 목표를 보다 효율적으로 구현할 수 있을 것이다.

2. 새로운 사회적 환경 변화에 따른 영어과 교원양성교육의 당면 문제

위의 세 에피소드는 세계화, 국제화 및 다문화 같은 몇몇 사회적 환경 변화와 이런 거시적 사회 환경 변화에 따른 영어 사용 환경, 대상, 목적, 방식의 변화, 그리고 그 변화의 다양성을 보여주고 있지만, 이 외에도 영어 교육 과정과 영어 교육 방법론뿐 아니라 영어 교수·학습과 영어 사용에 영향을 미치거나 미칠 수 있는 다른 중요한 사회·문화적 변화가 있다. 우리나라의 영어 교수학습의 변천사와 제2언어습득과 관련한 이론의 변천사는 이런 사회·문화적 변화에 대한 진지한 고려를 통해 영어교육의 실상을 성찰할 수 있고 미래를 전망할 수 있음을 보여주고 있다. 현재 사회적 담론으로 부각되고 있는 다문화주의, 국제어/통용어로서의 영어, 제4차 산업혁명, 다중 문식성, 치유 교육 및 창의성을 중심으로 살펴보고자 한다.

가. 다문화주의와 영어교육

다문화 사회로의 급속한 진입에 따라 긴장, 차별, 갈등, 소외, 폭력 등과 같은 다양한 문제가 국내외에서 발생되어 중요한 사회, 문화, 경제, 종교, 정치적 담론으로 부각되고 있다. 이에 따른 문제를 해소하려는 노력뿐 아니라 다양성을 사회적 자산으로 승화시키려는 노력 또한 국내외에서 다양하게 이루어지고 있다. Banks와 Banks(2010)의 지적대로, 다문화 다양성은 "도전"이자 동시에 "기회"가 될 수 있기 때문이다. 인종, 종족, 국적, 문화, 종교, 성, 나이, 계층, 지역, 정치성, 계층, 성적 정체성, 언어, 신체, 취(성)향 등 개인적인 수준에서부터 거시적인 차원에 이르기까지 여러 종류의 다양성이 곳곳에 상존하고 있는데, 외국어를 포함하는 모든 (언어)교육은 이러한 차이와 이로 인해 발생되고 있거나 야기될 수 있는 다양한 사회 현상들과 불가분의 관계에 있다. 왜냐하면 다문화적으로 적합할 수 있도록(multiculturally responsive) 교사는 새로운 "다문화 전략과 기법"을 만들어야 하고 (언어)교육의 목적에서부터 교육 과정과 내용 그리고 교수학습방법 모두 여기에 적응시켜야 하기 때문이다(Sinagatullin, 2003, p. 6). 우리 사회가 2015학년도 영어과 교육과정 개정에 다문화 이해를 기본 목표 가운데 하나로 정하고 "다문화에 대한 수용적인 태도"를 성취기준으로 제시한 것은 우연이 아니다.

영어라는 언어가 국제어, 접촉어, 공통어로서 갖고 있는 특수한 위상으로 인해 영어교육은 다문화 사회에서 보다 특별한 가치를 지니게 되었다. 첫째는 다문화에 대한 정보와 지식이 영어 기반의 웹, 서적, 영화와 잡지, 신문, 방송, 유튜브를 통해 실시간으로 소개되고 축적되어 다문화 가치와 경험이 온오프라인으로 가장 빠르고 널리 그리고 지속적으로 전 세계로 전파되고 있다는 이유에서다. 둘째는 다양한 다문화 배경을 지닌 영어 사용자들이 세계 곳곳에서 영어를 매개어로 더 많이 소통하고 교류하고 있다는 이유에서다. 그리고 다문화 사회가 일찍 형성된 영어 "중심 국가"에서 다문화주의에 대한 연구가 가장 활발히 이루어지고 있으며 많은 영문 저서, 영문학, 잡지 및 논문과 같은 매체를 통해 전 세계로 깊게 전달되고 있다는 이유에서다. 마지막으로, 영어를 가르치는 원어민 교사가 전 세계적으로 분포하여 다문화를 연계하거나 전파하는 역할을 하고 있다는 이유도 있다. 이런 근거로 "영어가 다문화주의의 매개물"(a medium)로서 가치를 지니고 있다는 Kachru와 Nelson(1996, p. 95)의 주장이 설득력을 얻는다.

그러나 영어교육은 영어를 통해 다문화 가치와 지식이 어떻게 교류되고 확산되고 있는가에 대해서가 아니라 바람직한 다문화 사회 형성을 위해 영어교육이 다문화 수용성 제고와 관련하여 어떤 역할을 할 수 있고 해야 되는가에 대해서도 고민을 해야 할 때에 이르렀다. "다문화 수용성 제고는 다양한 가치와 행동이 이해되고 존중되는 다문화 사회의 구현을 통해 사회통합을 이끌 수 있다는 중요성 외에도" 지구촌 시대에 "세계시민으로서 필요한 상호이해, 공존, 협력의 가치를 실현할 수 있는" 자세와 능력을 갖출 수 있게 해 주기 때문이다(김민아 & 어도선, 2017, p. 26). 또한 "다양한 문화권에 속한 비원어민 화자와의 접촉과 소통이 급속히 증가"함에 따라 영어 교원양성교육에서도 예비 교사의 문화상호간, 상호문화간, 그리고 다문화적 능력을 키워줄 수 있어야 하며, 이런 변화에 부응하는 교육과정이나 교수학습방법 그리고 교재 내용 및 평가 방법을 고민해야 하기 때문이다(김민아 & 어도선, 2017, p. 26).

다문화적 관점을 반영한 영어교육은 학습자에게 다양한 관점에서 가치 판단을 할 수 있도록 유도함으로써 다문화 자세와 능력을 갖출 수 있게 할 뿐 아니라 영어 문식성 향상에도 도움을 주는 것으로 여러 연구에서 나타났는데(김민아 & 어도선, 2017, p. 26), 이런 연구들은 다문화 관점의 영어교육을 지지하고 장려해야 하는 충분한 근거를 제시하고 있다. 그런 점에서 영어교육과 다문화교육을 연계한 교과과정을 개발하려고 한 성기완(2007)의 노력과 다문화주의 기반 영어 교재 평가 체크리스트를 개발하여 영어 교재를 다문화 관점에서 평가하려는 김민아와 어도선(2017)의 노력과 같이 보다 다양하고 실천적인 다문화 연구와 교육이 영어 교육 분야에서도 진행되어야 할 것이다.

나. World Englishes, 다문화 & 세계시민교육[1]

사회언어학자들은 영어 사용자들이 영어 원어민보다는 비원어민들과 더 많이 접촉하고 교류하기 때문에 영어의 형식과 기능을 재정의하는 데 있어서 비원어민 영어 사용자의 역할이 점차 증대되고 있다고 지적하고 있다(Matsuda 2003b, p. 483). Byram과 Risager(1999)의 지적대로, 비원어민 영어 사용자의 문화상호간, 상호문화간 접촉과 소통이 급격히 증대하고 있는 세계적인 추세에 있다. 이런 상황에서 영어 원어민이나 비원어민 영어 사용자 모두 그들 자신이 "지역 문화, 주류 문화, 글로벌 공동체" 내에서 적절하고 용이하게 소통할 수 있도록 필요한 문화상호간, 상호문화간 자세, 지식, 기술, 능력을 갖추는 것이 매우 필요하다(Sinagathllin, 2003, p. 114). 우리의 캠퍼스에서 흔히 목격하듯이, 오늘날의 학생들은 이전보다 더 다양한 가치, 더 다양한 관점, 더 다양한 차이를 경험하게 되는 다문화 사회에서 살아가야 한다. 그렇기 때문에, 학생들로 하여금 중심 국가에서 사용하는 영어와 그 문화에 한정된 학습에만 집착하게 한다면, 그것은 "현실 감각이 부족하여"(lack realism) 지역적으로 토착된 영어 규범과 그 영어를 사용하는 사람들을 불명예스럽게 하는 일이 된다는 지적을(Bolton, 2005, p. 78) 피할 수 없게 될 것이다.

영어 비원어민 국가에서 다양한 배경을 갖고 있는 다양한 사람들이 사용하는 영어를 지칭하고 있는 지역적으로 토착화된 "세계 영어"(World Englishes)에 관심을 두어야 하는 까닭이 여기에 있다. 이런 종류의 영어는 "New Englishes", "English languages", "global English(es)", "international English(es)"라는 명칭으로 지난 수십 년간 의사소통의 도구로서 사용되어 왔으며, 최근에는 다문화주의와 연계되어 더욱 많은 관심을 받고 있다(Bolton, 2005, 2012; Jenkins, 2006, p. 159). 다음과 같은 여러 비원어민 작가들이 자신의 지역에서 자생되고 토착화 된 영어로 쓴 영문학 작품이 영어 중심 국가의 독자들을 매료시키며 우리에게도 익숙한 노벨문학상 등의 국제 저명 문학상을 수상하기도 하였다: Chinua Achebe(1959 Margaret Wong Memorial 상; 나이지리아), Wole Soyinka(1986 노벨문학상, 나이지리아), Ben Okri(1991

1 Kim, Hae-In & Eur, Do-Seon의 미발표 공동 논문, "Beyond English Linguistic Imperialism?: Using World English Literature in the English-As-International Language"에 일부 내용을 의존하고 있음.

Booker Laureate 상, 나이지리아), Raja Rao(1988 Neustadt Laureate 상, 인도), Ngũgĩ wa Thiong'o(2009 Booker 상 후보, 케냐), Michael Ondaatje(1992 Booker Laureate 상, 스리랑카계 캐나다), and Nadine Gordimer(1991, 노벨문학상, 남아공화국)(Bolton, 2006).

여러 사회언어학자들은 토착화 된 영어가 "특수한 지역 문화와 사회적 가치"를 담고 있고 "방대한 양의 비서구적(non-Western) 경험"을 보여주고 있어 영어 원어민을 포함한 모든 영어 사용자에게 도움이 된다고 주장하고 있다(Bolton, 2005, p. 78). Green(2015)은 이에 더해 "비원어민 학습자는 이들 국가의 문화적 규범을 내재화 할 필요가 있는데" 그 이유는 이를 통해 "영어를 사용하여 자기 자신의 문화적 가치를 타인에게 알려줄 때 좀 더 집중할 수 있기 때문"이라고 말하고 있다(p. 251). Kachru(1985)는 지난 30년간 "문화 상호간 관점과 다중 언어 창의성"을 담고 있는 "토착화된 표준 영어"를 하나의 국제어로서 인정하고 이를 영어 교육에서 EIL을 통해 구현하자고 주장하였는데, 그의 주장은 영어를 국제공통어로 교육(ELF)을 해야 한다는 Jenkins(2017)의 주장과 함께 오늘날 다문화 사회에서 더욱 설득력을 갖게 되었다. 예비 교사들이 다문화적 관점을 갖고 다양한 차이를 존중하고 배려할 수 있는 의식과 역량을 지닌 세계시민으로 성장할 수 있도록 하기 위해서는, 즉 다문화적 이해와 소통 중심의 영어 교원양성과정을 편성하기 위해서는, World Englishes, EIL, ELF 관점에 대한 수용을 적극적으로 고민해야 할 시점에 와 있다. 물론 현행대로 영어 중심국가에서 다양한 매체를 통해 제공되는 정치, 경제, 사회, 문화, 예술, 과학, 자연, 환경, 인권에 대한 다양한 정보와 지식 그리고 경험에 노출되는 것도 세계시민 양성에 크게 도움이 되고 있다는 것은 두 말할 나위가 없다.

다. 제4차 산업혁명과 영어교육

제4차 산업혁명이 더 깊게 진행되면 구글 번역기나 통역기와 같은 인공지능 기술이 영어교사를 대체할 것이며 외국어 교육이 결국 학교에서 사라질 것이라는 섬뜩한 전망이 나오고 있을 정도로 제4차 산업혁명이라는 사회적 변화는 영어교육에도 하나의 화두가 되고 있다. 그래서 제4차 산업혁명의 진행에 따라 인공지능 기술이 원어민을 포함하는 영어교사를 대신할 것이라는 전망 하에서 영어 기능에 대한 훈련 중심의 영어 교육, 즉 영어를 말하고, 쓰고, 듣고, 읽는 기능과 규칙에 대한 과목으로만 인식하는 현재의 영어교육만으로는 이 시대에, 특히 제4차 산업혁명의 시대에, 영어가 왜 중요한가에 대한 물음에 설득력 있는 답변을 내놓기 어렵게 되었다. 인공지능이 그런 기능을 충분히 담당할 수 있다면 굳이 영어를 공교육 정규 과목으로 편성하여 가르칠 이유가 무엇인가라는 질문에 대해서 답변을 내놓기 쉽지 않게 된 것이다. 그래서 국제화, 세계화라는 현재의 특수한 사회 변화에 기대어 기능 중심의 영어 교육에만 천착할 것이 아니라 그런 위상을 지닌 영어를 활용하거나 또는 영어 교수학습 활동과 경험을 통해 얻을 수 있는 다양한 교육적, 문화적, 경제적, 정서적, 인식적 이점이 영어 의사소통 능력 형성뿐 아니라 제4차 산업혁명에 필요한 인재 양성에도 도움이 된다는 것을 입증할 수 있어야 하는 상황이 되었다.

"디지털 혁명을 중심으로 다양한 기술융합이 경제, 경영, 사회, 개인 수준의 총체적인 패러다임 전환을 가져오고 있[는]" 제4차 산업혁명은 "다양한 개체를 연계하는 역량인 연결성(connectivity)", "사회문화와 산업을 넘나드는 독창적 시각", "창의성(creativity)", "획일적이지 않은 문제 인식 역량", "다양성의 가치를 조합하여 대안을 도출"하는 능력, 그리고 "기계와의 협력적 소통 역량"을 갖춘 인재를 원하고 있다고 한다(윤종혁 외, 2017, pp. 1~2). 세계경제포럼이 예측한 "2020년 10대 핵심역량"은 이런 인재가 지녀야 할 역량으로 문제해결능력, 비판적 사고력, 창의성, 대인 관계 관리, 협력과 조정, 정서적 지능, 판단과 의사결정 능력, 배려, 협상, 인지적 유연성으로 제시하고 있다(World Economic Forum, 2016; 윤종혁 외, 2017, p. 11 재인용). 여기에 OECD는 개인의 다문화 능력과 자율성을 더하고 있으며, 기업은 도전정신과 열정 그리고 리스크에 대한 책임감과 모험심을 중심 역량으로 더 강조하고 있다(백성기 외, 2016, pp. 51~57). 다양하고 유연한 인지 능력을 갖춘 창의융합형 인재뿐 아니라 인문학적 통찰력, 정보과학적 사고력, 자기주도 역량, 정직성, 인권과 환경에 대한 감수성, 끈기 있는 탐구성 등이 또한 요구되고 있다(백성기 외, 2016, p. 59).

영어 교육이 인공지능 기술의 발전이나 융복합 과학 향상에 직접적으로 기여할 수는 없지만, 이런 발전과 향상에 필요한 다양한 내적 역량을 갖추게 하는 데 일조할 수 있도록 영어교육과정의 내용 및 교수학습 방법의 변화를 고려해야 할 때가 왔다. 조영교(2017)도 "4차 산업혁명시대의 영어교육은 학습자들의 영어능력에서의 우수성 개발이라는 측면보다는" 학생들의 창의성과 "융통성/유연성"을 기반으로 "PBL"(Project-Based Learning)과 같은 "경험기반 자기주도 학습" 활동을 제공해야 한다고 주장하였는데(p. 100), 이는 학생들 스스로 문제를 탐구하고, 해결책을 찾아내고, 다른 사람들과 협력하여 문제를 해결하는 다양한 교과 활동을 통해 영어교육이 제4차 산업혁명에 대응하는 좋은 방안이 될 수 있음을 제시하고 있다. "문제해결 능력을 키우기 위한 경험이 강조되는 영어학습"이 첫 번째 방향으로 제시될 수 있을 것이다(p. 101). 이문복(2018) 또한 보다 자세하게 "토의·토론학습", "협력/협동학습", "프로젝트학습", "문제해결학습/문제 중심 학습", "탐구학습/발견학습", "체험학습", "질문중심학습", "개별화·맞춤형학습"을 제4차 산업혁명에 필요한 인재 양성에 도움이 되는 영어 교수학습 활동으로 제시하고 있다.

두 번째 방향은 김형순과 김혜영(2017)의 연구가 밝히듯이, 영어 교사와 학습자 모두 "영어 학습을 획기적으로 변화시킬 수 있는 신기술들"(인공지능, 빅데이터, 신경망 기계학습, 음성인식 및 음성 합성기술, 사물인터넷, 증강현실과 가상현실, 3D 프린팅 등; p. 190)이 무엇이며, 이런 기술을 통해 개발된 도구가(인공지능 채팅프로그램 ALICEbot, 영어 교육용 로봇 '아이로비', 구글의 신경망 번역, 네이버의 파파고, 시스트란, COCA, 음성인식로봇 Alexa, Eco, Nugu, 기가 지니 등) "어떠한 목적과 방식으로 활용되어야 효과적인지"에 대해 충분히 경험하고 연구하는 것이 될 수 있을 것이다(p. 18). 제4차 산업혁명과 영어교육을 연계한 논문을 모은 『4차 산업혁명과 미래 영어교육』도 일관되게 "4차 산업혁명 시대에는 영어교육이 언어교육, 기능교육의 범위를 넘어서 좀 더 인간교육, 내용교육의 방향으로 나아가야 할 것"을(정채관 외, 2018, p. 114) 제시하였으며, 동시에 기술의 획기적인 발전으로 인해 영어교육 교육과정과 내용, 교수학습 방법론과 평가에 있어서 '기술-친화적인' 획기적 변화가 불가피하다는 것을 일러주고 있다.

라. 다중 문식성과 영어교육

"다중 문식성"(multiple-, multimodal-, multi-literacies)은 미디어와 매체 기술

그리고 디지털 기술의 발달과 더불어 언어라는 한 가지 유형에 주로 의존해 왔던 전통적인 소통 방식이 언어 외에 그림, 이미지, 소리, 색, 선, 레이아웃, 움직임, 디자인, 배치, 디지털 테크놀로지 등 다양한 유형의 소통 요소가 창의적으로 결합하고 융합하면서 이전의 "단일 언어 중심의 형식적, 단선적, 획일적" 소통 유형과는 다른 다채로운 방식으로 의미를 창출하고 공유하는 새로운 의사소통 유형을 지칭하고 있다(Garcia & Willis, 2001, p. 21). 가까운 예로는 웹툰, 이모티콘, 그래픽노블, 그림책, 인스타그램, 디지털 스토리텔링, 전자 도서, SNS, "MSN(messenger service network), 문자텍스트, 블로깅, 페이스북, 팬픽션"(Vaish & Towndrow, 2010, p. 317), 그리고 "음악, 텔레비전, 영화, 비디오, 인터넷, 구연 스토리텔링, 랩, 수화, 문화 중개(brokering)" 등을 통해 의미와 정보가 생산되고 공유되는 방식을 들 수 있다(Garcia & Willis, 2001, p. 21). 디지털 리터러시(Digital literacy), 시각 문식성(Visual literacy) 등 다양한 유형과 다양한 접근 방식을 통해 학습자가 다양한 수준, 방식, 내용으로 언어와 의미에 노출되고, 접촉하며, 경험하고 사용할 수 있어 신세대의 새로운 의사소통 유형으로 급속히 자리 잡고 있다.

"다중 문식성"의 등장은 그래서 언어 교육 분야의 '제4차 산업혁명'이라고 볼 수 있다. 첫째로 "다중 문식성"은 이전의 전통적인 방식과는 다르게 의미를 창출하고 공유할 수 있게 하는데, 이 의미는 여러 소통 요소가 창의·융복합적으로 결합함으로서만 생성될 수 있는 새로운 차원의 의미이다. 이런 새로운 차원의 의미는 사회적으로 공인되지 않은 방식으로 또는 사회적으로 공인된 의미 생산과 공유의 규칙에 저항하면서 새로운 현실과 문화를 만들어 내게 되는데(예를 들면, '가상현실'과 "참여 문화"; Vaish & Towndrow, 2010, p. 317), 이 새로운 현실과 문화를 통해 다른 소통 체계, 그래서 다른 인식 구조와 다른 가치를 지닌 언어 사용자가 출현하게 되고, 이는 가히 언어, 문화, 정체성의 관계에 있어서 혁명적인 변화를 의미한다고 볼 수 있다. 그런 의미에서 신 런던 학파(The New London Group)는 다중 문식성이 "새로운 방식으로 의미를 전하고 상호 작용하게 함으로써" 전통적인 의사소통 방식으로 인해 소외되고 주변화 되었던 사람들에게 "언어적, 문화적 차이"와 "격차"(disparities)를 줄일 수 있는 기회를 제공한다고 주장하며, 사회가 이러한 변화에 대해 준비해야 한다고 조언하고 있다(Garcia & Willis, 2001, p. 21). Hassett과 Curwood(2007)의 표현을 빌리자면, 우리 사회도 이미 "새로운 문식성"(new literacies; p. 280)으로 무장한 새로운 세대의 출현을 목격하고 있다. 그들의 새로운 소통 방식을 이해하고 존중해야 할 뿐 아니라, Vaish와 Towndrow(2010)의 주장대로 이를 "언어 교실로 받아들여 학습자의 학습 경험을 고양시킬 수 있도록 해야 할 것"이다(p. 317).

이와 같은 점에서 "새로운 문식성"에 담긴 '혁신성' 때문에 다중 문식성 교육은 제4차 산업혁명에 필요한 역량을 키우는 데에도 일조할 수 있을 것이다. 다중 문식성 그 자체가 다양한 소통 요소들의 창의·융합적 산물이면서, 동시에 이들이 다양한 형태와 형식으로 결합되어 만들어진 텍스트를 이해하고 해석하고 공유하고 즐기는 모든 인지적, 정서적 반응 과정에서 창의성, 비판적 이해, 문제 탐구와 해결, 공감과 협력, 존중, 질문과 발견, 개별화와 공론화, 유연함, 끈기와 같은 역량을 본질적으로 요구하고 있기 때문이다. Hassett과 Curwood(2007)도 다중 문식성 텍스트에 내재한 이런 요소들의 역동적인 관계에 대해 주목하면서 이런 관계가 독자와 상호적 관계에 있으며(interactive), "협동성"(collaborative nature)을 내재하여 학습자가 이 관계로 형성되는 의미를 발견하고 창출하고 "비평적으로" 공유하는 과정에 자연스럽게 참여하게 하며, 학습자들 사이에 "언어적, 문화적 차이를 존중하는 공간을 창출"하게 한다고 주장하고 있다(pp. 280-281). 다중 문식성 교육이 제4차 산업혁명에 필요한 다양한 내적 역량뿐 아니라 다문화 인식을 고양시키는 데에도 일조할 수 있음을 알 수 있다.

마. 정의적 영어교육(감성/창의성/인성)과 치유 페다고지[2]

세계화, 다문화와 같은 사회 환경의 변화와 달리 매우 불행하기만 한 또 다른 사회 환경의 변화도 우리의 (언어)교육에 적지 않은 영향을 미치고 있다. 불행하게도 우리 사회의 많은 청소년들이 Bracher(2009)의 표현대로 "트라우마가 풍토병처럼"(p. 152) 퍼져 있는 병리적 사회 환경에 처해 있는 것이 사실이다. 많은 아이들이 성적지상주의를 부추기는 무한 경쟁 사회, 돈이 사회적 성공의 척도가 되는

2 일부는 어도선의 미게재 논문에 의존: "위기의 아이들, 분석가 담론을 통한 치유적 교육: 학교를 치유의 공간으로 만드는 교육 프로그램"(한국현대정신분석학회 후기 학술대회 발표, 2017년 12월 9일).

배금주의, 지역, 종교, 인종, 계층의 차이에 따른 차별, 신체정신적 차별과 따돌림, 부모의 이혼, 가족 불화 및 가정 폭력, 무관심, 집단적 댓글과 폭언, 학업 스트레스, 체벌, 상실, 질병 등 다양한 '위기'(at-risk) 상황에 처해 있는 것이다. 실제로 2017년, 9~24세의 청소년 인구 9,261,988명 가운데 8%인 778,000명 정도가 위기에 처해 있는 것으로 파악되고 있다(김계명, 2017, p. 7). 청소년 범죄(폭력 및 갈취, 강도, 중독 및 약물오남용, 성매매 등)뿐 아니라 가출, 일탈과 비행, 자해, 학업포기, 자살, 유해매체/시설 탐닉, 무차별 분노, 섭식 장애, 대인 장애, 은둔과 같은 청소년의 반사회적인 행동 비중도 점차 늘어가고 있다는 보고서도 위의 수치와 무관해 보이지 않는다(이정자 외, 2012; 송원영, 2012; 지정우, 2009).

영어 학습 저항-좌절-포기라는 악순환 속에서 결국은 학습 부진아 또는 '영포자'로 전락하는 학습자의 숫자가 다른 교과에 비해 훨씬 많다는 사실을 대하면서 이런 위기 상황에 의도치 않게 일조하고 있는 영어교육 분야에서 더 특별한 대응이 필요한 것은 아닌가 하는 생각이 든다. 왜냐하면 어도선(2012)이 지적하듯이, "두려움, 우울증, 기피, 초조, 분노, 저항, 포기 등"의 "'학업 부진 징후'는 학업부진이 반복되면서 오는 지속적인 정신적 스트레스 때문에 향후 공격성, 배타적 태도, 무책임, 태만, 대인 기피 등 반사회적 또는 비사회적 성향으로 발전되는 강한 경향이 있으므로" "영어 학습부진, 장애, 저항, 거부로 인한 유무형의 가정 및 사회적 갈등이 궁극적으로 사회·문화적 문제로 비화될 수 있[기]" 때문이다(p. 130).

영어 학습에 대한 반복적인 실패가 만성화 되면서 생기는 낮은 자긍심, 자폐적 성향, 무기력함, 회피, 과민성, 자신에 대한 불평과 타인에 대한 불만, 분노, 좌절감, 열등의식, 자기 비하, 공격성 등 부정적인 심리 및 인지 상태가 우울증, 대인 기피 및 혐오, 자학 및 자해 또는 가해, 가출, 자살 등 비사회적인 병리적 행위로 발전될 수 있다는 점과(Rathvon; Bracher, 1999; 어도선, 2011), 이와 함께 영어교육 기회가 사회 기회의 확대를 보장하는 준거가 될 뿐 아니라 영어 교육 소외나 차이로 인한 사회적 갈등이나 통합 장애가 심각한 사회적 문제로 대두된다는 점에서 영어 학습부진, 학습장애, 학습거부 등의 교육 문제에 대한 적극적 관심과 개입이 필요하다(어도선, 2012, p. 131).

학습부진은 내면적인 인지, 정서면에서의 문제가 학습 행위나 학습 결과를 통해 표출된 문제인 만큼 인지적 관점에서 투입되는 효과적인 교수학습 방법만으로는 본질적인 문제해결을 기대하기 어렵다. 이러한 인지심리학적 개입이 학습에 대한 "실패, 거부, 소외"라는 악순환(Rathvon 28)의 고리를 끊지 못하고 있음을 우리의 교실 현장을 통해 생생히 확인할 수 있다(어도선, 2012, p. 131 재인용). "학습부진(장애, 저항, 거부 포함)에 대한 교육적 개입은 학습 방법 및 전략의 결여와 같이 표면적으로 보이는 문제뿐 아니라, 오랜 동안 누적된 패배감과 상실감로 인해 생긴 학습에 대한 심리적 좌절과 저항과 같이 표면으로 드러나지 않은 상처를 함께 고려하면서 이루어져야 할 것"인데(김지영, 2011; 어도선, 2011; 어도선, 2012, p. 131 재인용), 이 점에서 Arnold와 Brown(1999)이 주창하는 "정의적 관점"(affective sides)에 기반한 "인본주의적 접근"(Humanistic approach)이 치유적 페다고지의 효율적 방안으로 영어 교육 분야에서 주목 받을 수 있을 것이다.

> 인본주의적 활동은 자긍심을 고양시키고, 자신의 장점을 인식하고, 타인의 좋은 면을 보며, 자기 자신에 대한 깊은 성찰을 얻고, 타인과 보다 가깝고 보다 만족스러운 관계를 발전시키며, 자기 자신의 감정과 가치를 인식하며, 삶에 대해 긍정적인 관점을 취하는 일과 관계가 있는 활동이다. 이런 모든 성과는 학습에 매우 타당한데, 왜냐하면 학습자 자신이 자신에 대해 그리고 타인에 대해 보다 좋게 느낄 수 있다면, 그들은 [학습에서] 더 잘 성취하는 경향이 있기 때문이다(Moskowitz, p. 178; 어도선, 1999, p. 95 재인용 및 번역).

배울 능력이 충분이 있음에도 불구하고 배우려 하지 않으려고 하는 경향이 최근에 많은 학습자에게서 목격되고 있는 시점에 이런 "정서적 문맹"(emotional illiteracy; Csikszentmihalyi)이 어떻게 학습자의 영어 학습 경험과 관련되는 여러 요소들—영어교재, 교과 및 교실 활동, 교사, 교실환경, 동료 학습자, 학습법 등—에 부정적으로 개입하여 학습 저항과 장애(learning blocks)를 일으키고 있는가에 대한 심층적인 연구가 더 많이 필요할 것이다.

이와 함께, 자긍심, 자기 성찰, 배려, 긍정 심리, 존중, 조화 등 긍정적인 인성과 감성이 영어 수업에서 충분히 경험되고 공유될 수 있도록 정의적, 인본주의적 관점의 영어 교수학습 방법에 대한 연구도 병행되어야 할 것이다. 학습자 스스로가 마음을 열고 심리적으로 안정되고 서로 존중하고 학습 공동체의 일원으로서 소속감을 가질 수 있을 때 학습자의 인지 능력도 덩달아 깨어나 보다 적극적이고 책임 있는 자세로 학습 행위에 임할 수 있게 되며, 이런 과정을 통해 학습자는 인성, 창의성, 공동체적 의식, 배려, 존중, 협력, 인지적 능력, 심리적 안정과 성숙이라는 좋은 배움을 영어 습득과 함께 얻을 수 있을 것이기 때문이다. 이런 배움이 제4차 산업혁명과 다문화 사회에서 필요한 자질과 역량을 갖추는 데 반드시 필요하다.

3. 사회 환경의 변화에 따른 영어 교원양성교육 발전 방향

사회문화적 접근, 담론, 정의적 관점, 인본주의적 접근, 문화-언어-정체성 연구, 세계어로서의 영어, EIL, ELF, 창의성과 제2언어 교육 등 영어교육에서 소개된 새로운 이론, 관점, 접근법 및 방법론과 함께 이러한 변화와 불가분의 관계에 있는 다양한 사회 환경의 변화-세계화, 국제화, 초국가(국경) 사회, 제4차 산업혁명, 다문화 사회, 다중 문식성 등-를 고려해 볼 때, 다음과 같이 이러한 변화에 부응할 수 있는 미래의 영어 교원양성교육의 발전 방향을 그려볼 수 있을 것이다.

가. 영어 교원양성교육 교과과정

현재 영어교육과 전공 교과과정은 크게 영어교수학습법, 영어 언어학, 영미문학과 문화, 영어 기능 네 개의 분야로 나뉘어져 있다. 영어에 대한 교수학습이론, 언어 원리, 내용(문화 포함), 기능과 관련한 과목을 골고루 제공하되, 교수학습과 관련한 교과교육과 기능(말하기 및 쓰기 중점) 분야에 좀 더 중점이 주어져 있다. 어느 분야에 더 중점을 두고 교과과정을 구성하는가는 사회적 필요와 이에 따른 교원양성의 목표에 따라 대학마다 차이가 있는 것이 사실이다. 그러나 최근의 사회 환경의 변화를 고려해 보면 이런 차이와 별개로 영어 원리나 문화와 같은 교과내용 과목에도 관심을 좀 더 기울일 필요가 있다. "영어능력에서의 우수성 개발이라는 측면"과 함께 제4차 산업혁명, 다문화 사회, 그리고 미래 사회에 필요한 역량과 자세를 함께 함양시켜야 한다는 측면에서 "창의성", 사고의 "융통성과 유연성", "문제해결 능력"을 기를 수 있도록(조영교, p. 2017, pp. 100~101) 교과내용 과목을 다양화해야 할 필요가 있기 때문이다.

예를 들면, EIL, ELF, World Englishes 기반 교과교육 과목, AI 기반 교수 학습과 평가, 다문화와 다중 문식성을 반영한 교과교육 과목, 그리고 영어의 원리(음성, 사전, 통사, 의미 등과 관련), 말뭉치(화용) 연구, 테크놀로지를 융합한 다양한 응용언어학 과목, 다문화, 창의성, 인성, 감성, 심미적 경험 중심의 영문학 과목 등 새로운 사회 환경의 변화에 적합한 과목을 연구하고 개설하는 방안을 고려할 수 있을 것이다. McKay(2010)도 인정하고 있듯이, 세계어로서의 영어(World Englishes)가 지니고 있는 언어적, 문화적 특성에 대한 인식과 이에 대한 노출이 동일하게 필요하다는 점에서(p. 112), 이를 전문적으로 다루는 과목도 기대해 볼 수 있다. 영어 기능 과목 또한 기능(읽기, 말하기, 쓰기 등) 중심으로 편성된 교과에서 탈피하여, 다문화와 세계시민 교육과 연계되는 주제를 중심으로 하되, 다양한 언어·문화적 배경을 지닌 외곽 국가의 영어 사용자도 강단에 설 수 있도록 하는 것이 필요하다. 교과과정은 사회 환경의 변화에 대해 위의 네 가지 분야가 민첩하면서도 적절하게 대응하고 네 개 학제 간의 협력을 장려할 수 있도록 '유기적'이고, 상호의존적이고, 상호호혜적인 '생태적'(ecological) 관점을 기본 원리로 구성하는 것이 바람직할 것이다. 그런 점에서 학제간 융복합 과목 개설도 고려해 볼 수 있을 것이다.

나. 영어 교원양성교육 교수학습방법

교육자와 학습자 그리고 교재 간의 상호작용의 질과 수준을 결정짓는 것은 바로 교수학습방법의 질과 수준이므로, 우수한 영어 능력과 더불어 미래 인재 역량을 질적으로 그리고 효율적으로 함께 길러 줄 수 있는 방향으로 교수학습방법이 재구조화 되어야 할 필요가 있다. 영어 과목을 공교육의 중심 교과목으로 유지할 수 있기 위해서는 질적인 면과 다양성 면에서 학교 영어가 영어 기능과 영어 시험 기술 위주로 '훈련'시키는 사설 영어교육 기관과 차별화 되어야 하는데, 그 가능성을 바로 교수학습방법의 질과 수준에서 우선적으로 찾아야 할 것으로 생각된다. 따라서 현재의 기능 중심의 구조적, 단선적, 기계적, 인지적, 기능주의적 관점의 교수학습방법으로부터 점차 경험 중심의 다층적, 다원적, 창의적, 정서적, 사회문화적 관점의 교수학습방법으로 이행되는 것이 바람직하다.

예를 들면, 형식적 차원의 모둠활동이 아니라 공동의 문제를 찾아내고 해결 방안을 공유하며 토론과 조정을 통해 해답과 의미를 도출해 가는 과정에서 의미 있는 '결과'를 만들어 내는 문제해결 및 경험 중심의 협력 교수학습과 학습 활동 과정이 강조될 필요가 있다. 또한 이런 과정을 통해 언어적 향상뿐 아니라 이해, 배려, 존중, 협력, 공감, 공유, 비평적 인식, 공동체 의식을 함께 함양할 수 있는 수업 활동과 내용을 구성해야 할 것이다. 정의적, 창의적, 사회문화적, 인본주의적 관점을 기반으로 한 융복합 교수학습 활동과 과제를 제공해야 할 필요가 있는 것이다. 또한 제4차 산업혁명과 다문화 사회의 세계시민에 필요한 역량을 함께 기를 수 있도록 탐색, 융합, 도전, 관용, 다문화 이해, 테크놀로지 유연성 등을 경험하고 공유하는 교수학습 활동도 개발해야 할 것이다. 물론 이런 다양한 교수학습 방안이 실현될 수 있는 공간이 될 수 있도록 이에 맞는 IT 기반 수업 기자재와 스마트교실과 같은 수업 환경을 마련하는 것도 시급히 필요하다. 또한 다양한 교실 활동을 시험해 볼 수 있도록 메이커스 스페이스나 유비쿼터스 같은 유기적으로 연계된 강의/학습 환경을 지원해야 할 것이다. 교수학습방법만 전문적으로 다루는 과목을 개설하여 학생들이 보다 체계적이고 창의적으로 교수학습방법을 응용할 수 있게 하는 방안도 바람직 할 것이다.

다. 영어 교원양성교육 교육 역량 강화

4주간의 교육실습 기간이 형식적일 뿐 아니라 매우 짧아 예비교사의 교수학습 역량을 계발시키는 데 많은 한계가 있다고 늘 지적되고 있으나, 현장에서의 어려움과 교육과정 상의 한계라는 현실적인 제약과 맞물려 이에 대한 개선이 이루어지지 않고 있다. 미국의 경우 한 학기(최소 10주)를 정규 교사처럼 오전 9시에서 오후 5시까지 교육 현장인 실제 교단에서 교육실습을 할 수 있도록 하는 것이 바람직하지만 그런 바람이 실현되기 전까지는 현재 교육봉사를 통해 하고 있는 영어교육을 질과 양적 면에서 실습처럼 확대하고 이를 전문적으로 관리하여 체계적인 영어교육 실습이 되도록 하는 것이 바람직한 대안이 될 것 같다. 또한 '나눔교육'(Service Learning)을 도입하여 저소득층 자녀나 다문화 가정 그 외 소외 청소년들을 대상으로 재능기부 형식의 사회공헌 활동으로 영어교육 봉사를 할 수 있도록 다양한 기회를 상시 제공하고 이에 대한 피드백을 정기적으로 제공하면서 관리해 준다면 그것도 교육실습을 대체할 수 있는 좋은 방안이 될 것이다.

이런 실제 연습과 더불어 교육 역량을 고무시키기 위해 매 학기 3~4학년 예비 영어교사를 대상으로 영어교육 교수학습 컨설팅, 콘테스트와 실기대회를 개최하여 새로운 교수학습 아이디어와 교수학습 역량을 기르도록 장려하는 것이 좋을 것이다. 이에 더해 정기적으로 현직 교사를 통해 영어 교수학습 활동 가운데 영어교육 현장에서 새롭게 개발된 활동을 소개하거나, 외부 교수학습활동 전문가 특강이나 세미나를 통해 이에 대한 인식, 이해, 지식, 경험을 강화한다면 더욱 효과가 있을 것이다. 대학 인근 중고교와 협력을 맺고 현직 영어교사와 교실 활동에 관한 정보를 공유하고, 직접 결연을 맺은 중고등학교에서 새로운 교수학습 활동을 시연해 보게 하는 것도 필요할 것이다.

4. 영어과 교원양성교육의 미래를 위하여[3]

영어과 교원양성교육의 미래에 대한 전망은 먼저 과거에 대한 성찰과 반성으로부터 시작되는 것이 바람직할 것이다. 영어가 공교육으로 자리 잡은 지 50여 년이 지나가고 있지만 여전히 학교 영어 교육은 신뢰받고 있지 못하고 있다는 반성을 하게 된다. '영어 열풍'이 몰아닥치기도 하였지만 여전히 '고비용 저효율'의 대표적인 사례로 언제나 영어교육 분야가 꼽히고 있다. 의사소통접근법을 중심 원리로 하여 영어과 교육과정을 여러 번 개정해 왔으나 학습자는 여전히 '앵무새' 수준의 영어 능력만을 보여줄 뿐이며, 방송 광고에 희화화 되듯 원어민 앞에만 서면(원어민 앞에 서지 않도록 피하는 일이 먼저겠지만) 한없이 작아지기만 한다. 어느 교과보다도 많은 수의 영어학습자들이 영어 학습 장애, 저항, 포기를 경험하면서 영어학습 부진아로 또는 '영포자'로 전락하여 정신적으로나 육체적으로 고통 받고 있다고 한다. 그들의 부모 또한 같은 이유로 힘들어 할 것이다. 그리고 많은 국내외 영어 시험에 어린 학습자까지 영혼을 팔 정도로(혀끝을 자르거나 같은 영어 비디오를 수

---

3 이 부분은 필자가 서울시교육청 2008년도 1정 영어교사 연수자료로 기고했던 "영미 아동문학과 영어교육: 인본주의적 관점"(483-506)에 일부 의존하고 있음.

없이 보며 따라하면서 원어민처럼 영어를 해야 한다는 일이 벌어지기도 했다) 영어교육이 왜곡되면서 사회적인 문제로까지 비화하였다. 지금은 사교육의 원흉, 교육 불평등의 진원지, 교육 불균형의 원인자라는 오명까지 뒤집어쓰며 결국 정부의 비교육적 개입으로 인해(EBS 교재에서 70% 이상 출제 등) 암기 과목으로 전락하게 되는 불명예까지 안게 되었다. 언어 교육임에도 불구하고 교재 암기에 몰두해야 하는 낯부끄러운 광경이 영어교육의 실상이 되고 있다. 영어 교원양성교육 기관에서 재직하고 있는 우리가 이런 문제들로부터 초연할 수는 없을 것이다. 적어도 이런 일이 벌어지도록 방조하고 방관하거나 침묵했던 것은 아닌지 필자는 이런 부끄러운 영어교육 실상에 대해 먼저 반성한다.

영어교육을 영어 기능을 익히는 과목으로만 인식해 왔던 잘못도 크지만 무엇보다도 영어교육에 대한 철학적, 윤리학적 성찰과 인본주의적 자성의 부재가 더 큰 잘못으로 지적되어야 할 것 같다. 영어 학습자는 단순히 영어 교수학습의 대상이 아니라 자신을 둘러싼 "특수한 현실"과 관계를 맺고 그 관계에 조응하는 "이력"(histories)과 "정체성" 그리고 욕망을 지닌 살아 있는 "전인적인 존재"(a whole being)이며, 그의 내면은 '투입–산출'(input–output)이라는 도식만으로는 설명할 수 없는 역사화 되는 공간으로 "정서, 기억, 욕망, 자긍심, 희망, 꿈, 관심, 정체성, 자아, 존재, 분노(두려움, 의기소침, 절망), 소속감(안정감, 공동체 의식), 창의성, 심미적 경험, 감정이입, 상상, 도전성, 자율, 내적 동기(태도, 기대감), 즐거움(쾌락, 카타르시스, 유의미성), 삶, 인생의 목적, 휴머니즘, 소외, 믿음"(어도선, 2008, p. 492) 등 영어를 매개로 하여 작용되는 의미의 소통이 이루어지는 공간임을 간과했던 것이다. '영어'를 기능의 관점에서 훈련시키는 행위를 넘어 더 나은 시민으로 성장하고 발전할 수 있도록 영어교육을 "의미 있고 타당한"(meaningful & relevant) 과정으로 만드는(Arnold & Brown, 1999, p. 7) "교육"의 관점에서 영어를 가르쳐야 한다는, 다시 말해서, "영어교육에 있어서 학습목표를 자아성장과 병행하는 교과로, 즉 자아성장에 대한 경험을 영어습득의 근원적인 자원(resource)"으로 삼아야 한다는 철학이 우리의 영어 교육계에서 잊혀졌던 것은 아닌지 반성을 하게 된다.

스테빅(Stevick, 1998, p. 166)은 영어를 가르치면서도 동시에 "학습자들이 보다 만족스러운 삶을 살고 사회의 책임 있는 구성원이 되도록" 언어교육을 특정한 "언어 목표"를 달성하는 데에만 두지 말고 그보다 심오한 목표, 즉 "삶의 목표"를 달성하는 것으로 옮겨야 한다고 주장하고 있다(Arnold & Brown, 1999, p. 3 재인용). '언어 목표'와 '삶의 목표'는 상호보완적이며 상호호혜적인 관계에 있기 때문일 것이다. 이에 더해 Arnold와 Brown(1999)은 심미적 인식, 창의성, 상상력, 교감, 존중, 인성 등 "자아의 성장"과 연계되는 "정서적 문식성"(emotional literacy)과 사회에 대한 공동체적 인식을 함께 이룰 수 있는 인본주의적 관점의 영어교육만이 현재의 기능·기술중심에 치우친 영어교육 실상에서 고통을 받는 학습자들에게 "백신"(a vaccine)이 되어 줄 수 있다고 말하고 있다(p. 192).

학습자들의 내적 성장을 저해하거나 오히려 비인간화시키고 황폐화시키는 그 어떤 교육도 윤리적으로 용납될 수 있는 명분을 찾을 수는 없을 것이다. 영어를 매개로 전인적인 인간을 교육한다는 철학과 윤리학을 기반으로 하고, 학습자의 다양한 인지 및 정서 능력과 사회 환경의 역학적 관계를 반영한 "성장" 과정으로서의 영어 교육과정을 제공하면서, 궁극적으로 영어교육을 사회적 관계 속에서 사회의 변화에 필요한 새로운 정체성과 역량을 정립해 가는 "언어 사회화"(Kramsch, 2002)의 한 과정으로 이해하는 것이 필요하다. 그러한 인식의 전환만이 영어교육이 오늘 그리고 미래를 위한 영어교육으로 재탄생하는 기반이 되어 줄 것이다.

Arnold와 Brown(1999)가 열정적으로 주장하듯이, 우리의 영어교육계는 "단순한 언어 강의를 넘어 '학습 경험을 학습자 개개인에게 의미 있고 적합한 것으로 만들어" 그들이 "전인으로서 발전하고 성장할 수 있도록 하는 데 대한 관심으로 나아가야 할 필요성을 공유할 필요가 있다"(p. 7). 왜냐하면, 영어 교육은 영어에 대한 훈련을 넘어 학습자를 보다 바람직한 시민으로 성장할 수 있도록 해야 하는 교육이 되어야 하기 때문이며, 또한 영어교육은 Arnold와 Brown(1999)의 주장대로 "가치에 대한 인식을 포함하는 도덕적 목적을 갖고 있다"는 것을 인식해야 하기 때문이다. 그런 점에서 영어교육과 환경, 페미니즘, 생태와 평화를 연계한 최근의 연구는 영어 교원양성과정에서 영어 교육이 어떠한 방향으로 가야 하는지를 시사하고 있다. 또한 McKay(2010)도 지적하듯이, 그러한 성장과 사회화 과정에서 소외계층 학습자들이 소외되고 주변화 되지 않도록 영어교육 불평등과 교육 불균형을 해소하는 일에도 많은 관심을 두어야 할 것이다(p. 111).

7

수학 교과 교원양성교육의 현황과 미래

김동중(고려대학교 수학교육과 교수)
최상호(고려대학교 연구교수)

수학 교과 교원양성교육의 현황과 미래

김동중(고려대학교 수학교육과 교수)
최상호(고려대학교 연구교수)

1. 수학 교원양성교육의 현황

학생들의 수학적 사고는 맥락을 바탕으로 수학적 내용과 수학적 과정을 통합적으로 경험함으로써 개발될 수 있다. 수학적 내용은 수와 연산(수 체계를 이해하고 연산의 의미와 관계를 이해하며 계산을 능숙하게 하기), 대수(규칙성, 관계, 함수를 이해하고 기호를 사용하여 수학적 상황을 표현하기), 기하(2차원과 3차원 기하 도형의 특징과 성질을 분석하기), 측정(사물의 측정 가능한 속성을 파악하고 측정 과정을 이해하기), 자료의 분석과 확률(문제해결을 위해 자료를 수집, 조직, 표현하고 확률의 기초적인 개념을 이해하고 적용하기)이다. 수학적 과정은 문제해결(문제를 해결함으로써 새로운 수학적 지식을 만들고, 다양한 맥락의 문제에 적절한 전략을 적용하여 해결하고 난 후 해결 과정에 대해 반성하기), 추론과 증명(추론을 수학에서의 기본적인 측면으로 인식하고 추측을 만든 후 탐구할 수 있어야 하고 수학적 논쟁과 증명 능력을 개발하고 평가할 수 있으며 다양한 유형의 추론과 증명 방법을 사용하기), 의사소통(수학적 언어를 활용하여 동료 또는 교사에게 자신의 생각을 명확하게 전달하기), 표현(수학적 아이디어를 조직하고 기록하며 소통하기 위해 표현을 활용하고 문제해결에서 적절한 표현을 선택하고 적용하며 물리적, 사회적, 수학적 현상을 모델링하고 해석하기), 연결성(수학적 아이디어 간의 연결성과 수학 이외의 상황에서 수학을 인식하고 활용하기)을 포함한다(NCTM, 2000).

학생들의 수학적 사고를 개발하는 데 도움을 주기 위해 교원양성교육과정에서도 수학적 내용을 수학 교과내용학으로, 수학적 과정을 수학 교과교육학으로 연결하여 학습적 측면인 수학적 내용과 과정을 교수의 측면인 수학 교과내용학과 수학 교과교육학으로 적용한 교육과정을 개발하여 운영하고 있다. 교원양성교육과정에서 수학 교사가 되기 위한 기본 이수 과목으로는 수학 교과교육학이 수학

교육론, 수학 교과내용학은 정수론, 복소해석학, 해석학, 선형대수, 현대대수학, 미분기하학, 기하학일반, 위상수학, 확률 및 통계, 조합 및 그래프 이론이다. 이러한 기본 이수 과목을 포함하여 다양한 교육과정이 개발되어 교원양성교육이 진행되고 있다. 기본 이수 과목 이외에도 수학 교과내용학으로는 미적분학, 집합론, 수치해석, 선형계획, 벡터해석, 다변수 해석학, 측도와 적분 등의 과목이 포함되고, 수학 교과교육학으로는 컴퓨터와 수학교육, 수학교과교재연구 및 지도법, 수학교수법연구, 수학교과논리 및 논술 등의 과목이 포함된다. 이러한 수학 교과내용학과 수학 교과교육학을 바탕으로 수학 교원양성교육의 현황을 알아보기 위해 전국에서 각 지역 주요 대학의 수학교육과 교육과정을 수학 교과교육학과 수학 교과내용학으로 분류한 결과는 <표 1>과 같다.

전국에 주요 대학별 수학교육과의 교육과정을 수학 교과교육학과 수학 교과내용학으로 나누어 조사한 결과 수학 교과교육학은 최소 17.4%에서 최대 40.7%의

표 1 주요 대학 수학 교원양성교육과정 현황(A대학~L대학 수학교육과 홈페이지)

지역	대학	수학 교과교육학	수학 교과내용학
서울권	A대학	4과목(17.4%)	19과목(82.6%)
	B대학	11과목(40.7%)	16과목(59.3%)
	C대학	9과목(28.1%)	23과목(71.9%)
충청권	D대학	10과목(28.6%)	25과목(71.4%)
	E대학	7과목(20%)	28과목(80%)
	F대학	16과목(38.1%)	26과목(61.9%)
전라권	G대학	7과목(20%)	28과목(80%)
	H대학	10과목(25.6%)	29과목(74.4%)
경상도	I대학	6과목(20.7%)	23과목(79.3%)
	J대학	8과목(22.2%)	28과목(77.8%)
	K대학	9과목(30%)	21과목(70%)
제주권	L대학	8과목(24.2%)	25과목(75.8%)
전체		105과목(26.5%)	291과목(73.5%)

비율로 편성이 되어 운영되었고, 수학 교과내용학은 최소 59.3%에서 최대 83.6%의 비율로 편성되어 운영되었다. 수학 교과교육학과 수학 교과내용학의 편성 비율은 대학별로 차이는 있었지만 전국적인 분포의 경향성은 수학 교과교육학이 26.5%, 수학 교과내용학이 73.5%의 비율로 편성되어 운영되었다.

2. 수학 교원양성교육의 미래

4차 산업혁명 시대로 대표되는 미래 사회의 혁신적인 변화에 발맞추어 우리 교육도 맥락, 내용, 과정에 변화가 필요하다. 이러한 미래 사회의 교육 환경 변화에 대해 살펴보고, 미래 사회의 변화에 따라 수학 교육의 역할과 수학 교사의 역할은 무엇인지, 그리고 교원양성교육기관의 역할 변화의 필요성과 중요성에 대해 알아보고, 교원양성교육과 밀접한 관련성이 있는 수학 교원임용시험 제도 변화의 필요성을 중심으로 살펴보고자 한다.

가. 미래 사회에서 교육 환경의 변화

지금까지는 주변의 다양한 지식과 경험을 적용하고 활용하는 역량이 요구되는 시대였다면, 미래 사회는 이를 넘어서서 다양한 지식과 경험, 사물 등을 연결하여 새로운 가치를 창출할 수 있는 역량을 갖추어야 하는 시대이다. 기존의 인간과 인간의 연결을 뛰어넘어 사물을 포함하여 다양한 것들을 연결하기 때문에 초연결사회라는 용어를 사용하기도 한다(나귀수 외, 2018). 새로운 것들을 연결시킴으로써, 기존에 생각하지 못한 예측 불가능한 상황이 증가되고 있다. 불확실성 속에서 최적의 확실성을 찾기 위해서는 변화를 예측할 수 있는 능력, 논리적으로 사고할 수 있는 능력, 비판적으로 사고할 수 있는 능력 등이 필요하다. 이와 같은 능력들은 맥락을 바탕으로 수학적 내용과 수학적 과정을 통합적으로 경험함으로써 함양될 수 있는 능력들이다. 불확실성으로 대표되는 미래 사회에서 수학의 역할을 생각해 볼 때 수학교육이 앞으로 나아가야 할 방향에 대한 고민이 필요한 시점이다.

미래 사회는 다양한 변화와 특징들로 대표될 수 있지만 인공지능과 사물 인터넷을 대표적으로 생각할 수 있다. 미래 사회라는 단어를 들었을 때 인공지능이라는 용어를 가장 먼저 떠올릴 만큼 미래 사회의 첫 번째 특징은 인공지능으로 대표될 수 있다. 인공지능은 인간이 지각하고 추론하며 학습할 수 있는 능력들을 컴퓨터가 학습하여 주어진 상황 속에서 다양한 문제들을 해결하는 것이다(김윤정, 유병은, 2016). 인간에 비해 처리할 수 있는 양과 속도가 빠른 컴퓨터의 인공지능 기술을 활용하여 빅데이터와 같은 방대한 양의 정보를 분석하고 예측하여 자동으로 실행할 수 있는 환경이 구축되고 있는 것이다. 인공지능은 기계가 인간이 해야 할 단순 반복 작업을 대신해 주는 개념을 포함하지만, 미래의 인공지능 기술은 여기서 한 걸음 더 나아가 인간의 사고 능력을 학습한 기계가 등장하는 것이다. 따라서 인간과 같이 사고하고 판단하여 최적의 의사결정을 할 수 있는 것이다. 단순 반복 작업을 수행한 초기 단계에서 인간과 유사한 사고를 하는 단계로 변화됨으로써 인간의 삶의 질은 훨씬 더 풍요로워질 것이다.

예를 들면, 산업 분야의 자율주행자동차, 생활 분야의 로봇 청소기, 의료 분야의 수술 로봇을 생각할 수 있다. 운전 환경에 대한 다양한 상황과 데이터들을 바탕으로 사고를 예방할 수 있는 시스템이 적용되고 이를 바탕으로 인간은 운전을 하지 않고 인공지능이 실제 운전을 하는 자율주행자동차가 시범적으로 운행되고 있다. 그리고 우리의 생활 환경에 밀접하게 연결된 로봇 청소기로 인해 인간의 노력을 최소화하여 집안의 환경을 쾌적하게 하는 데 도움을 주고 있으며, 의료 분야에서도 인간의 능력을 뛰어넘는 정교성을 보여주고 있는 수술 로봇들이 상용화된다면 수술의 성공률은 혁신적으로 높아질 것이다. 이외에도 다양한 분야에서 인공지능이 상용화 됨으로써 우리의 삶은 한층 더 풍요로워 질 가능성이 크다. 인공지능으로 인한 긍정적인 측면 이외에도 인간이 해야 할 일을 기계가 하기 때문에 인간의 일자리가 없어질 수 있다는 우려들도 있다. 하지만 인간만이 가지고 있는 특징이라고 볼 수 있는 감정이나 정서적인 측면과 창의적이고 혁신적인 사고에 대해서는 인공지능이 학습하기 어려울 가능성이 있기 때문에 기계가 할 수 없는 부분, 인간이 기계에게 도움을 주어야 할 부분을 기계와 협력하여 새로운 일자리를 창출함으로써 기계와 인간이 협력하여 미래 사회에서 시너지 효과를 낼 수 있도록 노력할 필요가 있다.

미래 사회의 대표적인 두 번째 특징은 주변의 모든 것을 인터넷으로 연결하는 사물인터넷을 기반으로 하는 초연결사회이다(김광석, 권보람, 최연경, 2017; 이호영 외, 2015). 미래 사회에 대비하여 현재 큰 성과를 거두고 있는 세계적인 기업들은 연결성을 강조하고 있다. 연결성을 바탕으로 기업들이 채택하고 있는 전략 중에 하나는 플랫폼 전략이다. 플랫폼 전략은 기업에서는 각자가 창출할 수 있는 이익을 바탕으로 다양한 자원을 플랫폼에 모아 놓고 그 기능을 제공함으로써 기업들이 상생하고 공동의 이익을 창출하는 데 도움을 줄 수 있는 전략이다(권혁인, 나윤빈, 박종석, 2013; 김은주, 2013; 조용호, 2011; 홍지훈, 박도형, 2013; Car & Hagju, 2011). 플랫폼 전략에서 볼 수 있듯이 미래 사회에는 독자 생존을 위해 다른 기업과 경쟁하는 체제는 도태될 수 있는 반면에 자신의 자원을 공개하고 다른 기업과 협업하여 새로운 가치를 만들어 내는 기업들은 미래 사회에 성공적으로 적응할 가능성이 크다. 이와 같은 연결성에 대한 가치 인식은 초연결 사회에 성공적으로 적응하는데 도움을 줄 수 있다. 이제는 인터넷을 통해 사람과 사람 간의 연결 뿐만 아니라 사물을 연결하여 소통이 가능해진다. 즉, 연결성을 만드는 주체가 변화하는 시대가 오고 있는 것이다. 이러한 변화에 대해 인식하고 다양한 가치가 창출되는 환경 속에서 우리가 할 수 있는 일에 대한 고민이 필요하다.

1) 미래 사회의 교육 환경 변화에 선재 대응하는 사례

인공지능과 사물인터넷으로 대표되는 미래 사회에서 교육의 방향성은 문제와 정답이 주어진 문제들을 해결하는 것이 아니라, 맥락을 바탕으로 새로운 문제를 만들고 스스로 해결책을 찾아갈 수 있는 힘을 길러주는 것이어야 한다. 이를 위해서는 다양한 교육 방법과 접근 방식이 필요하지만 그 중에서도 초연결사회에 적응하는 역량을 기르는 데 도움을 주는 융합교육과 빅데이터를 처리하고 인공지능을 이해하는 데 도움을 주는 코딩교육이 필요하다. 우리가 살고 있는 현실 세계는 수학이라는 하나의 주제와 연결되기보다는 다양한 주제와 영역들이 복잡하게 얽혀 있기 때문에 다양한 관점에서 현상을 해석하고 연결할 수 있는 융합교육이 필요하다. 융합교육과 함께 미래 사회에서는 코딩교육이 필요하다. 기계와 인공지능이 작동되는 원리를 이해하고 통제하기 위해 사용되는 기계 언어로 만드는 것이 코딩이라고 볼 수 있는데, 코딩은 미래 사회의 현상을 이해하고 주어진 문제들을 해결하는데 필수적인 언어 중에 하나라고 볼 수 있다. 하지만 단순히 코딩 방법을 습득하는 것보다는 코딩을 바탕으로 기계와 인공지능의 원리를 이해하고 주어진 문제를 해결할 수 있는 능력이 더 중요하다고 볼 수 있다. 미래 사회의 교육 환경 변화에 선재 대응하는 사례로, 융합교육을 강조하는 핀란드, 호주의 교육과 코딩 교육을 강조하는 에스토니아, 영국의 사례를 바탕으로 미래 교육의 방향성을 모색하고자 한다.

가) 융합교육

학생들에게 유의미한 실생활 문제를 해결하기 위해 필요한 융합교육은 핀란드와 호주의 교육과정에서 강조하고 있다.

(1) 핀란드

핀란드 교육의 목표는 학생들의 시험 성적을 향상시키는 것보다 학생들이 살아가는데 필요한 것을 가르쳐야 한다고 생각하는 현상 기반 교육을 강조한다. 우리가 생활하고 있는 현실은 역동적이고 복잡하기 때문에 하나의 교과목과 관련하여 설명되기 보다는 다양한 교과목들이 복합적으로 관련이 되므로 국어, 영어, 수학과 같은 교과를 분리해서 가르치기 보다는 현상에 기반한 주제를 바탕으로 학생들을 가르치는 것을 추구하는 것이다. 현상 기반 학습을 바탕으로 하는 수업에서 학생들은 각자에게 친숙하거나 해결해야 할 문제라고 생각하는 현상을 관찰하고 탐구하여 융합적인 접근을 통해, 주어진 문제를 분석하는 과정에서 자신에게 부족한 지식과 배워야 할 지식을 깨닫게 된다(류선정, 2017). 이 과정에서는 학생들이 주체적으로 주어진 상황을 관찰하고 문제 의식을 느끼며 문제를 만들고 해결하는 과정에서 자신이 가지고 있는 지식의 부족한 부분과 영역을 깨닫게 되기 때문에 자연스럽게 융합교육의 필요성을 느낄 가능성이 생기는 것이다. 융합교육을 위한 융합이 아니라 학생 스스로가 주어진 현상에 대한 문제를 해결하는 과정에서 융합교육과 연결의 필요성을 느낄 수 있는 동기를 유발하고 있다.

현상 기반 학습을 통해 학생들에게 융합교육에 대한 동기를 유발하고, 실제 수업 현장에서 융합교육이 정착될 수 있도록 융합교육을 위한 제도적인 장치도 마련하였다. 융합교육을 위해 국가핵심교육과정에서는 교과목 간의 협력 작업을 강조하고 이를 위해 필수적으로 교사 7~8명이 학생들과 함께 학습을 할 수 있도록 하였다. 학생들에게 의미가 있는 문제들을 해결하기 위해 다양한 전공을 가진 교사들이 하나의 수업 안에서 현상의 문제들을 해결하기 위해 학생들과 함께 활동을 하게 되면 융합교육이 실질적으로 가능해질 수 있다. 이러한 제도적인 장치를 바탕으로 학생들은 적어도 매년 최소한 하나 이상의 융합 학습 모듈을 계획하고 실행할 수 있도록 함으로써(나귀수 외, 2018), 융합교육이 학교 교육에 정착될 수 있도록 노력하고 있다.

(2) 호주

호주는 융합교육의 시작이라고 볼 수 있는 STEM(Science, Technology, Engineering, Mathematics, 이하 STEM)을 국가 수준에서 강조하고 있다. 호주의 '국가 STEM 학교교육 전략'은 수학, 과학, 기술적인 소양을 개발하고, 문제를 해결하며 비판적인 분석과 창의적으로 사고하는 역량을 강조하였다. 호주에서 강조하는 국가 STEM 학교교육 전략의 목표는 모든 학생들이 학교교육을 통해 STEM과 관련된 기초 지식을 가질 수 있도록 도움을 주고, 학년이 올라갈수록 좀 더 도전적인 STEM에 참여할 수 있는 환경을 조성하는 것이다.

이러한 목적 달성을 위해 STEM 교수를 위한 질을 향상시킬 수 있도록 하였다. 학생들이 다양한 상황을 바탕으로 하는 문제 해결 과정에서 교사가 부적절한 안내를 하거나 사고를 제한할 수 있는 발문을 하는 경우 STEM 교육의 취지는 퇴색될 가능성이 크다. 이와 같은 현상을 방지하기 위해 STEM 우수 교수 사례를 보급하는 것이다. 교수법의 적용이 교사의 역량, 주어진 학교 맥락 등 많은 변수가 존재하지만 STEM 우수 교수 사례를 보급함으로써 교사 자신의 맥락에 맞게 교수법을 적용하여 STEM 교수에 도움을 줄 수 있을 것이다. 우수 사례에는 다양한 예시들이 있을 수 있지만 미래 사회에서 활용할 수 있는 코딩을 이용하여 실생활 문제를 해결하는 우수 사례를 보급하거나 STEM을 위한 프로젝트 학습 사례를 제공하는 것이 그 예가 될 수 있다(장경윤 외, 2016). 다양한 우수 사례들을 바탕으로 교사가 가르치는 학생들의 개인차를 고려하여 동기를 유발함으로써 STEM 교육의 효과성은 향상될 것이다. 학생들의 개인차를 고려하는 방법 중 하나로 학생들이 상급 학교로 진학하는 과정에 따라 학생의 수준에 초점을 맞춘 STEM 교육을 제공하고, 학교를 졸업하기 전에 모두가 도달할 수 있는 최소한의 수준을 설정할 수도 있고, STEM 교육 진행 과정에서도 학습자 개인의 특성을 고려하여 동기를 유발할 수 있을 것이다. 호주는 국가 차원에서 STEM 우수 사례 보급을 바탕으로 학생들의 개인차를 고려할 수 있는 아이디어들을 제공함으로써 STEM을 실행하는 데 구체적인 도움을 줄 수 있도록 하였다(나귀수 외, 2018).

나) 코딩교육

빅데이터를 해석하고 실생활 문제들을 해결하기 위해 필요한 코딩교육은 에스토니아와 영국의 교육과정에서 강조하고 있다.

(1) 에스토니아

전 세계적으로 미래 사회의 변화에 적응하고 선제적 대응을 하기 위해 소프트웨어에 대한 교육을 정규 과목에 반영하기 위해 노력하고 있다. 영국은 2014년부터, 핀란드는 2016년부터 정규 과목에 반영하였는데, 이 두 나라의 소프트웨어 교육의 모델은 에스토니아이다. 에스토니아는 2012년부터 초등학교학생 전체에게 코딩교육을 실시하고 있기 때문에 그 시초라고 볼 수 있고, 또한 소프트웨어 교육을 바탕으로 하는 국가 정보화 정책으로 1991년의 GDP가 5600달러에서 2013년의 GDP가 23600달러로 12년 만에 GDP가 약 5배 가까이 향상된 전자 정부 중에 유일한 국가이기 때문이다(신승기, 배영권, 2015).

2011년에 지정되어 지금까지 적용되고 있는 에스토니아 국가수준의 교육과정에 의하면, 초등학교와 중학교에서 단일 교과로 선택과목인 '정보'가 편성되어 있고, 융합 교과 내에 '정보 환경'과 '테크놀로지와 혁신'을 주제로 선정하고 포함하여 각각의 정보 윤리 및 정보 관련 최신의 기술을 접하고 활용할 수 있도록 편성하고 있다. 고등학교에서는 '문제 해결을 위한 컴퓨터 사용'과 '기초 프로그래밍과 고급 소프트웨어 적용'을 편성하여 운영함으로써 학령기를 고려한 코딩교육을 체계적으로 실행하고 있는 모습을 볼 수 있다(신승기, 배영권, 2015).

이와 함께 정부에서는 소프트웨어 교육을 통한 국가 경쟁력 확보를 위해 2012년부터 Programming+Tiger(이하 ProgeTiger) 프로젝트를 통해 교사교육과 시범학교를 운영해왔다. ProgeTiger는 초등학교와 중학교 단계에서 코딩교육을 목표로, 실제 활동을 통해 프로그래밍의 기초를 가르치고 학생들의 연령에 적합한 프로그래밍 언어를 가르치는 것이 목표이다. 초등학교에서부터 프로그래밍에 친숙해질 수 있도록 도움을 주는 과정을 제시하고, 중학교 과정에서는 구체적인 결과물을 확인할 수 있도록 하여 프로그램을 교육의 수단으로써 활용하며, 고등학교 과정에서는 실제 프로그램을 제작하는 과정을 경험할 수 있도록 하였다(Peets, 2014; Republic of Estonia Ministry of Education and Research, 2011a; 2011b; 2011c). 에스토니아는 학습자의 수준과 특성을 고려한 코딩교육을 국가수준에서 강조함으로써 코딩교육이 실행되는데 도움을 준다고 볼 수 있다.

(2) 영국

영국은 미래 사회의 핵심적인 역할을 할 수 있을 것이라는 판단 아래 2014년부터 코딩을 초·중등 교육의 필수 과정으로 도입하고 기존의 ICT 활용 교과를 '컴퓨터 과학'으로 개편하여 영어, 수학, 과학, 체육과 함께 5대 필수 과목으로 지정하였다. 이러한 변화는 단순히 소프트웨어를 활용하는 능력을 벗어나 스스로 소프트웨어를 만들고 학습할 수 있도록 하는 코딩교육으로 전환한 것이 특징이라고 볼 수 있다(과학기술정보통신부, 2015).

영국 코딩교육의 목적은 컴퓨터 전문가를 양성하는 것이 목적이 아니고 습득한 코딩 기술을 바탕으로 논리적 사고와 분석적 사고를 개발하여 학업이나 생산적인 일을 할 수 있는 창의적 인재를 양성하는 것이다. 이를 위해 코딩교육을 초등학교에서부터 고등학교까지 체계적인 단계로 실시한다. 초등학교 저학년에서는 컴퓨터 알고리즘을 이해하고 간단한 프로그램을 제작할 수 있는 기회를 제공함으로써 코딩에 친숙해질 수 있는 기회를 제공한다고 볼 수 있다. 코딩의 친숙성을 바탕으로 초등학교 고학년에서는 특정한 목표를 달성하기 위해 프로그램을 설계하고 코딩을 해서 실행할 수 있도록 기회를 제공한다. 아직은 기초적인 수준이지만 주어진 문제를 해결하기 위해 코딩을 실제 활용해보고 프로그램 작동에서 오류가 발생하는 코딩을 수정하는 기회를 제공한다. 중등학교 과정에서는 코딩을 활용하여 실제 프로그램을 제작해볼 수 있는 기회를 제공한다. 프로그램 제작을 통해 모든 학생들에게 고등교육의 학습이나 전문 경력으로 발전될 수 있는 기회를 제공한다(박유진, 손현진, 2015). 초등학교에서 중등학교까지 코딩을 일관성 있게 강조하는 교육과정으로 초등학교에서는 하나의 컴퓨터 언어를 익히고, 중등학교 교육 과정을 마칠 때까지 2개의 컴퓨터 언어를 익힐 수 있도록 함으로써 코딩교육의 필요성과 중요성을 강조한다고 볼 수 있다.

나. 미래 사회에 대비하기 위해 필요한 수학교사 역량에 대한 소고

1) 미래 사회에서 수학 교육의 역할

미래 사회에서의 초연결사회와 인공지능을 대비하기 위해 융합교육과 코딩교육이 중심이 되어 교육의 방향성이 진행될 가능성이 크다고 볼 수 있다. 융합교육과 코딩교육에서 필요한 논리적 사고, 비판적 사고, 연결성, 테크놀로지의 이해를 바탕으로 하는 융합적 사고는 수학교육을 통해 발전될 가능성이 있기 때문에 수학 교육의 역할은 중요하다고 볼 수 있다.

미래 사회의 변화에 따라 우리나라 수학 교육과정도 많은 부분이 변화되고 있다. 가장 최근에 개정된 2015개정교육과정에서는 미래 사회에 필요한 수학교과역량을 강조하였다. 수학교과역량은 문제해결, 추론, 창의·융합, 의사소통, 정보처리, 태도 및 실천을 포함하는 개념이다. 문제해결은 "해결 방법을 알고 있지 않은 상황에서 수학의 지식과 기능을 해결하는 능력"으로 제시하고 추론은 "수학적 사실을 추측하고 논리적으로 활용하여 해결 전략을 탐색하고 최적의 해결 방안을 선택하여 주어진 문제를 분석하고 정당화하며 그 과정을 반성하는 능력"으로 제시하였다. 창의·융합은 "수학의 지식과 기능을 토대로 새롭고 의미 있는 아이디어를 다양하고 풍부하게 산출하고 정교화하며, 여러 수학적 지식, 기능, 경험을 연결하거나 타 교과나 실생활의 지식, 기능, 경험을 수학과 연결·융합하여 새로운 지식, 기능, 경험을 생성하고 문제를 해결하는 능력"으로 제시하고 의사소통은 "수학 지식이나 아이디어, 수학적 활동의 결과, 문제해결 과정, 신념과 태도 등을 말이나 글, 그림, 기호로 표현하고 다른 사람의 아이디어를 이해하는 능력"으로 제시하였다. 또한 정보처리는 "다양한 자료와 정보를 수집, 정리, 분석, 활용하고 적절한 공학적 도구나 교구를 선택, 이용하여 자료와 정보를 효과적으로 처리하는 능력"으로 제시하고 태도 및 실천은 "수학의 가치를 인식하고 자주적 수학 학습 태도와 민주 시민의식을 갖추어 실천하는 능력"으로 제시하였다(교육부, 2015).

미래 사회에 대비하기 위한 교육의 방향성 중에 하나로 융합교육과 코딩교육은 수학교과역량 함양과 밀접한 관련성이 있다. 여러 가지 수학적 지식 또는 다른 교과의 지식, 기능, 경험과 실생활을 연결하고 융합하여 새로운 지식, 기능, 경험을 만들어 문제를 해결하는 능력으로 정의되는 창의·융합역량은 타 교과와의 연결과 융합을 추구하여 새로운 가치 창출을 도모하는 융합교육과 밀접한 관련성이 있다. 그리고 다양한 자료와 정보를 수집, 정리, 분석하고 효과적으로 처리하는 능력이라고 볼 수 있는 정보처리 역량은 코딩교육과 밀접한 관련성이 있다. 물론 융합교육과 코딩교육을 통해 문제해결, 추론, 의사소통, 태도 및 실천 역량 함양에도 관련성이 있다. 융합교육의 과정에서 주어진 실생활 문제를 해결할 때 문제를 제기하고 문제를 해결하고 반성하는 과정이나 코딩교육의 과정에서 주어진 현상을 코딩하고 프로그래밍을 통해 예측하고 분석하여 주어진 문제를 해결하는 과정들은 문제해결역량, 추론 역량과 의사소통 역량이 관련될 가능성이 있다. 이러한 역량 함양을 위한 활동 과정에서 학생들의 흥미와 동기, 수학 학습에 대한 태도를 변화시킬 수 있기 때문에 태도 및 실천과도 관련성이 있다. 미래 사회에서는 수학적 내용을 바탕으로 수학교과역량에서 언급하고 있는 내용들은 초연결사회의 연결성을 이해하고 준비하는 융합교육의 목적과 인공지능의 역할을 이해하고 문제해결을 위한 코딩교육의 목적과 함께 통합되고 총체적으로 상호작용할 때, 수학교육의 역할이 더 온전하게 제시될 수 있을 것이다.

2) 미래 사회에 대비하기 위해 필요한 수학교사의 역량

융합교육과 코딩교육의 목적을 포괄하는 수학교육의 방향성에 대해 수학교사에게 필요한 역량은 디지털 환경에 친숙한 학습자의 특성을 이해하고, 교육 환경의 변화에 따라 학습 목표와 평가 방법을 변화시키며, 미래지향적인 교수법을 개발할 수 있는 역량이 있어야 한다.

첫째, 학습의 주체는 학생이기 때문에 변화하는 미래 사회에서 학생 변화에 대한 인식이 필요하다. 미래 사회는 인터넷을 통해 모든 것들이 연결되어 생활을 할 수 있기 때문에 학생들은 디지털에 익숙한 Digital Native라고 볼 수 있다. 요즘 학생들은 스마트기기나 노트북을 많이 활용하기 때문에 테크놀로지에 친숙한 특성이 있다. 수학적 내용의 특성이나 교사의 역량 등에 따라 다를 수 있지만 학습자에게 테크놀로지 환경을 제공함으로써 학습의 효과성을 향상시킬 수 있는 최근의 연구 결과들을 볼 때(최상호, 김대상, 김동중, 2016; 최상호, 김대상, 김동중, 2018) 테크놀로지에 친숙한 학습자의 특성을 고려하는 것은 중요하다고 볼 수 있다. 이와 비슷한 관점에서 디지털에 익숙한 미래 사회의 학생들에게는 디지털 환경을 제공함으로써 학습의 효과성을 향상시킬 수도 있는 것이다. 디지털 환경에 익숙한 학습자들에게는 현재의 교과서보다는 디지털 교과서를 좀 더 친근하고 익숙하게 느끼고 학습에 참여할 가능성이 있는 것이다. 미래 사회에는 학습의 주체인 학생의 특성이 변화될 수 있음을 인지하고 교수법을 개발하고 적용하는데 반영할 수 있는 수학 교사의 역량이 필요하다.

둘째, 교육 환경의 변화를 바탕으로 미래지향적인 학습 목표를 설정하고, 수학적 내용과 평가 방법을 변화시킬 필요가 있다. 교육 환경의 변화에 따라 수학 학습 목표와 내용을 새롭게 설정하고, 이러한 목표와 내용을 바탕으로 학생들이 수학적 과정에 참여할 수 있는 기회를 부여해야 할 것이다. 미래 사회 교육의 방향성 중에 하나인 융합교육의 연결성과 함께 코딩교육의 테크놀로지를 통한 문제해결의 실천은 수학적 모델링 활동 과정이 도움이 될 수 있기 때문에 모델링에 대한 이해가 필요하다. 수학적 모델링은 실생활에서 발생할 수 있는 문제를 제기하고 해결하기 위해 수학적 모델을 만들어 접근하고 이해하는 것이다. 수학적으로 모델링 하는 실생활 상황은 수학 이외에 다른 과목의 주제들과 연결될 수 있기 때문에 융합교육의 연결성과 관련이 있고, 수학적 모델을 구성해서 실생활 현상을 설명하거나 해결하기 위해 수많은 시행착오를 반복하고 예측 및 분석하는 과정은 코딩교육의 문제해결과 관련이 있기 때문이다. 따라서 수학적 모델링 활동을 통해 융합교육의 연결성과 코딩교육의 문제해결을 실행할 수 있는 가능성은 커진다고 볼 수 있다. 융합교육과 코딩교육을 실천하는 데 도움을 줄 수 있는 수학적 모델링 활동의 과정은 주어진 문제에서 정답을 찾아가기보다는 현실 세계에서의 문제 의식을 가지고 접근하여 문제를 제기하고 실제 해결하는 과정 자체가 중요하기 때문에 이를 평가하기 위해서는 과정 중심의 평가가 필요하다. 이러한 과정 중심 평가를 할 수 있는 역량이 수학 교사에게 필요하다.

셋째, 미래지향적인 교수방법의 변화가 필요하다(나귀수 외, 2018). 미래의 교실 수업은 디지털에 기반한 교수·학습이 진행될 가능성이 크다. 학교와 가정에서의 학습 방법을 바꿔 교실에서 학습할 내용을 동영상과 같은 도구로 가정 학습을 할 수 있도록 하는 거꾸로 수업의 활성화(Bergmann & Sams, 2015), 가상현실 교육, 웹 기반 탐구활동이 이루어질 수 있다. 교육 환경의 변화와 교수법의 변화는 학습의 효과성을 향상시키는 데 도움을 줄 수 있기 때문에 디지털 시대에 맞는 교수법을 개발할 필요가 있는 것이다. 이러한 맥락의 변화 속에서 교사는 학생들을 학습의 주체로 참여시켜야 학습의 효과성을 극대화 하는데 도움을 줄 수 있다. 따라서 학생들이 수업에서 자신의 생각을 적극적으로 표현할 수 있도록 다양한 담론들을 조정하여 수학적으로 유의미한 담론을 개발할 수 있는 기회들을 제공하기 위해 다양한 맥락을 바탕으로 융합교육의 연결성과 코딩교육의 문제해결을 실천할 수 있는 담론적 역량을 함양할 필요가 있다(최상호, 2018).

넷째, 다양한 교사전문공동체 구성이 필요하다. 교사전문공동체는 교사의 수업 전문성을 향상시키고 학습의 효과성을 향상시키기 위해 교사들 간에 협력하여 탐구하며 교수법의 변화를 추구하는 교사 공동체이다(서경혜, 2009). 수학 교과 내에서 교사들이 모여 학생들의 특성을 고려하여 참여를 촉진할 수 있는 교수학습 자료 개발과 소통 방식에 대한 논의를 할 수 있고, 수학 과목 이외에 타 교과 교사들이 모여 특정 주제를 해결하기 위해 각자의 교과목의 특징을 반영한다면 융합교육의 가능성도 커질 수 있다. 지금까지의 교사전문공동체가 수학 교과 내에서 교사들이 모여 교수법에 대한 논의를 주로 하였다면 미래 사회에 대비하기 위해 다양한 교과의 교사들이 교사전문공동체를 구성하고 활성화한다면 융합교육 실행의 가능성을 향상시킬 수 있고 정보나 컴퓨터 과목 교사들과의 교사전문공동체 구성 및 활동을 통해 코딩교육의 실행 가능성도 높일 수 있기 때문에 다양한 과목의 교사전문공동체 구성이 필요하다고 볼 수 있다.

다. 미래 사회를 대비하기 위해 필요한 교원양성교육과정의 방향성

미래 사회에 대비할 수 있도록 하는데 도움을 주는 교원양성교육은 Digital Native로 특징될 수 있는 학습자를 고려하여 이론과 실제를 통합할 수 있는 교육과정, 실생활과 수학을 연결하는 수학적 모델링 교육과정, 인공지능을 활용하는 교수법과 담론적 역량 개발의 실제를 포함하는 교육과정, 교사전문공동체 구성과 실제를 바탕으로 하는 교육과정을 제안할 수 있다.

첫째, 미래 사회 학습자의 특성을 고려하여 이론과 실제를 통합한 교사교육과정을 개발하여 운영할 수 있다. Digital Native로 특징될 수 있는 학습자들은 다양한 디지털 환경에 노출되어 있다. 면대면 의사소통 방식에서 변화되는 디지털 환경은 학습의 과정을 획기적으로 바꿀 수 있다. 학습자에 대한 이해가 없이 학생들과 소통하기에는 어려움이 있을 것이다. 이러한 어려움을 해결하기 위해 디지털 환경에서 교수와 학습에 대한 선행 연구들을 검토하여 교육과정의 이론적인 측면을 개발할 필요가 있다. 또한 실제 학생들이 데이터를 바탕으로 현상을 해석하고 이해할 가능성이 크기 때문에 예비 교사들은 데이터를 예측하고 분석하는 역량이 필요하고 이를 토대로 학생들과 소통하는 방식에 대한 고민을 할 수 있도록 실제적인 측면을 고려하여 교육과정을 구성할 필요가 있다.

둘째, 융합교육과 코딩교육의 현장 적용 가능성을 향상시키기 위해 이를 바탕으로 하는 수학 교과내용학과 수학 교과교육학 개발이 도입되어져야 한다. 예를 들면, 실생활과 수학을 연결하거나 융합교육의 연결성을 바탕으로 수학의 필요성을 인식할 수 있는 수학적 모델링 교육과정을 개발하고 수학적 모델링 과정을 평가할 수 있는 교육과정을 운영할 필요가 있다. 수학적 모델링을 바탕으로 하는 수학 교과교육학은 중요하다고 볼 수 있다. 예비 교사들이 실생활 상황에서 문제 의식을 가지고 수학적 내용과 연결시켜 수리 논술 문항을 개발하고 모델링 과정을 평가하기 위한 채점 기준표 설정 및 수정을 하는 교육과정이 그 예시가 될 수 있다. 수학적 모델링 과정을 바탕으로 수리 논술 문항을 개발할 수 있도록 하기 위해 NCTM의 수학적 과정 규준, TIMSS와 PISA의 평가 틀을 설명한 후 개념 맵에 대해 배우고, 수학적 모델링 과정에 대해 배운 후 학생들의 수학적 모델링 과정을 평가할 수 있는 채점 기준표에 대해서 배운 다음에 예비 교사들은 모델링 과정에 따라 실제 수리 논술 문항을 개발하고 채점 기준표를 설정하고 중·고등학생들에게 적용하여 문항과 채점 기준표를 수정하는 일련의 과정들을 경험하는 것이다(이동근, 최상호, 김동중, 2014; 최상호, 이동근, 김동중, 2017). 이러한 교육과정을 바탕으로 수학적 모델링 교육과정을 개발하고 수학적 모델링 과정을 평가할 수 있는 교육과정을 구성하여 적용할 수 있다.

셋째, 테크놀로지와 교사가 교실에 공존하여 시너지 효과를 낼 수 있도록 인공지능을 활용하고 담론적 역량 개발의 실제를 포함하는 현장 친화적 교육과정을 운영할 필요가 있다. 인간과 컴퓨터의 대결로 큰 관심을 끌었던 알파고와 인간의 바둑대결에서 알파고는 빅데이터를 짧은 시간에 분석하여 승리를 하였다. 알파고로 생각할 수 있는 인공지능은 수학 교육에서 학습자와 인공지능 간의 소통으로 볼 수 있다. 학습자와 인공지능 간의 소통에서 생각할 수 있는 예시는 학생 각 개인마다 오류가 생길 때 대다수의 학생들이 이전에 보인 오류와 해결 방법들을 데이터화해서 해결하는 방법에 대한 아이디어를 제공할 수 있다면 학습 능력에 대한 개인차를 고려한 교수학습과정이 가능할 것이다. 이러한 인공지능의 기능적인 측면을 바탕으로 교사교육과정 개발 및 적용의 효과성을 위해서는 학습자와 인공지능 간의 소통과정에서 교사의 역할은 무엇인지에 대한 아이디어를 줄 수 있는 교육과정이 필요하다. 수학 담론 개발 과정은 연속성과 역동성이 있기 때문에 학습자와 인공지능 간에 단순한 오류 교정을 벗어나 유의미한 수학적 사고를 발전시킬 수 있는 담론적 역량을 바탕으로 테크놀로지를 활용할 수 있는 교육과정의 개발이 필요하다. 예비 교사의 담론적 역량을 개발하기 위해서는 담론적 역량이 뛰어난 교사의 실제 수업을 관찰하고 분석하고 맥락에 따라 자신의 수업을 계획하고 실행하는 과정을 교사교육과정에 응용한다면 미래 지향적인 교육과정이 될 것이다.

넷째, 예비 교사가 교사전문공동체에 실질적으로 참여할 수 있는 교육과정을 개발하여 적용할 필요가 있다. 미래 시대에 중요한 융합교육과 코딩교육에서 중요한 것은 교사들 간의 연결과 협업이라고 볼 수 있다. 수학 과목의 특수성만을 고집하기 보다는 다른 과목에서의 응용 가능성을 생각할 수 있어야 한다. 이를 위해서는 다양한 과목을 가르치는 교사가 참여하여 교사전문공동체를 구성함으로써 가능할 것이다. 교사전문공동체의 필요성을 느끼지만 막상 현장에서 동료 교사들과 함께 공동체를 구성해서 이끌어 간다는 것은 학교의 맥락에 따라 다를 수 있기 때문에 교사교육과정에서 교사전문공동체를 구성하고 실행하는 방법에 대한 아이디어를 줄 수 있는 교육과정을 개발하여 실행할 필요가 있다. 대학에서 보편화된 이중전공과 복수전공 제도의 정착으로 인해 수업에는 다양한 전공의 학생들이 참여하게 된다. 이러한 다양한 전공의 학생들을 하나의 그룹으로 묶어서 수학에 대한 주제를 정하고 한 학기 동안 프로젝트를 진행해서 결과물을 발표하고 제출하도록 한다면 교사전문공동체의 구성과 실제에 대한 아이디어를 얻는 데 도움을 줄 수 있을 것이다.

라. 미래 사회를 대비하기 위해 필요한 교원 임용 후보자 선정 경쟁 시험 제도를 위한 논의

수학 교원양성교육의 주요 목적 중에 하나는 학생들이 수업에 적극적으로 참여하여 역동적인 교실 문화를 창출하여 학습의 효과성을 향상시킬 수 있는 능력을 가지고 이를 실행할 수 있는 교실 친화적인 수학 교사를 양성하는 예비 교사교육이라고 볼 수 있다(허병기 외, 2009). 이러한 역량을 가진 수학 교사가 되기 위해서는 교원양성기관에서 소정의 교육과정과 교육 실습을 마치고 2급 정교사 자격증을 취득한 후 '교원 임용 후보자 선정 경쟁시험'에 합격을 해야 한다. 수학 교원양성교육은 수학 교원 임용 후보자 선정 경쟁시험과 밀접한 관련성이 있다. 임용 후보자 경쟁시험은 수학 수업을 진행할 수 있는 교사의 전문적인 역량을 평가하는 시험이기 때문에 이러한 역량을 교원양성교육과정에서 예비 교사들이 경험하고 준비할 수 있도록 다양한 기회를 제공할 필요가 있기 때문이다.

미래 사회의 교육의 방향성인 융합교육, 코딩교육과 수학 교육의 시너지 효과를 바탕으로 수학 교육의 중요성은 어느 때보다도 증대되고 있는 시대적인 변화의 요구에 교원 임용 후보자 선정 경쟁 시험 제도 또한 변화의 필요성이 있다. 교원 임용 시험 제도의 변화는 양적인 측면과 질적인 측면에서 생각해 볼 수 있다.

1) 교원 임용 후보자 선정 경쟁 시험 제도의 양적 변화의 필요성

미래 사회에서 인공지능과 빅데이터를 바탕으로 기계, 인간이 소통하는 데 도움을 줄 수 있는 교사의 담론적 역량은 더욱 중요해 질 것이다. 담론적 역량은 학생 각 개인과의 소통 능력이기 때문에 담론적 역량의 효과적인 실행을 위해서는 교사 1인당 학생 수를 OECD 수준으로 감소시키는 것이 도움이 될 수 있다. 교육부에서 발표한 "「OECD 교육지표 2017」 결과 발표"를 보면 교사 1인당 학생수('15년)는 출산율 감소에 맞물려 초등학교 16.8명, 중학교 15.7명, 고등학교 14.1명으로 전년 대비 모두 감소했으나, OECD 평균(초: 15.2명, 중: 13.0명, 고: 13.1명)보다 많았다. 학급당 학생 수('15년)는 초등학교 23.4명, 중학교 30.0명으로 전년도에 대비하여 0.2명, 1.6명 감소했으나, OECD 평균(초: 21.1명, 중: 23.3명)보다 많았다(교육부, 2017). 학생들의 개인차가 다른 과목에 비해서 큰 수학 교과의 특성상 다양한 학생들의 개인차를 고려하여 수학 수업을 진행해 학습의 효과성을 향상시키기 위해서는 OECD 수준으로 학생 수를 줄여야 한다. 이를 위해서는 지금보다 더 많은 수학 교사의 수급이 필요하다. 이러한 필요성에도 불구하고 최근 5년 동안 수학 교사의 선발 비율은 <표 2>와 같다.

표 2 최근 5년간 수학 교사 선발 현황(서울특별시 교육청~제주특별자치도 교육청 홈페이지 참고)

(단위: 명)

연도 / 지역	2015		2016		2017		2018		2019	
	수학	전체	수학	전체	수학	전체	수학	전체	수학	전체
서울	55	401	40	622	55	701	70	966	50	865
경기	127	1016	130	1261	96	1253	91	1874	64	1733
인천	10	191	0	206	10	237	9	489	10	281
강원	32	443	40	397	14	203	7	262	11	313
대전	16	150	15	188	4	196	4	303	4	182
세종	29	202	10	83	20	241	15	135	14	103
충북	37	333	33	332	33	332	20	350	6	313
충남	42	475	27	357	15	200	17	385	29	463
대구	15	183	17	214	21	246	7	207	5	150
부산	17	191	16	204	10	200	14	231	14	241
경북	31	365	9	239	0	110	0	198	4	320
경남	20	322	32	354	19	329	25	490	24	491
울산	2	65	0	89	2	78	2	175	3	98
광주	14	143	5	82	2	58	2	90	2	105
전북	18	187	22	221	20	234	25	334	28	381
전남	28	423	30	335	25	345	20	413	20	484
제주	25	180	0	91	5	89	6	163	3	117
합계	518	5270	426	5275	351	5052	334	7065	291	6640
수학 선발 비율	9.82%		8.08%		6.95%		4.73%		4.38%	

2015학년도에는 전체 선발 인원 대비 수학 선발 비율이 9.82%였지만 2016학년도는 8.08%, 2017학년도는 6.95%에서 2018학년도는 4.73%, 2019학년도는 최근 5년 간의 수학교사 선발 비율은 하락하고 있지만 2018학년도를 기점으로 많은 하락 폭을 나타내고 있다. 절대적 기준이 될 수는 없지만 이러한 경향은 미래 사회의 수학의 중요성에 대해 긍정적인 방향의 정책이라고 볼 수는 없다. 인공지능과 빅데이터를 중심으로 하는 코딩교육과 실생활과 수학을 중심으로 다른 과목들을 유의미하게 연결하는 융합교육의 중요성과 함께, 테크놀로지와 인간이 소통하여 공동의 이익을 창출할 수 있는 담론 개발의 효과적인 현장 실행을 위해 교사 1인당 학생 수가 융합교육과 코딩교육을 실천할 수 있는 현실적으로 적절한 수가 반영되도록 수학 교사의 선발 비율을 이와 함께 고려할 필요가 있다.

2) 교원 임용 후보자 선정 경쟁 시험 제도의 질적 변화의 필요성

수학 교사의 양적 확대와 함께 교실 수학 수업의 질은 교사의 질에 의해 좌우된다는 말이 있는 것처럼 수업에서 교사의 질은 매우 중요한 요소이다. 교사의 질을 평가하는 수학 교원 임용 후보자 선정 경쟁 시험 제도에서는 지필 시험에서 수학 교과교육학과 수학 교과내용학의 비율 조정이 필요하고 실기 시험에서도 교원 임용 후보자 선정 경쟁 시험 응시자들의 담론적 역량을 확인할 수 있는 평가 방법으로 변화할 필요가 있다.

첫째, 지필 시험에서는 수학 교과교육학과 수학 교과내용학의 질적인 변화와 함께 두 가지 사이의 비율 조정이 필요하다. 수학 교원 임용 후보자 선정 경쟁 시험을 치르기 위해서는 교원양성대학에서 2급 정교사 자격증을 취득해야 하는데, 이를 위해서는 기본적으로 수학 교과교육학과 수학 교과내용학에 분류된 과목을 이수해야 한다. 그리고 교직 과목과 4주간의 교육 실습을 마치면 2급 정교사 자격증을 취득하게 된다. 예비 교사들이 교원양성대학에서 2급 정교사 자격증을 취득한 후 교원 임용 후보자 선정 경쟁 시험에서는 교원양성대학에서 이수한 기본 이수 과목을 바탕으로 시험을 보게 된다. 임용 시험은 교육학 일반과 기본 이수 과목을 서답형 또는 선택형, 논술형으로 평가를 하는 필기 평가와 교직적성 심층 면접, 교수·학습 지도안 작성 및 수업 실연을 포함하는 실시 평가로 구분되어 있다. 필기 평가에 합격한 사람을 대상으로 실시 평가를 실시하여 최종 선발을 하게 된다. 최근 10년간 필기 평가와 실기 평가는 많은 변화를 거쳤다. 2009학년도부터 2013학년도까지는 필기 평가를 1차와 2차로 실시하였다. 1차 시험은 선택형, 2차 시험은 논술형으로 필기 평가를 치르고, 3차 시험은 교직적성, 심층면접과 수업능력을 평가하였다(법제처). 2014학년도부터는 현재까지는 기입형, 서술형 및 논술형 필기 시험을 바탕으로 하는 1차 시험과 교직적성, 심층면접과 수업능력을 평가하는 실기 시험을 실시하였다. 10년간의 변화 속에서 1, 2, 3차 시험이 1, 2차 시험으로 변경이 되었지만 큰 틀에서 지필 평가와 실기 평가를 바탕으로 교원 임용 시험이 실시됨을 알 수 있다. 지필 평가는 한국교육과정평가원에서 주관하여 출제를 하고 시행을 하지만 실기 평가는 각 시도 교육청에서 주관하여 실시하게 된다. 지필 평가에서 교육학 일반을 제외하고 수학 전공에서 교과교육학은 25~35%, 교과내용학은 65~75%로 출제의 방향성을 정하여 출제를 하게 된다. 이러한 출제 비율을 바탕으로 최근 10년간 지필 평가에서 수학 교과내용학과 수학 교과교육학의 출제 현황은 <표 3>과 같다.

지필 시험이 1차와 2차로 나누어진 2009학년도부터 2011학년도까지의 1차 시험에서 수학 교과교육학이 35%, 수학 교과내용학이 65%의 비율로 문제가 출제되었고, 2012학년도에는 1차 시험에서 수학 교과교육학이 32.5%, 수학 교과내용학이 67.5%의 비율로 출제되었고, 2013학년도에는 1차 시험에서 수학 교과교육학이 30%, 수학 교과내용학이 70%의 비율로 출제되는 것을 볼 때 1차 시험에서 수학 교과교육학의 비율은 감소되는 것을 볼 수 있다. 하지만 2009학년도부터 2013학년도까지 2차 시험에서 수학 교과교육학은 40%, 수학 교과내용학은 60%로 일정한 비율로 문제가 출제된 것을 볼 수 있다.

1차와 2차로 나누어졌던 지필 시험이 하나로 통합된 2014학년도부터 현재까지의 경향을 보면 수학 교과교육학의 출제 비율이 27.5%, 수학 교과내용학의 출제 비율이 62.5%인 2015학년도를 제외하고는 수학 교과교육학의 출제 비율이 30%, 수학 교과내용학의 출제 비율이 70%로 일정하게 유지되었다. 최근 10년간의 추이를 보면 수학 교과교육학은 최고 35%에서 30%로 출제 비율이 감소한 반면에 수학 교과내용학은 70%까지 출제 비율이 향상되었다. 이러한 출제 비율은 교원양성교육과정에도 영향을 미쳐 교원양성교육기관에서의 교육과정도 비슷한 비율로 운영되고 있는 실정이다. 미래 사회에서는 수학 교과내용학 자체의 중요

표 3 최근 10년간 지필 평가 출제 경향(한국교육과정평가원)

구분		수학 교과교육학	수학 교과내용학
2009학년도	1차	28점(35%)	52점(65%)
	2차	40점(40%)	60점(60%)
2010학년도	1차	28점(35%)	52점(65%)
	2차	40점(40%)	60점(60%)
2011학년도	1차	28점(35%)	52점(65%)
	2차	40점(40%)	60점(60%)
2012학년도	1차	26점(32.5%)	54점(67.5%)
	2차	40점(40%)	60점(60%)
2013학년도	1차	24점(30%)	56점(70%)
	2차	40점(40%)	60점(60%)
2014학년도		24점(30%)	56점(70%)
2015학년도		22점(27.5%)	58점(62.5%)
2016학년도		24점(30%)	56점(70%)
2017학년도		24점(30%)	56점(70%)
2018학년도		24점(30%)	56점(70%)

성과 함께 학생들이 소통할 수 있는 역량을 바탕으로 수학적 사고를 개발하는데 도움을 줄 수 있는 수학 교과교육학의 비율을 확대할 필요가 있다. 수학 교과교육학의 비율 확대를 바탕으로 교원양성교육과정에서도 수학 교과교육학의 비율을 확대하여 교실 친화적인 교사를 양성하는데 동기를 부여해야 할 것이다.

둘째, 실기 시험에서는 수학 교사의 담론적 역량을 평가하는 틀을 개발하고 그 비율을 확대할 필요가 있다. 미래 사회에서는 사람 간의 소통, 기계와 사람 간의 소통이 더욱 중요한 가치로 취급되고 있다. 이러한 소통의 관점을 수학 교원 임용시험에서도 적용할 필요가 있다. 각 시도교육청별로 다른 특징이 있을 수 있지만 현재의 실기 시험은 수업 계획서 작성과 수업 실연, 심층 면접으로 진행이 된다. 수업 계획서를 작성하고 수업을 실연할 때 수학적 내용의 구조화에 의한 수업의 진행보다는 실제 학생들과 소통할 수 있는 수업의 실행 측면을 중심으로 평가를 할 수 있도록 틀을 개발하고 적용하여 교사를 선발해야 한다. 교수법의 실행 측면에서 생각할 수 있는 것은 교실 관행과 담론적 역량의 구조로 생각해 볼 수 있다.

교실 관행은 맥락을 바탕으로 학생과의 의사소통 과정의 효과성을 위한 교사의 역할로 예상하기, 점검하기, 선정하기, 계열짓기, 연결하기가 있다(Smith & Stein, 2011). 주어진 과제에 대한 접근 방법과 문제 해결을 위해 활용하는 전략 등을 예상하고(예상하기) 학생들의 특성을 파악하여 과제를 이해하는데 도움이 될 수 있는 발문을 하며(점검하기) 학습자의 사고 과정을 관찰하고 어떤 아이디어에 주목하여 수학적 사고를 개발하는데 활용할지 선택하게 된다(선정하기). 선택된 아이디어를 바탕으로 발표 순서를 결정한다(계열짓기). 이러한 발표들을 듣고 교사는 수학적 유의미성을 바탕으로 연결하고 통합할 수 있어야 한다(연결하기). 이러한 5가지 관행은 실행 측면을 강조하는 것으로 이를 토대로 교원 임용 선발 시험에서 수업 실행의 평가틀을 개발하는 데 도움을 줄 수 있을 것이다.

교실 관행에서 한 걸음 더 나아가 수업의 구조를 바탕으로 교사의 담론을 체계적으로 개발할 수 있는 담론적 역량의 구조를 교원 임용 선발 시험에서 수업 실행의 평가틀로 개발하여 활용할 수 있다. 수학 교사의 담론적 역량은 학생들과의 긍정적인 관계 형성을 바탕으로 수업 참여를 격려하는 사회(수학)적 규범을 형성하고 유지하는 역량, 학생의 반응을 중심으로 하는 상향식 과정을 바탕으로 유의미한 수학적 개념을 만들어 가는 역량, 주어진 문제의 상황과 맥락을 이해하여 문제를 해결할 수 있도록 도움을 주는 담론적 역량으로 구분할 수 있다. 이러한 세 가지 측면을 구체화하여 평가틀을 개발함으로써 교원 임용 시험에 반영할 수 있을 것이다.

3. 맺음말

4차 산업혁명 시대의 변화에 발맞추어 교육 환경이 급변하고 있다. 이러한 미래 교육 환경 변화에 따라 교사들의 교육 환경 대응력을 강화하고, 미래 사회에 필요한 현장 전문성을 신장하고, 교사로서 필요한 교수 역량을 함양하기 위해서 네 가지 관점을 바탕으로 그 방향성에 대해 고찰해 보았다. 요약하자면, 수학교육 역할에 대한 재구조화, 융합교육과 코딩교육을 바탕으로 하는 수학 교사의 역량 정립, 지식과 경험을 통합할 수 있는 교원양성교육과정의 방향성, 교원 임용 후보자 선정 경쟁 시험 제도의 개선 방향을 바탕으로 미래 교육을 선도해갈 수 있는 다양한 변화의 방향성을 논의하였다. 미래지향적인 방향성이 구체적으로 실현되기 위해서는 이 방향성과 함께 유기적이고 통합적인 체계를 갖출 수 있도록 행정적인 지원도 필요할 것이다.

8

역사 교과 교원양성교육의 현황과 미래

박현숙(고려대학교 역사교육과 교수)

역사 교과 교원양성교육의 현황과 미래

박현숙(고려대학교 역사교육과 교수)

1. 머리말

전문성을 갖춘 우수한 교사의 양성은 학교교육의 발전을 위한 최우선적인 과제라고 할 수 있다. 교육의 質은 교사의 質에 크게 의존할 수밖에 없기 때문이다.

우리나라 학제는 미군정기에 6·3·3제가 형성되어, 1951년 교육법 개정부터 기간 학제로 자리 잡아 현재까지 유지되고 있다. 교육과정 역시 미군정기에 만들어진 교수요목의 틀에서 비롯되었으며, 역사과는 사회(생활)과의 한 영역으로 자리 잡았다. 교원양성은 1949년 12월에 제정된 교육법과 1952년 4월에 제정된 교육법시행령에 의해 2년제와 4년제 사범대학을 중등교원양성기관으로 제도화하였다. 그리고 1953년에 제정된 교육공무원법에서 교원의 자격과 임용 기준이 제도화된 후에 오늘에 이르고 있다. 현재 중등에 해당하는 학교는 중학교와 고등학교로 구분되지만, 교원의 자격은 正教師(1급·2급)·準教師로 구분될 뿐 중학교와 고등학교의 구분은 없다.

한국전쟁 이후 인구의 급증으로 교사의 수요가 크게 증가하면서 교직과정 제도를 만들었고, 일반대학 출신자들에게도 교직에 진출할 수 있는 기회를 줌으로써 사범대학에서 양성하지 못한 교과목의 교사를 충당하고자 하였다. 즉, 1970년까지만 해도 교원양성정책은 부족한 정원 충원 위주에서 크게 벗어나지 못하였다. 1980년대 이후에도 교원양성정책의 부적절성에 대한 논란은 계속되었으나, 아직도 우수한 인력을 확보하고 제 조건을 마련하여 충실한 교육을 담당하려는 노력은 미흡하다고 할 수 있다.

이에 교육부에서는 교육개혁의 일환으로 교원양성기관에 대한 質 관리를 통해서 교사의 전문성을 확보해 나가고자 하였다. 저출산으로 인한 교사 수급 문제를 대비하고, 교사교육의 질적 수준을 관리할 필요성에서 교원양성기관에 대한 質 관리 체제로서의 평가제도를 정부 차원에서 도입한 것이다. 이러한 제도적 조치는 1998년 교원양성대학에 대한 교육부의 평가로 현실화되었으며, 현재 사범대학과 교육대학원은 물론 일반대학 교직과정까지 평가가 진행되고 있다.

역사과의 경우 사회과로의 통합성이 강조됨으로써, 역사교육에 대한 전문성 문제가 심각하게 대두되고 있다. 이 때문에 역사과의 교과 독립과 역사교사의 충원을 통한 역사교육 강화 방안이 여러 차례 제기되고 있는 상황이다. 본고에서는 역사과 교원양성교육이 어떻게 진행되고 있는지에 대한 현황을 개관해 보고, 이 과정에서 역사과 교원양성교육의 문제점과 그 대안에 대해 논의해 보고자 한다.

2. 역사과 교원양성체제와 교육과정

교원양성대학의 주요 기능 가운데 하나는 예비교사 교육이다. 역사과 교원자격증은 사범대학의 역사교육과(계통의 학과) 졸업, 대학 역사 관련학과 졸업자로서 재학 당시 소정의 교직과 학점을 취득한 자, 역사교육과(계통의 학과)가 설치되어 있는 교육대학원에서 석사학위를 받은 자, 역사과 준교사 자격검정에 합격한 자 등이 받을 수 있다. 다양한 양성과정으로 인해 교원의 質 격차를 초래하고 있다는 점이 제기되기도 하였다.

역사교사를 비롯한 사회과 교사의 자격표시는 다음 <표 1>과 같은 변천 과정을 겪었다.

표 1 사회과 교사 자격표시의 변천

시기	자격 표시	근거 법령
1954	중: 사회생활 고: 사회(일반사회, 역사, 지리)	교육공무원자격검정령시행세칙 (제정 1954.11.11. 문교부령 39호) 제6조
1964	사회(일반사회, 윤리, 역사, 지리)	교원자격검정령 별지 제 2호 (제정 1964.2.26. 대통령령 1649호)
1978	사회(일반사회, 역사, 지리)	교원자격검정령시행규칙 (일부개정 1978.1.27. 문교부령 422호)
1997	공통사회·사회(일반사회, 역사, 지리)	교원자격검정령시행규칙 별표 1 (일부개정 1997.12.9. 교육부령 701호)
2000	공통사회, 일반사회, 역사, 지리	교원자격검정령시행규칙 별표 1 (일부개정 2000.1.28. 교육부령 761호)

역사교사의 자격표시는 사회과로 되어 있다. 그리고 1997년 공통사회 교사 자격증이 생기면서 더욱 복잡한 양상을 보였다. 공통사회 과목은 없어졌으나, 2015 교육과정에서 통합사회 과목을 모색하고 있어서 앞으로 사회과의 운영에 많은 변화가 있을 것으로 보인다.

한편, 역사교육과는 전국 21개의 대학에 설치되어 있다. 이를 도표로 하면 <표 2>와 같다.

표 2 전국 대학 역사교육과 현황

전국 대학 역사교육과(21개교) 현황

No	대학명	신입생경쟁률 (2019, n:1)	입학정원 (2017, 명)	입학정원 (2018, 명)	입학정원 (2019, 명)	재학생수 (2019, 명)	교원현황(2018, 명) 전임	교원현황(2018, 명) 비전임	장학금 (2019, 원)	취업률 (2019, %)	지역	설립유형
1	고려대학교	8	30	30	30	141	4	13	4,008,966	66	서울	사립
2	가톨릭관동대학교	5	25	25	30	80	3	1	4,017,837	0	강원	사립
3	강원대학교	6	15	15	15	70	6	10	2,280,637	9	강원	국립
4	경북대학교	17	17	17	17	55	6	10	2,467,471	0	대구	국립
5	경상대학교	7	15	15	15	68	4	5	2,189,772	15	경남	국립
6	공주대학교	12	19	19	19	94	6	7	2,468,767	13	충남	국립
7	대구대학교	6	30	30	30	129	5	7	4,846,683	22	경북	사립
8	동국대학교	15	30	30	30	120	4	15	2,993,735	33	서울	사립
9	부산대학교	14	18	18	18	78	6	8	3,175,488	29	부산	국립
10	서울대학교	5	18	18	18	96	6	7	3,533,994	44	서울	국립대법인
11	서원대학교	6	25	25	25	136	5	6	4,813,431	28	충북	사립
12	신라대학교	6	30	30	30	126	4	6	3,941,469	26	부산	사립
13	원광대학교	7	26	26	26	124	5	2	4,090,410	36	전북	사립
14	인천대학교	16	10	10	10	47	4	6	3,335,805	39	인천	국립대법인
15	전남대학교	6	19	19	19	72	4	5	2,840,452	20	광주	국립
16	전북대학교	12	12	12	12	47	4	3	2,872,611	6	전북	국립
17	총신대학교	4	30	30	30	126	4	3	4,981,343	17	서울	사립
18	충북대학교	9	15	15	15	56	5	10	2,624,137	13	충북	국립
19	한국교원대학교	6	20	20	20	96	8	8	2,410,268	24	충북	국립
20	한남대학교	4	30	30	30	115	6	4	3,872,555	18	대전	사립
21	홍익대학교	18	21	21	21	109	5	9	4,865,795	21	서울	사립

출처: 한국대학교육협의회 홈페이지.

각 대학교의 역사교육과 입학 정원은 10명~30명이다. 재학생 수는 2019년을 기준으로 47명~141명으로, 고려대학교 역사교육과의 재학생이 가장 많다. 전임교원은 2018년을 기준으로 학과 당 3명~8명으로, 교육과정에 따라 예비 역사교사를 양성하기에 충분한 교원 수는 아니다.

사범대학의 전체 프로그램은 교양과목, 전공과목, 교직과목, 일반(또는 자유) 선택과목으로 구성되어 있다. 이 가운데 사범대학 프로그램의 특성은 전공과목과 교직과목에 있다고 할 수 있다. 특히 역사교사 양성 프로그램의 성격은 전공과목인 교과내용학과 교과교육학에서 찾을 수 있다. 교과내용학이 교과교육학보다는 많이 개설되어 있다.

다음의 <표 3>에서 중등교원 자격증 무시험검정을 위한 역사교사 양성과정은 크게 전공과목(50학점)과 교직과목(22~23학점)으로 나뉜다. 전공과목의 경우, 다시 교과교육 과목(8학점 3과목 이상)과 기본 이수 과목(5개 영역 18학점 이상)으로[1] 나뉜다. 교과교육 교과목명은 교육부의 <교원자격검정 실무편람>에 제시되어 있는데, <표 3>의 개설 교과목은 역사교과교육론, 역사교과교재연구및지도법(한국사·세계사Ⅰ·세계사Ⅱ 가운데 1과목 이상), 역사교과논리및논술이다. 한편, 기본 이수과목은 역사내용학을 다루고 있는데, 역사학 방법론·분야사·한국사·세계사·현대사 영역 가운데 각 1과목 이상을 擇 1하여 총 6과목(18학점) 이상을 이수하도록 하고 있다. 역사학 방법론·분야사·한국사·세계사·현대사 5개 영역의 구분이 일관성이 없어 보인다. 또한 교직과목이 22학점 이상인 것과 비교하면, 역사 교사의 전문성을 기르기에 기본 이수과목 18학점은 매우 부족하다는 것을 알 수 있다.[2]

---

1 교원자격 무시험검정을 위해 이수해야 할 기본 이수과목의 경우, 고시된 기본 이수과목 가운데 교원양성위원회의 심의를 거쳐 대학의 長이 자율적으로 지정할 수 있다(교육부, 2018, 61쪽). 기본이수과목으로 제시된 교과목명은 2019학년도 고려대학교 기본 이수과목이며, 기본 이수과목명과 세부영역은 학교별로 다르다.

2 2010년 이전의 무시험 검정을 위한 전공과목 기본 이수과목은 역사교육론·역사학개론·한국사·세계사·현대사회와 한국의 5개 영역으로 되어 있었으나, 한국사와 세계사를 다시 4개 영역으로 나누어 擇 1하도록 하였으므로 역사내용학 교육이 지금보다 더 충실하게 진행되었다. 또한 교과교육 과목의 경우도 현재는 역사교과교재연구및지도법(한국사·세계사Ⅰ·세계사Ⅱ) 가운데 1과목 이상을 이수하도록 하고 있으나, 2009년 이전에는 3과목 모두 필수로 하여 교과교육 과목도 이수학점이 더 많았다.

표 3 2020년 고려대학교 역사교육과 교과목 이수 기준표(2015년 이후 동일)

구분 \ 내용			분야		교과목명	학점(시간)	비고
교양 계						19	
기본 전공	전공 필수	교과 교육 (8 학점)			역사교과교육론	3(3)	
					역사교과교재연구및지도법(한국사)	3(3)	택 1
					역사교과교재연구및지도법(세계사Ⅰ)		
					역사교과교재연구및지도법(세계사Ⅱ)		
					역사교과논리및논술	2(2)	
		기본 이수 (18 학점)	역사학 방법론 (택1)		역사학개론	3(3)	사료강독 1. 5개 영역에서 각 1과목 이상 총 6과목 이상 이수. 2. 동일 영역 내 과목은 1과목만 필수이수 학점으로 인정. 3. 필수이수 초과 이수 학점은 전공선택으로 인정.
				사료강독	한국사사료학습론		
					동양사사료학습론		
					서양사사료학습론		
			분야사 (택1)		한국사회경제사	3(3)	
					한국문화사		
					한일교섭의역사		
			한국사 (택1)		한국고대사	3(3)	
					한국중세사		
					한국근세사		
					한국근대사		
			세계사 (택1)	동아시아 고대사	중국고대사	3(3)	
					일본고대사		
				동아시아 근대사	중국근대사		
					일본근대사		
					중국중세사		
					서양고대사		
					서양중세사		
					서양근대사		
			현대사 (택1)		한국현대사	3(3)	
					중국현대사		
					서양현대사		
	전공선택					24	
	소계					50	
심화 전공	전공선택					30	
교직	교육실습		학교현장실습, 학교현장실습(해외한국학교), 학교현장실습(해외인턴십)			2학점 이상	
			교육봉사			2	
	교직소양		특수교육학개론, 교직실무, 학교폭력예방및학생의이해			6	
	교직이론					12	
	소계					22 (23)	
졸업요구 총 이수학점						140	
비 고			※ 총 이수학점: 졸업에 필요한 총 이수학점의 부족한 부분은 자율로 이수함.				

현재의 역사교사 양성 프로그램은 그동안 축적된 역사교육학계의 성과와 교육부의 교원양성기관평가에 의해 교과교육학 과목이 전공으로 편성되었다. 그리고 교과교육학 과목 이수학점 수가 늘어나으며, 교과교육학과 관련된 ‘역사교과교육론’ 수업이 통일성을 갖추게 되었고, 교과내용학과 관련된 과목의 경우에도 명칭을 바꾸고 사학과의 전공과목과 차별성을 가지려는 노력이 진행되고 있다. 그러나 여전히 대학마다 교과교육학의 편성과 이수학점은 차이가 있다. 또한 교과내용학도 명칭이나 내용 면에서 사학과의 전공과목과 차이가 없는 경우가 있다. 더욱이 교과내용학의 경우 복수전공의 확대로 학점 수가 줄어들어, 각 시대사조차 수강할 수 없는 상황이 발생하기도 한다.

역사교사 양성과정을 체계화하기 위해서는 교육과정의 운영이 체계화되어야 한다. 이를 위해서는 교사양성을 위한 교육과정의 구조화, 교과내용의 특성화, 교과내용 영역과 교과교육 영역과의 연계성 강화가 요구된다. 또한 역사교사 양성을 위한 교육과정은 교과교육학이 기본적인 틀로써 갖추어지고, 역사교과의 교육사적 설명과 교육 철학적 분석, 교육 사회학적 이해, 교과 내용의 선정과 조직의 원리, 교과교육의 방법적 원리 및 제도적 이해가 가능하도록 구성되어야 한다. 그리고 사회와 교육 전반에 대한 폭넓은 교양과 안목을 갖춘 교사를 양성하는 데 필요한 교양과목과 일반 교육학 영역 또한 동시에 고려하여 체계화해야 한다.

<2009년 역사과 무시험검정을 위한 전공과목 이수 기준표>

<table>
<tr><td>(1) 역사교육론</td><td></td><td>역사교육론</td><td rowspan="11">* (1) – (5)의 각 영역 내에서 1과목 이상 이수

* 총 7과목 이상 이수

* 택1 과목은 1과목만 기본이수로 인정</td></tr>
<tr><td>(2) 역사학개론</td><td></td><td>역사학개론</td></tr>
<tr><td rowspan="4">(3) 한국사</td><td>한국전근대사</td><td>한국고대사
한국중세사 중 택1</td></tr>
<tr><td>한국근현대사</td><td>한국근세사
한국근대사 중 택1</td></tr>
<tr><td>한국사회경제사</td><td>한국사회경제사</td></tr>
<tr><td>한국사상문화사</td><td>한국문화사</td></tr>
<tr><td rowspan="4">(4) 세계사</td><td>동아시아전근대사</td><td>중국고대사
중국중세사
일본고대사 중 택1</td></tr>
<tr><td>동아시아근현대사</td><td>중국근대사
중국현대사
일본근대사 중 택1</td></tr>
<tr><td>서양전근대사</td><td>서양고대사
서양중세사 중 택1</td></tr>
<tr><td>서양근현대사</td><td>서양근대사</td></tr>
<tr><td>(5) 현대세계와 한국</td><td></td><td>한국현대사
서양현대사 중 택1</td></tr>
</table>

3. 역사교사 선발제도와 현황

교원 수의 증감을 결정하는 기준은 학급 수나 학생 수를 기본으로 한다. 이밖에 교육인구의 동태, 취학률 및 각급 학교의 진학률, 학년당 학급 수 및 학급당 학생 수, 교사의 주당 수업시간 수, 교육과정의 성격 및 범위, 교수·학습방법, 교원의 승진, 퇴직 및 이직률을 포함한 교원 동태, 교사의 전문성 및 교육시설의 표준, 교육 재정 등도 고려해야 한다.

그러나 우수 교원의 확보를 통한 교육 수요자에 대한 質 높은 학습기회를 표방하면서도 교원 수의 과잉이 초래되자, 이를 임용시험이라는 경쟁방식으로 처리하였다. 교사로서의 바람직한 자질을 요구하기보다는 임용시험에서 높은 점수를 취득하는 것이 임용과 직결되어 있어 점수 경쟁을 가속시키고, 양성기관의 교육과정 운영에도 영향을 미치고 있다.

대체적으로 해방 이후 역사교사는 학교와 학생의 증가에 따라 수적으로 증가하였지만, 1990년 말에 정체하다가 학급당 학생 수의 감축 조치에 따라 다시 증가하고 있다. 즉, 1980년까지도 학교 56.1명, 고등학교 58.9명으로 다인수 과밀학급에서 벗어나지 못하였다. 학급당 35명으로 운영하게 된 것은 2002년부터이다. 2002년부터 학급당 인원을 35명으로 하였는데, 이러한 조치에 따라 교사수가 증가하였다. 그러나 7차 교육과정에서 고등학교 선택중심교육과정에 따른 역사과목 편성의 감소와 공통사회 자격이 등장하여, 역사교사가 일부 분산됨으로써 역사 자격소지자의 수는 증가하지 못하였다.

최근 10년간 역사과 중등임용 선발 인원과 최근 3년간 역사과 중등임용 현황을 도표로 만들어 보면 다음 <표 4>, <표 5>와 같다.

최근 10년간 역사과 중등임용 선발 인원의 증감을 보았을 때, 학령인구의 감소에도 불구하고 최근 7년간 역사과 선발인원은 200명 이상으로 증가하였다. 이는 한국사 과목 필수화와 명예퇴직으로 인한 교사 수 감소로 인한 일시적인 현상으로, 장기적으로는 선발 인원이 증가하기 어려울 것으로 보인다.

예비교사가 정규교사가 되기 위해서는 교원양성대학에서 소정의 교육과정과 교육 실습을 마치고 2급 정교사 자격증을 취득하여 교원임용시험에 합격을 해야 한다. 임용시험은 지필평가(교육학 일반, 전공)와 면접 및 수업 실연(교직적성 심층 면접, 교수·학습 지도안 작성, 수업 실연)으로 분류할 수 있다.

표 4 최근 10년간 역사과 중등임용 선발 인원

지역/학년도	2020	2019	2018	2017	2016	2015	2014	2013	2012	2011
서울	43	53	42	33	19	16	16	0	10	0
경기	54	89	108	84	90	72	60	47	0	5
경기지역구분	2	6	2	0	0	0	0	0	0	0
인천	8	16	14	9	10	8	0	0	10	0
강원	13	12	6	4	13	17	14	11	0	6
충북	9	20	11	11	23	14	7	11	14	8
충남	17	13	10	4	8	9	8	7	8	3
충남지역제한	0	0	0	0	0	0	1	2	0	0
대전	9	16	8	2	9	4	2	0	4	3
세종	3	3	5	9	3	4	17	2	0	0
경북	16	13	10	5	12	26	24	14	8	10
대구	1	5	5	8	15	14	4	5	5	6
경남	15	14	12	12	5	10	6	3	4	3
부산	16	13	13	13	17	12	8	4	5	0
울산	5	3	6	0	3	9	11	0	0	0
전북	10	13	6	8	2	6	6	4	3	3
전북도서벽지구분	0	0	1	0	0	0	0	0	0	0
광주	3	3	2	2	2	3	5	6	5	3
전남	14	19	19	15	18	0	22	0	3	0
전남도서지역	0	0	0	0	0	0	2	0	0	0
제주	3	6	4	4	3	0	3	0	0	0
합계	241	317	284	223	252	224	216	116	99	50

출처: 각 시·도 교육청 홈페이지.

표 5 최근 3년간 역사과 중등임용 현황

최근 3년간 역사과 중등임용 현황									
학년도	2020			2019			2018		
지역	선발 인원	접수 인원	경쟁률	선발 인원	접수 인원	경쟁률	선발 인원	접수 인원	경쟁률
서울	43	661	15.37	53	565	10.66	42	579	13.79
경기	54	715	13.24	89	848	9.53	108	1125	10.42
경기지역구분	2	40	20.00	6	51	8.50	2	24	12.00
인천	8	137	17.13	16	152	9.50	14	139	9.93
강원	13	186	14.31	12	153	12.75	6	79	13.17
충북	9	60	6.67	20	189	9.45	11	129	11.73
충남	17	220	12.94	13	129	9.92	10	112	11.20
충남지역제한	0	0	0.00	0	0	0.00	0	0	0.00
대전	9	113	12.56	16	177	11.06	8	126	15.75
세종	3	39	13.00	3	36	12.00	5	59	11.80
경북	16	224	14.00	13	171	13.15	10	128	12.80
대구	1	31	31.00	5	101	20.20	5	94	18.80
경남	15	205	13.67	14	180	12.86	12	221	18.42
부산	16	250	15.63	13	234	18.00	13	265	20.38
울산	5	86	17.20	3	40	13.33	6	82	13.67
전북	10	161	16.10	13	153	11.77	6	104	17.33
전북도서벽지구분	0	0	0.00	0	0	0.00	1	19	19.00
광주	3	47	15.67	19	193	10.16	19	201	10.58
전남	14	165	11.79	0	0	0.00	0	0	0.00
전남도서지역	0	0	0.00	3	48	16.00	2	46	23.00
제주	3	29	9.67	6	56	9.33	4	37	9.25
합계	241	3,369	13.98	317	3476	10.97	284	3569	12.57

출처: 각 시·도 교육청 홈페이지.

2009학년도부터 2013학년도까지는 지필평가를 1차, 2차로 실시하고 면접 및 수업 실연을 3차로 실시하여 최종 선발하였다. 그러나 2014학년도부터는 지필평가를 1차, 면접 및 수업 실연을 2차 시험으로 실시한 후에 최종 선발을 하고 있다. 시험제도가 바뀐 2014년부터 최근 7년간 중등임용 전공역사 출제 영역 비중을 도표로 만들어 보면 <표 6>과 같다.

표 6 최근 7년간 중등임용 전공역사 출제 영역 비중

최근 7년간 중등임용 전공역사 출제 영역 비중						
학년도	영역	교과교육학	교과내용학			
		역사교육	합계	한국사	동양사	서양사
2014	배점	20	60	26	17	17
	비중	25.00%	75.00%	32.50%	21.25%	21.25%
2015	배점	20	60	24	18	18
	비중	25.00%	75.00%	30.00%	22.50%	22.50%
2016	배점	22	58	24	17	17
	비중	27.50%	72.50%	30.00%	21.25%	21.25%
2017	배점	24	56	24	16	16
	비중	30.00%	70.00%	30.00%	20.00%	20.00%
2018	배점	22	58	24	17	17
	비중	27.50%	72.50%	30.00%	21.25%	21.25%
2019	배점	24	56	24	16	16
	비중	30.00%	70.00%	30.00%	20.00%	20.00%
2020	배점	22	58	22	18	18
	비중	27.50%	72.50%	27.50%	22.50%	22.50%
평균	배점	22	58	24	17	17
	비중	27.50%	72.50%	30.00%	21.25%	21.25%

출처: 한국교육과정평가원 홈페이지, 기출문제.

지필평가는 한국교육과정평가원에서 출제하고 시행하지만, 면접 및 수업 실연은 각 시도 교육청에서 주관하여 실시하고 있다. 지필평가의 전공은 대체로 교과교육학 25~35%, 교과내용학 65~75%로 출제되고 있다. 따라서 지필평가를 통해 교과교육학에 대한 중요성을 다시금 확인해 볼 수 있다.

4. 역사과 교원양성교육의 문제점과 과제

이상과 같은 검토를 통해 역사과 교원양성교육과 관련하여 몇 가지 문제점을 논의해 볼 수 있을 것이다. 첫째는 교원 양성 및 선발 제도가 불안정하다는 것이다. 앞서 언급한 것처럼, 교원 수의 증감을 결정하는 기준은 학급 수나 학생 수가 기본적이지만, 교육인구의 동태, 취학률 및 각급 학교의 진학률, 학년당 학급 수 및 학급당 학생 수, 교사의 주당 수업시간 수, 교육과정의 성격 및 범위, 교수·학습방법, 교원의 승진, 퇴직 및 이직률을 포함한 교원 동태, 교사의 전문성 및 교육시설의 표준, 교육 재정 등도 영향을 미친다.

그런데, 역사교사 자격을 취득한 이들에 대한 신규임용은 극히 제한이다. 임용시험의 경쟁률은 높은 반면 임용되는 인원은 매우 적다. 그리고 앞으로는 교육인구의 동태, 즉 출산율 저하로 인한 학령인구의 동태가 교사 선발제도에 큰 영향을 줄 것으로 전망된다. 교원 선발정책의 변동으로 인해 역사과 예비교사들이 현실적, 심리적 불안감으로 중등임용시험의 충실한 준비에 어려움을 느끼고 있음을 인식해야 한다.

임용시험은 국공립사범대학 우선 임용이라는 '차별'을 철폐하였지만, 국가가 우수교원을 양성하여 임용하는 책무에 소홀하게 되었다는 문제점을 야기하고 있다. 교사 양성에 있어 자격수여기관이 정비되어야 하며, 이 때 그 중심은 사범대학이 되어야 할 것이다. 교원양성에 대한 정원 조정과 質 관리가 수반되어야 하며, 교과별 수요와 전공을 감안한 교원 수급정책이 이루어져야 할 것이다.

둘째는 교육과정과 관련하여 역사교육 과정도 '공통성'과 함께 '다양성'을 추구해야 할 필요가 있다. 최근 10년간 역사교육과정은 2007, 2009, 2011, 2015, 2018년까지 다섯 번이나 개정하는 사태를 맞았다. 역사교육계의 개정 필요성 때문이 아니라, 정권이 바뀌면서 중앙정부의 요구에 따라 개정 작업이 수시로 진행된 것이다. 교육과정을 적용해야 하는 교사와 학생들은 많은 혼란을 겪었다. 교육과정 수시개정의 원칙을 재고해 볼 시점이 되었다고 생각된다.

또한 국가 교육과정은 좀 더 유연하게 운영되어야 한다. 교육과정의 '공통성'과 함께 각 교과의 '다양성'도 추구되어야 한다. 교육과정 총론팀과 쌍방향적으로 소통하면서 역사교육과정을 개발할 필요가 있다. 교육과정 개발진에는 역사교육 전문가들이 반드시 포함되어야 한다. 역사 교육과정 개발진의 전문성 확보는 교육과정을 통해 역사교육을 개선하고 역사교육의 질적 수준을 향상시킬 수 있을 것이다.

셋째는 사회과 체제에서의 상치교사와 수업 부실화 문제이다. 교육과정 편제와 교원자격 제도면에서 역사 과목은 사회과에 편재되어 있다. 따라서 일반사회 교사자격증을 가진 교사가 수업하더라도 상치과목일 수밖에 없다. 역사과의 시수가 지리·일반사회의 시수에 비해 많음에도 불구하고 일반사회가 교사 수에서 우위를 유지해온 이유는 사회과라는 교과 틀에서 운영되어 왔기 때문이었다. 특히 역사과목이 독립교과에서 제외되고 사회과에 통합된 문제는 7차 교육과정에서 더욱 심화되었다.

현재에도 학교에서 사회과의 전공별 안배가 크게 고려되지 않으므로, 전공 영역별로 교사가 고르게 분포되어 있다고 볼 수 없다. 결국 역사교사가 부족한 학교에서는 비전공자가 역사수업을 담당하게 되고, 넘치는 학교에서는 역사교사가 역사가 아닌 사회과 과목을 지도해야 하는 문제가 계속 발생하고 있는 것이다. 2005년에 역사: 일반사회: 지리의 비율이 각각 대략 중학교에서는 3 : 5 : 2, 고등학교에서는 4 : 4 : 2, 합계 3.5 : 4.5 : 2에 해당하고 있어 시수배분에 따른 전공별 교사의 배치 문제가 우려됨을 알 수 있다. 역사 시수에 비해 교사 수가 부족한 것으로 나타나기 때문에 비전공자가 역사수업을 담당하는 문제는 개선되어야 할 것이다.

넷째는 사범대학에서의 교육과 교사 선발 시험, 그리고 현장 실습의 유기성 부족을 들 수 있다. 사범대학 교육과정의 전체적인 방향은 교과교육학을 지속적으로 강화시키도록 하고 있다. 교과교육은 교사 양성기관의 교육과정에서 중핵적 위치를 차지할 뿐 아니라, 각 교과에 대한 이론과 실제를 연구하여 교사 양성기관으로서의 전문성과 정체성을 확립·강화할 수 있는 분야이기 때문이다. 따라서 사범대학 역사교육과의 목적에 맞도록 영역 간 균형을 이루고, 사회적 요구 및 중등학교 현장의 요구를 반영하여 학습자 중심의 다양한 교육과정을 꾸준히 개발하도록 노력해야 할 것이다.

그리고 2015 교육과정 이후 논의되고 있는 사회과 통합교육을 위해서는 역사·지리교과와 연계하여 효율적인 교육과정 운영이 필요하며, 이중·연계·복수·부전공과정 등을 활용해야 할 것이다. 또한 역사 관련 학문 영역에 대한 지식의 습득은 물론 그 내용에 알맞은 교수-학습 방법론도 강화해야 한다.

또한 교사 전문성 신장을 위해서는 현재의 4주간의 교육실습 기간과 교육 봉사만으로는 교사로서 실제적인 준비가 부족하다고 할 수 있다. 최근에는 현장 학교의 비협조로 인해 4주간의 교육실습마저 어려운 상황이다. 교육실습에 대한 체계적인 운영시스템이 정비되어야 할 것이다.

다섯째는 최근의 교육환경 변화를 반영하여 역사교육의 새로운 방향성을 모색해야 한다. 이와 관련하여 역사교육에서 시민성 교육과 다원적 역사교육, 그리고 4차 산업혁명시대의 역사교육 등이 활발하게 논의되고 있다.

현대 사회가 요구하고 있는 책임 있는 민주시민의 양성이라는 교육의 보편적 목적에 역사교육이 부응해야 한다는 것이다. 영국과 미국에서도 역사교육을 시민성 교육과 접목시키는 작업이 진행되고 있다. 역사교육을 시민성 교육의 차원에서 접근하려는 논의는 인간이 공동체적 존재로서 공익과 공동선을 추구하려는 교육의 목적에 이바지하기 위해서이다.

그리고 최근에는 다문화 학생 수의 증가 속도가 전례 없이 빠르다. 한국 사회의 급격한 외국인 및 다문화 학생 증가는 앞으로의 역사교육 방향을 고민하게 한다. 따라서 학생의 인종, 민족, 종교, 젠더, 경제 계급적 배경 등의 다양성을 포용하여 역사교육의 내용과 방법의 변화를 추구할 필요가 있을 것이다. 즉, 학생의 다양성을 고려한 '다원적 역사'의 접근방법은 역사 탐구와 토론을 위한 역사적 사고 개념 교수를 전제로 추구되어야 할 것이다.

또한 과학 기술의 발전으로 4차 산업혁명시대가 도래하였다. 지식의 빅뱅으로 지식의 양이 폭발적으로 배가됨으로써 이제 단순 지식의 암기보다는 고차원적인 창의적 사고능력이 요구된다. 이와 관련하여 역량중심 교육의 중요성이 강조되고 있다. 연구들에서 공통적으로 지적하는 역량은 여러 분야에 걸친 지식과 이를 융합할 수 있는 보편적 지성, 지식을 창출하고 가치를 탐색하며 판단과 결정을 내릴 수 있는 창의적 사고, 의사소통 능력, 분석적 사고와 지혜, 평생 자기학습 능력과 문제해결 능력, 대인관계 능력, 자기관리 능력 등을 포괄하는 고차원적인 능력이다.

이러한 역량을 함양한다고 할 때, 역사교육은 이러한 능력을 함양할 수 있는 매우 중요한 과목이다. 역사학은 본질적으로 문제 해결을 위해 여러 방법들을 선택하고, 다학제적 접근법을 배우는 종합 학문이기 때문이다. 따라서 역사교육에서 함양할 수 있는 역량들을 개발하여야 하며, 이러한 역량을 기를 수 있는 교육을 예비교사들을 위해서도 마련하여야 한다. 또한 정보화된 교육환경을 고려하여 AI와 디지털을 활용한 다양한 교수법 과목과 방법을 개발하려는 노력을 경주해야 할 것이다.

5. 맺음말

최근 교원양성기관으로서 사범대학의 위상이나 미래의 학교교육을 비관적으로 바라보는 경향이 나타나고 있다. 특히 학령인구의 감소로 인한 학교 사회의 변화에 대한 우려가 크다. 그러나 이는 교사의 質과 교육의 質 제고를 통해 해결해 나갈 수 있는 부분이라고 생각된다. 특히 우수한 예비교사를 양성하고 있는 사범대학들은 이러한 위기를 기회로 삼아, 교사의 質 제고를 위한 더 나은 예비교사 교육을 준비해야 할 것이다.

앞서 언급한 역사과 교원양성체제의 문제점들을 해결하기 위해서는 중장기적인 계획으로 교원양성 제도와 교원양성 교육 및 교사 선발정책의 안정화를 추진해야 한다. 그리고 교원 선발 시험의 개선을 통해 교사 전문성을 제고해야 할 것이다. 교육환경 변화를 반영하는 국가 교육과정을 준비해야 할 것이며, 사범대학 역사교육과에서도 미래사회에 대비하기 위한 미래지향적인 교육과 AI와 디지털을 활용한 교수방법의 모색 등 예비교사 교육의 내실화를 모색해야 한다.

또한 역사교육의 사회교육으로의 확대라는 시대적 요구와 학생들의 졸업 후 진로의 다양화를 위해 역사교육을 바탕으로 한 역사 정보교육 전문 인력의 양성을 위한 교육과정의 개발과 지원 체계도 모색해 볼 수 있을 것이다. AI와 디지털을 활용한 교수법 개발, 역사 정보화 교육, 지역의 문화·역사 정보 시스템 구축 등에도 지속적인 관심을 기울여야 할 것이다.

한편, 역사교사의 역사에 대한 이해 부족과 신념 부재와 같은 문제도 중요하다고 생각된다. 이를 해소하기 위해서는 예비 역사교사들에게 교육을 바라보는 시각, 가르친다는 것의 신념 문제, 역사교육의 본질적 의미와 더불어 역사내용학에 대한 충분한 지식과 연구 방법 등에 대한 교육이 이루어져야 할 것이다. 역사교사의 전문성은 역사 수업을 통해 발현되기 때문이다. 예비 역사교사가 현장에 나아가 전문성을 발휘할 수 있도록 사범대학 교육과정에서 준비해 주어야 한다. 또한 이를 위해서는 역사과의 독립에 따른 역사교사와 역사 수업의 전문성 제고가 전제되어야 할 것이다.

memo

9

지리 교과 교원양성교육의 현황과 미래

서태열(고려대학교 지리교육과 교수)
홍서영(고려대학교 지리교육과 겸임교수)

지리 교과 교원양성교육의 현황과 미래

서태열(고려대학교 지리교육과 교수)
홍서영(고려대학교 지리교육과 겸임교수)

1. 서론

4차 산업사회의 이행은 인간의 생활에 많은 변화를 가져왔으며, 교육에도 영향을 미쳐 암기 위주의 교수·학습보다는 중요한 정보를 선별하여 조직하고, 타인과 협력하여 문제를 해결하는 능력의 함양이 주요한 과제가 되고 있다(이정우·구남욱·이인화, 2016: 20). 이러한 4차 산업혁명으로 인해 도래할 미래의 학교는 산업사회의 특징인 표준화, 규격화, 정형화된 교육 방향에서 탈피하여 다양성, 창의성, 유연성을 강화하는 방향으로 변화될 것으로 예상된다(안종배, 2017: 25).

이와 같은 지식 기반사회로의 패러다임 전환은 교사의 전문성 강화를 요구하고 있다(OECD, 2005). 지리교육의 전문가로서 지리교사에게 필요한 지식 또한 지리교과의 교수를 위해 존재한다. 그래서 지리교사는 지리학의 내용적인 지식뿐만 아니라 지리교과의 교수·학습과 관련된 전문적인 지식을 갖추어야 한다(김대훈, 2017: 78). Shulman(1986, 1987)은 교사의 전문성을 정의하며, 유능한 교사에게는 모학문에 기반한 교과내용지식과 교육학 관련 지식뿐만 아니라 두 지식이 통합되고 변형되었지만 다시 환원되지 않는 지식이 요구된다고 하였다.

교육의 질을 결정하는 가장 중요한 요소는 교사이다. 이는 교사의 질이 교육의 질과 직접적으로 연계됨을 의미한다. 이러한 이유로 지리교육 발전을 모색하기 위해서는 먼저 우수한 지리교사의 양성 및 선발의 선결이 필요하다. 하지만 현재 사범대학 지리교육과의 교육과정이 미래 사회에서 필요로 하는 전문적 지리지식을 갖춘 예비 지리교사를 양성할 수 있도록 구성되었는지, 그리고 임용후보자선정경쟁시험이 예비교사의 전문성을 적절히 평가하여 이루어지고 있는지에 대해 의문을 가지게 된다. 교사의 전문성이 학교교육의 질을 결정하고 학교교육의 개선을 가져오는 결정적인 요인임을 감안할 때, 예비교사를 양성하는 사범대학의 양성과정과 임용 방법은 사회의 발전을 위한 매우 중요한 역할을 수행한다고 할 수 있다. 따라서 본 연구에서는 지리과 교원양성교육의 현황을 살펴보아 지리교사 양성과정 및 지리교사 선발 과정에 있어서의 문제점을 도출하고, 이를 토대로 미래 사회의 변화에 대응할 수 있는 지리과 교원양성교육의 변화 방법을 제언할 것이다.

2. 지리과 교원양성교육의 현황

가. 지리과 교원 양성 체제

우리나라의 중등교사 양성기관의 경우 크게 사범계와 비사범계로 나뉠 수 있으며 사범계 양성기관의 경우 사범대학과 일반대학 교육과로, 비사범계의 경우 일반대학 교직과정과 교육대학원으로 세분화할 수 있다. 지리교육과의 경우 사범계 양성기관은 국립대학 11곳, 사립대학 7곳[1]이 운영되고 있으며, 비사범계 양성기관의 경우 일반대학 교직과정 7곳, 교육대학원 20곳이 운영되고 있다.

현재 사범계 양성기관인 지리교육과가 개설된 대학은 총 17곳이다(<표 1>). 이 중 지리학과가 함께 개설된 대학은 서울대, 경북대, 공주대, 전남대의 4곳이며, 지리학과만 개설된 대학은 건국대, 경희대, 상명대, 성신여대의 4곳이다. 비사범계 교직과정 및 교육대학원의 경우 교직과정이 설치된 대학은 5곳, 교육대학원을 운영 중인 대학은 20곳이다. 사범계 및 비사범계 지리교육 양성기관의 자세한 세부 내역은 ＜표 1＞과 같다.

1 이 중 서원대 지리교육과의 경우 2017학년도부터 학과 폐지 절차를 밟고 있으며, 이화여자대학교의 경우 사회과교육과 중 지리교육 전공으로 개설되어 있다.

표 1 지리교사 양성기관 현황: 사범계

학과명	설립별	대학명	학년도별 입학 정원					자격종별 및 표시과목	지역
			18′	17′	16′	15′	합계		
지리 교육과	국립	강원대 (춘천)	15	15	15	15	60	중등학교 정교사(2급) 지리	강원
		경상대	15	15	15	15	60		경남
		공주대	19	19	19	20	77		충남
		부산대	18	18	19	20	75		부산
		서울대	18	18	18	18	72		서울
		전남대	19	19	19	19	76		광주
		전북대	11	11	11	11	44		전북
		충북대	15	15	15	15	60		충북
		한국 교원대	19	19	19	19	76		충북
		경북대	18	18	18	18	72		대구
		제주대	13	13	13	13	52		제주
	계	**11**	**180**	**180**	**181**	**183**	**724**		
지리 교육과	사립	고려대	35	35	35	35	140	중등학교 정교사(2급) 지리	서울
		가톨릭관동대	15	15	20	40	90		강원
		대구가톨릭대	20	20	20	20	80		경북
		대구대	30	30	30	30	120		경북
		동국대	30	30	30	30	120		서울
		서원대	–	–	25	25	50		충북
	계	**5**	**130**	**130**	**160**	**180**	**600**		
	합계	**16**	**310**	**310**	**341**	**363**	**1,324**		
사회과 교육과	사립	이화여대	71	80	80	80	311	중등학교 정교사(2급) 역사, 일반사회, 지리	서울
	계	**1**	**71**	**80**	**80**	**80**	**311**		
	합계	**1**	**71**	**80**	**80**	**80**	**311**		

출처: 교육부, 2017.

표 2 지리교사 양성기관 현황: 비사범계 교직과정

설립별	대학명	학과명	18학년 입학정원	18학년 승인정원	자격종별 및 표시과목
국립	경북대	지리학과	35	3	중등학교 정교사(2급) 지리
	서울대	지리학과	24	2	
사립	건국대	지리학과	33	3	
	경희대	지리학과	55	4	
	성신여대	지리학과	42	3	
	신라대	지리학과	교직폐지	0	

출처: 교육부, 2017.

표 3 지리교사 양성기관 현황: 비사범계 교육대학원

전공명	설립별	대학명	설치년도	수업형태	자격종별 및 표시과목	지역
지리교육 전공	국립	강원대(춘천)	1982	계절 · 야간	중등학교 정교사(2급) 지리	강원
		경북대	1969	야간		대구
		경상대	1988	야간		경남
		공주대	1980	계절		충남
		부산대	1985	야간		부산
		전남대	1975	계절		광주
		전북대	1979	야간		전북
		제주대	1997	야간		제주
		충북대	1988	계절		충북
		한국교원대	1987	계절 · 주간		충북
	계	10				
지리교육 전공	사립	경희대	1972	야간	중등학교 정교사(2급) 지리	서울
		고려대	1968	야간		서울
		가톨릭관동대	1987	야간		강원
		대구가톨릭대	2000	계절 · 주간		경북

		대구대	1984	계절		경북
		동국대	1979	야간		서울
		상명대	1996	야간		서울
		서원대	1998	야간		충북
		이화여대	1967	야간		서울
	계	**9**				
	합계	**19**				
지리전공	국립	서울대	1978	주간	중등학교 정교사(2급) 지리	서울
	합계	1				
총합계		**20**				

출처: 교육부, 2017.

이들 교원양성기관을 이수하면 중등학교 정교사(2급) 자격증을 부여받을 수 있다. 현재 우리나라에서는 교사자격증 취득을 위한 무시험검정으로 자격 검정을 대체하고 있는데 사범대학을 졸업하거나 일반대학 교직과정을 이수한 자 또는 교육대학원이나 교육부 장관이 지정하는 대학원 교육과에서 석사학위를 받은 사람 등 교원양성기관에서 소정의 과정을 이수한 사람에게는 시험 없이 서류 심사만으로 중등교원 자격증을 발급하고 있다(교원자격검정령[시행 2014.11.4.] [대통령령 제25684호, 2014.11.1. 일부 개정]).

중등교원 자격증 무시험검정을 위한 지리교사 양성 과정은 <표 4>와 같이 크게 전공과목과 교직과목으로 나뉘며, 전공과목은 다시 기본이수과목과 교과교육 영역으로 나뉜다.

이중 교원 자격 무시험검정을 위해 이수해야 하는 기본 이수 과목의 경우 고시된 기본 이수 과목 내에서 교원 양성 위원회의 심의를 거쳐 대학의 장이 자율적으로 지정할 수 있다(교육부, 2018: 61). 교과교육 영역의 경우 1) 교과교육론 2) 교과 교재 연구 및 지도법 3) 교과 논리 및 논술 4) 교과별 교수법 5) 교과별 교육과정 6) 교과별 평가 방법론[2] 등을 대학별로 8학점 이상(3과목) 전공과목으로 이수

2 기존의 교과교육론, 교과교재연구 및 지도법, 교과 논리 및 논술 과목 중심의 교과교육 영역 운영을

표 4 무시험검정을 위한 이수 과목

<table>
<tr><th></th><th>총 이수 학점</th><th></th><th>이수 학점</th><th>교과목명</th></tr>
<tr><td rowspan="2">전공과목</td><td rowspan="2">50학점 이상</td><td>기본 이수 과목[3]</td><td>21학점(7과목) 이상</td><td>자연지리학 개론
인문지리학 개론
지형학
도시지리학
한국지리 총론
경제지리학
문화지리학</td></tr>
<tr><td>교과교육 영역[4]</td><td>8학점(3과목) 이상</td><td>교과교육론
교과 교재 연구 및 지도법
교과 논리 및 논술
교과별 교수법
교과별 교육과정
교과별 평가 방법론</td></tr>
<tr><td rowspan="3">교직과목</td><td rowspan="3">22학점 이상</td><td>교직 이론</td><td>12학점(6과목)</td><td></td></tr>
<tr><td>교직 소양</td><td>6학점(3과목)</td><td></td></tr>
<tr><td>교육 실습</td><td>4학점</td><td></td></tr>
</table>

하도록 되어 있다(교육부, 2018: 63).

교육부에서 제시하는 기본 이수 과목은 지리 교과내용학으로 볼 수 있으며, 교과교육 영역은 지리 교과교육학으로 분류할 수 있다. 대부분의 대학에서 교과교육 영역을 필수 이수 기준인 8학점(3과목) 이상 개설하지 않고, 그 외 교과목을

교과별 교수법, 교과별교육과정, 교과별 평가방법론을 포함하여 다양하게 운영할 수 있도록 2017학년도부터 교수요목이 개정되었다(교육부, 2018: 64).

3 기본이수과목으로 제시된 교과목명은 2019학년도 기준 고려대학교 기본이수과목이며, 기본이수과목명과 세부 영역은 각 학교별로 다르다.

4 제시된 교과교육 영역 교과목명은 교육부 교원 자격 검정 실무 편람에서 제시된 교과목명이며 2019학년도 현재 고려대학교에서 개설된 교과교육 영역 교과목은 지리교과논리및논술, 지리교과교재연구및지도법, 지리교과교육론이다.

기본 이수 과목인 전공 필수 및 전공 선택 과목으로 개설하는 것을 감안하였을 때, 실질적으로 지리 교과내용학의 비중이 지리 교과교육학의 비중보다 월등히 높은 것을 알 수 있다. 각 대학별로 세부적인 차이는 있었지만 이를 통해 현재 우리나라 지리교육과 교육과정은 예비 지리교사에게 지리 교과내용학을 지리 교과교육학보다 강조하고 있다는 것을 알 수 있다.

나. 지리교과 교원 선발 체제

학교 지리 교육의 혁신은 학생과 늘 함께하는 지리교사에 의해 주도되는 만큼 지리교사 양성 및 지리교사 임용 제도에 대한 중요성은 매우 높다고 할 수 있다(홍성훈, 2007: 192). 전문직으로서의 교직은 교원 자격 부여 대상에 대해 엄격한 자격 기준을 적용해야 한다. 이는 교직의 전문성을 보장하고 교사에 대한 사회적 공신력을 높이기 위한 최소한의 제도적 장치이기 때문이다(노종희 외, 1996; Barton & Collins, 1993; 홍성훈, 2007: 192 재인용). 그러나 우리나라 교원 자격 제도 및 임용 제도의 경우 그동안 교원 수의 양적 확산에 주력했기 때문에 질 관리는 거의 이루어지지 못했다. 특히 중등학교 교원의 경우는 수요 대비 공급이 너무 많다 보니 교원 자격 제도에 대한 여러 문제점이 도출되고 있다. 이러한 지나친 교원 자격증 남발은 교원 임용 과정에서 여러 문제점을 도출하였다.

앞서 언급한 것과 같이 현재 우리나라의 지리교사 양성 제도의 경우 교사자격증 취득을 위한 자격 검정은 무시험검정으로 사범대학을 졸업한 사람 또는 교육대학원 또는 교육부 장관이 지정하는 대학원 교육과에서 석사학위를 받은 사람 등 교원양성기관에서 소정의 과정을 이수한 자에게 시험을 부과하지 않고 서류심사만으로 자격증을 발급하고 있다(교원자격검정령[시행 2014.11.4.] [대통령령 제25684호, 2014.11.1. 일부 개정]).

현재 중등학교 지리교사의 임용 체제는 선발을 통한 경쟁시험 체제이다. 공립 중학교와 고등학교 임용후보자 선정경쟁시험은 신규교사 임용을 주관하는 전국 17개 시·도 교육청이 공동관리위원회를 구성하여 운영하고 있으며, 2001년부터 한국교육과정평가원이 출제와 채점 업무를 위탁 실시하고 있다. 공립 중학교와 고등학교 임용후보자 선정경쟁시험의 정식 명칭은 '공립 중등학교 교사 임용후보자 선정경쟁시험'이며, 관련 근거는 교육공무원법(개정 2016.1.27.) 및 교육공무원임용령(개정 2016.1.6.) 그리고 교육공무원임용후보자선정경쟁시험규칙(개정 2014.8.8.)이다.

공립 중학교와 고등학교 임용후보자 선정경쟁시험은 크게 1차 시험과 2차 시험으로 치루어지며, 1차 시험은 교육학 및 지리 교과교육학과 지리 교과내용학을 평가하여 모집 인원의 1.5배수를 선발한다. 1차 시험에서 선발된 인원을 대상으로 치러지는 2차 시험은 교사로서의 적성 및 교직관을 탐색할 수 있는 심층면접과 교수·학습과정안 작성 그리고 수업 실연을 평가한다.

평가도구 측면에서 1차 시험의 교육학은 선다형의 객관식 문항으로 출제되다가 2014학년도부터 논술형으로 바뀌었으며, 전공과목은 선다형의 객관식으로 출제된 2009~2013학년도 1차 시험을 제외하면 서답형 주관식 문항으로 출제되었다. 2차 시험의 경우 2009학년도 이후부터 지리 수업능력에 대한 2차 전형이 평가가 본격적으로 도입되어 지리 교수·학습과정안 작성 및 지리 수업 실연능력에 대한 평가도 함께 이루어지고 있다.

다. 지리교과 교원양성교육 및 선발 체제의 문제점

교사는 단순히 지식이나 기능을 전수하는 사람이 아닌 학생들을 전인으로 성장, 발달하게 돕는 사람이어야 하기 때문에 교사의 자질이나 자격은 교육에서 가장 중요한 요소이다. 따라서 교원의 자질과 전문성 제고를 위해서는 합리적이고 바람직한 교원 자격 제도와 타당한 교원양성과정의 확립이 필요하다(노종희 외, 1996; Barton & Collins, 1993). 하지만 우리나라의 경우 해방 이후 교원 수의 부족으로 인해 그동안 교원의 양적 확산에만 주력하여 교원 자격증 제도 및 교원양성 제도의 질 관리는 거의 이루어지지 못하였다. 특히 중등학교 지리교사의 경우는 현재 수요 대비 공급이 너무 많아 교원양성과정 및 교원 자격 제도에 대한 여러 문제점이 도출되고 있다. 지리교과에서 교원양성과정 및 선발 체제의 문제점은 다음의 세 가지로 분류할 수 있다.

첫째, 지리교사 수급 정책의 부재를 들 수 있다. 현재 지리교사 교사자격증 취득을 위한 자격 검정은 무시험검정으로 이루어지고 있다. 교원양성기관에서 소정의 과정을 이수한 사람은 서류 심사만으로 자격증 발급[5]을 하도록 규정하고 있는데 이러한 자격기준에서 질적인 통제의 미흡함이 문제점으로 지적되고 있다. 사범대학 졸업자 외에 교직과정 이수자 및 교육대학원 졸업자 등에게 자격증을 수여하는 과정에서 중등학교 2급 지리 정교사 자격증이 남발되어 지리교사의 질적 저하 및 전문성 미흡을 초래하였다. 현재 우리나라에서 채택하고 있는 교원 자격증의 무시험검정을 위한 유일한 기준은 대학 졸업에 필요한 학점의 취득뿐이며, 교원으로서 필요한 인성적 자질이나 실제 수업 실연 능력을 확인할 수 있는 그외의 기준이나 장치는 없다(홍성훈, 2007: 195). 따라서 현재의 무시험검정 제도로는 졸업에 필요한 최소한의 평점[6]만 갖추어도 중등학교 2급 지리 정교사 자격증이 수여된다. 또한 졸업 시 수여된 2급 정교사 자격증의 효력은 최소한의 평점만 갖추어도, 이는 교원의 자질 향상과 전문성 확보라는 차원에서 보았을 때 문제가 될 수 있다. 이와 같이 교원 양성 기관의 지나친 양적 확대와 질적 통제 장치의 결여로 인해 지리교사 자격의 전문성과 신뢰성에 의문이 제기되고 있다. <표 5>에서 나타난 것과 같이 2008~2018학년도 서울특별시교육청 지리교사 모집 현황 및 경쟁률을 보았을 때, 현재 지리교사 자격증의 발급은 그 수요를 훨씬 뛰어 넘고 있다는 것을 알 수 있다.

또한 <표 6>과 같이 2019학년도 중등 지리교사 임용후보자 선정경쟁시험 시·도 교육청 교원 모집 현황 및 경쟁률을 보면 알 수 있듯이 현재 우리나라의 경우 수요 대비 교원 자격증 소지자의 비율이 지나치게 높은 것을 알 수 있다.

둘째, 중등 지리교사 임용후보자 선정경쟁시험 문항의 타당성 문제를 들 수 있다. 현재 임용시험은 지나치게 폭넓은 범위에서 문항이 출제되고 있으며, 임용 출제 문항을 미시적으로 분석하였을 때 사범대학 지리 교육과정과의 부정합성을 확인할 수 있다. 또한 임용시험 출제에 참여한 출제자가 자신의 세부전공이나 관심영역을 그대로 반영해서 문항을 출제하고 있음에도 주목할 필요가 있다(이대성, 2006: 157).

---

5 교원자격검정령[시행 2014.11.4.] [대통령령 제25684호, 2014.11.1. 일부 개정]

6 전공과목 평균 75점 이상, 교직과목 평균 80점 이상일 시 무시험검정으로 중등학교 정교사 2급(지리) 자격증을 교부받을 수 있다(교육부, 2018: 53).

표 5 2008학년도~2018학년도 서울특별시교육청 지리교사 임용 현황[7]

학년도	모집 인원(명)			응시 인원(명)			경쟁률[8]
	일반	장애	합계	일반	장애	합계	
2018	11	1	12	88	2	89	7.41:1
2017	6	0	6	99	0	99	16.5:1
2016	5	0	5	165	0	165	33:1
2015	4	1	5	125	5	130	31.25:1
2014	10	0	10	208	0	208	20.8:1
2013	–	–	–	–	–	–	–
2011	4	1	5	246	5	251	61.5:1
2011	–	–	–	–	–	–	–
2010	9	0	9	365	0	365	40.55:1
2009	18	1	19	354	5	359	19.66:1
2008	9	1	10	174	1	175	19.33:1

표 6 2019학년도 전국 시·도 교육청 교원 임용 현황 및 경쟁률[9]

교육청	모집 인원(명)	경쟁률	교육청	모집 인원(명)	경쟁률
서울	10	10:1	충남	12	6.3:1
경기	50	6.18:1	충북	8	8.4:1
부산	5	8.8:1	경남	10	8.2:1
인천	0	–	경북	9	7.78:1
대구	2	10.5:1	전남	11	4.64:1
대전	3	10:1	전북	10	5.5;1
울산	2	10.5:1	강원	12	6.83:1
세종	3	8.67:1	제주	2	6:1

7 서울특별시 교육청 홈페이지 참고(검색: 2019.02.07.).
8 경쟁률의 경우 일반 응시만을 대상으로 하였다.
9 각 시·도 교육청 홈페이지 참고(검색: 2019.02.07.)

중등 지리교사 임용후보자 선정경쟁시험은 전문성을 갖춘 지리교사의 선발을 그 목적으로 한다. 이를 위해 임용후보자 선정경쟁시험의 평가문항 형식이나 내용은 포괄적인 지리교사로서의 자질을 측정하는 데 중점을 두어야 한다. 그럼에도 불구하고 지금까지 출제되었던 문항들은 지리 지식 측정에 치중하였으며, 지리교과의 기능이나 가치·태도 등의 영역을 포함하고 있지 못해 우수한 지리교사를 선발할 수 있는 평가 체제로서의 타당성이 부족하다고 할 수 있다(한관종, 2007: 166). 또한 임용후보자 선정경쟁시험의 범위는 지나치게 광범위한데 비해 출제 문항은 지엽적이라는 비판 또한 일어나고 있다(최윤정, 2017: 279). 시험의 내용 또한 지리 교과 교육학 문항의 비중이 낮아 지리교사로서 필수적으로 갖추어야 하는 지리교과 전문성을 타당하게 평가하는지에 대한 비판이 있다.

이러한 평가 체제의 타당성 결여는 예비교사들이 교사로서의 전문성 함양보다는 암기 위주의 학습을 하도록 유도하였으며, 정상적인 교원 양성 기관 교육과정 운영에 방해 요인으로 작용하였다. 사범대학의 기본 이수학점만으로는 임용후보자 선정경쟁시험의 출제 범위를 모두 포괄할 수 없기 때문에 임용후보자 선정경쟁시험에 대비하기 위해 특강을 실시하거나 예비교사들이 사설 인터넷 임용 강의를 유료로 수강하고 학원에 등록하는 경우가 발생하게 된다(한관종, 2007: 166). 이 과정에서 4차 산업사회에 대비할 수 있는 전문성을 갖추기보다는 교과 지식의 단순 암기에 치중하는 부작용이 발생하게 된다. 임용후보자 선정경쟁시험에 대한 사회과 예비교사들의 인식을 조사한 결과, 연구 대상인 284명의 사회과 예비교사들은 임용시험의 타당성 및 절차적 합리성에 대한 전반적인 불신(신뢰도 5점 만점에 2.92점)을 가지고 있는 것으로 나타났다(조대훈·정경주, 2010). 시험의 타당성에 대한 이러한 불신으로 인해 사회과 예비교사들은 시험 대비를 위해 주입·암기식 학습 방법에 효과적이라고 판단하고 사교육에 의존하는 경향을 보여 기존 임용 시험이 나타내는 부정적 환류효과를 나타내기도 하였다. 김대훈(2017: 86)은 이러한 지리 임용후보자 선정경쟁시험의 타당성 확보를 위해 먼저, 지리교육학 지식의 평가 비중을 늘리고 평가도구를 다양화하며, 여러 평가내용요소를 포함하는 복합적인 문항의 출제 비중을 늘리고, 지리교육학 개론서를 지속적으로 갱신하며, 지리교사의 표준적인 지리교육학 지식기반과 이를 평가하기 위한 평가 영역 및 요소를 정립해야 한다고 주장하였다.

셋째, 교육실습 기간의 부족으로 양성 과정을 거친 후에도 교사로서의 수업 전문성을 확립하기 어려운 현실을 들 수 있다. 수업 전문성을 갖춘 지리교사 양성과 임용의 연계성 강화를 위해서는 먼저 양성기관과 임용기관 사이의 관계가 강화되어야 한다. 현재는 양성과정 중의 교육실습을 위해 각 지역 교육청 차원에서 실습 협력학교를 제공해주는 수준 이상의 관계를 맺고 있는 경우가 드물기 때문에 서로의 요구가 무엇인지를 알기 어려우며, 이러한 관계성의 약화로 인해 생기는 불만이 발생하기도 한다. 그런 점에서 양성기관과 임용 기관 사이에 다양한 의사소통 통로 마련의 중요성이 요구되며, 이는 양성과 임용의 연계성을 강화하기 위한 출발점이 된다.(최돈형 외, 2010: 7).

3. 미래 사회 변화와 지리 교과 교원양성교육

미래 사회는 지식기반사회, 저출산 고령화 사회, 세계화가 급속히 진전되는 사회가 될 것으로 예상된다. 이러한 국내·외 환경변화에 효과적으로 대처하기 위해서는 교원 양성 교육 과정의 설계 시 향후 도래할 미래 사회를 전망하고, 그러한 사회에서 전문직인 교사에게 요구되는 다양한 능력 및 소양이 무엇인지 규명하는 과정이 선결되어야 한다(이흔정, 2010: 151－152). 이러한 미래 사회 변화에 대응할 수 있도록 교원 양성 교육의 방향이 변화해야 하며, 예비 지리교사가 효과적으로 대처할 수 있도록 지리과 예비 교원 양성 교육과정이 재정비되어야 할 것이다.

변화의 속도가 가속화되는 4차 산업혁명 사회에 대비하기 위해 세계 각국이 준비하고 있는 교육정책의 키워드는 '역량'[10]이다. 국가 경쟁력의 원천이 교육 경쟁력이 된다는 점에서 세계 각국은 현재 및 미래 사회의 요구되는 핵심역량(key competence)을 찾고, 이를 학교교육의 과정에서 구현하기 위한 정책을 추진하고

10 소경희(2006: 47)는 역량을 '특정 맥락의 복잡한 요구를 성공적으로 충족시킬 수 있는 능력'으로 정의하였다. 이러한 역량 중에서도 핵심역량은 '삶의 다양한 분야의 요구를 충족시키는 데 수단이 되고 성공적인 삶과 잘 기능하는 사회를 이끄는 데에 공헌하며, 모든 개인에게 필요한 것'(소경희, 2006: 48)으로서 국가·사회적으로 합의된 몇 가지 주요 역량을 의미한다(한혜정·장경숙·김기철·이주연, 2017: 29).

있다. 현재 적용되고 있는 2015 개정 교육과정에서는 OECD의 DeSeCo(definition and selection of competencies) 프로젝트를 출발점으로 미래 사회의 창의·융합형 인재 양성과 학교교육에서 핵심역량 함양 추구를 위해 2015 개정 교육과정 총론에 핵심역량을 명시적으로 제시하였다. 이와 같은 4차 산업혁명에 효과적으로 대응할 수 있는 핵심역량을 갖춘 창의·융합형 인재를 양성하기 위해서는 먼저 핵심역량을 갖춘 예비교사를 양성해야 하는 것이 선결과제이다.

임은진(2017: 55) 등은 2015 개정 사회과 교육과정에서 제시된 사회과(지리과) 교과 역량을 평가하기 위한 평가 요소를 다음의 <표 7>과 같이 제시하였다.

표 7 지리과 핵심역량 평가 요소

2015 개정 교육과정에 제시된 핵심역량		사회과 핵심역량 평가 요소
자기관리 역량	자아 정체성과 자신감을 가지고 자신의 삶과 진로에 필요한 기초 능력과 자질을 갖추어 자기 주도적으로 살아갈 수 있는 역량	• 자아 정체성 확립 • 자기주도적 학습 능력
지식정보 처리 역량	문제를 합리적으로 해결하기 위하여 다양한 영역의 지식과 정보를 처리하고 활용할 수 있는 역량	• 정보수집/분석/활용 능력 • 매체활용 능력 • 비판적 사고력 • 의사결정력
창의적 사고 역량	폭넓은 기초 지식을 바탕으로 다양한 전문 분야의 지식, 기술, 경험을 융합적으로 활용하여 새로운 것을 창출하는 역량	• 창의적 사고 기능 • 창의적 사고 성향 • 문제해결능력
심미적 감성 역량	인간에 대한 공감적 이해와 문화적 감수성을 바탕으로 삶의 의미와 가치를 발견하고 향유하는 역량	• 타인 이해 및 존중 • 다문화 이해 • 문화 향유 능력
의사소통 역량	다양한 상황에서 자신의 생각과 감정을 효과적으로 표현하고 다른 사람의 의견을 경청하며 존중하는 역량	• 공감 능력 • 문해력 • 언어적 표현력
공동체 역량	지역·국가·세계 공동체의 구성원에게 요구되는 가치와 태도를 가지고 공동체 발전에 적극적으로 참여하는 역량	• 시민의식(지역/국가/글로벌) • 국제사회이해 • 협동 • 리더십

출처: 임은진 외, 2017: 55; 임은진, 2015: 109.

따라서 예비 지리교사를 양성하는 지리교사 양성 기관에서는 사회의 변화와 이에 따른 교육에의 변화, 핵심역량의 강조 등을 수용하여 교원 양성 교육기관의 교육과정을 재구성할 필요가 있다. 교원 양성 과정을 거친 예비 지리교사가 핵심역량을 숙지하고 이를 활용하여 교수·학습을 구현할 수 있는 교사 전문성을 육성할 수 있도록 지리과 예비교원 양성 과정의 개발 또한 필요할 것이다.

4. 지리 교과 교원양성교육의 방향성

지리 교과 교원양성교육의 방향을 재정립하기 위해서는 교원 선발 제도의 개편에 관한 논의가 지속적으로 이루어져야 한다. 현재 임용후보자 선정경쟁시험은 논술형, 서술형 및 기입형 중심의 1차 시험과 수업실연, 교수·학습과정안 작성 및 심층면접의 2차 시험으로 구성되며, 1단계에서 임용 예정 인원의 150%를 선발하고, 2단계에서 최종 인원을 선발하고 있다. 이러한 체제를 통해서는 수업의 전문성을 제대로 평가하기 어렵다는 지적에 따라 1단계의 시험은 최소한의 능력 측정 시험의 형태로 바꾸고 2단계의 수업 능력 평가를 강화하는 방안으로 개편이 논의되고 있다(최돈형 외, 2010: 4).

최돈형 등(2010: 119-124)은 교원선발제도의 개선을 위한 방안으로 크게 시험 제도의 변화를 통한 개선과 포트폴리오 중심의 선발 및 임용의 두 가지 방안을 제시하였다.

먼저, 시험 제도의 변화를 통한 교원선발제도 개선 방안은 다음과 같다. 교원의 전문성 강화와 질 관리를 위해 임용후보자 선정경쟁시험을 실습 중심의 평가 형태로 변화할 필요가 있다. 현재 적용되는 임용후보자 선정경쟁시험은 지필 평가를 더 강조하고 있지만 예비교사의 실제 수업능력 평가를 위해 실습 평가의 비중을 강화하는 것이 바람직하다. 이를 위해 학교 현장에서 예비교사를 대상으로 종합적이면서도 직접적으로 수업 능력을 평가하여 임용하는 방안의 도입이 필요하다. 이는 기존에 제시되었던 수습교사 제도와 유사하다. 이를 위해 수험생을 학교 현장에 일정 기간 동안 배치하여 지리교사로서 전문성을 평가하고 그 결과에 따라 임용을 결정하는 등의 방안을 도입할 수 있다. 즉, 2차 시험 대상자들을 일정 기간 동안 학교에 배치하여 그 과정을 평가에 반영하여 임용할 수 있다.

다음으로 포트폴리오 중심의 선발과 임용 방안을 적용할 수 있다. 수업 전문성이 있는 지리교사의 선발을 위해서는 결과 중심의 평가보다는 과정 중심의 평가 도입이 필요하다. 이를 위해서는 임용의 과정에 포트폴리오 평가 방법을 도입할 수 있다. 포트폴리오 평가를 적용하면 수업 전문성이 있는 지리교사 양성 과정의 여러 면모를 평가 대상으로 상정할 수 있다는 장점이 있다. 이 방안은 현재의 중등교사 임용후보자 선정경쟁시험이 수험생에 대한 일회성 평가라는 데서 오는 한계와 실제 수업이 아닌 수업 실연에서 오는 한계를 효과적으로 극복할 수 있다는 장점이 있다.

또한 서지영 등(2015: 16-18)은 교사 양성 및 임용체제 국제 비교를 통한 정책 제언으로 다음의 두 가지 방안을 제시하였다.

첫째, 일회성 고부담 시험에 의존하는 현재의 임용 시험 체제 개선의 필요성을 제시하였다. 현재의 일회성 시험은 수험생에게 많은 부담을 줄 뿐만 아니라 출제 및 시험 관리에 있어서도 부담이 있기 때문에 평가 제도의 개선이 필요하다. 우리나라 교사 수급이나 임용 시험 상황을 고려할 때 현재의 일회성 고부담 시험 체제가 효율적인 제도이나, 수험생이 갖는 부담이 크고 교원양성기관의 기능이 발휘되지 못하는 문제점이 도출되고 있다. 따라서 임용 선발을 위한 평가보다는 교원양성기관의 기능 강화 및 교사 자격 취득 과정의 내실화 방안 등에 초점을 둔 교원 수급정책의 효과적 운영 방안이 필요하다. 또한 임용 평가 요소에 교사 자격 취득을 위한 교원 양성 과정 중 학점 등의 학업 이수 내용을 반영하여 교사 양성과 임용을 실질적으로 연계할 필요가 있다.

둘째, 지식 위주의 평가보다는 교사의 실제적·실천적 능력 검증 방안의 도입이 필요하다. Shulman(1986, 1987)이 제시한 교사의 전문성은 교과 내용 지식에 국한되지 않는다. 따라서 교원의 선발에 있어서는 교사의 PCK(Pedagogical Content Knowledge)를 보다 확실히 평가할 수 있는 면접 및 인터뷰, 수업 실행 능력 등 현장과 연계된 실무 능력을 갖추고 점검하는 방안의 도입이 필요하다. 이를 위해서는 교육실습과정을 보다 체계화 하고 강화하여 교원 양성 과정에서 예비교사의 실제적 수업 능력을 함양하고 교원 선발 과정에서 이를 평가하는 방안의 도입이 필요하다.

5. 결론

지금까지 지리교과 교원양성교육의 현황과 문제점 그리고 미래 사회 변화로 인해 지리교사에게 요구되는 전문성 및 지리교과 교원 양성과 선발제도 개선 방안에 대해 논의해 보았다.

우리나라의 경우 교원 자격증 무시험검정을 위한 양성기관은 크게 사범계와 비사범계로 나뉠 수 있으며, 사범계 양성기관은 사범대학과 일반대학 교육과로, 비사범계의 경우 일반대학 교직과정과 교육대학원으로 세분화할 수 있다. 이들 교원양성기관을 이수하고 전공과목 평균 75점, 교직과목 평균 80점 이상일 때 중등학교 정교사 2급(지리) 자격증을 부여받을 수 있다. 중등학교 정교사 2급(지리) 자격증을 부여받은 후 공립학교 교사로 임용되기 위해서는 공립 중등학교 교사 임용후보자 선정경쟁시험에 응시하여야 한다.

하지만 현재의 지리교사 양성 및 선발 과정은 다수의 문제점을 가지고 있으며, 이는 교사의 질이 보장되지 않은 상태에서는 교육의 질이 담보되지 않는다는 것과 관련하여 중등교사 양성 및 임용 과정에 대한 개선책이 필요함을 의미한다.

첫째, 양성과정에 있어서 지리 교과교육학과 지리 교과내용학의 균형이 필요하다. 이는 교사 임용후보자 선정경쟁시험 출제 방향에 있어서도 마찬가지이다. 지리교사의 전문성은 내용학적 지식에서 오는 것이 아니라 지리 교과내용학을 학생들의 수준에 맞추어 적절한 수준으로 재해석하고 적절하게 전달할 수 있는 능력에서 나온다고 할 수 있다. 따라서 현재 양성과정과 임용시험에 있어서 지나치게 교과내용학에 치중하기 보다는 그 타당성 확보를 위해 먼저 지리교육학 지식의 평가 비중을 늘리고 평가도구를 다양화하며, 지리교사의 표준적인 지리교육학 지식기반과 이를 평가하기 위한 평가 영역 및 요소를 정립할 필요가 있다.

둘째, 4차 산업혁명으로 인한 지능정보 사회의 도래에 대비하기 위한 예비 지리교사의 전문성을 신장할 수 있는 양성 과정을 마련해야 한다. 지리교사 양성 기관에서는 사회의 변화와 이에 따른 교육에의 변화, 핵심역량의 강조 등을 수용하여 교원 양성 교육기관의 교육과정을 재구성할 필요가 있다. 이를 위해 핵심역량 중심의 지리 교육과정을 구안·실시하고, 예비 지리교사를 위한 디지털 학습 환경을 구축하여 예비교사들이 이러한 경험을 바탕으로 이후 교육현장에서 이를 효과적으로 활용할 수 있는 능력을 갖추도록 해야 한다.

셋째, 교원양성교육과정을 통해 교원의 전문성을 유지할 수 있도록 최소 전공 이수학점을 무분별하게 하향 조정하지 않도록 해야 한다. 예비 지리교사의 교과 전문성 확보를 위해서는 최소 전공 이수 학점을 강화해야 해당 교과목에 대한 전문성인 PCK를 확보할 수 있다. 또한 양성 과정에서 교육실습과정을 개선하여 실제 교실 수업 현장을 접하고 이를 통해 교사로서의 교육관을 정립하여 전문성을 기를 수 있는 방안을 마련해야 한다.

넷째, 교원양성기관의 수를 내실 있게 정선하고, 무시험검정 과정을 강화하여 교원 수급 정책을 보다 내실 있게 운영해야 한다. 무시험검정 과정 강화의 경우 사범대학의 학점 부여에 대해 보다 강력한 기준을 적용해야 할 필요가 있으며, 국가적 수준의 구체적 교원 자격 기준 설정이 필요하다.

마지막으로 교원 선발 제도의 개편에 관한 논의가 지속적으로 이루어져야 한다. 현재의 교원 선발 체제를 통해서는 수업의 전문성을 제대로 평가하기 어렵다는 지적이 다수 제기되고 있다. 따라서 지식 위주의 평가보다는 교사의 실제적·실천적 능력 검증 방안을 도입하고, 교사의 교직 능력을 포괄적으로 분석할 수 있는 분석틀을 마련하여 보다 신뢰도와 타당도를 높인 시험을 실시하는 것이 필요하다.

교육의 질적 향상을 위한 가장 중요한 변인은 교사이다. 유능하고 전문성 있는 지리 교사를 양성하고 선발하여 임용하는 것은 교육의 질적 향상과 4차 산업사회를 대비하기 위해 매우 중요하며, 이를 위한 정책적 관심과 방안을 모색할 필요가 있다.

memo

10

체육 교과 교원양성교육의 현황과 미래

류태호(고려대학교 체육교육과 교수)
정주혁(고려대학교 체육교육과 교수)

체육 교과 교원양성교육의 현황과 미래

류태호(고려대학교 체육교육과 교수)

정주혁(고려대학교 체육교육과 교수)

1. 중등학교 교원양성 체제

가. 중등학교 교원 양성기관 및 양성과정 개요

일반적으로 중등교원 양성기관은 크게 ① 사립 및 국공립 사범계(사범대학 등) ② 일반대학 교직과정, ③ 교육대학원 등으로 구분할 수 있다. 각 교원양성기관은 교육부가 정한 무시험 자격 검정 기준에 맞추어 양성 과정을 운영하고 있으며

그림 1 초·중등교원 양성경로별 현황

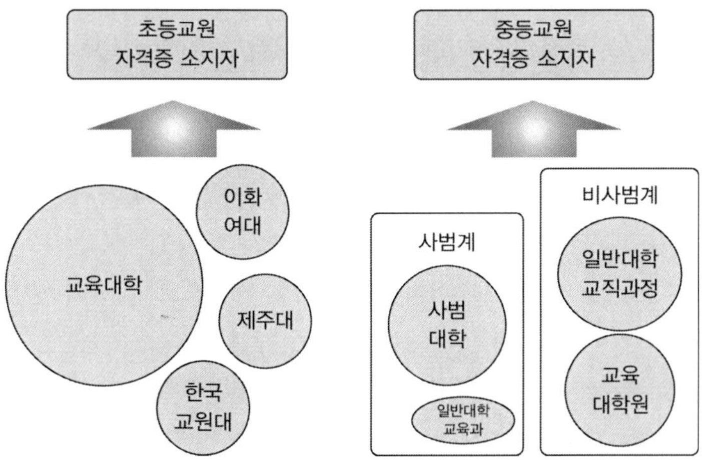

출처: 감사원 감사보고서(2018.7)에서 재인용. [원자료: 2011~2020 중장기 교원수급계획 수립 및 교원 양성기관 규모 적정화·내실화 방안마련을 위한 정책연구, 이영 외(2011)]

이 일정 과정을 성공적으로 마친 학부 및 교육대학원생은 '중등학교 정교사(2급)' 자격증을 무시험검정으로 취득할 수 있다. 이는 체육과 중등교원 자격증 취득의 경우에도 동일하다. <그림 1>은 초·중등교원 양성경로를 기관별로 구분하여 제시한 것으로써 이를 보면 중등교원 양성기관은 초등교원 양성기관과 큰 차이가 있음을 알 수 있다.

나. 중등학교 교원 자격증 취득 요건

체육과를 포함하여 여타의 각 교과 중등학교 정교사(2급) 자격증을 '무시험 자격 검증'으로 취득하고자 하는 자는 자신이 속한 교원양성기관에서 교육부가 정한 <표 1>의 기준에 맞추어 개설·운영되는 교육과정을 성공적으로 이수해야만 한다. 이 취득요건에는 전공과목(기본이수과목 및 전공 교과교육영역) 및 교직과목, 그리고 최소 이수 과목수와 학점, 최소 성적 기준, 그리고 기타(교직적성/인성 적격판정 등) 등이 제시되어 있다. <표 1>은 교육부(2018)가 제시한 자격 요건을 간략히 재구성한 것이다. 체육과 중등교원 자격증을 취득하고자 하는 자는 당연히 아래 제시된 취득 요건을 모두 충족해야만 한다.

단, 학부 편입학생 및 교육대학원 입학자 등은 이전 학교(교육대학원생은 학부 관련학과)에서 이수한 과목을 인정받는 경우가 있기 때문에 무시험 자격 검정을 신청하는 양성기관에서 <표 1>에 제시된 모든 과목 및 학점을 전부 직접 수강하여 이수하는 것은 아니다. 하지만 소속 교원양성기관에서 교육부의 기준요건에 맞추어 정한 규정과 요건에 부합한다고 인정받아야만 유사과목의 수강을 일부 면제받을 수 있다. 이는 체육과 중등학교 교원자격증을 취득하고자 하는 경우에도 마찬가지로 <표 1>의 취득요건에 맞게 각 양성기관의 교원양성과정(교과목과 이수학점, 성적 기준, 교육실습 등)을 이수하여야만 무시험 검정으로 '체육과 중등학교 2급 정교사 자격증'을 취득할 수 있다.

주목해야 할 것은 <표 1>에서 알 수 있듯이 교육봉사는 ① 학교현장실습(2학점 이상)과 ② 교육봉사활동(2학점 이내 포함)으로 이루어지고 있다, 사범대학의 중등 교사교육과정에서 전공과목(예 체육과, 국어과, 영어과, 수학과, 지리과 및 그 외 전공 등)과 깊이 관련되어 있다. 실제로 학생들은 현장실습에서 중·고교에서 자신의 전

표 1 2013년도 이후 입학자의 중등학교 정교사(2급) 자격증(무시험 자격 검정) 취득 요건

구분 \ 양성기관	① 사범대학 졸업자 (무시험 자격 검정 요건)	② 교직과정 이수자 (무시험 자격 검정 요건)	③ 교육대학원 (무시험 자격 검정 요건)
전공 과목	• 50학점 이상 – 기본이수과목 21학점 (7과목) – 교과교육영역 8학점 (3과목)	• 50학점 이상 – 기본이수과목 21학점 (7과목) – 교과교육영역 8학점 (3과목)	• 50학점 이상 – 기본이수과목 14학점 (5과목) – 교과교육영역 6학점 (2과목)
교직 과목	• 22학점 이상 – 교직이론 12학점 (6과목) – 교직소양 6학점 (3과목) – 교육실습 4학점* * (학교현장실습, 교육봉사)	• 22학점 이상 – 교직이론 12학점 (6과목) – 교직소양 6학점 (3과목) – 교육실습 4학점* *(학교현장실습, 교육봉사)	• 22학점 이상 – 교직이론 12학점 (6과목) – 교직소양 6학점 (3과목) – 교육실습 4학점* *(학교현장실습, 교육봉사)
성적 기준	• 전공 평균 75/100점 이상 • 교직 평균 80/100점 이상	• 전공 평균 75/100점 이상 • 교직 평균 80/100점 이상	• 전공 평균 75/100점 이상 • 교직 평균 80/100점 이상
기타	교직 적성·인성 검사, 응급처치 및 심폐소생술 실습 등, 기타	교직 적성·인성 검사, 응급처치 및 심폐소생술 실습 등, 기타	교직 적성·인성 검사, 응급처치 및 심폐소생술 실습 등, 기타

출처: 위 표는 2018년도 교원자격 검정 편람(2018년 2월 발간)을 편집한 것임.

공과목을 지도해보는 경험을 쌓게 되는 것이 핵심이며 따라서 각 전공에 대한 실천적 지식의 이해 및 적용(전공과의 교수경험)이 관건이지만 '학교현장실습' 과목이 전공과목이 아닌 교직과목에 포함되어 있고 이들이 현장실습기간에서 얻은 경험을 전공 학과 수업에서 반성적으로 성찰해 볼 수 있는 기회가 제도적으로 보장되어 있지 않다.

2. 중등학교 체육과 교원양성체제

가. 중등학교 체육과 교원 양성기관 및 양성과정 개요

중등학교 체육과 교원 양성기관의 구분은 먼저 국/공립대학 및 사립대학으로 나누어 볼 수 있으며 이들 교원양성기관의 공통적 양성경로는 <그림 1> 등에서 설명한 일반 중등학교 교원 양성경로와 동일하다. 즉, 사범대학 체육교육과 졸업자, 또는 관련학과/학부(체육학, 무용학 등 관련학과)를 전공하며 교직과정을 이수한 자, 혹은 관련학과(부)를 졸업하고 교육대학원에서 체육교육 전공자 등이 <표 1>의 취득요건에 맞추어 성공적으로 각 과정을 이수하면 중등학교 정교사(2급) 자격증(무시험 자격 검정)을 취득할 수 있다.

나. 중등학교 체육과 교원양성기관의 교육과정

여기에서는 주로 사범대학 학부의 양성 과정을 중심으로 설명하도록 한다. 먼저 체육과의 중등교원 2급 정교사 자격증을 무시험 자격 검정으로 취득할 수 있는 사범대학은 국/공립대학 및 사립대학으로 나누어 볼 수 있다. 어느 기관이든지 기본적으로 아래 전공분야의 교과교육영역 및 기본이수과목을 <표 1>과 <표 2>의 기준에 맞게 이수하여야 한다.

1) 체육과 전공과목 구분과 이수 요건(교과교육영역 및 기본이수과목)

먼저 <표 2>는 사범대 체육교육과에서 중등학교 교원 자격증 취득을 위한 전공과목별 이수 요건을 간략히 제시한 것이다. 교육부(2018)에 따르면 표시과목별로 ① (체육)교과교육영역은 '체육(교과)교육론', '체육(교과)교재연구 및 지도법', '체육(교과)논리 및 논술', '체육(교과)교수법', '체육(교과)교육과정', '체육(교과)평가방법론' 등을 대학별로 개발하여 운영할 수 있으며 중등교원 자격증 희망자는 이중 8학점 이상(3과목 이상)을 이수하여야 한다(교육부, 2018). 전국대학의 체육과 중등교원 양성기관의 교과교육영역의 (교)과목 명칭은 대동소이하다. 즉, 교육부가 제시한 전공별 교과교육영역 교과명 앞에 '체육' 또는 '체육(교)과'라는 단어를 첨하여

표 2 체육교육(과) 전공과목 구분(교과교육영역 및 기본이수과목) 및 이수 요건

구분	교과/과목명	적용기준 입학년도
(체육)교과교육영역 (8학점; 3과목 이상)	(체육)교과교육론, (체육)교과교재연구 및 지도법, 체육교과 논리 및 논술, (체육)교수법, (체육)교육과정, (체육)평가방법론	2009학년도 이후 입학자
(체육)기본이수과목 (21학점; 7과목 이상)	체육교육론, 체육사·철학, 스포츠사회학, 운동생리학, 운동역학, 체육측정 평가, 건강교육(론), 무용교육(론), 운동실기, 특수체육, 운동학습 및 심리(또는 스포츠심리 및 운동학습), 여가레크리에이션, 응급처치와 심폐소생술	

출처: 위 표는 2018년도 교원자격 검정 편람(2018년2월 발간)을 편집한 것임

과목명으로 하고 있는 경우가 대부분이다. 이는 타 전공분야에서도 마찬가지이다. 이들 과목 중 특히, '교과 논리 및 논술' 과목은 표시과목별로나 계열별 또는 범교과적으로 논술교육을 하거나, 학교급에 따라 '창의성 발달지도' 등에 중점을 두어 교수요목을 구성할 수 있다고 교육부 고시(제2017-126호, 2017.8.30., 일부개정)에서 밝히고 있다(교육부, 2018). 체육과 기본이수과목은 최소 13개이다. 여기서 '운동학습 및 심리' 과목은 '운동학습'과 '스포츠심리' 과목으로 구분되어 각각을 별개의 과목으로 개설하여 운영하는 대학의 경우가 적지 않다. 이 경우 학생들은 어느 한 과목을 선택하면 수강을 인정받는다.

다. A사범대학 체육교육과 교육과정 운영사례

위에 설명한 교육부 중등교원자격증 취득 요건을 기준으로 A사범대학 체육교육과에서 실제 운영되고 있는 중등교원양성 교육과정 예를 제시해 보면 <표 3>과 같다.

<표 3>에 명시되어 있지는 않지만 A대학은 체육 교과교육영역 일부 과목(예 체육교과교재연구및지도법)에서 예비체육교사들의 실천적 지식 이해와 적용 능력의 향상을 위하여 체육과의 교수이론과 함께 현장교육실습에 대비한 실제 교수연습(마이크로티칭)을 병행하여 수업을 진행하고 있다.

표 3 A사범대학 체육교육과 교과목 이수 기준표

체육교육과(일반학생) 교과목이수 기준표

1. 〈◎와 과목명, 학점(숫자)은 필수이수〉 2. 〈단일, 이중, 복수, 학사편입 모두 해당학번 기준임〉

이수교과목					2018			
영역		학수번호	과목명	학점	단일전공	이중전공	복수전공	학사편입
공통교양	자유정의진리	GELI001, 002	자유정의진리 1, 2	6	◎			
	글쓰기	GEWR001	글쓰기(*2학기)	2	◎			
	Academic English	IFLS011, 012	Academic English 1, 2	2	◎			
	1학년 세미나	GEKS005, 006	1학년 세미나 1, 2	2	◎			
	정보적사고	GECT001	정보적사고(2학년)	1	◎			
	소계			13	13			
핵심교양	* 세계의 문화			3	택2 (단, *중 택1 필수)			
	* 역사의 탐구			3				
	* 문학과 예술			3				
	* 윤리와 사상			3				
	사회의 이해			3				
	과학과 기술			3				
	정량적 사고			3				
	소계			6	6			
교양계				19	19			
기본전공	교과교육영역 (8학점)	PHEK312	체육교과교육론	3	◎	◎	◎	◎
		PHEK475	체육교과교재연구 및 지도법	3	◎	◎	◎	◎
		PHEK481	체육교과논리 및 논술	2	◎	◎	◎	◎
	기본이수 (22학점)	PHEK213	운동학습 및 심리	3	◎	◎	◎	◎
		PHEK224	임해훈련	1	◎	◎	◎	◎
		PHEK261	스포츠생리학	3	◎	◎	◎	◎
		PHEK262	스포츠사회학	3	◎	◎	◎	◎
		PHEK264	여가레크레이션교육론	3	◎	◎	◎	◎
		PHEK303	운동역학	3	◎	◎	◎	◎
		PHEK311	체육사·철학	3	◎	◎	◎	◎
		PHEK366	체육측정 및 평가	3	◎	◎	◎	◎
	전공선택			20	20	20	20	20
전공계				50	50	50	50	50
교직	교직소양	SEDU309	특수교육학개론	2	◎			◎
		SEDU303	교직실무	2	◎			◎
		SEDU320	학교폭력예방의 이론과 실제	2	◎			◎
	교육실습 (4학점 이상)	**SEDU408**	**학교현장실습**	**2**	**◎**			**◎**
		SEDU409	**학교현장실습(해외한국학교)**	**2**				
		SEDU410 (택1)	**학교현장실습(해외인턴십)**	**3**				
		SEDU210	**교육봉사**	**2**				
	교직이론			12	◎			◎
교직계				22(23)	22(23)			22(23)
심화전공			전공선택	30	30			
졸업요구 총 이수학점				140	140	50	50	72

★ 영어공인성적(토익 600, CBT 173, IBT 62, 텝스 502, IELTS 5.0)
★ 영강 5과목 이수(외국어, 영강, 원어강 포함), 학사편입 3과목
★ 2017학번부터 졸업시험 폐지, 자격증(3개) 취득에서 자격증(1개)+전공실기 10과목 이수로 변경
★ 기본전공 이외의 심화전공, 2중전공, 융합전공 중에 하나를 의무적으로 이수(학사편집은 선택)
★ 2018학년부터 인권과 성평등 교육 학년당 온라인교육 1회 이수로 재학 중 총 4회 이수 필수
참고자료: 고려대학교 체육교육과 홈페이지 등

3. 체육과 교원 선발 제도와 현황

가. 중등학교 체육과 교원이 되는 길

중등학교 체육과 교원이 되기 위해서는 먼저 교원양성과정기관에서 일정 교육과정을 마친 후 중등교원 자격증을 취득하여야 하고 그 다음은 ① 임용시험을 통하여 국·공립학교에 임용되거나 ② 임용시험 없이 사립 중·고등학교 교원으로 임용되는 두 가지 길이 있다.

먼저 국공립 교사의 신규채용은 「교육공무원법」 제1조에 따른 공개전형 원칙에 따라 임용시험을 통하여 이루어진다. 현재 사립학교의 경우는 2005. 12. 29. 「사립학교법」 개정으로 2017년 12월 기준 사립학교는 신규 채용 시 공개전형을 통하여 선발하도록 하고 있으며, 또는 교육청에 선발을 위탁하여 채용할 수 있다(2018, 감사원). 사립학교의 공개채용은 공개전형을 통하여 교원인사위원회 심의와 학교장 제청과 이사회 의결로 선발된다. 그러나 사립학교의 감사원 감사결과에 따르면 이사장 임의로 정한 기준에 따라 선발되는 불공정 사례가 적지 않다고 보고되었다(2018, 감사원).

나. 중등학교 체육과 교원 임용 경쟁률 및 채용 인원 현황

사립학교에 체육과 교원으로 임용되는 경우보다는 임용시험을 통하여 국·공립 중등학교 체육 교원으로 채용되는 경우가 일반적이므로 여기서는 국·공립 교사 채용 시 필수적으로 통과해야 하는 국가 임용시험 현황에 대하여 살펴보고자 한다. <표 4>는 임용시험을 통한 서울지역 국·공립 중등학교의 체육과 교사 임용현황이다.

한편 <표 5>는 2019년도 전국 시, 도 교육청 체육 교원 임용 현황 및 경쟁률을 나타낸 것이다. 전국에서 모집인원이 가장 많은 지역은 경기도(148명, 경쟁률 7.71:1) 다음 순위는 서울(70명, 경쟁률 11.15:1)이었다. 서울의 경우는 2017년도 85명에서 이후 2019학년도 70명으로 감소추세에 있다. 그리고 2019년도 임용시험에서 경쟁률이 가장 높은 지역은 부산 > 강원 > 광주 > 서울 > 대전 순으로 나타났다.

표 4 2009~2019년도 서울특별시교육청 체육 교원 임용 현황

학년도	모집 인원(명)			응시 인원(명)		
	일반	장애	합계	일반	장애	합계
2019	65	5	70	701	11	712
2018	79	5	84	665	18	683
2017	80	5	85	487	17	504
2016	76	4	80	485	14	499
2015	66	4	70	492	15	507
2014	57	3	60	328	10	338
2013	9	1	10	118	6	124
2012	8	3	11	293	31	324
2011	5	0	5	569	0	569
2010	7	0	7	418	0	418
2009	43	3	46	754	40	794

출처: 서울특별시교육청 홈페이지.

표 5 2019학년도 전국 시, 도 교육청 체육 교원 임용 현황 및 경쟁률

교육청	모집 인원(명)	경쟁률	교육청	모집 인원(명)	경쟁률
서울	70	11.15: 1	강원	24	11.79: 1
경기	148	7.71: 1	충북	15	8.73: 1
인천	18	8.4: 1	충남	28	7.14: 1
세종	6	8.16: 1	경북	23	7.6: 1
부산	20	12.65: 1	경남	28	8.92: 1
대전	17	10.05: 1	전북	21	9.8: 1
대구	5	8.2: 1	전남	29	6.96: 1
광주	12	11.41: 1	제주	0	0
울산	11	8.8: 1			

출처: 전국 시, 도 교육청 홈페이지.

다. 중등학교 체육과 교원 선발 임용시험 출제 경향 및 내용분석

현행규정(2018년 말 시행)에 따르면 체육과 중등교원이 되기 위해서는 중등학교 교원 자격증을 취득한 자로서 1차 필기시험에서 각 과목 만점의 40% 이상 득점한 자 중 선발예정인원의 1.5배수 이상을 선발하도록 하고 있고 2차 수업실연 및 면접시험을 거친 후 1차와 2차 시험 성적을 합산하여 최종 합격자를 결정하도록 하고 있다.

<표 6>을 보면 현행(2018년 말)과 달리 2019년 말 이후에는 ① 전공 A에서 시행되던 기입형 8문항은 6문항(전공 A에서 4문항, 전공 B에서 2문항)으로 축소되며 각 배점은 문항당 2점이다. ② 현행(2018년 말) 전공 A, B에서 시행되던 서술형 13문항은 2019년 말 이후에는 17문항(전공 A에서 8문항, 전공 B에서 9문항)으로 확대되는 것으로 변경되었고 각 배점은 문항당 4점이다. ③ 현행(2018년 말) 전공 B에서 시행되던 논술형(교과교육학) 1문항은 폐지되는 것으로 확정되었다. 또한 ④ 현행(2018년 말) 제1차 시험 총 23문항은 총 24문항으로 1문항 증가하고, 전체 배점은 100점으로 변화가 없을 예정이다. 관련된 문항유형 및 문항 수 조정에 따른 수정된 답안지 양식은 2020학년도 중등학교 교사 임용후보자 선정경쟁시험 사전 예고를 통해 안내될 것이라고 한다(한국교육과정평가원, 2018).

표 6 임용시험 과목, 문항수 및 배점 현황과 변화

<table>
<tr><th colspan="7">현행
(2018년 말 시행 예정인
2019학년도 임용시험까지 적용)</th><th colspan="7">조정안
(2019년 말 시행 예정인
2020학년도 임용시험부터 적용)</th></tr>
<tr><th colspan="4">시험 과목 및 유형</th><th>문항수</th><th colspan="2">배점
(모든 교과 동일)</th><th colspan="4">시험 과목 및 유형</th><th>문항수</th><th colspan="2">배점
(모든 교과 동일)</th></tr>
<tr><td colspan="2">교육학</td><td>1교시
(60분)</td><td>논술형</td><td>1문항</td><td colspan="2">20점</td><td colspan="2">교육학</td><td>1교시
(60분)</td><td>논술형</td><td>1문항</td><td colspan="2">20점</td></tr>
<tr><td rowspan="6">전공</td><td rowspan="2">전공
A</td><td rowspan="2">2교시
(90분)</td><td>기입형</td><td>8문항</td><td>16점</td><td rowspan="2">40점</td><td rowspan="6">전공</td><td rowspan="2">전공
A</td><td rowspan="2">2교시
(90분)</td><td>기입형</td><td>4문항</td><td>8점</td><td rowspan="2">40점</td></tr>
<tr><td>서술형</td><td>6문항</td><td>24점</td><td>서술형</td><td>8문항</td><td>32점</td></tr>
<tr><td rowspan="3">전공
B</td><td rowspan="3">3교시
(90분)</td><td rowspan="2">서술형</td><td>5문항</td><td>20점</td><td rowspan="3">40점</td><td rowspan="3">전공
B</td><td rowspan="3">3교시
(90분)</td><td rowspan="2">기입형</td><td rowspan="2">2문항</td><td rowspan="2">4점</td><td rowspan="3">40점</td></tr>
<tr><td>2문항</td><td>10점</td></tr>
<tr><td>논술형</td><td>1문항</td><td>10점</td><td>서술형</td><td>9문항</td><td>36점</td></tr>
<tr><td colspan="3">소계</td><td>22문항</td><td colspan="2">80점</td><td colspan="3">소계</td><td>23문항</td><td colspan="2">80점</td></tr>
<tr><td colspan="4">계(배점)</td><td>23문항</td><td colspan="2">100점</td><td colspan="4">계(배점)</td><td>24문항</td><td colspan="2">100점</td></tr>
</table>

출처: 한국교육과정평가원, 2018.

라. 중등학교 체육과 교원 임용시험의 평가영역

<표 7>은 중등학교 체육과 교원 임용시험에서 전공과목(체육)의 교과교육학 과목의 세부 평가영역과 교과내용학 분야의 세부 평가영역을 명시한 것이다.

표 7 중등학교 체육과 교원 임용시험의 평가 영역

<table>
<tr><th>구분</th><th>기본 이수과목 및 분야</th><th colspan="2">평가 영역</th></tr>
<tr><td rowspan="5">교과
교육학</td><td rowspan="5">체육교육론</td><td colspan="2">체육교과교육</td></tr>
<tr><td colspan="2">체육교육과정</td></tr>
<tr><td colspan="2">체육 교수학습 및 평가</td></tr>
<tr><td colspan="2">체육과 교재</td></tr>
<tr><td colspan="2">체육교사</td></tr>
<tr><td rowspan="26">교과
내용학</td><td rowspan="6">체육사·철학</td><td rowspan="3">체육사</td><td>근대이전 세계체육사</td></tr>
<tr><td>근대·현대 세계체육사</td></tr>
<tr><td>한국체육사</td></tr>
<tr><td rowspan="3">체육철학</td><td>체육교육철학</td></tr>
<tr><td>스포츠철학</td></tr>
<tr><td>체육사상</td></tr>
<tr><td rowspan="3">스포츠사회학</td><td colspan="2">스포츠사회학의 이해 및 스포츠와 사회과정</td></tr>
<tr><td colspan="2">스포츠와 사회제도</td></tr>
<tr><td colspan="2">스포츠와 사회문제</td></tr>
<tr><td rowspan="4">운동생리학</td><td colspan="2">에너지 대사와 환경</td></tr>
<tr><td colspan="2">신경계와 내분비계</td></tr>
<tr><td colspan="2">근골격계·호흡계·순환계</td></tr>
<tr><td colspan="2">운동처방과 안전</td></tr>
<tr><td rowspan="3">운동역학</td><td colspan="2">운동역학의 개요와 이해</td></tr>
<tr><td colspan="2">운동학의 스포츠 적용</td></tr>
<tr><td colspan="2">운동역학의 스포츠 적용</td></tr>
<tr><td rowspan="3">운동학습 및 심리</td><td colspan="2">운동학습</td></tr>
<tr><td colspan="2">스포츠심리</td></tr>
<tr><td colspan="2">운동심리</td></tr>
<tr><td rowspan="3">체육측정평가</td><td colspan="2">측정 기준 및 절차</td></tr>
<tr><td colspan="2">자료 처리</td></tr>
<tr><td colspan="2">검사 결과의 활용</td></tr>
<tr><td rowspan="2">건강교육</td><td colspan="2">건강생활</td></tr>
<tr><td colspan="2">스포츠 안전</td></tr>
<tr><td>운동실기</td><td colspan="2" rowspan="2">실기능력 평가나 다른 기본이수과목에 통합되어 평가</td></tr>
<tr><td>무용교육</td></tr>
</table>

4. 중등학교 체육과 교원양성교육의 문제점 및 미래방향

우리나라 교원양성교육은 양과 질적으로 확장되고 지속적으로 개선되어 왔다. 교원양성과정 및 예비 체육교사 교육과정에서 그동안 제기되었던 교과교육영역의 과목 부족 문제와 지도 교원의 수적 문제 등은 많은 노력을 통해 바람직한 방향으로 변화되고 있다. 또한 임용시험 시행에 있어서도 개선을 위한 노력이 이어져 왔다. 그럼에도 불구하고 여전히 여러 난제가 남아있는 것 또한 사실이다. 따라서 아래에서는 임용시험 제도의 점검과 함께 중등교원 양성교육에서의 문제점 및 향후 방향성에 대하여 제안해 보고자 한다.

첫째, 교원양성 교육에서 전공분야의 교과교육학과 교과내용학의 연계성 부족에 관한 문제이다. 교과교육학 관련 과목이 수와 질적 면에서 상당히 개선되어 왔고 이러한 과목을 지도할 수 있는 대학교원이 양적, 질적 개선도 이루어져 왔으나 아직도 교과내용학과 연계를 강화하여 교과교육학을 지도하는 부분에 대해서는 여전히 어려움을 겪고 있다.

둘째, 국가수준 교육과정의 잦은 개정에 따른 문제와 이로 인하여 중등교원 양성기관에서 체계적이고 깊이 있는 체육교사교육이 쉽지 않다는 것이다. 수시로 개정되는 체육과 교육과정으로 인하여 대학의 지도 교원과 예비체육교사들 모두 곤혹스럽다. 개정안이 공지되면 이전 교육과정의 내용을 미처 숙지하기도 전에 변경된 새로운 내용을 가르치고 배워야 한다. 특히 임용시험 준비생의 경우는 응시년도에 따라 어떤 학생은 새로운 국가수준의 교육과정을 중심으로 또 어떤 이는 기존 교육과정에 관심을 가져야만 한다. 더하여 이러한 문제는 학교체육 현장에 필수적인 실제 수업 능력 향상을 위한 교원양성 프로그램 운영을 한층 어렵게 한다.

셋째, 사범대학 등 교원양성기관의 현장연계성 프로그램 부족이다. 이를 강화하여 예비체육교사들에게 실천적 지도력 등의 전문성이 향상될 수 있도록 양성과정을 재고해야 한다. 실제 교수기능 향상을 위한 교과목과 관련실습의 확대, 동료교수를 활용한 모의수업, 교생실습의 질적 재고 등을 통해 초임교사가 되었을 때 겪게 되는 '현장과 이론의 괴리'를 겪지 않도록 지도하는 것이 필요하다. 또한 '학교현장실습' 기간 중 전공과목 불출석으로 인한 학업결손 문제를 해결해야 하며

'학교현장실습' 과목이 전공영역이 아닌 교직과목에 포함되어 있어 전공 교과교육 영역 교과목과 연계성이 부족한 문제점을 개선할 필요가 있다. 더하여 현장실습 기간에 얻은 경험을 전공학과 수업에서 반성적으로 성찰할 수 있는 교과목 개설도 적극 검토되어야 한다. 이는 '학교현장실습' 과목이 교원양성과정에서 소위 '피날레'로 인식되어서는 안 된다는 것이며 교원양성교육의 마지막 단계가 아니라 실제수업능력 향상을 위한 중간과정이어야 한다는 의미이다.

넷째, 교원양성 교육의 방향성과 연계된 교원 임용시험에 대한 질적 재고 문제이다. 임용시험 문제 개선에 대한 인력풀의 전문화와 출제의원의 전문성 확대가 필요하다. 또한 출제 문항의 오류를 줄이고 고른 영역에서 출제 문제를 구성하고 지나치게 난이도가 높은 문제는 자제되어야 한다. 또한 예비 선발인원 비율과 실기 및 수업실연 비중을 높이는 등의 전반적인 교원 임용 체제의 보완이 필요하다. 나아가 장기적으로는 임용시험 성적순에 의존하는 국·공립 중등학교 교원채용방식에서 벗어나 다양화를 고민해야 한다. 연 1회 전국적으로 같은 날, 같은 문제로 동시에 실시하는 중등교원 선발 임용시험은 지나치게 획일적이다. 당락을 가르는 1~2점 내 근소한 점수 차 순위는 교원의 자질 및 능력의 차이로 보기 어렵다. 그러나 채용방식의 다양화는 현재의 우리사회가 당면한 '공정성' 문제에서 자유롭지 못하다. 이 '공정성'은 일부 사립학교의 교원채용에 있어 불거진 주요쟁점이기도 하다(감사원, 2018). 여러 이유로 임용시험에 성적순에 따른 국·공립학교의 교원채용 방식은 상당 기간 지속될 것으로 예상되지만 이 획일적이고 단일한 채용방식의 한계점을 인정한다면 미래지향적인 대안에 대해서 심도 있는 논의를 시작하여야 할 시점이다.

다섯째, 국·공립 중등학교나 사립학교에 일단 신규 채용이 된 이후 정년까지 교원자격증과 신분이 보장되는 제도에 대한 재고가 필요하다. 그러나 이는 매우 민감한 문제로 신중히 검토되어야 한다. 일부 교육 선진국에서는 최초 신규채용 이후에 자격증 유지나 교원신분 유지를 위한 까다롭고 다양한 방법을 제도화 하고자 교원평가나 교원자격 및 지위를 유지하기 위한 강화된 요건을 도입하기도 하였다. 예를 들면, 핀란드처럼 관련분야 석/박사학위를 요구하는 나라가 있으며 일본은 최초 신규 임용 후, 10년 단위로 지속적으로 평가받는 '교원자격 갱신 제도'를 도입하였다. 그러나 이러한 제도적 강화는 우리나라 현실에서 공무원 채용 및 신분보장과 관련한 법 규정과 함께 검토되어야 하는 어려움이 있다. 아직까지 체육 교원의 자질과 능력을 평가하는 신뢰성 있는 방법과 절차를 도출해 내지 못하고 있고 이러한 방식 자체에 대한 회의론 또한 적지 않다는 문제가 있다.

5. 맺음말

본 글에서는 우리나라 중등학교 체육과 교원 양성과정의 현황과 과제에 대하여 살펴보았다. 구체적으로 중등학교 체육과 교원 양성기관의 형태와 양성교육과정 및 체제 그리고 교원자격증 취득요건 등에 대하여 알아보았고 자격증 취득 이후 체육 교원 진출 현황과 향후 과제 및 개선방향에 대하여 검토해 보았다. 이제까지 우리는 교원양성교육 제도와 실제 운영 면에서 보다 합리적이고 효과적인 방안을 찾기 위하여 오랜 기간 지속적으로 노력해 왔으며 일부 성과도 있었다고 조심스럽게 자평한다. 그러나 여전히 산적한 과제가 남아 있고 급격한 사회 변화와 함께 교육수요자의 다양한 요구에 응답하기 위해서 교사교육자는 끊임 없는 노력의 여정을 해야만 한다. 앞으로는 보다 안정적이고 오래 지속될 수 있는 합리적인 교원양성교육 체제를 구축하기 위하여 새로운 노력을 기울여야 할 시점이라고 생각한다.

memo

11

가정 교과 교원양성교육의 현황과 미래

유태명(고려대학교 가정교육과 교수)

가정 교과 교원양성교육의 현황과 미래

유태명(고려대학교 가정교육과 교수)

1. 한국 가정과 교원양성교육의 현황

가정과 교사는 사범대학 및 일반대학 가정교육과에서의 교원양성교육, 일반대학에서의 가정교육 전공과 관련된 학과의 교직과정, 교육대학원에서의 가정교육 전공 교직과정을 통하여 양성된다. 본 장에서는 사범대학 및 일반대학 가정교육과에서의 교원양성교육을 중심으로 가정과 교원양성 교육기관과 가정교육과 모집 정원, 재직 교수의 전공 분야, 가정교육과 교육과정의 전공영역 분포, 최근 3년간의 가정과 임용후보자 선정 경쟁시험 경쟁률과 같은 기본적인 현황을 파악하였다.

가. 가정과 교원양성 교육기관 및 모집 정원

2019년 기준 전국에서 가정교육과는 11개 사범대학과 1개 일반대학, 총 12개 대학에 개설되어 있다. 2019학년도 모집 요강을 기초로 집계한 총 모집 정원은 274명이다. 국립대 4개 대학의 입학 정원은 평균 15.75명, 사립대 8개 대학의 모집 정원은 평균 27.63명으로 나타났다. 대학별 가정교육과 모집 정원의 구체적 현황은 <표 1>과 같다.

표 1 가정과 교원양성교육 기관, 설립 유형 및 모집 정원

교원양성교육 기관	설립 유형	모집 정원(명)
가톨릭 관동대	사립	15
강원대	국립	10
경남대	사립	30
경북대	국립	19
고려대	사립	35
동국대(서울)	사립	31
동국대(경주)	사립	22
배재대	사립	21
원광대	사립	27
전남대	국립	15
전주대	사립	30
한국교원대학교	국립	19
합계		274

출처: 해당 대학 홈페이지.

나. 재직 교수 전공분야

전국 가정교육과의 전임 교수는 2018년 총 48명(2018 전국가정과교수협의회 자료)으로 파악되었다. 전임교수의 전공분야를 <표 2>에서 구체적으로 살펴보면, 가정교과교육 분야 8명(16.67%), 가족/아동학 분야 10명(20.83%), 식품영양학 분야 12명(25.0%), 의류학 분야 8명(16.67%), 주거학 분야 3명(6.25%), 소비자/가정경영 분야 7명(14.58%)으로 나타났다.

가정교과교육 전공 교수로 파악된 8명은 한국교원대학교가 유일하게 2명으로 7개 대학에 재직 중이다. 가정교과교육 전공분야는 교원자격검정 실무편람에서 최소 3과목 8학점 이상을 필수로 개설하도록 규정되어 있음에도 불구하고 12개 대학 중 가톨릭 관동대, 경남대, 경북대, 동국대(서울), 배재대는 가정교과교육 전공교수가 없는 것으로 파악되었다. 가정교과내용학 분야에서는 식품영양학 전공

표 2 전국 가정교육과 전임교수의 전공 배경

전공영역		교수 수(명, %)
가정교과교육학		8(16.67)
가정교과내용학	가족/아동학	10(20.83)
	식품영양학	12(25.0)
	의류학	8(16.67)
	주거학	3(6.25)
	소비자/가정경영학	7(14.58)
합계		48(100)

출처: 2018 전국가정과교수협의회 자료.

교수가 12명으로 가장 많았고, 주거학 전공 교수가 3명으로 가장 작았다.

교육부(2018)의 2018년도 교원자격검정 실무편람에 제시된 가정과 표시과목의 기본이수과목(혹은 분야)은 (1) 가정교육론 (2) 영양학, 식품과 조리 (3) 의복재료와 관리, 의복디자인과 구성 (4) 주거학, 실내디자인 (5) 가정경영, 소비자학 (6) 아동학, 가족학 (7) 가정생활과 복지, 가정생활문화, 가정생활과 진로의 (1)~(7) 분야 중 각 분야에서 1과목 이상 이수하도록 되어 있다. 그러나 12개 대학 모두에 (7) 가정생활과 복지, 가정생활문화, 가정생활과 진로 분야의 전공 교수는 없는 것으로 나타났다.

다. 전공과목 구성

전국 12개 대학 가정교육과의 2018학년도 교육과정 중 교직 및 교양과목을 제외한 전공과목의 구성은 <표 3>과 같다. 조사된 전공과목은 각 대학별 요람에 제시된 과목으로 실제 모든 과목이 개설되는 것은 아니다. 12개 대학의 요람에 나타난 총 전공과목 수의 합계는 439개이며, 가정교과교육학 분야의 총 강좌는 55개(12.53%), 가족/아동학 분야 87개(19.82%), 식품영양학 분야 110개(25.06%), 의류학 분야 89개(20.27%), 주거학 분야 29개(6.61%), 소비자/가정경영 분야 42개

(9.57%), 기타 과목 27개(6.16%)로 나타났다. 재직 교수의 전공 분야 현황과 마찬가지로 식품영양학 분야의 과목이 가장 많이 구성되어 있고, 주거학 분야의 과목이 적게 구성되어 있었다. 특히 교육부(2018)의 2018년도 교원자격검정 실무편람에 제시된 표시과목 가정의 7개 기본이수 분야 중 (7) 가정생활과 복지, 가정생활문화, 가정생활과 진로 분야의 전공과목이 가장 적게 구성되어 있었다. 앞서 <표 2>에서 나타난 바와 같이 이 분야의 전공 교수가 전국적으로 전무한 상황에서 이 분야의 교육이 부실하게 이루어질 가능성이 없지 않다.

표시과목 가정의 기본이수과목(혹은 분야)은 7개인 데 반해, 다른 표시과목의 기본이수과목(혹은 분야)을 살펴보면, 국어 5개, 도덕·윤리 3개, 통합사회 5개, 역사 6개, 통합과학 5개, 기술 6개 등으로 표시과목 가정의 7개 과목(혹은 분야)이 가장 많은 것으로 나타났다(교육부, 2018). 과목마다 배경학문영역은 다르고 다양할 수 있지만 가정과의 경우 (7) 가정생활과 복지, 가정생활문화, 가정생활과 진로 분야에 대한 학계의 논의가 필요한 것으로 보인다.

표 3 전국 12개 대학 가정교육과 전공과목 구성(2018학년도)

전공영역		총 과목 수/ 대학 평균 과목 수	전공영역별 과목 비율(%)
가정교과교육학		55/4.58	12.58
가정교과 내용학	가족/아동학	87/7.25	19.82
	식품영양학	110/9.17	25.06
	의류학	89/7.42	20.27
	주거학	29/2.42	6.61
	소비자/가정경영학	42/3.50	9.57
	가정생활문화/복지/ 진로/기타	27/2.25	6.15
합계		439/36.58	100

출처: 해당 대학 가정교육과 요람.

<표 4>에서 전국 12개 대학별 전공과목 분포를 살펴보면, 가정교과교육 분야의 경우 앞서 거론된 바와 같이 교원자격검정 실무편람에서 최소 가정교과교육론, 가정교과교재연구 및 지도법, 가정교과 논리 및 논술 3과목을 8학점 이상을 필수로 개설하도록 규정되어 있는데 12개 대학 중 6개 대학에 최소 필수 과목인 3과목만으로 구성되어 있었다. 대학마다 아동/가족학 분야 4과목에서 16과목, 식품영양학 분야 6과목에서 13과목, 의류학 분야 4과목에서 13과목, 주거학 분야 1과목에서 6과목, 소비/가정경영학 분야 1과목에서 6과목, 가정생활과 복지/문화/진로/기타 분야 1과목에서 5과목으로 분포되어 있지만 가정생활과 복지, 가정생활문화, 가정생활과 진로의 기본이수과목을 위한 1개 과목만으로 구성된 대학이

표 4 전국 12개 대학별 가정교육과 전공과목 분포(2018학년도)

대학	교과교육	교과내용학						합계
		가족/아동학	식품영양학	의류학	주거학	소비/가정경영	복지/문화/기타	
A	5	16	12	12	1	5	1	52
B	3	6	9	6	3	3	3	33
C	8	4	8	6	3	2	5	36
D	3	7	12	10	2	4	3	41
E	7	5	6	5	3	3	1	30
F	3	8	10	5	2	1	2	31
G	3	5	9	5	2	4	4	32
H	3	6	6	6	2	6	2	31
I	6	4	7	7	6	3	2	35
J	4	9	7	4	1	4	2	31
K	7	7	13	13	2	3	1	46
L	3	10	11	10	2	4	1	41
합계	55	87	110	89	29	42	27	439

출처: 해당 대학 가정교육과 요람.

4개 대학에 이른다. 대학별로 전공분야의 과목은 가정교과교육, 주거학, 가정생활과 복지/문화/진로 분야는 최소 필수 이수 과목으로 구성된 반면에 가족/아동학, 식품영양학, 의류학은 대체로 많은 과목들로 분포되어 있는 경향이 있으나, 모든 대학이 이와 같은 경향을 보이지는 않는 것으로 종합해볼 수 있다.

라. 가정 임용후보자 선정 경쟁시험의 경쟁률

최근 3년간 가정교사 임용후보자 선정 경쟁시험의 경쟁률을 살펴보면, 2017학년도 경우 125명 모집에 1045명이 지원해 8.36:1, 2018학년도 경우 150명 모집에 1156명이 지원해 7.71:1, 2019학년도 경우 134명 모집에 1146명이 지원해 8.55:1이었다. 최근 3년간 평균 136.33명 모집에 평균 1116명이 지원해 평균 경쟁률은 8.19:1이었다.

2. 한국 가정과 교원양성교육 관련 문제의식

가정과 교원양성교육의 문제의식은 가정과의 특징적인 문제의식과 더불어 교원자격에 반드시 필요한 교직과목과 국가교육과정의 개발방식 및 편제 등과 같이 대부분 다른 교과들과 공통적인 문제의식도 공유하고 있다.

가. 교사교육과정 측면

1) 교직과목과 각과 교과교육과목의 연계 측면

교직과목은 교직이론, 교직소양, 교육실습 영역으로 구성된다. 일반적으로 교직과목 특히 교직이론 영역 과목과 각과의 교과교육과목의 내용요소는 일정 부분 중복되어 있다. 그럼에도 불구하고 두 영역 과목의 중복된 부분을 명확하게 확인하기 어려울 뿐만 아니라 확인할 수 있다 하더라도 교과교육과목에서 다루는 이론에 기초가 되는 교직과목을 먼저 이수했다고 보기 어려운 이수 시기 문제에 직면한다. 이러한 이유로 교과교육과목에서는 교직이론 과목 내용요소와 관련되는 이론 등을 연계하여 다루게 되기 때문에 강좌 운영의 효율성이 떨어진다.

개별 강좌의 강의계획서를 세세히 분석한 결과는 아니지만 교직과목은 교원자격검정을 위해 교육부의 실무편람에 제시된 교수요목을 충실히 반영하도록 한 것에 비추어 교직이론 영역 과목의 교수요목(교육부, 2018, 68)과 교과교육 영역 과목의 교수요목(교육부, 2018, 63)을 살펴보면 교직이론 영역 과목의 교직이론 영역 과목(교육철학 및 교육사, 교육과정, 교육평가, 교육방법 및 교육공학 등)의 내용요소는 개별 교과교육 강좌에 따라 다를 수 있지만 대부분의 교과교육 영역 과목에서 다루는 것으로 판단된다.

2) 교과교육영역 과목의 개설과 운영 측면

2018년 교원자격검정 실무편람(교육부, 2018, 64)에는 교과교육영역의 기존의 교육론, 교재연구 및 지도법, 논리 및 논술 3과목으로 획일적으로 편성하는 것에서 대학이 자율적으로 "교과교육론", "교과교재연구 및 지도법", "교과 논리 및 논술" 과목 중심의 교과교육영역 운영을 "교과별 교수법", "교과별 교육과정", "교과별 평가방법론"을 포함하여 다양하게 운영할 수 있도록 2017학년도부터 교수요목을 개정하도록 변경하였다고 명시되어 있다. 이는 2015 개정 교육과정에 따른 예비교원의 학생 참여형 수업 및 과정중심 평가 역량제고, 필요에 따른 것으로 교육부(2016a)의 교원양성과정 개선 계획 수립에 따른 것이다. 그러나 대학에서 실제로 고정적으로 교과교육학 과목으로 지정 개설되어온 "교과교육론", "교과교재연구 및 지도법", "교과 논리 및 논술" 과목에서 제안된 "교과별 교수법", "교과별 교육과정", "교과별 평가방법론"을 신설하여 지정 개설하고자 한다면 몇 가지 문제에 직면하게 되는 것이 현실이다.

첫째, 교과교육영역 과목은 대학별로 개발하여 운영할 수 있도록 되어 있다. 이에 기초하여 대부분의 교사양성교육기관에서는 교과교육학 영역의 세 과목을 전 학과 공통적으로 개설하여 운영해 왔다. 교육부는 실제로 대학별로 개발하여 운영할 수 있다는 것이 한 대학의 모든 학과가 공통으로 동일하게 교과교육영역 과목을 개설해야 하는 것인지, 개별 학과에서 다른 대학 내 학과들과 다르게 개설할 수 있는 것인지 보다 명확하게 실무 지침을 마련하는 것이 2015 개정 교육과정에 따른 예비교원에 요구되는 역량 제고를 위해 필요하다. 개별 대학의 교육과정 시행세칙도 이에 따라 변경될 수 있을 것이다.

둘째, 교육부(2016b)의 세부기준에 의하면 새로이 개설되는 과목도 “교과별 교수법”, “교과별 교육과정”, “교과별 평가방법론”으로 과목명이 정해져 있어서 대학이나 학과에서 자율적으로 필요한 과목을 개설하는 것은 마찬가지로 어렵다. 또한 교과교육론이 기본이수과목으로 지정되어 있기 때문에 나머지 두 과목의 과목명과 교수요목은 교원자격검정에 제시된 과목명과 교수요목에 대한 충분한 연구를 통하여 깊이있게 개발될 필요가 있다. 이와 관련된 문제로는 교과교육영역 과목 간의 중복성이 생길 수 있다는 것으로 이에 대한 검토가 필요하다. 최의창(2018, 78)은 과목명을 다변화하여 교과교육학 과목으로 인정받을 수 있도록 한 것은 긍정적이지만, 기존의 교재연구 및 지도법은 교과별 교수법, 그리고 교과교육론과 교과별 교육과정 등의 경우는 동일한 내용이거나 중복된 내용이라는 지적이 있다는 것이다.

또한 전국의 가정교육과의 정원은 대학마다 앞서 <표 1>에 제시된 바와 같이 10명에서 35명으로 규모가 다양한데, 이에 따라 교과교육론 영역 과목의 강좌는 다르게 운영될 수밖에 없다. 그 이유는 일반적으로 교재연구 및 지도법 과목에서는 현장 교사에게 요구되는 수업의 설계, 개발, 실행과 수업의 과정을 통한 평가방법 등의 핵심적 역량을 길러야 하는데, 35명에서 40명에 육박하는 수강생들의 수업실연을 효율적으로 운영하기 어려운 실정이다. 이를 가능하게 하기 위해서는 교과교육론에서 교수법, 교육과정, 평가방법을 모두나 일부를 아울러야 할 문제를 해결해야 한다. 교과교육론의 핵심 내용인 교과의 철학과 관점, 역사, 교육과정의 이해 등을 축소해야 할 상황에 직면하게 되기 때문이다. 이는 곧바로 교과교육론에서 다루어야 하는 핵심적인 내용을 깊이있게 다루지 못할 여지를 마련해주게 된다.

나. 국가교육과정 개발 측면

1) 총론과 각론의 교육과정 개발 접근방법의 차이 측면

우리나라 국가교육과정 개발의 과정에서 그동안 비평받아온 부분은 총론과 각론에 동시에 개발되어 실제로 각론과 총론에서 제시하여 추구하는 인간상이나 학교급별 교육목표 등을 반영하는 것이 어려웠다는 점이다. 2015 교육과정 개정의 경우 총론의 개발이 각론의 개발에 앞서 이루어져 이런 문제가 해소되는 측면이 있었다. 그러나 총론에서 개별 교과의 성격을 고려하지 않고 핵심개념을 중심으로 각론을 개발하도록 정해 놓아서 개념보다는 실천적 문제를 중심으로 교육내용을 구성하고 실천을 강조하는 가정교과의 경우는 현재 실행에 어려움을 겪고 있다. 1990년대 중반부터 실천적 문제 중심 교육과정 관점이 소개되어 많은 연구가 축적된 상황이고, 2007 개정 교육과정 이후 지속적으로 이 관점이 적용되었다.

이해중심 교육과정으로 대변되는 2015 개정 교육과정에서 핵심개념이 도출되고 교육과정 내용의 선정 조직의 개념을 중심에 두게 되면서, 가정과 교육과정에서도 여섯 개의 핵심개념(발달, 관계, 문화, 안전, 관리, 생애설계)이 도출된 바 있다. 그러나 성격과 목표, 역량에서 핵심개념에 대한 영속적 이해를 교과의 성격이나 목표의 중심에 두거나 언급한 경우가 거의 없는 실정이다. 오히려 성격과 목표가 실천적 문제 중심 교육과정 관점으로부터 진술되어 있으며, 성취기준과 교수·학습 방법에도 반영되어 있다. 이는 교육과정 개발 관점은 오랜 기간 지속적으로 교사교육과정을 통해 이해되고 실천되어온 부분이기 때문에 어느 특정 교육과정 개발과정에서 총론 개발진이 각론 개발진과의 논의나 협의과정을 거치지 않고 전달식으로 요청하여 모든 교과에서 일괄적으로 적용을 유도하는 것은 교과의 특성을 고려하지 못한 획일적인 행정적 조치로 성공적인 교육과정 실행을 저해하는 요인으로 작용한다. 교과의 특성을 고려하여 자율성이 고려되는 교육과정 개발 과정이 요구된다.

2) 국가교육과정 실행 측면

2015 개정 교육과정을 구성하는 요소에는 핵심역량, 핵심개념, 일반화된 지식, 성취기준, 기능과 같은 개념을 포함한다. 성공적인 교육과정 실행을 위해서는 교육과정을 구성하는 요소에 대한 심도있는 이해는 기초이고 교사의 전문성이 더해져 새로운 교수활동으로 구현되어야 한다. 그러나 객관적으로 살펴보면 2015 개정 교육과정이 역량중심 교육과정인지 이해중심 교육과정인지, 이 둘의 융합인지 모호하여 교수활동의 중점을 어디에 두어야 할지 판단을 잘 하지 못할 수 있다. 강현석(2018)은 이와 같은 상황을 “역량중심 교육과정과 이해중심 교육과정의 불

안한 동거"라고 표현하였다. "주지하다시피 2015 개정 교육과정에서는 역량중심 교육과정을 전면으로 표방하고 있다. 역량중심 교육과정 옹호론자들은 일차적으로는 기존의 단편적인 주지교육의 문제들을 개선하고 학습자들에게 개인적으로나 사회적으로 적합하게 하려는 방향에서 역량 교육과정을 강조한다. (중략) 다른 한편으로 총론의 정신에서 학습자들의 심층적 이해능력을 강조하는 이해중심 교육과정을 강조하며, 각론에서 새로운 학문중심 교육과정의 구현체로 백워드 설계 방식에 기반한 내용체계를 개발하였다. 핵심 개념과 일반화된 지식, 기능을 강조하고 영속적인 이해를 강조하며 전이가능성이 높은 주요 아이디어를 강조하고 나섰다. 역량중심 교육과정과 한편으로 관련이 있으면서도 한편으로는 대립적 관계에 있는 모양새이다. 이 불안한 동거를 현장 교사들은 헷갈리고 혼란스럽게 받아들이고 있다"(강현석, 2018, 40-41)라고 진단하였다.

"핵심역량"은 총론에서 모든 교과에서 반영해야 할 6개의 공통역량(자기관리 역량, 지식정보처리 역량, 창의적 사고 역량, 심미적 감성 역량, 의사소통 역량, 공동체 역량)이 제시되어 있고, 가정과의 교과역량으로는 실천적문제해결능력, 생활자립능력, 관계형성능력이 설정되었다. 2015 교육과정 총론에 제시된 공통역량 중에는 이미 2009 가정과 교육과정에서 교과역량(자기관리능력, 실천적 문제해결능력, 창의력, 진로개발능력, 대인관계능력, 의사소통능력)으로 제시되었던 동일한 역량이 포함되어 있고, 총론에서 먼저 제시된 역량과 각론에서의 교과역량은 중복되지 않도록 하는 지침에 근거하여 가정과에서 중요하게 다루던 역량(자기관리영역, 창의력, 의사소통능력)을 교과역량으로 제시하지 못하게 되었다. 그렇다고 총론에 제시된 공통 핵심역량은 교과의 "성취기준"에 적극적으로 반영할 여지가 없기 때문에 실제적으로 교과교육을 통하여 총론의 공통역량을 기르도록 하는 것이 어렵다. 가정과 교육과정의 경우 교과역량은 성격과 목표 항목에 반영되어 있으나 실제 교사가 수업설계 시 고려하는 성취기준과 교수학습방법과 평가에는 연계가 부족하여 역량중심 교육과정으로 보긴 힘들다.

미래 사회 변화에 요구되는 수시개정을 해나가되, 전면적인 개정의 경우는 총론개발진과 각론개발진의 충분한 서로간의 의도와 교육과정 개발 관점에 대한 이해가 반드시 선행되고, 교과의 특수성이 무시되거나 반하는 방향으로의 획일적 개정은 지극히 지양되어야 할 부분이다. 그 이유는 교과는 교사양성교육과정을 통하여 전문성을 기를 각과 교사들에 의해 실행되는데 각과 교사들의 교육과정 관점에 대한 이해가 없이 개발된 교육과정을 단지 연수를 통해서 교사 자신의 관점과 다른 교육과정을 실행하도록 한다면 교사의 교과에 대해 지향하는 가치와 철학에 반하는 교육활동의 실천을 요구하는 일이 되기 때문이다. 이는 사범대학에서의 각과 교사양성교육과정의 근간이 흔들릴 수 있는 생각보다 심각한 문제의 소지가 있다.

다. 가정과의 국가 교육과정 편제 측면: 가정과와 기술과의 병합

가정과목의 경우 제6차 교육과정기에 독립적으로 편제되었던 가정과 기술과목이 제7차 교육과정기부터 병합된 형태로 기술·가정 과목명으로 편제되어 운영되고 있다. <표 5>는 교수요목 이래 기술·가정과 교육과정 편제의 변천을 보여주는데 가정과교육과 기술교육을 전공하지 않아 교과철학과 학문적 배경을 알지 못할 경우 자칫 원래 교과의 성격이 같은 기술과 가정영역으로 보일 수 있으나, 이는 문제의 역사가 그만큼 깊다는 것을 반증하는 것이다.

가정교사와 기술교사의 자격을 위한 교사양성교육은 별도로 개설 운영되고 있고, 각각의 표시과목명은 기술, 가정으로 되어 있다. 기술과 교사의 양성은 기술교육과 및 관련되는 학부(전공·학과)에서 6개의 기본이수과목(혹은 분야)인 (1) 기술교육론 (2) 제조기술(제도, 기계) (3) 건설기술(토목, 건축), (4) 수송기술(에너지, 자동차공학) (5) 정보통신기술(전기, 전자, 컴퓨터, 정보통신) (6) 생명기술(재배사육, 생명기술기초)의 (1)~(6) 분야 중 각 분야에서 1과목 이상 이수하도록 되어 있다(교육부, 2018, 197). 이는 앞서 이미 논의한 바 있는 가정과교사의 양성이 가정교육학 및 관련되는 학부(전공·학과)에서 기본이수과목(혹은 분야)인 (1) 가정교육론 (2) 영양학, 식품과 조리 (3) 의복재료와 관리, 의복디자인과 구성 (4) 주거학, 실내디자인 (5) 가정경영, 소비자학 (6) 아동학, 가족학 (7) 가정생활과 복지, 가정생활문화, 가정생활과 진로의 (1)~(7) 분야 중 각 분야에서 1과목 이상 이수하도록 명시된 교육부(2018, 197) 문건으로도 교사양성 자체가 다른 학과에서 다른 학문적 배경으로 이루어지고 있기에 기술·가정 과목명을 가지고 한 과목으로 병행하여 편제되고 운영되는 것은 앞으로도 지속적으로 검토되어야 할 부분이다.

표 5 중학교 기술·가정과 교육과정 편제의 변천 개요

<table>
<tr><th rowspan="2">시기</th><th rowspan="2">교과 명</th><th rowspan="2">과목 명</th><th colspan="3">학년별 시간 배당</th><th rowspan="2">비고</th></tr>
<tr><th>1</th><th>2</th><th>3</th></tr>
<tr><td rowspan="2">교수요목</td><td rowspan="2">실업</td><td>농업, 공업,
상업, 수산업</td><td>1
1</td><td>1
1</td><td>2(남)
1(여)</td><td></td></tr>
<tr><td>가사
재봉(여)
수예</td><td>2
2
1</td><td>2
3
1</td><td>4
3
1</td><td></td></tr>
<tr><td rowspan="2">제1차 교육과정
(문교부령
제45호)
(1955. 8. 1)</td><td rowspan="2">실업·
가정</td><td rowspan="2">농업 생활, 가정 생활
공업 생활, 상업 생활
어촌 생활</td><td>5</td><td>5</td><td>5</td><td>남녀 구분
없이 필수</td></tr>
<tr><td>1～7</td><td>1～7</td><td>1～7</td><td>남녀 구분
없이 선택</td></tr>
<tr><td rowspan="3">제2차 교육과정
(문교부령
제120호)
(1963. 2. 15)</td><td rowspan="3">실업·
가정</td><td>농·공·상·수산 과정</td><td>4～5</td><td></td><td></td><td>남자</td></tr>
<tr><td>농업, 공업, 상업,
수산 과정</td><td></td><td>4～6</td><td>3～12</td><td>남자
선택 1</td></tr>
<tr><td>가정 과정</td><td>4～5</td><td>4～6</td><td>3～12</td><td>여자</td></tr>
<tr><td rowspan="2">교육과정 부분
개정
(문교부령
제251호)
(1969. 9. 4)</td><td rowspan="2">실업·
가정</td><td>기술(남)
기술(여)</td><td>4～5</td><td>3</td><td>3</td><td>필수 과목</td></tr>
<tr><td>농업, 공업, 상업,
수산업, 가정</td><td></td><td>2～3</td><td>2～9</td><td>선택 1</td></tr>
<tr><td rowspan="2">제3차 교육과정
(문교부령
제325호)
(1973. 8. 31)</td><td rowspan="2">실업·
가정</td><td>기술(남)
가정(여)</td><td>3</td><td>3</td><td>3</td><td>필수 과목</td></tr>
<tr><td>농업, 공업, 상업,
수산업, 가사</td><td></td><td>3～4</td><td>3～7</td><td>선택 1</td></tr>
<tr><td rowspan="2">제4차 교육과정
(문교부고시
제442호)
(1981. 12. 31)</td><td rowspan="2">실업·
가정</td><td>생활 기술(남)
가정(여)</td><td>3</td><td>4～6</td><td></td><td></td></tr>
<tr><td>농업, 공업, 상업,
수산업, 가사</td><td></td><td></td><td>5～7</td><td>선택 1～2</td></tr>
<tr><td rowspan="2">제5차 교육과정
(문교부고시
제87－7호)
(1987. 3. 31)</td><td rowspan="2">실업·
가정</td><td>기술, 가정, 기술·가정</td><td>3</td><td>4～6</td><td></td><td>남녀
구분없이
선택 1</td></tr>
<tr><td>농업, 공업, 상업,
수산업, 가사</td><td></td><td></td><td>4～6</td><td>선택 1</td></tr>
</table>

제6차 교육과정 (교육부고시 제1992－11호) (1992. 6. 30)	기술·산업 가정	기술·산업	1	2	2	남녀 공통 필수
		가정	2	1	1	
제7차 교육과정 (교육부고시 제1997－15호) (1997. 12. 30)	기술·가정	기술·가정	2	3	3	남녀 공통 필수
2007 개정 교육과정 (교육인적자원부 고시 제2007－79호, 2007. 2. 28.)	기술·가정	기술·가정	2	3	3	남녀 공통 필수
2009 개정 교육과정 (교육과학기술부 고시 제2009－41호, 2009. 12. 23.)	기술·가정	기술·가정	8			남녀 공통 필수
2015 개정 교육과정 (교육부 고시 제2015－74호, 2015. 9. 23.)	기술가정	기술·가정	8			남녀 공통 필수

출처: 교육과학기술부(2008); 교육부(2015a); 이연숙, 김서현, 유세종(2016).

3. 한국 가정과 교원양성교육의 미래 방향 제언

한국 가정과 교원양성교육의 문제의식을 교사교육과정, 국가교육과정 개발, 가정과의 국가교육과정 편제 측면에서 짚어 보았다. 이런 측면은 가정과의 교과 본질이나 구조적인 원인에서 나온 것이라기보다는, 기술과와 병합된 하나의 교과로 국가교육과정에 편제된 문제를 제외하고는, 다른 교과와 공통으로 직면한 문제로 다른 교과와의 문제의식 공유와 공동의 해결방안도 찾아볼 수 있는 기대를 갖고 각 문제의 제 측면에 대한 개선 방안과 미래 방향을 모색해보고자 한다.

가. 교사교육과정 측면

교사교육과정 측면에서는 교직이론 과목과 교과교육과목의 내용이 중복될 수 있는 문제와, 교과교육 영역 과목의 구성과 개설의 문제를 살펴보았다. 우선 교직이론 과목과 교과교육과목의 내용이 중복될 수 있는 문제 해결을 위한 개선 방안을 마련하기 위해서 초등교사교육과정에서는 표준 강의계획서를 개발하여 공유하기도 했으나, 그런 방법은 개별 교수자의 교육철학, 신념, 관점 등을 무시하는 표준화된 교육으로 이끌게 되기 때문에 적합하지 않다. 교직이론 과목과 교과교육 영역 과목의 이수 시기와 다루는 내용요소에 대한 대학별 과목의 주요 내용과 범위 등에 대한 지속적인 논의를 해나가는 것이 요구된다.

가정교과교육 영역과목의 구성과 운영의 문제는 전국의 가정교육과의 정원이 10명에서 35명으로 규모가 다르고, 요람에 제시된 교과교육 영역 과목이 3과목에서 7과목으로 차이가 있고, 가정교과교육 12개 대학 중 4개 대학에 전공교수가 부재하는 등 각 대학의 교육 여건은 여러 측면에서 다양하기 때문에 획일적 처방은 적합하지 않다. 그럼에도 불구하고 같은 가정교과교육 전공교수들이 정기적 혹은 비정기적이라도 포럼을 가지면서 강의계획의 요목, 교수방법 및 활동, 평가 등을 공유하고 분석하며 성찰하고 개선을 모색하는 노력을 해야 한다. 각 대학 전공교수들이 교과교육론 영역 과목 간의 중복이나 내용위계와 범위, 교직이론 과목과의 중복 등의 개선을 위해 체계적으로 공동연구를 수행하는 것도 효율적이고 학술적으로 기여할 수 있는 방안이 될 것으로 판단된다. 또한 교원자격검정을 위한 실무편람에 제시되어야 할 교직과목과 교과교육영역 과목의 교수요목을 전공교수들의 논의를 통해 합의를 이끌어 교육부에 대안을 제시할 수 있는 연구를 수행하는 것도 행정적, 학술적 기여가 될 것이다.

대학 내에서 교과교육과목으로 새로이 제시된 교과 교수법, 교과 교육과정, 교과 평가방법론이 교과교육영역 3과목 8학점 이상 이수 과목으로 지정되는데 요구되는 '교육과정 시행세칙'의 개정, '교원양성위원회'의 승인 과정 등 행정 과정의 간소화를 위해 대학 본부와 조율해 나가는 것이 학생들의 예비교사로서의 역량 신장을 위해 요구된다. 무엇보다 교육과정 개정 시기마다 개정된 교육과정에 따른 후속 조치로써 뿐만 아니라 앞으로 교육부와 대학 두 기관 모두 어떠한 변화에도 효율적으로 대처할 수 있는 방향으로 실무 지침이나 세부기준을 수립해나가야 할 것이다.

나. 국가교육과정 개발 측면

국가 수준 교육과정을 개발하고 시행하는 우리나라의 경우 교육과정 개발자의 교육과정 관점과 개별 교사의 교육과정 관점은 다른 경우가 많다. 이럴 경우 개정 가정과 교육과정이 새로운 교육과정 관점에 의해 개발되었다 하더라도 교육현장은 변화하지 않을 수도 있다. 아무리 훌륭한 교육과정이 개발된다 하더라도 교사들에 의해 구현되지 않는다면 그 의의를 찾을 수 없게 된다.

중요한 것은 Cunningham(1992), Olson(1981), Wyatt(1994)는 교육과정 관점은 혁신적 교육과정의 성공적 시행에 지대한 영향을 미친다고 하였다. 특히 교수 행동에 영향을 미치는 것으로 보았다. Robert(1980)는 교육과정 개발은 [그림 1]의 중앙 부분인 3영역(개발자의 교육과정 관점, 중간 부분, 교사의 교육과정 관점)의 통합으로 이루어진다고 보았다. 그는 이 중간 부분을 developer－teacher interface라 명하고 개발자가 의도한 것과 교사의 교수행동의 차이를 의미하는 것이라 하고, 이 차이는 교사가 개발자의 관점이 아니라 교사 자신의 관점을 통하여 교육과정을 이해하기 때문에 생길 수 있다고 하였다. 이로부터 새로운 교육과정이 성공적이기 위해서는 이 차이를 줄여나가는 노력이 필요하다는 것을 알 수 있다(이수희, 유태명, 2008). 이상과 같은 관계를 [그림 1]은 교사교육과정에서 다양한 교육과정 관점의 이해를 바탕으로 가정과에 최선으로 적합한 교육과정 관점을 개발하도록 돕고, 교사의 교육과정 관점과 다른 국가 교육과정 개발 관점이나 가정과의 새로운 교육과정 관점에 대한 교사재교육, 교사 스스로의 전문성 신장을 위한 교사전문학습공동체의 필요를 고려하여 '교사교육, 교사재교육, 학습공동체'를 보완하고, 그 과정에서 변화를 촉진하도록 돕는 교사양성교육기관의 교수, 수석교사, 장학, 동료교사에 해당하는 '변화 지원자'를 보완하여 Robert(1980)를 재구성하였다. 교

그림 1 교육과정 관점과 교육과정 개발과의 관계

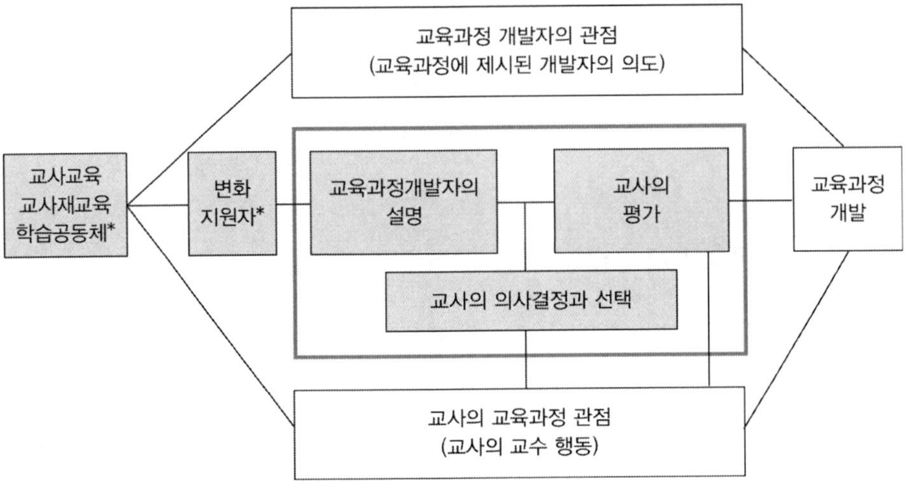

출처: Robert(1980): 이수희·유태명(2008) * 부분 보완하여 재구성.

사교육과정은 [그림 1]의 교육과정 개발과 교사의 교수행동 간의 관계를 다루어 예비교사들이 생애에 걸쳐 교육과정 실행의 주체가 되도록 변화지원자로서의 역할을 다해야 할 것이다.

국가 교육과정 개발에서 총론과 각론의 충분한 계획, 준비, 의사소통과 합의 과정을 사전에 거치지 못하고 교육과정이 개정되는 사례는 앞으로 개선되어야 할 부분이다. 강현석(2018)은 2018년 12월 한국교육과정학회가 주관하여 열린 제3차 국가교육과정전문가포럼에서 총론과 각론의 괴리는 여전히 잘 개선되지 않고 있는 문제이지만 선순환 구조로 가야 함을 다음과 같이 제안하였다. “총론 측은 각론 측을 계도하고자 하는 계몽적 자세를 버리고, 각론 측은 교과 특수성을 학습의 질과 교육의 일반목표 성취에 양보할 줄 알아야 한다. 자주 총론이 통념적으로 취하는 과도한 형식주의가 교과들의 특성을 무시한 채로 일반화의 욕심을 밀어붙이는 형국이 지속되어오고 있다. 다른 편에서는 각론이 너무 자신의 교과의 특수성을 내세우면서 교과 이기주의에 안주하려는 경향을 보이는 것도 사실이다. 총론이나 각론이 학생들을 위한 교육과정 개발에 순수하게 합의한다면 이 문제는 전향적으로 해결될 가능성이 매우 높다”(강현석, 2018. 15). 교육과정 학자로서 총론과 각론 괴리의 문제를 객관적으로 직시하고 교육과정 의도의 성공을 이끌기 위한 교육과정 개발자들의 숙의 소양이 필요하다고 보았다.

다. 가정과의 특수성 측면

한국 가정과 교원양성교육 문제인식에서 제기했던 기술과와 가정과의 한 과목으로의 병합 문제에 대한 미래 방향은 본 장에서는 줄이고 가정과의 특수성에 대해 제언을 하고자 한다. 2015 교육과정의 경우 교육과정, 수업, 평가의 일체화가 강조되고 있는데, 이는 교사들의 수업이 교육과정에 진술된 핵심개념, 일반화된 지식, 내용요소, 성취기준, 교수·학습과 평가에 기반하여 실행되어야 하는데, 지금까지 개별 교사가 중점을 두었던 개념 혹은 문제, 교수방법, 평가시기와 방법 등이 이해중심 교육과정에 완전히 맞추어져 있지 않기에 교사 개인 스스로의 많은 관심과 연구로 수업 성찰을 통한 수업개선이 이루어져야 할 부분이다. 가정과의 경우도 마찬가지로 실제로 2015 가정과 교육과정에서 일반화된 지식과 성취기준의 맥락이 다르게 진술된 부분이 있고, 이해로의 도달을 성취하기 위한 것인지, 문제해결과 실천을 성취하기 위한 것인지 명확하지 않은 경우가 많다. 이해중심, 역량중심, 실천적 문제중심 교육과정 관점을 모두 녹이기 위해 자칫 모두를 잃고 관점이 모호해지는 교육과정이 된 점이 있으므로 이들이 현재와 미래사회에서 가정과의 성격과 목표와 부합할 수 있는 방향을 다시 잡아야 할 시대적 요청에 부응해야 할 것이다.

이해중심 교육과정은 백워드 설계를 통하여 목표－평가－내용의 일체화를 위해 최적화될 수 있지만, 아직까지 역량중심 교육과정에서의 교육내용 선정과 조직, 평가에 대한 연구는 미진한 편이다. 실천적 문제중심 교육과정의 경우는 실천적 추론과정을 통하여 과정중심 학생주도형 수업의 과정에 대한 기 개발된 자료가 축적되어 있다. 따라서 2015 개정 가정과 교육과정이 이해중심, 역량중심, 실천적 문제중심 교육과정의 요소를 모두 포함하고 있는데, 지난 20년 이상 중점을 두었고 과정중심평가에 적합한 실천적 문제중심 교육과정으로의 재구성 역량이 요구된다.

4. 맺음말

한국 가정과 교원양성교육의 문제의식과 미래방향을 모색해 보았다. 본 장을 마치면서 명실공히 가정과의 성격, 목표, 교육내용의 선정과 조직, 과정중심 수업과 평가의 일체화를 이룰 수 있는 가정교육과 전공 교수, 가정과 교사, 학문후속세대 신진연구자의 공동체 역할에 대한 기대가 지대하며, 가정과에 대한 열정과 혁신으로 미래 사회에 기여하는 가정과의 사명을 이루어 나갈 것을 제안한다. 또한 국가 교육과정 개발 체제에서 총론과 각론과의 관계와 교사교육과정에서 교직과목과 교과교육과목과의 관계의 개선은 가정과만의 문제가 아니고 모든 교과의 공통된 문제이므로 관련된 모든 전문인들의 한국 교원양성교육의 미래방향에 대한 의사소통과 합의가 지속적으로 이루어져 나가길 기대한다.

12

정보 · 컴퓨터 교과 교원 양성 교육의 현황과 미래

김자미(고려대학교 컴퓨터교육전공 교수)

정보 · 컴퓨터 교과 교원양성교육의 현황과 미래

김자미(고려대학교 컴퓨터교육전공 교수)

1. 정보 · 컴퓨터교원 양성에 대하여

IT가 사회의 변화를 이끄는 21세기, 세계 각국의 교육에 대한 변화는 2010년을 지나면서 새로운 기류를 형성하였다. 즉, 제조업 중심의 산업구조에서 스마트 생산방식, 소프트파워 강화가 지속되는 IT 융합 산업구조로 혁명에도 가까운 변화가 지속되고 있기 때문이다. 교육의 목표가 미래사회 구성원들의 역량을 육성하는 것이기 때문에 산업, 사회 등의 변화는 교육의 변화로 이어지고 있다.

지금까지 경험한 적이 없는 불확실한 미래에 구성원들이 살아갈 수 있도록 교육과정은 사회의 변화, 기술의 변화를 반영하고 있다. 2010년에 이어, 2017년 새로운 학습지도요령을 발표한 일본, 2013년 6월 새로운 교육과정을 공표한 인도, 2013년 9월 발표 이후 2014년 9월부터 새로운 교육과정을 시행 중인 영국, 2016년 컴퓨터과학 교육에 대한 프레임을 소개한 미국, 모든 학생들의 평등을 위해 SW 교육이 필요하다고 제시한 프랑스 등은 변화에 대처할 수 있는 인재 육성을 위한 새로운 교육을 시도하고 있다.

한국은 2015년 개정 교육과정을 발표하였다. 교육개혁이나 교육과정 개정의 효과는 교원의 자질이나 전문성 등에 의해 결정될 수 있다. 수업보조 자료인 교구 중 교원 자신의 인성을 바탕으로 연출하는 수업이 가장 좋은 무기라는 브루너의 진부한 말이 50년을 지나서도 통용되는 것은 교육에서 교원의 역할이 그만큼 중요하기 때문일 것이다.

2015 개정 교육과정에서 필수 교과가 된 중학교 정보의 경우, 선택적으로 과목을 가르치던 모든 학교에 교원이 배치되어야 하며 2018년부터 새로운 교육과정

이 시행되고 있는 만큼, 교원 수의 부족은 가장 먼저 개선해야 할 과제가 되었다. 정보 교과를 가르쳐야 하는 교원의 수가 턱없이 부족하기 때문이다. 교원양성기관들은 학령인구 감소로 인해 교직임용 기회 축소라는 불가피한 상황에 처해 있다. 일반 교직은 줄이거나 폐지하고, 교육대학원도 교육의 질을 고려하여 목적형 교원 양성만을 고려하고 있다.

초등학교는 2019년부터 5, 6학년을 대상으로 SW교육을 실시해야 하는 만큼, 교육부, 미래부 등 관련 부처는 교원들이 개정 교육과정에 맞게 학생들을 교육할 수 있도록 다양한 연수 제도를 운영하고 있다. 초등교원이 심화선택으로 '컴퓨터 교육'을 전공한 경우는 전체 교원의 1/10도 되지 않아 전문성이 떨어지는 것이 현실이다.

초등학교, 중등학교 등에서 변화에 대처하기 위해 노력하는 가운데 핀란드, 독일 등은 동일한 사회변화를 겪으면서도 매우 의연한 자세로 현실에 대처하고 있다. 일반적으로 한국의 사범대학은 중등학교에서 편성된 교과목을 담당할 교원을 양성하지만, 미국의 사범대학은 유초중고등학교 교과목을 비롯하여 각종 교육기관이나 교육활동에 필요한 교원을 양성하고 있기 때문이다. 즉, 교원들에 대한 전반적인 변화와 더불어 정보 · 컴퓨터교원 양성에서도 정확한 현황 진단을 토대로 변화를 모색해야 할 필요가 있다.

2. 정보 · 컴퓨터교원 및 양성 현황

가. 정보 · 컴퓨터교원 현황

2015 개정 교육과정에서 SW에 대한 중요성이 강조되면서, 정보교육에 대한 관심도 고조되었다. 개정 교육과정에서는 초등학교는 5, 6학년에서 실과 시간에 17시간 필수로 SW 관련 내용을 학습하도록 하였다. 중학교는 3년 동안 34시간 이상을 필수로 이수하도록 하는 필수 교과가 되었다. 고등학교는 심화선택에서 일반선택 과목으로 2009 개정 교육과정 이전의 상태를 회복하였다.

그림 1 정보 · 컴퓨터교원 수 현황

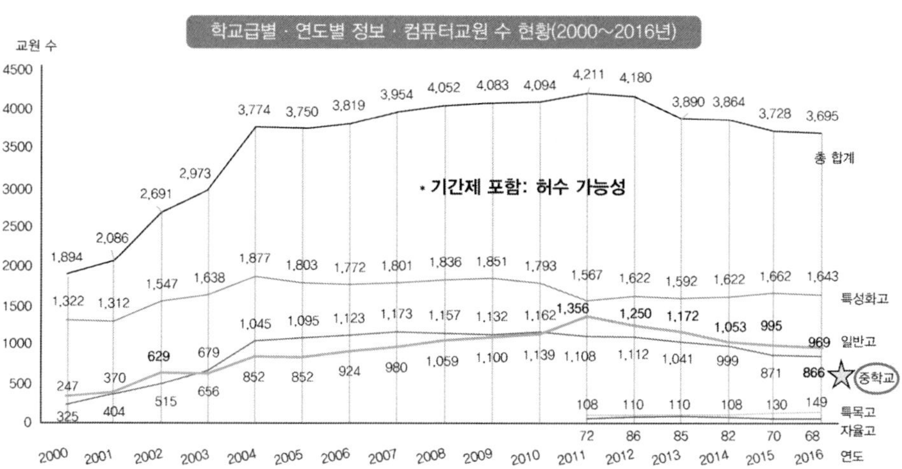

정보 · 컴퓨터교원의 경우, 중학교의 필수 교과화에 따르는 교원 충원의 문제가 대두되고 있다. 즉, 초등학교는 2019년부터 초등학교 5학년과 6학년 중 17시간을 필수로 이수하면 되지만, 중학교는 3년 동안 34시간 이상을 필수로 해야 하기 때문이다. 2015 개정 교육과정 이전에는 선택 과목이었기 때문에 필수 교과가 된 상황에서 교원의 부족은 당연한 귀결이라 하겠다.

[그림 1]은 2000년부터 2016년 12월까지의 정보 · 컴퓨터교원의 현황이다. 즉, 전체 교원 현황을 보면, 2011년을 기점으로 지속적으로 교원의 수가 감소하고 있다. 일반 고등학교와 중학교의 교원 수가 감소하는 것으로 교원의 수가 늘어나지 않은 상황에서 특수목적 고등학교나 자율형 사립고로 정보교원이 유입되면서 상대적으로 선택 과목이던 중학교와 고등학교의 교원이 감소하고 있는 것이다.

정보 · 컴퓨터교원의 경우, 2001년부터 선발에 대한 내용은 [그림 2]와 같이 교육부에서 임용에 대한 계획을 공표하였다. 2019학년도에는 260명이지만, 2012, 2013, 2015년에는 1명도 임용계획이 없는 상태였다. 임용의 수도 2002년의 356명 이후 지속적인 감소를 나타내었고, 2010년부터 2015년까지는 10명 미만의 미비한 수의 임용만 이루어지고 있음을 알 수 있다. 부족한 교원은 기간제 교원으로

그림 2 정보 · 컴퓨터교원의 임용 계획(안)—교육부

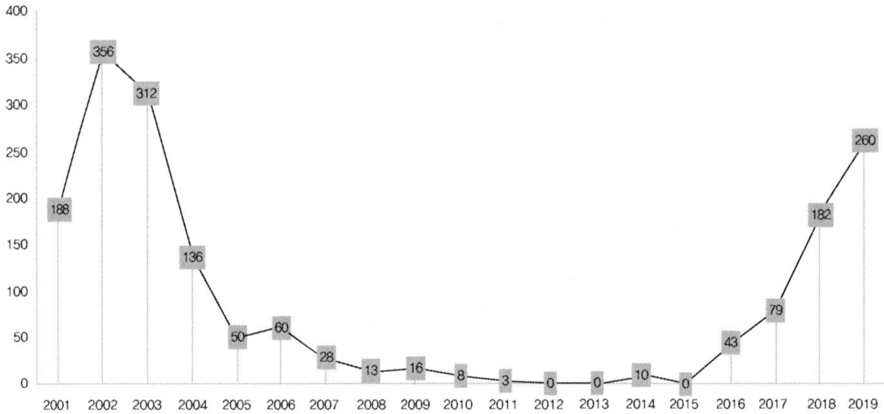

* 출처: 교육부의 교원정책과 정보공개, 시도교육청 공문 (실제선발인원수와는 차이가 있을 수 있음)

충원하고 있는 상황으로, 교육의 질을 담보하기 위해서라도 임용을 통한 교원의 확보가 필요한 상황이라 하겠다.

나. 정보 · 컴퓨터교원 양성 현황

정보 교과가 중학교에서 필수로 시행된 2018년을 기준으로, 정보 · 컴퓨터교원의 양적 측면이 매우 열악한 상황임을 알 수 있다. 즉, 2018년 4월을 기준으로 한국교육개발원(Korean Educational Development Institute. 이하, KEDI)에서 제시한 중학교의 출신별 자격증 교원 수는 873명이었다. 873명은 <표 1>과 같이 교직과정 이수자가 가장 많으며, 2000년 이전에 시행된 교원자격검정고시로 인한 임용도 3명이다.

표 1 정보 · 컴퓨터 자격증 소지 교원

계	국립사범대	사립사범대	교직과정이수	교육대학원	교원자격검정고시	기타
873	264	107	399	97	3	3

표 2 전체 중학교 대비 정보 선택학교의 교원 충원 비율

연도	선택 학교(개)	정보 전담교원(명)	충원 비율(%)
2018	1,351	1,077	79.7
2019	2,677	1,337(2019학년도 260명 충원)	49.9
2020	3,212	미정	미정

교육부는 2018년부터 2020년까지 3년에 걸쳐 정보를 선택하는 학교의 전담교원 충원 비율을 <표 2>와 같이 제시하였다.

2018년을 기준으로 정보를 선택한 학교는 1,351개교이며, 정보전담교원은 1,077명으로 충원 비율은 79.7%이다. 2018년 KEDI에서 제시한 873명의 자격증 소지 교원을 제외하면, 204명의 교원은 초임 자격증이 정보·컴퓨터가 아니었음을 확인할 수 있다. 현재까지는 어떤 자격증 소지자인지에 대한 정확한 산출 근거는 없는 상태이다.

2019년에는 전체 3,212개교 중 1,337명의 정보교원(2019학년도에 260명 충원[1])이 전담된다면, 충원 비율은 49.9%이다. 필수 교과로 구성되었지만, 교원에 대한 준비가 충분하지 않은 상태에서 교육의 효과를 기대하기는 어려운 상황이다.

교원의 충원 비율이 낮은 상태에서 전국의 컴퓨터교육과를 보유하고 있는 대학교는 8개교이다. 8개교 중 6개교에서는 <표 3>과 같이 재학생과 신입생의 현황을 공개하였다. 2016년부터 정보·컴퓨터교원 양성학과의 졸업자 수는 2016년에 267명, 2017년에 220명, 2018년에는 206명으로 줄어들고 있다. 그리고 2019학년도 정보·컴퓨터교원 양성학과의 신입생 모집인원은 182명이다. 필요한 교원의 수는 증가하고 있는 반면, 교원양성학과의 졸업생은 줄어드는 상황에서 2019년과 2020년의 중학교 정보 교과 운영을 위한 방안은 마련되지 않고 있는 상황이다.

교원의 수가 충분하지만 지속적으로 교원을 충원하는 교과나 과목에 대한 선택 학생의 부족으로 복수전공을 통해 타 과목으로 전과한 교원들에게 국가 경쟁력에 관여하는 정보 교과를 맡기는 것은 학생들에 대한 책임의 부족에서 비롯된

1 2019학년도 신규 채용된 '정보·컴퓨터' 교원 중 컴퓨터교육과 졸업으로 자격증 보유자는 225명이며, 복수전공연수를 이수한 교원이 35명이다.

표 3 컴퓨터교육과 재학생 현황 및 평균 (단위: 명)

구분	T1	T2	T5	T6	T7	T8
1학년	15	17	19	20	15	19
2학년	15	18	19	20	15	19
3학년	15	18	19	20	20	19
4학년	20	29	19	20	20	19
합계	65	82	76	80	70	76

※ T3, T4 기관은 설문에 응답하지 않아 제외함.

것이라 할 수 있다.

변화하는 미래에 대처하지 못하고, 개인주의 혹은 과목 이기주의가 학생들의 미래를 막고 있음은 누구의 책임이며, 그 책임자는 누가 될 것인지를 고민해야 할 시기이다.

3. 정보·컴퓨터교원의 임용관련 운영 현황

정보·컴퓨터교원의 양성 현황은 열악한 상황임을 확인하였다. 교육의 질을 담보해야 할 교원의 부족은 학생들의 교육받을 권리 침해임을 다시 한 번 상기해야 할 것이다. 정보·컴퓨터교원의 자격은 1997년을 기점으로 많은 변화를 거듭하여 정착되었다.

가. 정보·컴퓨터교원의 표시과목 변화

표시과목은 중등학교·특수학교의 정교사 및 준교사와 실기교사의 자격증에 표시하는 담당과목이다. 중등학교에서 정보과를 담당하여 가르치는 교사의 표시과목은 정보·컴퓨터이며, 관련 고시의 개정에 따라 표시과목의 변경이 있었다. 정보과 담당 교사와 전자계산 담당 실기교사의 표시과목을 비교한 결과는 <표 4>이다.

정보·컴퓨터교사의 표시과목은 중등학교 교사자격의 전자계산(Computer)이 교육부고시 제2000－1호(2000.1.28.)에 따라 실업계열의 정보·컴퓨터(Information & Computer)로 변경되었다. 중등교사 임용시험에서는 2002학년도(2001년 시행)부터 표시과목 정보·컴퓨터가 적용되었다.

중등학교 정보과 담당 교사의 표시과목명은 정보·컴퓨터로 지속되었으나, 구분과 영문명의 변경이 있었다. 구분은 교육과학기술부고시 제2012－27호(2012.11.21.)에서 '중등학교 교사자격 중 전문교과 관련 표시과목'으로 변경되었다. 교육부고시 제2016－106호(2016.12.23.)에서는 표시과목의 영문표기가 'Information & Computer'에서 'Informatics & Computer'로 변경되었다. 즉, 정보과의 모태

표 4 정보과 담당 교사와 전자계산 담당 실기교사의 표시과목

<table>
<tr><th rowspan="2">고시</th><th colspan="2">중등학교 교사자격</th><th colspan="2">실기교사</th></tr>
<tr><th>구분</th><th>표시과목</th><th>구분</th><th>표시과목</th></tr>
<tr><td>교육부고시
제1997－11호
(1997.12.9.)</td><td>중등학교교사
(특수학교교사
보건교사 및
유치원교사 포함)자격</td><td>전자계산
(Computer)</td><td rowspan="6">실기
교사</td><td rowspan="3">전자계산</td></tr>
<tr><td>교육부고시
제2000－1호
(2000.1.28.)</td><td rowspan="2">중등학교교사 58개
표시과목 중
<실업계열>의 24개
표시과목</td><td rowspan="4">정보·컴퓨터
(Information &
Computer)</td></tr>
<tr><td>교육인적자원부고시
제2004－5호
(2004.6.9.)</td></tr>
<tr><td>교육과학기술부고시
제2012－27호
(2012.11.21.)</td><td rowspan="3">중등학교 교사자격 중
전문교과 관련
표시과목</td><td rowspan="3">전자계산
(Electronic
Calculation)</td></tr>
<tr><td>교육부고시
제2015－73호
(2015.10.1.)</td></tr>
<tr><td>교육부고시
제2016－106호
(2016.12.23.)</td><td>정보·컴퓨터
(Informatics &
Computer)</td></tr>
</table>

표 5 표시과목 전자계산(Computer, Electronic Calculation)

구분	정보·컴퓨터의 종전 표시과목	실기교사의 표시과목
	전자계산(Computer)	전자계산(Electronic Calculation)
관련학과	컴퓨터교육과, 전자계산(공)학과, 전자(공)학과, 전산통계학과, 정보처리학과, 전산정보학과	전자계산과, 전산정보처리과
기본이수과목	전자계산일반, 프로그래밍, 정보처리	전자계산일반, 프로그래밍실습

학문이 정보학(Informatics)이라는 점이 반영되었다.

실기교사의 표시과목 '전자계산'이 정보·컴퓨터교사의 종전 표시과목과 동일하므로, 표시과목명(영문표기), 관련학과, 기본이수과목 측면으로 살펴본 결과는 다음과 같다. 첫째, 중등학교 교사자격에서 전자계산(Computer)은 제2000－1호에서 정보·컴퓨터로 바뀐 이후로 사용되지 않았고, 실기교사의 표시과목 '전자계산'은 교육부고시 제1997－11호부터 교육부고시 제2016－106호까지 유지되고 있다. 실기교사 전자계산의 영문표기는 교육과학기술부고시 제2012－27호부터 'Electronic Calculation'로 사용되기 시작했다. 둘째, 관련학과와 기본이수과목은 <표 5>와 같이 비교된다.

중등학교 교사자격 정보·컴퓨터의 종전표시과목 '전자계산(Computer)'과 실기교사의 '전자계산(Electronic Calculation)'은 한글표기가 동일할 뿐이다. 즉, 교사의 양성 및 임용 등 교사자격, 학교현장에서 담당하여 가르치는 내용은 전혀 다르다.

나. 정보·컴퓨터교사의 기본이수과목

기본이수과목(또는 분야)은 교사자격증을 취득하기 위해 표시과목별(또는 자격종별)로 반드시 이수하여야 할 전공과목이며, 교육부 고시로 정해지고 있다. 기본이수과목 내에서 교사양성기관의 교육과정과 중등교사 임용시험 출제범위가 지정된다. 즉, 기본이수과목의 구성과 이수 방법은 교사가 어느 정도의 교과 내용을 가르칠 수 있는지와 밀접하게 연관되어 있다. 정보·컴퓨터의 기본이수과목은 관련고시에 따라 <표 6>과 같이 변경되었다.

표 6 정보·컴퓨터의 기본이수과목 변경

<table>
<tr><th>교육부고시
제1997-11호
(1997.12.9.)</th><th>교육부고시
제2000-1호
(2000.1.28.)</th><th>교육과학기술부고시
제2012-27호
(2012.11.21.)</th><th>교육부고시
제2016-106호
(2016.12.23.)</th></tr>
<tr><td>전자계산</td><td colspan="2">정보 · 컴퓨터
(Information & Computer)</td><td>정보 · 컴퓨터
(Informatics & Computer)</td></tr>
<tr><td>전자계산일반</td><td></td><td></td><td></td></tr>
<tr><td>정보처리</td><td></td><td></td><td></td></tr>
<tr><td></td><td colspan="2">컴퓨터교육론</td><td>(1)컴퓨터(정보)교육론</td></tr>
<tr><td>프로그래밍</td><td colspan="2">컴퓨터프로그래밍</td><td>(1)프로그래밍</td></tr>
<tr><td></td><td colspan="2">데이터구조</td><td>(3)자료구조</td></tr>
<tr><td></td><td colspan="2">데이터베이스</td><td>(3)데이터베이스</td></tr>
<tr><td></td><td>파일처리론</td><td></td><td></td></tr>
<tr><td></td><td colspan="2">운영체제</td><td>(4)운영체제</td></tr>
<tr><td></td><td colspan="2">컴퓨터구조</td><td>(5)컴퓨터구조</td></tr>
<tr><td></td><td>컴퓨터시스템</td><td></td><td></td></tr>
<tr><td></td><td colspan="2">컴퓨터네트워크</td><td>(4)네트워크</td></tr>
<tr><td></td><td colspan="2">논리회로</td><td>(5)논리회로</td></tr>
<tr><td></td><td>(또는 알고리즘 분석)</td><td>알고리즘</td><td>(2)알고리즘</td></tr>
<tr><td></td><td>프로그래밍언어구조론</td><td>프로그래밍언어론</td><td></td></tr>
<tr><td></td><td>인터넷입문</td><td></td><td></td></tr>
<tr><td></td><td></td><td>정보통신윤리</td><td>(6)정보통신윤리</td></tr>
<tr><td></td><td></td><td>시스템 프로그래밍</td><td></td></tr>
<tr><td></td><td></td><td>이산구조</td><td>(2)이산수학</td></tr>
<tr><td></td><td></td><td>시스템 분석 및 설계</td><td></td></tr>
<tr><td></td><td></td><td>소프트웨어공학</td><td>(6)소프트웨어공학</td></tr>
<tr><td></td><td></td><td>인공지능</td><td>(2)인공지능</td></tr>
<tr><td>3과목</td><td>13과목</td><td>16과목</td><td>13과목</td></tr>
</table>

* (1)~(6): 분야

표시과목이 전자계산에서 정보·컴퓨터(Information & Computer)로 변경된 2000년에는 기본이수과목이 3과목에서 13과목으로 변경되었다. 교육과학기술부고시 제2012-27호에서는 정보통신윤리, 시스템프로그래밍, 이산구조, 시스템 분석 및 설계, 소프트웨어공학, 인공지능이 추가되고, 파일처리론, 컴퓨터시스템, 인터넷입문이 삭제되어 16개 과목이 구성되었다. 알고리즘분석, 프로그래밍언어구조론은 각각 과목명이 알고리즘, 프로그래밍언어론으로 수정되었다.

교육부고시 제2016-106호(2016.12.23.)에서는 과목 구성과 함께 분야별 구분 및 필수 이수 기준이 변경되었다. 종전에는 정보·컴퓨터의 기본이수과목에 분야 구분이 없었으나, (1) 분야의 컴퓨터(정보)교육론, 프로그래밍 중 한 과목을 필수로 이수하고, (2)~(6) 분야 각각에서 1과목 이상을 이수하도록 개정되었다. 즉, 기본이수과목은 교사가 되기 위해 기본적으로 알아야 할 과목임에도 불구하고, 예비교사의 선택에 따라 과목에 대한 전문성이 편중되는 방식으로 회귀하였다.

다. 정보 · 컴퓨터교사의 임용시험 변화

중등교사 임용시험 출제기관 및 제도 등이 변경됨에 따른 정보·컴퓨터교원 임용시험 현황도 변화되었다(<표 7> 참조).

중등교사 임용시험이 1991학년도부터 현재까지 시행되는 동안 임용시험 주관기관이 이관되었고, 교과교육학과 교과내용학의 출제 비율 등 출제 관련 내용의 변경이 있었다. 정보·컴퓨터교사 선발의 측면에서 살펴보면, 표시과목과 기본이수과목이 변경됨에 따라, 전공시험의 출제범위가 수정되었다.

표 7 정보·컴퓨터교사 임용시험 현황

연도	내용
1989	헌법재판소의 교육공무원법 제11조 1항에 대한 위헌 판결이 내려져, 국립사범대학 졸업자에 대한 교사임용 우선권이 없어지고 중등교사 임용시험을 실시하도록 정해짐
1991	1992학년도부터 중등교사 임용시험 실시
1993	1차 시험 전공영역에서 교과교육학(교과교육론, 교재 연구 및 지도법 등)이 20% 이상 포함
1994	임용시험 주관 기관이 교육개발원으로 이관
1996	• 1997학년도부터 출제와 채점과정을 한국교육개발원이 담당 • 객관식에서 주관식으로 개편됨 • 1차 시험의 전공 영역에서 서술적 단답형태의 평가방식으로 선발한 후, 2차 시험에서 시도교육청별 면접시험, 논술시험, 수업 실기 능력 평가 등이 이루어짐
2000	• 교육부고시 제2000-1호(2000.1.28.)에 따라 표시과목이 전자계산에서 정보·컴퓨터로 변경 • 정보·컴퓨터의 기본이수과목이 개정
2001	• 임용시험의 관리주체가 한국교육과정평가원으로 이관 • 2002학년도 중등교사 임용시험에서 정보·컴퓨터 실시
2004	한국교육과정평가원이 출제와 채점을 담당하도록 이관
2007	• 교육인적자원부에서 '교육공무원 임용후보자 선정경쟁 시험규칙 일부개정령(안) 입법 예고'(7월) • '교육공무원 임용후보자 선정경쟁 시험규칙 일부개정령' 공고(10월) • 1차 시험의 전공에서는 서술적 단답형태의 평가방식을 제시하였고, 2차 시험에서는 시도교육청별 면접, 논술, 수업실기 능력 평가를 도입
2008	• 2007년도에 발표된 정책이 2009학년도 임용시험에서부터 시행 • 한국교육과정평가원과 각 교과 관련 학회의 공동연구를 통해 '평가 영역 및 평가 내용 요소' 개발 시작
2012	정보·컴퓨터의 기본이수과목이 개정
2013	• 2014학년도 임용시험부터 지필평가를 1회로 축소하고, 1차 2교시 시험은 전공A(기입형, 서술형), 3교시 시험은 전공B(서술형, 논술형)로 시행
2016	• 기입형과 논술형이 축소되고 서술형 확대 • 정보·컴퓨터의 기본이수과목 개정

라. 정보 · 컴퓨터교사의 기본이수과목 개설 현황

중등교사 임용시험 출제기관 및 제도 등이 변경됨에 따라 정보·컴퓨터교원을 양성하는 대학들의 기본이수과목에 대한 개설도 변화되었다. 전공과목에서 기본이수과목은 중등교원 자격취득을 위한 과목으로 21학점(7과목) 이상을 선택해야만 한다. 더불어 '정보·컴퓨터'의 교과교육 영역의 '컴퓨터(정보)교육론'을 포함한 '정보·컴퓨터 교재연구 및 지도법', '정보·컴퓨터 논리 및 논술' 8학점 이상을 이수해야 한다. 표시과목 '정보·컴퓨터'의 기본이수과목은 13과목이지만, 2018학년도부터 과목의 이수는 변화되었다. 즉, 기본이수과목에서 ①의 '컴퓨터(정보)교육론'과 '프로그래밍'은 필수 과정이다. '컴퓨터(정보)교육론'은 전공과정이 아니며, 필수

표 8 기본이수과목 개설 현황(2018년 7월 기준)

분야	기본이수과목		기관							
	과목명	구분	T1	T2	T3	T4	T5	T6	T7	T8
①	컴퓨터(정보) 교육론	필수	●	●	●	●	●	●	●	●
	프로그래밍		○	●	●	●	●	●	○	●
②	알고리즘	택1	○	●	○	○*	○	○	●	●
	이산수학		○	○	○	–	●	○	●	○
	인공지능		○	○	○	○*	●	○	○	○
③	자료구조	택1	○	●	○	●	●	●	○	●
	데이터베이스		○	○	○	●	●	○	●	●
④	운영체제	택1	○	●	○	●	●	●	○	●
	네트워크		○	○	○	●	●	○	○	●
⑤	컴퓨터구조	택1	○	●	○	●	●	○	○	○
	논리회로		○	○	○	–	○	○	–	○
⑥	정보통신윤리	택1	–	●	○	–	–	○	●	○
	소프트웨어공학		○	○	○	●	○	○	○	○

※ 기본이수과목 개설 현황 ●는 필수, ○는 선택

※ T4 기관은 *표시과목 중 택 1

이수과정인 표시과목별 교과교육과정(8학점)에 포함된 과목이다. '컴퓨터(정보)교육론'은 8개 기관에서 모두 필수 과목으로 운영하고 있다. 반면, ②, ③, ④, ⑤, ⑥은 영역별로 2개 이상의 과목으로 구분되어 있으며, 영역별로 제시된 과목 중 1과목 이상을 이수해야 한다.

변화된 중등교원양성기관별 기본이수과목 개설 현황은 <표 8>과 같다. 즉, 각 대학마다 교원 양성을 위한 최소의 기준을 토대로 과목을 개설하고 있지만, 대학에 따라 차이가 있음을 알 수 있다.

각 대학들에서 개설하고 있는 과목의 질적 수준을 판단하기는 어렵겠지만, 선택 과목으로 과목이 개설된 경우, 학생들은 해당 내용을 학습할 기회가 그만큼 줄어들 수 있음을 의미한다. 예비교원의 질은 곧 교원 전반의 질이라고 할 수 있으므로 대학들에서 교원들의 질적 수준을 확인할 필요가 있다. 교원의 수준이 학생들의 교육에 영향을 미칠 수 있으므로 객관적이고 명확한 수준의 진단이 이루어져야 할 것이다.

4. 정보 · 컴퓨터교원의 학습 내용 분석

중등교원을 양성하는 기관의 교육 내용은 중등교육 전반에 영향을 미칠 수 있다. 즉, 정보 · 컴퓨터교원의 수준은 중등학교 학생들이 배워야 하는 수준과 비교할 수 있으며, 추후에는 교육과정에도 영향을 줄 수 있기 때문이다. 한국의 경우, 대학교육에서 표준교육과정은 구성되지 않았으나, 교원양성기관에서는 기본이수과목을 통해 예비교원들의 질을 담보하고 있다. 그러나 그 수준에 대한 평가는 없었기 때문에 교육과정표준에 근거하여 정보 · 컴퓨터교원 양성을 위해 활용되고 있는 기본이수과목의 수준을 파악하고, 개선방향을 마련할 필요가 있다.

가. 고등 정보교육과정 표준

미국의 대학교육 프로그램 인증기관인 CAC(Computing Accreditation Commission)는 고등교육을 통해 습득해야 할 지식과 능력에 대해 학습 및 교육 목표를 제시하고 있다. "컴퓨터를 이용한 시스템의 모델화 및 설계에 수학적인 기초, 알고리즘의 원리 및 정보과학의 이론을 응용하는 능력과 다양한 복잡성을 내포한 소프트웨어 시스템의 구축에 설계나 개발의 원리를 응용하는 능력이 포함되어야 한다."는 것이다. 정보과학분야에서는 IEEE－CS와 ACM이 10년 주기로 교육과정 개선안을 통해 CAC의 내용을 반영하고 있다. 2001년 개정에서는 단일 표준교육과정 문서를 발행하던 방침을 변경하였다. 정보과학기술 분야의 발전을 선도하는데 단일 표준교육과정 형태로는 부족함이 있음을 반영한 것이다.

2000년까지 학과명으로 알려졌던 Computer Science(CS), Information System(IS), Software Engineering(SE), Computer Engineering(CE)의 4개 영역에 대해 각각 독립적으로 표준교육과정 문서를 작성하는 방침을 채택하였다. CC2001(2001년)을 시작으로 IS2002, SE2004, CE2004의 표준교육과정을 발표하였다. IT2005가 발표되면서 5개의 교육과정이 반영된 CC2005를 공표하였다. 일본의 정보처리 학회는 CC2001의 형식과 내용 측면을 참고하여 세 개의 표준 정보교육과정을 구성하였다.

첫째, 2007년 대학의 이공계 정보계열 학과를 위한 J07－CS를 발표하였다. J07－CS는 CC2001의 형식과 내용 측면을 참고하여 국제적인 일관성과 일본 과학기술의 특징 및 최신 기술 동향을 반영하였다. 둘째, 2008년 대학 졸업자가 갖추어야 할 소양을 중심으로, 교양 교육으로써의 표준 정보교육과정인 J07－GE(General Education)를 제시하였다. 셋째, 2009년 정보를 부전공으로 하는 학생을 위한 J07－부전공을 제시하였다. J07－부전공 내용은 기술개발 계열과 경영관리 계열로 구분하였다. 기술개발 계열은 다양한 시스템이나 서비스를 개발하기 위해 컴퓨팅 시스템을 사용할 수 있는 능력 함양이 가능하도록 구성하였다. 경영관리 계열은 정보보안의 중요성을 반영하여, 기술개발 계열과 일치하는 지식 항목이라도 학습시간과 학습 성과를 다르게 책정하였다.

CC2005 이후 미국은 2008년 CS2008(Computer Science Curricula 2008)을 개편하였고, 2013년 정보과학이라는 학문 분야의 역할의 비중이 커진 시대적 상황을 반영하는 CS2013(Computer Science Curricula 2013)을 제시하였다. CS2013은 지식 영역의 비중 조정, 새로운 지식 영역의 생성, 기존 지식 영역의 통합 등을 통해 보다 효과적인 교육을 제공하기 위한 목적이 있다.

나. 고등 정보교육과정 표준의 지식체계 변화

지식체계는 전문가 집단에 의해 정의된 전문 영역으로 학습해야 하는 지식 영

표 9 정보교육과정 지식체계 변화

CC2001	CS2008	CS2013
알고리즘과 복잡도(AL)	알고리즘과 복잡도(AL)	알고리즘과 복잡도(AL)
구조와 조직(AR)	구조와 조직(AR)	구조와 조직(AR)
컴퓨팅 과학과 수치해석(CN)	컴퓨팅 과학(CN) * 수치해석 내용 요소 제거	컴퓨팅 과학(CN)
이산구조(DS)	이산구조(DS)	이산구조(DS)
그래픽과 시각적 컴퓨팅(GV)	그래픽과 시각적 컴퓨팅(GV)	그래픽과 시각화(GV) * 이름 변경
인간-컴퓨터 상호작용(HC)	인간-컴퓨터 상호작용(HC)	인간-컴퓨터 상호작용(HCI)
-	-	정보 보호와 보안(IAS) * 영역 생성
정보관리(IM)	정보관리(IM)	정보관리(IM)
지능형 시스템(IS)	지능형 시스템(IS)	지능형 시스템(IS)
네트워크 중심의 컴퓨팅(NC)	네트워크 중심의 컴퓨팅(NC)	네트워크와 통신(NC) * 이름 변경
운영체제(OS)	운영체제(OS)	운영체제(OS)
-	-	플랫폼 기반 개발(PBD) * 영역 생성
-	-	병렬 및 분산 컴퓨팅(PD) * 영역 생성
프로그래밍 언어(PL)	프로그래밍 언어(PL)	프로그래밍 언어(PL)
프로그래밍의 기초(PF)	프로그래밍의 기초(PF)	소프트웨어 개발 기초(SDF) * 이름 변경
소프트웨어 공학(SE)	소프트웨어 공학(SE)	소프트웨어 공학(SE)
-	-	시스템 기초(SF) * 영역 생성
사회적 전문적 이슈(SP)	사회적 전문적 이슈(SP)	사회적 이슈와 전문적 실현(SP) * 이름 변경

역(Knowledge Area)을 재구성 한 것이다. CC2001에서 지식체계를 제시한 이후, 변화를 거듭하고 있는 CS2008, CS2013의 지식영역을 비교하면 <표 9>와 같다.

CC2001에서 CS2008로 변화의 과정에서는 컴퓨팅 과학과 수치해석 영역이 제외되었다. CS2008에서 CS2013의 개정에서는 프로그래밍 기초영역, 사회적 이슈와 전문적 실현, 네트워크와 통신, 그래픽과 시각화 영역이 특정 주제에 대한 성장을 고려하여 명명되었다. CS2013 지식체계는 CC2001과 CS2008의 14개의 지식 영역을 바탕으로 정보 보호와 보안, 플랫폼 개발, 병렬 및 분산 컴퓨팅, 시스템 기초가 추가되어 총 18가지 영역으로 확대되었다.

각 지식영역은 대학에서 교육과정을 구성하는 강의과목을 구성할 수 있다. 즉, 일본은 J07－CS에서 지식체계와 핵심요소를 반영한 수업의 예를 구성하였다. 수업과목으로 구성에서 첫째, 각 수업 과목은 학과의 목표, 특징, 상황에 따라 몇 가지 요소를 조합, 둘째, 15개의 지식 영역에 대해 핵심 주제를 모두 포함하는 21개 과목 구성, 셋째, 강의는 2단위로 90분간 15주로 구성, 넷째, 이산구조, 프로그래밍의 기초, 알고리즘, 구조와 조직, 네트워크 컴퓨팅, 소프트웨어 공학의 6개 영역은 2개의 과목으로 4단위를 중심으로 하였다.

컴퓨터과학에 대한 고등교육과정 표준의 지식영역과 해당 지식에 대한 과목 구성을 토대로 2018년 기준 중등 정보·컴퓨터교원의 기본이수과목에 대한 평가 내용을 비교한 결과는 <표 10>과 같다.[2]

비교분석은 J07－CS 과목을 기준으로 기본이수과목의 내용요소와 부합되는 비율을 산정하였다. 또한, 과목별 학습 권장 시수를 단위로 표시하였다.

첫째, 과목명이 동일한 경우인 알고리즘은 57%, 이산구조는 57%, 인공지능은 47%, 컴퓨터네트워크는 93%, 소프트웨어 공학은 63%의 내용요소가 부합되었다.

둘째, 과목명이 유사한 경우인 컴퓨터아키텍처는 컴퓨터구조로 80%, 정보관리(데이터베이스)는 데이터베이스로 73%, 오퍼레이팅시스템은 운영체제로 87%, 사회에서 정보기술은 정보통신윤리로 53%의 내용요소가 부합되었다.

2 비교는 기본이수과목 중 '컴퓨터교육론'은 제외하고, 내용학만을 토대로 하였다.

※ ▨ J07－CS 강의계획(예)의 15차시 중 기본이수과목 내용요소와 부합되는 영역

표 10 과목의 예 일람 및 영역과의 대응

강의 과목명	지식영역
이산구조(1)	이산구조
이산구조(2)	이산구조
기초 프로그래밍(1)	프로그래밍 기초
기초 프로그래밍(2)	프로그래밍 기초
알고리즘(1)	알고리즘
알고리즘(2)	알고리즘
컴퓨터시스템 개론	구조와 조직
컴퓨터 구조	구조와 조직
운영체제	운영체제
컴퓨터네트워크	네트워크 컴퓨팅
웹 애플리케이션	네트워크 컴퓨팅
프로그래밍 언어	프로그래밍 언어
인간-컴퓨터 상호작용	인간-컴퓨터 상호작용
멀티미디어 표현론	멀티미디어 표현
컴퓨터 그래픽스	그래픽스과 시각적 컴퓨팅
인공지능	지능형 시스템
정보관리	정보관리
사회에서 정보기술	사회적 이슈와 정보윤리
소프트웨어 공학(1)	소프트웨어 공학
소프트웨어 공학(2)	소프트웨어 공학
수치계산	컴퓨팅과학과 수치계산

표 11 J07-CS 과목 내용요소에 대한 기본이수과목 내용요소 비교 ( ): 단위

J07-CS	J07-CS 강의계획(예)															기본이수과목	
과목명	1	2	3	4	5	6	7	8	9	10	11	12	13	14	15	과목명	비율
알고리즘(Ⅰ)(2)	▨	▨	▨	▨	▨	▨	▨	▨	▨	▨	▨					알고리즘(3)	57%
알고리즘(Ⅱ)(2)	▨	▨	▨	▨	▨	▨											
컴퓨터시스템 개론(2)		▨	▨	▨	▨	▨	▨									논리회로(3)	40%
											▨	▨	▨	▨	▨	시스템프로그래밍(3)	33%
컴퓨터아키텍처(2)		▨	▨	▨	▨	▨	▨	▨	▨	▨	▨	▨	▨			컴퓨터구조(3)	80%
수치계산(2)																	0%
이산구조(Ⅰ)(2)	▨	▨	▨	▨	▨	▨	▨	▨	▨	▨						이산구조(3)	57%
이산구조(Ⅱ)(2)	▨	▨	▨	▨	▨	▨	▨										
휴먼컴퓨터 인터랙션(2)																	0%
정보관리(데이터베이스)(2)	▨	▨	▨	▨	▨	▨	▨	▨	▨	▨	▨					데이터베이스(3)	73%
인공지능(인텔리전트시스템)(2)	▨	▨	▨	▨	▨	▨	▨									인공지능(3)	47%
컴퓨터네트워크(2)	▨	▨	▨	▨	▨	▨	▨	▨	▨	▨	▨	▨	▨		▨	컴퓨터네트워크(3)	93%
웹 애플리케이션(2)																	0%
오퍼레이팅시스템(2)	▨	▨	▨	▨	▨	▨	▨	▨	▨	▨	▨	▨	▨			운영체제(3)	87%
프로그래밍언어(2)	▨				▨		▨	▨						▨	▨	프로그래밍 언어론(3)	40%
									▨	▨	▨	▨				시스템분석 및 설계(3)	27%
기초 프로그래밍(Ⅰ)(2)	▨	▨	▨	▨	▨	▨	▨			▨		▨	▨			컴퓨터프로그래밍(3)	50%
기초 프로그래밍(Ⅱ)(2)	▨	▨	▨	▨	▨												
							▨	▨	▨	▨	▨	▨				데이터구조(3)	40%
소프트웨어공학(Ⅰ)(2)	▨	▨	▨	▨	▨	▨	▨	▨	▨		▨	▨	▨			소프트웨어공학(3)	63%
소프트웨어공학(Ⅱ)(2)	▨	▨	▨	▨	▨	▨	▨										
사회에서 정보기술(2)	▨	▨	▨	▨	▨	▨	▨	▨								정보통신윤리(3)	53%
멀티미디어 표현론(2)																	0%
컴퓨터그래픽스(2)																	0%

셋째, 하나의 과목이 여러 과목으로 구성된 경우로, 컴퓨터시스템 개론은 논리회로 40%와 시스템프로그래밍 33%이며, 기초 프로그래밍(Ⅰ)(Ⅱ)은 컴퓨터 프로

그래밍 50%, 데이터 구조 40%이다. 또한, 프로그래밍 언어는 프로그래밍 언어론 40%와 시스템 분석 및 설계 27% 내용요소가 부합되었다.

넷째, 과목이 개설되지 않은 경우이다. 수치계산, 휴먼컴퓨터 인터랙션, 웹 애플리케이션, 멀티미디어 표현론, 컴퓨터그래픽스는 기본이수과목에는 개설되어 있지 않다. J07－CS는 90분 수업을 2단위로 하며, 15주로 구성되어 있다. 예를 들어, 이산구조(Ⅰ)와 이산구조(Ⅱ)는 2단위씩 180분이 된다. 반면, 기본이수과목인 이산구조는 3단위로 주당 3시간(180분)이며, 시간은 동일하나, 내용요소는 부족한 상태이다.

5. 정보 · 컴퓨터교원 양성교육의 미래 방향 제언

2015 개정 교육과정으로 필수가 된 중학교 정보 교과의 교원 수급의 관점에서 교원양성의 양적 측면과 질적 측면을 제시하였다. 정보 교과는 다른 어떤 과목에 비해 시대적 흐름의 변화를 주도하고 있는 상황에서 교원 확보의 시급성이 거론되고 있기 때문에 교원양성의 큰 틀을 고려하여 미래의 방향성을 설정할 필요가 있다.

논의 결과, 첫째, 교원 임용 대상을 확대할 필요가 있다. 교원 임용 대상의 확대는 가장 빠른 시기에 정책적으로 시행이 가능하다. 즉, 일반교직에 대한 확대를 통해 경쟁력 있는 교원을 양성해야 하며, 일반대학원 졸업자들이 전문대학원에서 교직에 관한 내용 습득을 통해 교원이 될 수 있도록 할 필요가 있다. 전문적인 교육과정을 습득한 일반대학원 졸업자들에 대한 임용 기회 확대는 교육 현장을 보다 전문화 하는 데 기여할 수 있을 것이다.

둘째, 4차 산업혁명에 대비하기 위해서는 모든 교원들이 부전공 수준으로 SW 관련 내용을 습득해야 한다. 4차 산업혁명의 방향이 다양한 융합을 전제로 하는 바와 같이 교원들이 갖춘 전문성을 토대로 학습 내용 간 융합이 일어나기 위해서는 교원들 스스로 변화에 적응할 수 있는 역량을 갖추도록 해야 한다. 교원이 갖춘 역량은 미래 인재의 육성에 영향을 주어, 학생들이 미래에 살아나갈 수 있는 힘을 제공하는 데 기여하게 될 것이다.

셋째, 교원들 스스로 자신을 반성하고 성찰할 수 있는 기회를 제공해야 한다. 임용을 위한 조건으로 최소 1년 이상을 수습교원으로서 시간을 갖도록 해서 교원으로서의 자질, 역량 등을 평가할 수 있어야 한다. 임용 후에는 몇 년 주기로 교원의 자질을 재평가할 수 있는 면허 갱신제도를 도입할 필요가 있다. 교직을 수행하는 동안 스스로에 대한 성찰의 기회를 제공하고, 사회적으로 물의를 일으킨 교원들의 자질을 평가할 수 있다는 점에서 도움이 될 것이다. 미래 사회구성원들이 세상에 적응하고 살아갈 수 있도록 하는 데 교원의 역량이 절대적인 만큼, 중단기적으로 교원 임용의 변화와 혁신이 필요한 시기이다.[3]

---

3 정보·컴퓨터교원의 양성에 관하여 필자는 참고문헌 이외에 아래의 논문을 토대로 재구성하였음.

- 김자미(2017). 해외의 교원양성 체제 비교 분석. **컴퓨터교육학회 논문지, 20**(5), 49-59.
- 우호성, 김자미, 이원규(2017). 해외 고등정보 표준교육과정 기반의 국내 대학 교육과정 비교분석. **컴퓨터교육학회 논문지, 20**(1), 27-38.
- 양혜지, 이원규, 김자미(2017). 정보·컴퓨터교사 임용시험과목 출제경향 분석. **컴퓨터교육학회 논문지, 21**(2), 11-19.
- 안영희, 김자미, 이원규(2017). 한국의 중등 정보·컴퓨터 교사양성 교육과정과 J07-CS 교육과정의 비교. **컴퓨터교육학회 논문지, 20**(4), 37-46.

제3부

한국 교원양성교육의 미래 방향

한/국/교/원/양/성/교/육/의/현/황/과/미/래

제13장 교과교원 양성교육의 현황과 미래 개선방안(최의창)

제14장 교직 교육의 성찰과 제언(신창호)

제15장 교원양성교육의 국제화 현황과 개선방안(신현석)

13

교과교원 양성교육의 현황과 미래 개선방안

최의창(서울대학교 체육교육과 교수)

교과교원 양성교육의 현황과 미래 개선방안

최의창(서울대학교 체육교육과 교수)

1. 서론: 문제의 재진술

"교과교원 양성교육의 현황과 미래 개선방안 탐색"은 쉬운 주제가 아니다. "교직교육"과 "대학원 수준의 교육"과는 달리, "교과교육"은 하나로 묶어서 생각할 수 있는 성격의 영역이 아니기 때문이다. 각 교과별로 교과영역 내에서 교직일반과는 구분되는 교과교육 영역의 준비를 어떻게 시키는지를 종합적으로 파악해내는 것이 기본적으로 선행되어야만 한다.

그런데 이런 것이 가능할까? 가볍게 "그렇다"고 생각하는 이는 아무도 없을 것이다. 2018년 기준 중등교원 자격증이 발급되는 "표시과목" 영역은 69개다(교육부, 2018). 인문계 중등학교에서 가르치는 교과영역도 최소 34개가 된다. 인문계 중등학교에 한해서 내용을 구성한다고 하더라도, 각 교과별로 현황, 문제점, 동향 파악을 어찌 다 정리할 수 있을 것인가? 그리고 그것에 근거해서 전반적인 개선 방향과 구체적인 개선 방안을 제안할 수 있을 것인가? 그렇지 못할 것이다. 더욱더 큰 문제는 관련 기관들(교육부, 교육개발원, 교육과정평가원, 그리고 교육청 등)에서도 교과별 교원양성과 관련해서 파악된 현황은 졸업생 인원 수와 매년 선발된 인원 수 이외에는 없다는 점이다.

갖가지의 질문들이 머리를 맴돌고 있다. 주어진 주제를 전체 방향에서 벗어나지 않은 범위 내에서 어떻게 재구성해야 할까? 각 과목의 교과교원(이하 교과교사)을 준비시키는 교육에서 공통적으로 진행되는 과정은 무엇인가? 그것들의 문제점과 원인은 무엇인가? 그리고 외국의 전반적인 동향은 어떠하며, 그것들이 우리의 현 문제점을 해결하는 데에 주는 시사점과 그 구체적인 방안들은 무엇인가? 이러한 질문들을 어떤 식으로 재구성 또는 재진술해야만 교과교사 교육자로서 이 문제에 관해 좀 더 나은 해결 가능한 방식을 제시할 수 있을 것인가?

거두절미하고 단도직입적으로 진술하도록 하겠다. “우리의 교과교사 준비는 얼마나 잘 되고 있는가?” 이것이 내가 재진술한 질문이다. 당연히 사범대학을 기준으로 놓고 묻는 질문이다. 본 장의 내용은 중등교사를 준비시키는 “사범대학” 과정 중에서 “교과전문성”을 향상시키는 부분에 대해서만 초점을 맞춘다. 그것은 일반교양, 교직과목, 교직소양 등에 관련된 부분이 제외된 교과내용과 교과교육, 그리고 교직실습에 관련된 부분들이다. 이 부분들이라고 하더라도, 특히 모든 교과영역에서 공통적으로 해당되는 측면들에 대해서 집중하도록 하겠다. 어느 한두 교과나 일부에서 강조되는 특징적인 측면들은 의도적으로 간과하겠다. 이렇게 하지 않으면 진술 자체가 불가능해질 것이기 때문이다. 나의 현재 능력에 비추면 더욱더 그럴 가능성이 높다. 이렇게 해야만 조금이라도 윤곽이 드러나고 내용이 정해질 수 있기 때문이다.

이 큰 질문에 답변하기 위해서 나는 몇 가지 세부 질문들을 찾아내고 그것에 답변하는 방식으로 본 장을 재구성한다. 세부 질문들이란 이것이다. 첫째, 교과교사를 교육시키기 위해 현재 어떤 노력이 경주되고 있는가? 둘째, 이 노력을 기울이는 가운데 어떤 문제들이 생겨났는가? 셋째, 외국에서는 우수한 교과교사를 준비시키기 위해서 어떤 노력을 기울이고 있는가? 그리고 넷째, 우리의 교과교사 준비는 어떻게 해야 더 잘 할 수 있는가?

이 질문들에 대한 답변을 준비하는 과정에서 내가 택한 세 가지 원칙이 있다. 첫째, 현황 소개와 문제점 파악을 위하여 통계자료에 의존하지 않는다. 앞서도 언급했듯이, 현재 우리에게는 교과별로 현황을 이해할 만한 통계자료 자체가 없는 이유도 있지만, 나는 양적 현황보다는 질적 현실을 파악하는 것에 초점을 맞추기로 하였다. 그리고 질적 현실과 문제점 파악은 주요 규정과 연구들에 의거해서 진행한다. 둘째, 외국 동향 분석과 개선 방안 제안은 교사교육 전반에서 일반론적으로 제기된 내용을 기반으로 한다. 세부 교과교사교육 영역들 각각에서만 다루어진 내용들보다는 일반론적으로 개발된 아이디어들 가운데 각 교과영역에서 널리 적용되는 내용들 중심으로 살펴본다. 셋째, 문제점 파악이 미시적 측면들(교육과정, 교수법 등)에 초점이 맞추어져 있으므로, 따라서 해결책도 그 수준에 집중하여 제안한다. 거시적 수준의 정책적, 행정적, 재정적 차원에서의 해결책은 관련 문헌들이 이미 존재한다(김기식, 박선나, 2017; 신현석, 2017; 황규호, 2017). 이는 문제를 해결하기 위해서 세운 원칙들이지만 한편으로는 본 장의 제한점이라고도 할 수 있겠다.

2. 어떠한 노력을 하고 있는가?

교과교육학자로서 파악하기에, 교과교사를 교육시키기 위한 노력은 크게 세 가지 영역에서 드러난다(교육부, 2018; 김운종, 2018; 서경혜, 2015; 서울대학교 사범대학, 2007). 첫째, 교사 무시험검정을 위한 교육부 고시에 나타난 규정에 의거하여 교사자격종별 및 표시과목 기본이수과목에 의한 수강과목들이 그것이다. 예를 들어, 기본이수과목(전공내용학)과 교과교육과목들(전공교과교육학)의 명칭과 학점을 규정한 것 등이다. 둘째, 개정되는 국가교육과정에서 교과별로 강조되는 교육 목적이나 교사 자질에 대한 규정이 그것이다. 이를테면, 2009 개정 교육과정은 창의성, 2012 개정안에서는 인성, 그리고 2015 개정안에서는 교과역량과 진로교육에 대해 강조를 하고 있다. 셋째, 교육현장에서 현실적으로 반드시 필요로 하는 지식, 기능, 태도 등의 자질이 그것이다. 예를 들어, 자신의 수업을 성찰적으로 탐구해서 스스로 개선하는 반성적 수업능력이나, 전문적인 교사학습공동체를 통해서 자신의 전문역량을 지속적으로 개발해나가려는 자질을 강조하는 것이다.

가. 양성 규정을 통한 노력

교과교사를 교육시키는 데에 있어서 가장 기본이면서도 중요한 부분은 무엇일까? 그것은 다름 아닌 "교과내용을 잘 가르칠 수 있도록" 준비시키는 것이다. 초등교사와는 달리, 교과교사로서의 자격증을 발급하는 이유는 바로 이런 구체적인 교과영역에서의 전문지식을 효과적으로 준비시키기 위함이다. 우리는 교과내용 지도와 관련된 전문역량을 어떻게 준비시키고 있는가? <초중등교육법>에서 "교원자격 무시험검정령 시행규칙"(현재는 '고시')과 관련된 부분에서 교과교사의 교과지도능력 함양에 대해 직접적으로 언급한 부분은 아래와 같다.

2009학년도부터 표시과목별로 기본이수과목으로 고시된 '교과교육론'을 포함하여 '교과논리 및 논술', '교과교재연구 및 지도법', '교과별 교수법', '교과별 교육과정', '교과별 평가방법론' 등을 대학별로 8학점 이상(3과목 이상) 전공과목으로 이수. (주전공자는 물론, 복수 및 부전공자 포함)

이 과목들은 "교직과목"(교직이론, 교직소양, 교육실습) 중, 특히 "교직이론" 부분에서 일반론적 내용으로 배운 것을 해당 교과영역에서 보다 직접적이고 구체적으로 배울 수 있도록 마련된 교과목들이다. 통상적으로 "기본이수과목"과 구분되어 "교과교육영역"으로 제공되고 있다. 물론, 교과내용영역에 해당하는 "기본이수과목들"도 교과교사로서 훈련받는 데에 필수적이지만, 교과내용을 어떻게 학생들에게 쉽고 올바르게 전달하고 가르칠 것인지에 대한 "교과내용교육론"이 교사교육에 있어서 핵심을 이룬다고 말할 수 있다. 이런 전문 자질이 있음으로 인해서, 중학생들에게 수학이나 국어를 올바로 가르치는 데에 있어서 수학교사나 국어교사가 수학자나 국어학자보다 더 우위에 있을 수 있는 근거가 마련된다.

모두가 알고 있다시피, 교과교사가 가지고 있는 이러한 전문지식을 통상적으로 "교과내용교수지식"(pedagogical content knowledge, PCK)이라고 부르고 있다(Shulman, 1987). 교과의 특정 내용을 특정 수준의 학생을 대상으로 잘 가르칠 수 있는 방법적 지식이다. 인문대학, 사회대학, 자연대학 졸업자들이 가지고 있지 못한, 사범대학 졸업자들만이 독특하게 가지고 있는 특정 교과영역에 대한 효과적 지도 지식(또는 능력)이다. 소위 말하는 "인 · 사 · 자 대학", 즉 교과내용에 해당하는 지식을 보다 전문적으로 가진 인문, 사회, 자연대학 졸업자들이 좀 더 나은 교과교사가 된다는 편견과 오해를 불식시키기 위하여 1980년대 중반 이후 국내외적으로 적극적으로 주장되어 왔다. 사범대학에서는, 인사자대학과는 달리, 해당되는 교과내용지식만이 아니라, 이것을 학생들에게 가장 적합한 방식으로 잘 가르치는 독립된 종류의 지식을 갖추도록 해준다는 것이다.

현재 "교과교육영역"에서 8학점 이상을 이수하도록 규정하고 있는 이 조항은 바로 이 "교과내용교수지식" 또는, "교과내용에 따른 지도방법 지식"(content-specific pedagogical knowledge)을 갖추도록 하는 것과 직접적 관련이 있다. 이 부분은 2008년 이전까지는 4학점 이상 이수하는 것에서, 2009년부터 8학점, 3과목 이상으로 상향 조정되어 현재까지 적용되고 있다. 해당 과목도 2과목(교과교육론과 교과교재연구 및 지도법)에서 6과목(교과교육론, 교과 논리 및 논술, 교과교재 및 연구법, 교과별 교수법, 교과별 교육과정, 교과별 평가방법론)으로 다양화되었다. 그만큼 교과교사 준비에 중요한 부분으로 인정된 것이다(물론, 이 과목들 외에도 예술, 체육이나 과학계열 전공에서는 실기과목이나 실습과목에서 학생들에게 필요한 실기능력 및 실습능력을 습득하도록 돕는 지도방법들을 배우기도 한다).

나. 교육과정을 통한 노력

우리의 현실에 근거해서 냉정하게 말하여, 사범대학 예비교사 준비과정에서는 아무리 노력해도 일반적인 수준에서의 교과교사 준비만이 가능할 뿐이다. 특정 시기 국가교육정책과 국가교육과정에서 구체적으로 요구하는 교사자질과 역량들이 있다고 하더라도, 그것이 곧바로 사범대학 교사교육의 현장에 곧바로 반영되어 실제로 준비되는 것은 더욱 쉽지 않다(한국교원교육학회, 2015). 물론, 때에 따라 국가교육정책상 매우 시급한 문제에 대한 대응책이 즉각적으로 학교교육에 반영되기는 하나, 이것이 매번 모든 교과교사를 준비시키는 데에 공통적으로 반영되는 것은 아니다. 예를 들어, 세월호 사고로 인한 "안전교육"이 학교교육의 시급한 과제로 부각되었던 것을 떠올려보라. "안전"의 내용은 2015 개정 교육과정에서 "체육"교과의 내용으로 수용되었지만(범교과주제로도 확산), 다른 교과영역에서는 예비교사들이 심폐소생술이라는 기본적인 테크닉만을 안전교육(졸업 전 최소 2회)의 필수지식으로 습득할 수 있도록 하는 것에 그쳤다.

그러나 이런 부분들이 국가교육과정 개정에서 중요하게 다루어지게 될 때에는 교과교사교육에서 이것을 적극 반영하게 된다. 예를 들어, 2009 개정 교육과정에서 "창의성"이, 2012 개정 교육과정에서 창의성에 "인성"이 덧붙여져 "창의인성"이 강조된 경우가 그렇다. 통상적으로 창의성은 과학(및 예술) 영역에서, 인성은 도덕(및 체육) 영역에서 강조되고 실제로 과학교사와 도덕교사의 교육에서 중요하게 취급되어왔다. 하지만, 이 두 차례의 교육과정 개정에서는 이 가치들이 특정 교과에서만 강조되는 것에서 그치는 것이 아니라, 전 교과에서 창의성과 인성이 동시에 추구되는 방향으로의 변화가 이루어졌다. 그래서 과학 수업에서도 창의성은 물론 인성이 함양되어야 하고, 도덕 수업에서도 인성은 물론 창의성까지도 학습

되는 것이 중요하게 됐다. 수학, 영어, 음악, 체육 등 모든 교과가 이러한 "전인교육적 창의인성 강조"의 교육과정을 구현하는 노력을 기울여야 했다.

물론, 이런 준비는 현직교사교육을 통하여 먼저 이루어져야 함이 당연하다. 사범대학 평가나 교원임용시험을 대비하기 위해서만이 아니라 사범대학의 교과영역에 관계없이 모든 학과들에서 이를 위한 준비가 이루어져야 한다. 현재 우리의 관심사인 교과교사교육을 위해서도 반드시 실천되어야 하는 사안이다. 예비교사인 사범대 재학생들이 임용준비를 거쳐 현장의 교사가 되는 것은 사전 고지된 국가교육과정이 (교과서 제작도 마친) 약 3년 정도 후에 학교현장에서의 적용이 실질적으로 시작되는 그 즈음이기 때문이다. 통상적인 상황에서 이러한 교육과정상의 변화는 두 과정을 통해서 사범대학 예비교사들에게 전달되고 준비된다. 첫째, 일반 교직이론이나 교직소양 영역에서 전반적인 총괄적 내용을 가르치는 것으로, 둘째, "교과별 교육과정"이나 "교과별 교재연구 및 지도법" 또는 "교과별 교수법" 과목을 통해서, 교과별 구체적인 내용을 전달하고 기본적인 지도방법을 습득하게 된다.

"범교과학습주제" 또한 이러한 방식으로 특정 교과영역에 관계없이 학습이 가능한 교과내용과 연계하여 가르쳐질 수 있도록 해야 하는 부분이다. 범교과학습주제는 2009 개정 교육과정에서 39개까지 증가했다가, 2015 개정 교육과정에서는 10개로 축소되었다. 10개 범교과학습주제는 안전건강교육, 인성교육, 진로교육, 민주시민교육, 인권교육, 다문화교육, 통일교육, 독도교육, 경제금융교육, 환경지속가능발전교육이다. 이런 주제들은 교과내용과목이나 교과교육과목들을 가르칠 때에 선택하여 국어나 과학이나 체육 등의 교과영역에서 다루어질 수 있도록 하면서, 예비교사들이 교육과정상에서 제안되어 있는 내용을 이해하고 그것을 중등학생들에게 제대로 가르칠 수 있도록 교수방법론을 습득할 수 있게 한다.

다. 학교현장에서의 노력

사범대학 교사교육의 비효과성 또는 무용성에 대한 유명한 표현이 있다. "세척효과"(wash out effect)라는 표현이 그것이다. 사범대학에서 훌륭한 많은 것들을 잘 배웠어도, 학교현장에 나오게 되면 현장의 탁한 흙탕물에 모두 씻겨나가 버리고 새롭게 배워야 한다는 점을 잘 표현한 개념이다. 다소 과장된 면이 있지만, 그만큼 현장은 온실과도 같은 대학의 강의실과는 다르다는 점을 확인시켜준다. 신임교사는 모든 것을 새롭게 배워야 하지 않지만, 많은 것을 다시 배워야 한다. 특히, 30여 년간에 걸친 교사생활 내내 지속적으로 자기학습을 유지해나가는 능력이 매우 중요하고도 특별한 위치를 차지한다. 최근에는 모든 교과에서 이 역량을 강조하고 있으며, 주로 반성적 수업성찰 능력과 교사학습공동체 참여를 통해서 이 자질을 증진시켜나가도록 하고 있다.

이것은 교사로서의 일반적 역량이라기보다는, 중등교사의 경우에는 교과지도 역량과 관련한 구체적 역량으로서 간주되어야 한다. 교직생활을 더 해나가면서 학생들에게 자기교과를 더욱더 잘 가르칠 수 있는 능력을 키우는 것이 교과교사로서의 성장에 있어 가장 핵심이기 때문이다. 교과교육을 중심으로 생활지도와 행정업무가 좌우로 덧붙여 함께 진행되는 것이 교과교사의 교직활동이다. 교사는 교과내용에 대한 이해를 깊게 하고, 그것을 다양한 학생들을 대상으로 다양한 맥락에서 어떻게 잘 전달하고 가르칠 것인지를 끊임없이 탐구하고 개선하도록 하는 열망과 지식과 기술을 함께 향상시켜야 한다.

교과지도 능력은 짧은 시간에 집중적으로 완성될 수 있는 성격의 자질이 아니다. 시간과 노력에 의해서 기본적 역량은 어느 정도 갖출 수 있을지 모른다. 하지만, 가르칠 내용에 대한 깊은 이해는 점차로 숙성되어 가는 것이며, 지도방법도 학생들의 연령과 남녀비율 등, 교육이 진행되는 맥락과 학생들의 준비수준 등 매우 다양한 변수들로 인해서 학습내용이 효과적으로 전달되는 방식은 세부적인 수준에서 항상 변화될 수밖에 없다. 자전거 타기나 수영하기처럼 한번 습득한다고 평생 잊어버리지 않는 지식이 아니다. 단순한 운동기능들조차도 높은 수준으로 잘 하고 그 수준을 유지하려면 매일같이 계속해서 녹슬지 않도록 연습해야만 한다. 하물며 잘 하는 것에서 그치지 않고, 그것을 어린 학생들에게 잘 가르치기 위해서는 가르치는 방법에 대한 탐색이 끊임없이 계속되어야 한다.

이를 위해 일차적으로 자신의 수업활동(또는 좀 더 포괄적으로 교육활동)을 체계적이고 반성적인 과정을 통하여 계획하고, 실행하고, 관찰하고, 분석하고, 평가하고, 다시 재계획을 세우는 순환적 싸이클이 진행되는 반성적 자기수업탐구(reflective self-study) 능력이 습관화되어야만 한다(이혁규, 심영택, 김남수, 이현명, 2012). 이것을 기본으로 한 다음에 교과교사들의 전문적 학습공동체에 참여하면서, 다른 교사들과 함께 자신의 수업과 교육 실천을 탐구, 개선해나간다. 그리고 더 나아가, 본인이 가르치는 교과교육 분야 전반에 대한 공헌을 할 수 있도록 성장해나간다. 교수나 연구자만이 아니라, 교사 자신이 교과교육, 특별히 자신의 교과교육활동에 필요한 지식의 생산자가 될 수 있고 되어야 한다는 것이 이제는 일반화된 상식이다. 교과교사는 자기 교과교육활동의 주체적 주관자이면서, 자기 교과교육실천에 필요한 지식의 적극적 개발자가 되어야 하는 것이다.

이런 자질은 직전교사교육 단계에서 보다 체계적으로 이루어질 수 있으며, 특히 교직이론 과목이 아니라, 교과교육 관련 과목들에서의 구체적인 실행연습을 통해서 더욱 효과적으로, 현장에서 곧바로 적용시켜 활용할 수 있는 방식으로 습득될 수 있다. 앞으로 예비 교과교사 교육에서 더욱 중요시되는 기본적 자질이다.

3. 어떤 문제점들이 생겨났는가?

중등교원 양성 관련 문제점에 대한 관심은 비교적 오래되었으며, 실제로 많은 연구들이 양성과정 전반에 대한 문제점들을 지적하고, 그 원인들을 파악하면서 나름대로의 해결방안을 제시하였다. 그럼에도 불구하고, 이런 연구들은 "교과교사 양성"의 전반적 측면에 대한 분석에 주로 집중함으로써 사안의 구체적인 측면이나 이슈에 대해서는 그다지 주목을 하지 못한 것이 사실이다. 그런데 다행스럽게도 교과교육 연구와 교과교사 양성에 대한 관심이 지난 2000년대 이후 증가하기 시작하면서, 현재는 교과교사의 양성, 임용, 연수 등 제반 측면에 대한 세부적 탐색이 이루어지고 있는 상황이다.

여기서는 이 가운데 사범대학에서의 교과교사 교육에 직접적으로 관련된 문제점들에 대해 주목하면서 기존 연구들이 제시한 내용들을 소개하기로 한다. 교과교사 전체를 두고 발견할 수 있는 문제점들은 크게 세 가지 범주로 구분해서 정리할 수 있겠다(단, 과학과에서 실험, 체육과에서 실기를 효과적으로 운영하기 위한 시설과 기자재가 부족하여 그를 위한 예산이 마련되어야 한다는 등과 같은 다양한 행정적, 재정적 문제점들은 생략하기로 한다. 이에 대해서는 박영숙 등, 2017 및 기타 연구 참조).

가. 교육과정의 구성에 관련된 문제점

1) 영역별 교과목 간의 불균형

황규호 등(2014)은 "교원양성 교육과정의 기본구조의 적절성"이라는 소절에서 교육내용학, 교과교육학, 교직과목 등의 구분과 그 적정 비중에 대한 문제점들을 지적하고 있다.

> 일반적으로 교원양성 교육과정의 구성요소는 교육내용학, 교과교육학, 교직과목 등으로 구분되고 있는데, 이제까지 각 구성요소별 학점 수 기준비율의 적절성에 대해서는 많은 논란이 있어왔다. 내용학 영역의 비중이 미흡하여 가르칠 교육내용에 대한 충분한 이해를 길러주지 못한다는 지적, 교사전문성 핵심요소라고 보아야 할 교과교육학 영역에 대한 교육이 상대적으로 부족하다는 지적, 교육실습 기간이 부족하다는 지적 등이 그 예이다. 일종의 제로섬 게임의 양상을 가질 수밖에 없는 이와 같은 논란의 결과 교원양성 교육과정의 기본적인 총 이수학점 수는 점차 증대되고 있는 실정이다(p. 25).

예비 교과교사들은 졸업에 필요한 최소학점(현재는 통상적으로 130학점) 가운데 교양과목 필수이수학점을 제외한 나머지 학점의 범위 내에서 교직과목, 교과내용학, 교과교육학, 그리고 학생 본인의 개인적 관심 범위 내에 있는 교양 및 전공과목들을 들어야만 한다. 교과목들이 일종의 "제로섬 게임"에 있다는 지적은 바로 이런 상황을 말하는 것이며, 이를 해결하기 위해서 최저졸업이수 학점을 140학점으로까지 증가시키고 있는 사범대학들도 있다는 말이다.

교과영역들 간의 최적 이수학점 확보 경쟁은 통상적으로 "교직과목과 교과교육과목"(예를 들어, 교육과정 vs 체육교육과정), "교직과목과 교과내용과목"(교육사회학 vs 스포츠사회학), 그리고 "일반내용과목과 교과내용과목"(사회학 vs 스포츠사회학)의 세 가지 분야에서 치열하게 진행된다. 재정적, 행정적 이유로 인해서 대부분의 사범대학에서는 자격검정령이 요구하는 최저한의 학점충족 요건을 채우는 수준에서 교과목들을 제공하고 있다. 사범대 전체 교육과정 프로그램은 물론, 개별 학과 자체 내에서의 확보 경쟁이 더욱 치열하게 진행된다. 특히, 학과 내에서는 교과내용학과 교과교육학 과목수와 학점 간의 균형적 배분이 항상 문제가 되며, 어느 쪽 교과목도 학점 수가 너무 부족하며 충분치 않다는 주장을 하고 있다.

교과교사 양성 과정에서 발생하는 직접적인 문제는 교과내용학과 교과교육학 간의 비율 문제라고 볼 수 있다. 교과교육적 전문지식이 미발달된 2000년 이전까지는 교과내용학이 상당히 중요시 여겨졌다. 하지만, 최근에는 사정이 달라졌다. 교과교육 교육과정 구성에 있어서 지난 20년간 교과교육 관련 과목은 지속적으로 강화되어 왔다. 교원자격검정령의 필수이수학점의 증가가 그 증거다. 또한 교과목 명칭을 교과교육 관련으로 구체적으로 지정하고, 4차례에 걸친 교원양성기관 평가에 있어서 교과목 제공과 교과교원 확보를 주요한 평가지표로서 명시한 것도 그 증거다. 교과내용학의 중요성이 절대적으로 감소된 것은 아니지만, 교과교육학의 중요성이 점차로 더욱 강조되면서 상대적인 위축감을 느끼는 상황이 되어가고 있다는 것이다. 제한된 이수학점 내에서, 그리고 한정된 학과 내 가용자원을 가지고 자기 분야를 양적으로 얼마만큼씩 할당받아야 하는가의 문제는 객관적인 연구 결과나 기준으로서 확정지을 수 없는 문제로 현재로서는 해결되지 못하고 있는 실정이다.

2) 일반대학과 사범대학 교과내용학의 차이점

교과내용학과 교과교육학의 점유비율의 문제는 양적 문제라고 할 수 있다. 질적 차원의 문제도 상당히 해결하기 어려운 문제가 되고 있다. 우선, 사범대학에서 가르치는 교과내용학의 성격에 관한 문제가 있다. 관련 대학들(인문, 사회, 자연대학)에서 가르치는 일반내용학들과 동일해야 하는지 아니면, 중등학교에서 중고등학생들을 대상으로 가르치는 점이 고려된 교과내용학이 되어야 하는지가 이슈가 된다. 예를 들어, 일반지식영역으로 수학과 학교교과목으로서의 수학은 완전히 같은 것인가, 아니면 차별적 부분이 있는가? 사범대학의 교과내용학은 후자를 근거로 하고 있다. 교과교사가 학습하는 교과내용학은 일반내용학과는 같으면서도 다르다는 것이다. 하지만, 실질적으로 정말로 그렇게 간주되고 그렇게 가르쳐지고 있는지에 대한 의문이 끊이지 않는 것이 현실이다. 황규호 등(2014)은 이렇게 언급한다.

> 교육내용학 영역 교육과정과 관련하여 제기되는 첫 번째 문제는 '○○교육과' 교육과정과 '○○학과' 교육과정의 차별성이 적다는 문제이다. 교육내용학이 기본적으로 가르칠 교과의 기본 개념과 지식을 습득시키는 데 목적이 있다는 점을 감안하면 차별성이 적다는 것 자체가 큰 문제가 된다고 보기는 어렵다. 다만, 교원양성 교육의 맥락에서 내용학은 내용 자체에 대한 이해와 함께 그 내용을 학생들에게 가르치는 데 고려하여야 할 측면들(예를 들면, 해당 내용의 교육적 가치, 해당 내용과 다른 내용들 사이의 연계성의 이해, 관련되는 오개념의 유형, 효과적인 교수학습 및 평가의 방법 등)도 함께 고려할 수 있어야 한다는 점을 감안한다면, 어느 정도의 차별성 확보는 필요할 수 있다(p. 27).

결국, 교과교사에게 실질적으로 필요한 내용지식은 학교교육과정 상의 교과내용이 핵심이 되어야 한다. 일반학과에서처럼 그것을 포괄적이고 폭넓게, 그리고 심도 있게 학문자체로서 이해하고 연구하는 것이 아니다. 그 영역을 대표하는 교과(예 국어)로서 "학교교육과정"에서 구체적으로 안내하는 내용들을 올바로 이해하여 중학교, 고등학교 학생들에게 올바로 전달할 수 있도록 하는 것이 교과교사가 직무상 해야 할 일이다(물론, 지나치게 거칠게 표현되기는 하였지만, 현실적으로 가장 먼저 해내야 하는 일인 것이다). 학문영역으로서 배워야 하는 것과 교과영역으로서 배워야 하는 내용은 겉보기에는 동일한 내용이라 하더라도 그것의 차원과 강조되는 부분은 다소 차이가 있다. 그리고 그래야 한다. 그래야만 사범대학에서 제공하는 교과내용학의 존재이유가 성립할 수 있다. 그런데 여전히 이 이슈는 정리되지 못하고 있다.

3) 교과교육학 과목들의 내용 적절성 미흡

앞에서 교과교육학이 강화되고 있다고 말하였다. 교과교사교육의 측면에서 바람직한 변화임이 틀림없다. 다만, 교과교육학이 강화되었다는 사실 자체만으로 교과교사의 교육적 자질과 역량이 직접적으로 향상되었는가에 대해서는 자신 있게 대답할 수만은 없는 형편이다. 교과교육학의 내용 적절성이나 과목연계성 등에 관한 질문들이 지속적으로 제기되고 있기 때문이다. 과목 수 증가를 넘어서는 실질적 도움이 되고 있는지를 묻고 있다.

자격검정령에 의하면 교과교육학 과목들은 현재 "교과교육론, 교과논리 및 논술, 교과교재연구 및 지도법, 교과별 교수법, 교과별 교육과정, 교과별 평가방법론" 6개가 제안 및 지정되어 있다. 학생들은 각자의 학과에서 실제 제공하고 있는 과목들에서 8학점 이상 이수하면 되는 것이다. 내가 재직하고 있는 학과에서는 체육교육론, 체육논리 및 논술, 체육교재연구 및 지도법, 그리고 체육교육과정의 4과목을 제공하고 이수토록 하고 있다.

이전까지는 앞의 3과목(교과교육론, 교과논리 및 논술, 교과교재연구 및 지도법)만이 필수화되어 있었으나, 최근에는 뒤의 3과목(교과별 교수법, 교과별 교육과정, 교과별 평가방법론)이 추가되었다. 물론, 교과목 명칭을 다변화시켜서 교과교육학 과목으로 인정받을 수 있도록 한 것은 긍정적이라고 할 만하다. 다만, 교과교재연구 및 지도법과 교과별 교수법, 그리고 교과교육론과 교과별 교육과정 등의 경우는 동일한 내용이거나 중복된 내용이라는 지적이 있다. 교과교육교과목 명칭을 다변화시킴으로써 교과교육내용을 세분화시키고 적절성을 높인다는 것은, 적어도 현실상황에서는, 다소 이상적이라고 할 수 있다.

또한 교과교육학 과목의 내용이 교과내용학 과목에서 배운 것들과 연계성이 높아야 한다는 점도 지적되고 있다(황규호 등, 2014: pp. 27~29). 일반 교직이론 과목에서 교직내용과목(예 교육철학)과 교직교육과목(예 교육과정) 간의 연계성이 문제가 되는 것과 동일한 맥락이다. 각각 다른 교수들에 의해 가르쳐진 각각의 독립된 내용들의 융합과 활용은 오로지 예비교사들의 몫으로 남게 되는 것이 현실이다. 이런 상황이 동일하게 교과교육 맥락에서도 벌어져 왔다. 예를 들어, 체육교과에서는 스포츠심리학은 소수 선수의 운동수행 향상(코칭)을 주된 내용과 목적으로 해서 배우고, 체육교재연구 및 지도법은 다수의 일반학생들을 대상으로 한 정규수업시간에 가르치는(티칭) 상황을 대비하여 배우는 것이다. 다소 극단적인 실례라고 할 수 있지만, 대부분의 사범대학 학과교과목의 내용구성은 이런 수준을 그다지 벗어나지 않는다. 높은 연계성을 기대하기 어려운 실정이다.

나. 실제 지도에 관련된 문제점

1) 교과내용지도법 숙달 부족

중등 교과교사의 교육과 관련하여 교원양성기관 평가가 정례화된 지난 20년간 가장 주목받은 측면은 교과내용지도역량이라고 할 수 있다. 사범대학에 재학하는 중등예비교사는 규정된 과정을 모두 통과하면 (무시험검정 자격을 갖추게 됨으로써) 표시과목으로 고시된 교과자격증을 취득하게 된다. 이들이 초등예비교사와 다른 점은 표시과목으로 고시된 교과영역만을 가르칠 수 있다는 것이다. 표시과목(교과)의 내용을 잘 아는 것을 넘어서, 그 교과를 학생들에게 제대로 가르치는 것에 전문성을 가지고 있다고 인정받은 것이다.

이것은 교과교육전문성이라고 부르는 것으로서, 그 핵심에는 슐먼이 그토록 강조했던 "교과내용 교수지식"(PCK) 또는 "특정내용적합 교수방법지식"(CSPK)이 있다(이하, 강조하여 교과PCK). 이 지식(또는 역량)은 교과교육학 중에서도 "교재연구 및 지도법"이나 "교과별 교수법"에서 습득 또는 숙달되는 것으로 가정된다. 이 과목들을 통해서 교과내용학 과목에서 배운 내용, 그리고 그중에서 국가교육과정의 해당 과목에서 규정한 관련 교과내용을 선별하여 이것들을 중학교나 고등학교 수준에서 성취해야 하는 교육목표에 알맞게 "지도(수업 또는 교수)"하는 구체적인 방법을 배워 기초역량을 갖춘다. 이는 교과교사가 갖추고 있어야 하는 핵심적 역량이다. 이것을 갖추지 못했다면, 인문, 사회, 자연대학의 졸업자들과 하등 다를 바가 없게 된다. 오히려 이 대학졸업자들이 교과내용에 대한 보다 넓고 깊은 지식을 가지고 있으므로, 이들이 교사로서 보다 더 자격을 갖추었다고 주장하는 것에 반론을 제기할 수 없게 된다.

현재로서는 어느 교과영역에서도 확립된 교과내용교수지식 체계가 없다는 것이 냉정한 현실이다. 이것은 국내는 물론이고 국외의 경우도 마찬가지다. 슐먼의 주장 이래로 영어, 수학, 과학, 역사, 사회 등 전통적 교과들에서 PCK를 찾아내고 예비교사교육을 위하여 이를 정교화시키려는 노력을 경주해왔다. 아쉽게도 현재로서 그 결과는 기대에 못 미치는 수준이다. 심지어는 슐먼의 개념 규정이 모호한 점을 지적하고, 다른 개념 규정을 제시하는 사태가 지속되고 있다. 더욱이 교과PCK를 구성하는 세부 요소들을 다양한 방식으로 제안하는 연구자들도 끊이지 않고 있다(현황과 전반적인 비평에 관해서는 조대훈, 2015; Berry, Depaepe & van Driel, 2016, Powell, 2018 참조). 과한 비유일 수 있겠으나, 마치 중세시대에 천사의 머리카락 숫자가 몇 개인지, 그리고 그 한 개의 머리카락을 몇 가닥으로 자를 수 있는지를 알아보는 신학자들의 행위를 교과내용교수방법과 관련된 연구자들 사이에서 보는 듯하다.

각 교과별로 개념적으로도 불분명하고, 구성요소들에 대한 이해도 확정적이지 않고, 무엇보다도 구체적인 교과내용교수방법적 지식의 기본 토대가 마련되지 않은 실정이다. 이런 이유로 교과 PCK를 갖추기 위하여 각 교과교사 준비과정에서 무엇을 어떻게 해야 하는가에 대한 공통적인 이해와 구체적인 접근방법이 교육내용에 제시되어 있지 않다. 사범대학에서의 교과교사 양성을 위한 교과별 PCK 지식 숙달은 우연적으로 이루어지고 있다고 할 수 있다. 물론, 교과 PCK가 전체 교과에서 모두 밝혀지는 데에는 상당한 시간이 요청될 것이다. 신비에 싸여졌던 동식물의 유전자 지도가 한 종류씩 조금씩 어렵게 만들어지듯이, 교과 PCK도 시간이 지나면서 조금씩 그 본모습을 온전하게 확인할 수 있다면 얼마나 좋을까? 그런데 교과 PCK의 경우는 그렇지 못하다. 교과 PCK 게놈 지도는 애초에 가능하지 못하다는 것이 현재까지의 연구 성과가 보여주는 중간결론이다.

이런 상황은 교과 PCK의 습득이나 숙달은 (다소간의 차이가 있을 수는 있으나 어느 교과라도) 공통적이고 체계적으로 이루어지기가 쉽지 않다는 사실을 일깨워준다. PCK 개념이 제기된 지 30여 년이 지난 지금도 여전히 예비 교과교사들이 이를 사범대학 시기 학습의 디딤돌로 삼고, 교과 PCK의 습득을 체계적으로 진행시킬 수 있는 수준으로 정형화, 구체화시키지 못하고 있는 것이다. 개개인 교과교사들을 대상으로 행한 연구들은 넘쳐나고 있으나, 이것들로부터 어떤 종합적이고 일반화된 내용으로 결과가 정리되어 모형화되거나 기초화된 지식으로 발전시킨 교과영역이 없다는 점이 바로 이 사실을 증명해준다.

사태를 더욱 악화시키는 조건으로, 일반적으로 교과PCK를 연습하는 "교과교재연구 및 지도법"을 1회만 수강하도록 한 점을 들 수 있겠다. 내용지도역량을 습득하기 위하여 교육봉사나 교직실습의 기회들이 남아있으나, 이런 과목들에서 교과 PCK를 주목하여 체계적으로 가르치지는 않는다. 사범대학 예비 교과교사의 가장 핵심적인 특징이자 필요역량인 교과 PCK에 대한 이 같은 장기간의 무관심과 홀대는 놀랍고 일종의 직무유기라고까지 생각될 정도이다. 이는 교과교사 교육에서 가장 우선적으로 장기적이고 협동적인 안목으로 해결해야 되는 과제이다.

2) 최신 교수방법 연습 기회 부족

교재로 배운 교수방법(교과내용을 가르치는 방법)을 몸으로 익히기 위해서 실제로 연습하고 숙련하는 기회가 충분치 않다. 이것은 어제 오늘의 문제점이 아니며, 우리나라만의 문제점도 아니다. 다만, 우리나라 사범대학 교과교사 양성관련 교육과정이 다른 나라보다 실제적인 지도방법론의 숙달에 중요성을 부여하지 않는다는 점은 지적하고 넘어가야 한다. 교과내용을 고려하건 고려하지 않건 간에 실질적 지도방법론에 대한 고려는, "교수방법" 또는 "교육공학"에서 일반적인 방법론을 다루는 것으로, "교재연구 및 지도법"(또는 교과별 지도법)에서 좀 더 구체적으로 다룬다. 그리고는 교육실습이라고 부르는 교직실습 과정에서 실지로 실행(또는 연습) 해본다. 일반적 교수방법만이 아니라, 교과교사의 핵심역량인 교과 PCK 방법을 연습할 수 있는 (완전히는 아니지만 어느 정도라도) 충분한 기회가 마련되지 못하고 있다(황규호 등, 2014).

물론, 충분한 기회가 어느 정도인지를 판단하는 기준은 사람마다 다를 것이고, 교사교육 프로그램의 구조적 한계로 인해서 필요한 만큼의 기회를 제공하기 어렵다고 하더라도, 현재의 교과지도역량 준비기간과 방식으로는 절대적 수준에서 부족하다고 판단된다. 특히, 외국과는 달리 교육실습 기간이 한 달 또는 4주에 불과하고, 인턴교사의 기회조차 마련되지 않는 우리 현실에서 전통적인 교수방법 이외에 새로운 지도방법의 연습, 그리고 숙달을 위한 충분한 시간과 기회를 기대하기는 난망한 실정이다. 교실탐방이나 교사특강 등 학교현장을 직접적으로 체험해 볼 수 있는 1회성의 간단하면서도 단발적인 기회들이 상당히 증가한 것은 사실이다. 하지만, 이런 현장 체험들이 좀 더 잘 가르치고 싶다는 개인적 동기유발을 촉진하는 데에 도움은 될지언정, 곧바로 새로운 교수방법의 체계적인 연습 및 숙달에 직접적인 기회로서 작용하기는 어렵다.

전통적으로 중요하거나 가장 최신의 교육방법들에 대한 소개는 교육방법론에서 충분히 제공될 것이다. 다만, 교직과목으로서의 일반교수법은 대부분 책에서 개념적이고 이론적인 형태로 소개되는 말뿐이고, 실제로 학생들을 대상으로 구현되는 과정을 전체적으로 실연하고, 체험할 수 있도록 하는 경우는 그다지 높지 않다. 예비 교과교사들의 교수방법론 연습은 대부분 교과교육학 과목들을 통해서 이루어진다. 그런데 각 교과별로 최신 교수법을 소개받고 실습해보는 기회는 역시 많이 주어지지 않는다. 특정 교과내용을 특정 학년에게 교육과정상의 성취기준을 고려한 맥락에서 가르칠 수 있는 교과 PCK의 경우와 그리 다를 바가 없는 것이다.

예를 들어, 체육교과의 경우 최근 교수방법론의 추세는 "모형기반 체육교수"(model-based PE instruction)로서, 5~8가지의 다양한 체육교수모형들을 채택해서 수업의 전체적 과정을 그것의 체계에 의존해서 조직하고 진행한다(장경환, 이옥선, 2014; Casey, 2017). 하지만, 이 모형들은 일반화된 교수모형이며, 이것들을 유형별(침범형 게임, 타격형 게임, 네트형 게임 등)로 적용해서 구체화된 종목 속에서 실제로 가르치는 방법(교과 PCK)을 연습하는 데에는 많은 시간을 할애할 수가 없는 상황이다. 교육과정 내에서 규정하는 20~30여 가지의 세부 종목들을 내용으로 하여 교수방법론을 실습하기는 현실적으로 가능하지 않은 것이다.

다. 전체 프로그램의 파편적 영향과 효과

2000년대 이후 교사교육 선진국에서는 교사교육의 총체적 효과성에 대한 다양한 연구들이 진행되어 왔다. 사범대학에서 보내는 4년간의 교사교육기간이 정말로 뛰어난 예비교사, 현장에서 필요로 하는 우수한 역량을 갖춘 예비교사를 준비시키는지를 종합적으로, 또는 부분적으로 살펴본 것이다. 여러 연구들 가운데, 특히 사범대학의 "교사교육프로그램"을 이루는 다양한 요소들이 총체적으로 하나의 일관된 전체로서 작용하는지를 살펴보는 시도들이 증가하고 있다. 그러나 프로그램들 사례 중심으로 연구가 진행되어 신뢰성 높은 결과를 종합할 수는 없는 상황이다.

다만, 교사교육 프로그램이 부분별로는 제대로 운영되고 있으나, 전체로서는 조화롭게 작동을 못한다는 것이 중론이다(박영숙 등, 2017; 황규호 등, 2014). 프로그램을 구성하는 낱낱의 부분들, 즉 교직이론과목, 교과내용과목, 교과교육과목, 교육실습과목, 또는 교양과목들까지 모두 전반적으로 일정 수준 이상의 교육을 제공하고 있기는 하나, 이 각 부분들은 하나의 전체로서의 일관된 과정으로 작동하지 못하고, 그에 따라 최종적으로 역량들이 유기적으로 총체화 된 뛰어난 전인적 예비교사들을 만들지 못한다.

국내 사범대학의 교과교사양성의 전 과정도 이러한 파편적 결합의 중대한 결함을 극복하지 못하고 있다. 교원양성기관 평가 기준에 따라 양성프로그램의 비전과 목표, 그리고 그를 구현하는 구체적인 전략들이 모두 마련되어 있으나, 이것들은 거의 대부분 수사적 수준에서 표현된 것들이다. 구체적인 교육과정과 행정운영, 그리고 각 강의실에서의 수업실천에서 이 사항들이 우선적으로 강조되고 지속적으로 모니터링 되는지에 대해서는 실질적이고 객관적인 연구가 진행되지 않아 현재로서는 단정적으로 이야기하기 어려운 상태다. 하지만, 양성기관평가과정에서 현장평가 등을 통하여 실제 살펴본 경험을 통해서 볼 때, 국내의 어느 교원양성기관들도 이 점에 대해서 자신 있게 말할 수 있는 형편은 아니다.

이러한 점은 사범대학 수준에서 각 학과 프로그램의 수준으로 좁혀 들어가더라도 사정이 달라지지 않는다. 학과별 교과교육 프로그램 자체도 어느 특정한 모델(적어도 국가교육과정상에서 요청하는 그 해당 교과의 우수한 교사의 모습)의 교과교사를 체계성 있고 일관성 있게 훈련시키고 교육시켜 키워내는지 분명치 않다. 물론, 대부분의 교과교육 프로그램을 운영하는 학과들 자체 내에서는 단위과목들 하나하나를 잘 가르치는 것에는 최선을 다하고 있다. 하지만, 4년이라는 긴 시간 동안 제공되는 많은 과목들을 체계적이고 일관성 있게 가르침으로써 학과에서 추구하는 이상적인 교사상을 실현시키는, 그런 방식으로 운영하는 교과교사 프로그램이 실제로 얼마나 되는지는 파악하기 어렵다. 실제로 하나라도 존재하는지 조차도 장담할 수 없는 형편이다. 한국의 사범대학 프로그램은 평가기준에 맞추어 형식적으로 운영되고 있는 경향이 강하기 때문이다.

5년에 한 번씩 진행되는 교원양성기관 평가와 이 평가를 준비하기 위한 기관자체평가가 이러한 "목적이 뚜렷하고 일관성 높은 양성프로그램의 마련과 운영"을 점검하기 위한 것이 될 수 있다. 이것은 사범대학 전체적으로도 진행되고, 그 과정 속에서 교과단위별로도 진행되는 프로그램 평가의 성격이 강하다. 하지만, 실제 이 평가는 해당 교원양성기관의 교원 전체가 목적과 지향점을 명확히 인식하면서, 사범대학 전체로서, 그리고 해당 교과 전체로서 모든 프로그램의 요소들이 유기적으로 운영되고 있는지를 종합적으로 살피지는 못하는 것이 현실이다. 단순히 각 평가영역의 세부평가지표들의 개별적 충족도만을 살펴보는 방식으로 진행되기 때문이다. 개개의 평가지표에 해당하는 점수를 부여하고 이것들의 총합을 통하여 행정적 요건 충족 여부에 관한 평가가 내려질 뿐이다. 실제로 표시과목별 교과교사의 양성을 위하여 교양교육, 교직이론과목, 교과내용과목, 교과교육과목, 교육실습과목, 그리고 비교과활동과 행사들이 유기적이고 효과적으로 학년별로, 그리고 학과별로, 그리고 전체적으로 어떤 역할들을 하고 있는지에 대한 교육효과적 측면의 총체적 평가는 실시되고 있지 않다. 이러한 평가체계의 미비로 각 학과 단위에서의 교육과 사범대학 전체 단위의 교육 효과는 초점이 모아지지 않고 낱낱으로 분산되어버린다.

4. 외국은 어떤 노력을 하고 있는가?

각 나라에서 여러 영역의 교과내용이 어떤 식으로 예비교사들에게 가르쳐지고 있는지를 종합적으로 알아볼 수 있는 잘 정리된 보고서나 연구는 찾아보기 어렵다(김자미, 2017). 다만, 한 영역의 교과가 여러 나라에서 어떻게 가르쳐지고 있는지를 살펴보는 연구들이 극히 드물게 있기는 하다. Rollnick과 Mavhunga(2016)는 국제적으로 교사교육에서 교과내용지식(subject matter knowledge, SMK) 준비가 어떻게 이루어지는지를 알아보는 과정에서, 수학(Tatto, Lerman & Novotna, 2010)과 과학(Lederman & Lederman, 2015)의 두 교과에서 각각 20개 국가와 22개 국가를 대상으로 진행한 조사에 대해서 분석하고 요약하면서, 전반적인 경향에 대하여 유추해내고 있다.

이들이 찾아낸 바에 의하면, 중등 교과교사교육에 있어서 교과내용지식이 다루어지는 방식은 매우 다양하다. 예를 들어, 핀란드는 대학원에서 세부 학문교과를 전공하고 석사학위를 취득하여야만 교사자격을 갖추게 된다. 반면에 호주는 교육학적 지식과 방법론에 관한 지식이 매우 강조된다. 물론, 대부분의 나라에서는 이 두 가지를 혼합해서 적용하고 있다. 어떤 나라에서는 특정 교과내용지식을 먼저 학습하고 방법론적 지식을 습득하는 순차적 방식을 택한다. 또 어떤 나라에서는 교과내용과 교수방법 지식을 동시에 학습하는 동시적 방식을 택한다. 영국, 네덜란드, 호주, 캐나다, 이태리, 스페인, 뉴질랜드는 동시적 방식과 순차적 방식을 모두 택한다. 통상적 준비기간은 3~6년이다. 반면에 독일, 헝가리, 스웨덴, 스위스, 일본, 한국은 동시적 방식을 택한다. 보통 4~5년이 걸린다. 그렇지만 예비교사를 준비시키는 세부적 방식은 너무도 다양해서 공통된 특징을 잡아내기 어려운 실정이다. 이들은 아래와 같이 결론짓는다.

> … 교과내용지식에 할애하는 시간의 수준과 비율은 중등과 초등 교육에 있어서 국제적으로 매우 다양하다. 더욱이 각 나라들 간에, 심지어는 한 나라 안에서도 그 변이가 너무 다양하게 나타난다. 그리고 제공되는 교과내용지식의 수준은 그 나라의 발달 수준과도 연관되어 있다고 말할 수 있다(p. 434).

그럼에도 불구하고, 외국의 상황이 어떠한지를 알기 위한 두 가지 방법이 있어 보인다. 하나는 개개인의 연구자가 행한 연구문헌을 통해서 일부분을 자세히 살펴보는 것, 다른 하나는 여러 연구들을 종합하여 중요한 내용들을 주제별로 요약, 정리한 연구문헌을 통하여 전체의 윤곽과 흐름을 포괄적으로 살펴보는 것이다. 여기서는 후자의 방법을 통하여 간단히 살펴보기로 한다. 교사교육과 관련해서 가장 최근에 소개된 권위 있는 종합적 연구나 문헌을 꼽는다면 1권의 연구 결과 종합 요약집, 5권의 (미국 및 국제) 사례연구 모음집 핸드북, 그리고 2권의 종합 핸드북을 들 수 있다.

Darling-Hammond와 Bransford(2005)는 그동안 진행된 교사교육 관련 중요한 연구들을 주제별로 모아 실제로 교사교육 계획과 진행을 위해서 필요한 기초적인 지식의 토대를 마련하고 정리한 결과물을 보여주었다. Darling-Hammond와 Lieberman(2012)이 동서양 교육선진국이라 불리는 8개국의 전반적 상황을 살펴본 국제사례집도 있다. Darling-Hammond(2006)는 "큰 힘을 발휘하는 교사교육"이라는 표현을 사용하며 미국 내 7개 우수기관들을 대상으로 사례 연구를 행하여 그들의 특징들을 밝혀내고 있다. Craig와 Orland-Barak(2014, 2015), 그리고 Orland-Barak와 Craig(2015)은 전 세계 40여 개국에서 두드러진 교사교육방법 사례들을 모아 소개하고 있다. 그리고 Loughran과 Hamilton(2016)이 2권짜리로 엮은 <*International Handbook of Teacher Education*>과 Clandinin과 Husu(2017)가 2권짜리로 엮은 <*The SAGE Handbook of Research on Teacher Education*>도 이와 관련된 연구들이다.

이러한 최근의 국제 사례 및 연구 결과 정리 모음집들은 교사교육의 전 측면들에 대해서 매우 다양한 시각과 내용들을 다루고 있다. 하지만, 이들은 지금 우리의 구체적인 관심사인 "교과교사의 교육"과 관련된 교육과정이나 교수방법론에 대한 보다 구체적인 제언을 개별적으로(그리고 교과별로) 제공해주고 있지는 않다. 이는 초등과 중등교사교육의 구조적 구분이 우리처럼 분명하고도 배타적인 형태가 아니고, 교과 분류도 우리처럼 매우 자세하게 이루어지지 않기 때문이라고 판단된다. 다만, Clandinin과 Husu(2017)는 영어과, 사회과, STEM과, 체육과, 미술과, 종교과, 그리고 기술과 영역에서의 교사교육에 관한 내용을 할애하고 있다. 이들은 각자의 교과 영역에서 이슈가 된 내용들을 소개하며, 본보기가 되는 프로그램 사례나 종합적 특징들을 다루기도 한다. 그리고 향후 전망을 위한 시사점들을 제시한다(예 자신의 실천을 탐구하는 영어과 교사, 미래지향성을 추구하는 사회과 교사, 사회비판적 안목을 지닌 체육과 교사 등등).

여러 연구자들이 제시한 외국 교사교육의 동향과 제언들 중에서, 우리나라 맥락에서와 유사한 "교과교사교육"에 초점을 맞추어 정리되거나 진술된 내용은 거의 없다시피 하다. 대부분은 "교과별"이 아니고 교사교육 "전체"를 놓고 "교사교육"과 "교과교사교육"에 대한 제언을 하고 있다. 이 가운데 Kosnik, Beck 및 Goodwin(2016), Darling-Hammond(2006, 2017) 그리고 Korthagen, Loughran 및 Russell(2006)의 제언을 중심으로 관련 내용을 살펴보도록 한다.

가장 먼저, Kosnik, Beck 및 Goodwin(2016)은 "교사교육 분야에서의 혁신"을 주제로 여러 나라들에서 진행된 사례들을 살펴본다. 그리고 여덟 가지 개혁 동향을 찾아낸다. 그것은 명시화된 교사교육표준, 교사교육 프로그램의 최소기준 충족 요건, 연구 기반 교사교육, 교사교육의 평가와 책무성, 교직 진입의 대안적 통로, 교과 내용의 강조, 이론과 실천 연계: 대학과 학교연결, 지속적 전문성 개발 강조다. 이러한 동향들에 근거하여, 구체적으로 잉글랜드, 미국, 싱가포르, 캐나다 4개국의 교사교육 현황과 전망을 살펴본다. 그리고 상세한 개선 방향성에 대한 제언을 한다. '표준, 최소 요건 충족, 책무성을 수립하여 필수화하고 평가해야 한다, 든든한 이론적 토대를 갖추어야 한다, 교직에 들어오는 대안적 통로를 마련해야 한다, 교과내용을 강조해야 한다, 테크놀로지를 강조해야 한다, 교사교육의 모든 측면이 리서치 기반이 되어야 한다, 이론-실천 연계가 강해야 한다, 우수한 예비교사들을 모집하고 선발해야 한다, 우수한 교사교육자들을 선발하고 지원해주어야 한다, 개선은 일관된 방향으로 조금씩 진행시켜야 한다.' 등의 구체적인 내용들이다.

Darling-Hammond(2006)는 미국 내 7개 뛰어난 교사교육 프로그램의 공통된 특징을 일곱 가지로 요약해내고 있다. 첫째, "좋은 수업"에 대한 명확하고 공유된 한 가지 비전이 있으며, 이것은 프로그램 전체 교육과정과 현장실습 전반에 걸쳐서 반영되고 있다. 둘째, 실행과 성과를 판정하는 기준이 아주 잘 마련되어 있다. 셋째, 발달, 학습, 사회적 맥락, 교과교수법에 관한 지식을 토대로 하여 교육과정이 구성되어 있으며, 이들이 현장 실천의 맥락에서 가르쳐지고 있다. 넷째, 장기간의 현장실습(최소 30주)이 제공되며 상호유기적으로 연계된 학과목들에서 배운 아이디어와 실천방안들을 이 기간 동안 충실히 검토하고 연습한다. 다섯째, 예비교사들로 하여금 배움과 학생에 대하여 자신이 가진 심층의 신념들을 드러내어 재검토할 수 있도록 하고, 타인의 경험으로부터 배울 수 있게 하는 교수방법들을 사용한다. 여섯째, 현장교사와 대학교수를 연결하는 강력한 관계망을 형성하고 지식을 공유하며 신념을 나누어가지고 있다. 일곱째, 사례연구방법, 교사현장연구, 학업성취평가, 그리고 포트폴리오 평가는 교사들이 실제 수업능력을 향상시키는데 도움이 되도록 한다.

뒤를 이어 Darling-Hammond(2017)는 호주, 캐나다, 핀란드, 싱가폴 4개국에서의 동향을 조사한 후 미국과 비교하면서 새로운 제안들을 내놓는다(pp. 306~307).

- 높은 수준의 프로그램에 최고 수준의 후보자들을 모집한다. 이는 높은 보수, 교육 시 재정적 지원과 준비과정에서의 향후 계획 수립과 프로그램 질에 있어서 높은 공통성을 보장함으로써 가능하다. 핀란드와 싱가포르에서 이미 이렇게 하였고, 캐나다와 호주에서는 이 방향으로 진행 중이다.
- 체계적인 코스워크를 디자인하고 이것을 높은 수준의 현장체험과 통합시킴으로써 이론과 실천을 연결시킨다. 이것은 제대로 된 실천이 지지받고

후원받는 교육환경 속에서 실시되어야 한다. 핀란드의 프로그램들은 모두, 그리고 캐나다, 호주, 미국에서는 그 수가 점차로 증가하고 있는데, 이들은 예비교사들의 교육실습을 위한 새로운 모형들을 개발해냈다. 대체로 실습학교(training schools) 또는 전문부설학교(professional development schools)에서 실시하고 있다.

- 핵심 지식, 기술, 그리고 성향들에 대해서 배우고 평가하기 위해서 전문적 교수활동 표준(professional teaching standards)을 사용한다. 이미 미국, 호주, 캐나다, 싱가포르 모두에서 활용하고 있다.
- 이 표준에 기초해서 교사수행평가 도구들을 만든다. 이것으로 학생들이 배운 것과 교실에서 가르친 것을 연결시켜 주는 데에 활용한다. 미국에서는 이미 만들어 활용하고 있고, 호주에서는 제작중이다. 이 도구들은 예비교사들의 역량과 프로그램 질의 향상에 지렛대 역할을 해줄 수 있다.
- 신규교사를 도와줄 수 있는 초임교사 지원 모델을 확립한다. 숙련교사의 멘토링, 협동적 수업계획 마련, 수업부담의 축소 등을 통해서 현직 연수 세미나와 기본수업 기술의 축적이 가능하도록 시간을 마련해줄 수 있다. 싱가포르, 호주, 온타리오(캐나다)에서는 이미 진행 중이고, 미국에서는 몇몇 지역에서 실시하고 있다.
- 교사들이 정기적으로 스스로 서로 함께 배울 수 있는 체계적인 전문성 개발 노력을 지원한다. 학교 내 또는 대학 내에서 진행하는 형태는 물론, 학교 간 또는 대학 간, 그리고 학교와 대학 간으로 진행되는 형태도 모두 해당된다. 싱가포르, 호주, 캐나다, 핀란드 모두에서 실시하고 있다.
- 교육계 전체에 걸친 역량 강화를 도모한다. 이를 통해서 리서치와 좋은 사례를 광범위하게 공유할 수 있도록 하는 방안들을 찾아낼 수 있게 된다. 성공적인 수업 사례와 학교 사례를 발견하는 것은 물론이고, 뛰어난 교사와 교장들이 시스템 전체에 걸쳐 리더십을 발휘할 수 있도록 해준다. 캐나다의 온타리오주와 싱가포르에서 이미 실시하고 있다.

Korthagen, Loughran 및 Russell(2006)은 호주, 캐나다, 네덜란드 3곳 각각에서 매우 성공적인 교사교육 프로그램들과 관련 연구들을 종합적으로 검토하고 분석한 후, 예비교사들은 교사로서 다음과 같은 일곱 가지의 환경에서 예비교사로서의 실질적 배움이 더욱 의미 있게 진행되고 촉진됨을 발견하게 되었다. 첫째,

가르치는 방법을 배우는 과정(교수법의 학습, 교수법 배우기)은 충돌하고 대립되는 요구들이 끊임없이 생겨나는 과정이 되어야 한다. 둘째, 교과는 만들어진 내용이 아니라, 만들어가는 내용임을 강조하는 교과관에 바탕을 두어야 한다. 셋째, 교육과정에서 학습자에게로 초점이 옮겨져야 한다. 넷째, 교수법 배우기는 (예비)교사연구를 통해서 향상되어야 한다. 다섯째, 동료(예비)교사들과 긴밀하게 함께 교사가 되는 법을 배워야 한다. 여섯째, 학교, 대학, 그리고 교생 간에 의미 있는 관계가 맺어져야만 한다. 일곱째, 수업시간에 강조되고 소개된 교수·학습방법들이 수업 중에 실제로 담당교수 스스로에 의해서 솔선수범돼야 한다.

이러한 발견에 근거하여 Korthagen(2016)은 (교과)교사를 준비시키는 교육에 있어서 효과가 증명된 교수전략과 기법들을 정리하여 알려주고 있다. 이 방법들에서 드러나는 공통적인 특징으로 자기주도, 현장강조, 성찰중심, 연구기반, 지속노력 등이 보인다.[1]

- 현장학습(workplace learning): 경험이 최고의 스승이듯, 현장경험이 최고의 스승이다. 자신이 일하는 곳에서 배우는 것이 가장 빠르면서도 효과적이다. 물론, 저절로 배움이 일어나지 않으며 어떠한 상황에서도 제대로 배울 수 있는 것은 아니다. 여러 가지 조건과 환경이 갖추어져야 한다.
- 사례방법(case methods): 실제 사례이든 가상 사례이든 어떤 이슈나 문제를 중심으로 주어진 상황과 과제를 놓고 관계된 사람들이 상세하고 체계적으로 기술된 "사례"를 검토하고 숙고하고 판단하여 실천의 해결책을

1 가장 최근에는 "핵심실천활동"(core practice, CP 또는 high leverage practices, HLP)으로 불리는 개념이 주목받고 있다(Ball & Forzani, 2009; Forzani, 2014; Grossman, 2018; McDonald, Kazemi & Kavanagh, 2013). 교수활동과 교육과정 운영이 복합적으로 고려된 개념으로서, 예비교원교육과 신규교원연수에서 적극적으로 도입해야 한다는 의견이 제안되고 있다. "학생의 학습에 최대의 효과를 미치는 일련의 중요한 실행활동들이며, 따라서 교원양성 프로그램에서 교사를 교육시키기 위한 교육과정 프레임워크로서 활용될 수 있다"(O'Flaherty & Beal, 2018, pp. 3−4). 여러 교과연구자들에 의해서 확인된 활동들로 수업관찰, 비디오 관찰, 대화적 교수, 토론, 형성평가, 학습과정 분석, 수학문제해결 교수법 등이 있다. Ball(2016)은 19가지를 찾아 소개하고 있다. 교과별 핵심실천활동에 관한 연구들도 진행 중이다(예를 들어, 과학교과에서 Windschitl, Thompson, Braaten & Stroupe, 2012). 아직 미국 내에서의 연구가 진행 중이며 국제적 수준의 관심을 받지 못하고 있는 형편이고, 국내에서는 거의 소개되지 않아 본서에서는 주된 동향으로 포함시키지 않았다. 하지만, 수업실천현장을 바탕으로 하여 연구되고 검증됨으로써 향후 매우 중요한 교사교육 개념과 방법론으로 등장할 것이 확실시되고 있다.

마련해봄으로써 실천적 판단력을 기른다. 사례는 매우 주의 깊게 만들어져야 한다.

- 비디오 활용(use of video): 현장교사의 실제 수업 에피소드나 예비교사의 수업지도법 연습 상황 등을 비디오로 촬영하여 잘된 부분과 부족한 부분을 찾아내어 분석하고 교정하는 과정을 통하여, 수업활동을 비평적으로 관찰하고 성찰하여 자신의 수업활동을 스스로 반성하는 능력을 키울 수 있다. 교수의 도움이나 멘토가 필요로 된다.
- 유사실천(approximation of practice): 법률가와 정신분석학자들이 차용해 온 방법으로서, 예비교사에게 실제로 나가서 수행할 현장실천의 장과 거의 유사한 수준의 경험을 할 수 있는 기회를 제공한다. 해당 교과에서 제일 중요한 "핵심활동"(core practices) 중심으로 실천활동을 구성해야 한다.
- 성찰활동(promotion of reflection): 교사가 자신의 모든 교육활동에 대해서 성찰적 자세를 지니고 체계적인 반성을 적극적으로 실행토록 연습한다. 개인적 반성, 막연한 반성, 비체계적 반성이 아니고, 체계적이며 구체적이고 협동적인 방식의 성찰활동만이 교사로서 올바로 성장할 수 있도록 한다.
- 학습공동체(learning communities): 인식은 사회적으로 구성되기 때문에 학습은 사회적 활동이다. 교사로서의 성장과 배움도 반드시 사회적, 협동적, 공동체적 상황에서 이루어졌을 때 더욱 큰 효과를 발휘할 수 있다. 경험적 지식과 실천적 지식이 많은 선배들로부터 형식적, 비형식적 가르침을 받고 배움이 일어날 수 있도록 미리 연습해야만 한다.
- 내러티브(narratives): 자기 학습의 과정에 대해서 이야기 형식(내러티브)으로 이해하고 구성할 수 있는 역량을 습득하면 도움이 된다. "자서전적 글쓰기" 등을 통해서 자기 자신과 자신의 체험 등에 대해 깊이 성찰, 실천할 수 있도록 한다.
- 교사정체성(teacher identity): 자기 자신과 자신의 교사정체성에 대한 분명하고도 올바른 이해를 가져야 하며, 교사로서 자신의 역할은 어떤 것인지를 스스로 규정하는 전문적 정체성을 스스로 형성해나가는 기나긴 노정을 위한 준비역량을 갖추어야 한다.
- 교사연구(teacher research): 교사는 자신의 교육활동을 가장 잘 이해하고

개선할 수 있는 주인공이자 주체이다. 교사는 스스로 자신의 교육활동을 탐구하는 교사연구자가 되어야 한다. 교수연구자의 지식은 이차적이다. 교사연구자의 지식은 내가 나의 교육행위에 대하여 진행시킨 개인적 탐구를 통해서 얻어진 것이라는 점에서 일차적이다.

- 포트폴리오(portfolios): 예비교사로서 배우는 동안 자신이 만든 다양한 결과물들(일지, 보고서, 수업지도안, 유인물, 사진, 비디오, 오디오 등)을 모은 것이다. 이 자료들을 분석함으로써 자신을 되돌아보고 "당연한 것 다시보기"(dissonance)를 연습할 수 있다.
- 모델링(modeling): 가장 오래된 교수방법이지만, 최근에는 특별한 수업방법을 의도적이고 체계적으로 보여주는 방식으로 보다 세련화되었다. 다만, 교사교육자(교수) 본인이 (의도적이고 의식적으로) 솔선수범하여 진행시켜야만 해서 제대로 실행하기가 쉽지 않은 단점이 있다. 제대로만 실행되면 가장 강력한 교수방법이 될 수 있는 장점이 있다.

5. 어떻게 해야 더 잘 할 수 있는가?

지금까지 교과교사를 준비시키는 우리의 노력과 그 과정에서 나타나는 문제는 어떤 것들이 있는지, 그리고 외국에서는 어떤 방향과 내용으로 교사를 교육시키는지에 대해서 간단히 살펴보았다. 그렇다면 어떠한 조처를 취해야만, 특히 새로운 시대를 맞이하여 우리가 원하는 우수한 (뛰어난, 좋은) 교과교사들을 사범대학에서 준비시킬 수 있을 것인가? 이에 대해서는 그동안, 그리고 최근에도 여러 시도가 있어왔다(김병찬, 2016; 김왕준, 2017; 신현석, 2017).

우선 황규호 등(2014)이 종합적 분석을 시도한 가장 최근의 노력을 꼽을 수 있다. 이들은 구체적인 제안을 내놓기 전에 세 가지 기본방향을 먼저 제시하고 있다. 첫째, 교원양성 프로그램의 개선방향은 교원전문성 및 교원핵심역량에 대한 개념을 바탕으로 모색되어야 한다(교원전문성 개념의 명확화). 교원이 갖추어야 할 기본소양과 핵심역량의 개념화를 기초로 하여 현재 프로그램의 개선 방안을 마련해야 한다. 이로써 이상적 수준의 교원역량과 신임교원의 실제적 역량을 대비하고 가늠할 수 있게 된다. 둘째, 교원양성 프로그램의 외형적 구조와 편제보다는 교육

내용 수준에서의 개선방안을 모색해야 한다(교과내용의 명확화). 교과내용학, 교과교육학, 교직과목 등의 학점수와 과목수에 있어서의 개선보다는, 각 영역 교과목에서 다루어져야 할 핵심내용을 개선해야 한다. 셋째, 사범대학 직전교육, 초임교사 연수교육, 현직교사 연수교육 등 교원의 발달단계에 따라 중점적으로 길러주어야 할 역량에 대한 상세한 검토를 바탕으로 개선 방안을 마련해야 한다(전문성 개발의 지속화). 교사의 전문성은 평생 동안 길러져야 하는 것으로, 예비교사 교육단계에서 지나치게 많은 것을 갖추려는 노력은 이상적이지도 그리고 현실적이지도 않다.

이 장에서는 이러한 기본 방향의 타당성을 인정하면서, 중복되지 않는 선에서 구체적인 아이디어들을 제안하고자 한다. 국내외 연구결과들을 정리하고 분석하여 선별한 다양한 방안들을 다섯 가지 범주로 분류하여 교과교사교육의 발전을 위한 아이디어들을 제안한다. 이 아이디어들은 실행하자마자 효과를 볼 수 있는 즉효약이 아니다. 단지, 많은 연구들을 통해서 현실성이 있는 아이디어이거나 이미 효과성을 인정받고 있는 것들이다. 우리의 교과교사교육에 있어서 현실성과 효과성이 있다고 판단되는 것들을 중심으로 선정하여 소개하도록 한다. 교과교육의 비전과 이상, 프로그램의 구성과 평가, 교과내용의 효과적 교수법, 실천적 역량과 현장연계, 그리고 교과지도와 인성교육의 연계가 그것이다.

표 1 교과교사 양성교육의 개선 방안

교과교육의 비전과 이상	• "교과교육사명서" 채택 및 실천 • "전문적 정체성 형성" 강조
프로그램의 구성과 평가	• 체계성과 연계성 높은 프로그램 구성 및 운영 • 교과교사 자격 기준 마련 및 적용
교과내용의 효과적 교수역량	• 교과 PCK 숙달 기회 확대 및 심화 • 교과교육 학습공동체 운영 지원
실천적 역량과 현장 관계	• 현장교사 참여 독려 및 교수·교사 협의체 운영 • 융합적 교과 실천역량 함양
교과지도와 인성교육의 연계	• 교과 활동 내 실천 중심의 인성교육 전개 • 솔선수범의 롤 모델을 제공하는 교수자의 노력

가. 교과교육의 비전과 이상

1) "교과교육사명서" 채택 및 실천

외국의 연구들에서도 명백히 강조되었듯이, 사범대학의 교원교육에서 가장 강조되어야 하는 것은 "교육적 이상" 또는 "교육적 비전"이며, 그것을 구현할 수 있는 "교과교사상"이다. 이것이 일반적으로 "좋은 수업관" 또는 "좋은 교사상"의 형태로 드러난다. 모든 관련 구성원이 뜻을 모으고 힘을 합쳐 이루어내려고 하는 교육의 목적, 교원교육의 이상이 분명하게 그려져 있어야만 한다. 물론, 국내 대부분의 양성기관에서도 이 같은 사항을 갖추고 있기는 하다. 하지만, 그것은 단지 문서상의 수준에서 과시용 또는 평가용의 선언적, 수사적 수준에 머물러 있어 아무런 의미도, 효과도 없다. 성공적인 교사교육 프로그램들에서는 모두 이것이 명시화되어 있을 뿐만 아니라, 교육적, 행정적 총력을 동원하여 그것의 실현을 도모한다.

그리고 이 이상과 비전은 행정가 몇 명이 만든 것이 아닌, 구성원들이 모두 이해하고 동의하는 것이어야 한다. 이것의 명문화는 일반적 수준에서 몇 개의 단어와 문구로 구성되어서는 안 된다. "교육사명서"는 해당 기관만의 특성이 있어야 하고, 구체적이며 세분화된 내용이 함께 상세히 부연 설명되어야 효과가 있다. "교과교사"를 준비시키는 "학과" 수준에서의 교육사명서(교과교육사명서)도 마련되어야 한다. 교육사명서의 실제적 구현을 위하여 이것은 강의, 행사, 활동 등 양성프로그램의 모든 측면에서 강조되어야 한다. 대학의 풍토, 학과의 환경 등을 통해 잠재적 교육과정으로 작용하도록 하는 것이 효과적이다.

2) "전문적 정체성 형성" 강조

양성기관에서는 예비교과교사로서의 자기정체성이 분명하게 형성될 수 있도록 해야 한다. 최근 의사교육이나 변호사교육기관의 최고 핵심 이슈는 전문적 정체성 형성(professional identity formation)이다(Cruess, Cruess & Steinert, 2016). 사회의 정의와 시민의 행복을 책임지는 전문가의 직업적 자아상이 올바로 형성되지 않아, 이들의 사회적 실천이 비전문적이고 비윤리적인 방식으로 이루어지는 경우를 쉽게 볼 수 있다. 이것은 학생들이 바람직한 전문가상에 대한 올바른 인식과 자질을 갖추도록 만들어주는 역할을 해야 하는 양성기관의 방기와 부실한 관리 등이 주요 원인이다. 첫 단추가 중요하듯, 전문인에 대한 올바른 정체성을 처음 체계적으로 갖추어주는 곳이 매우 중요한 역할을 한다. 사범대학은 바람직한 전문교사, 올바른 교과교사의 정체성을 분명하고도 뚜렷한 모습으로 갖추어나갈 수 있도록 준비시켜주어야 한다. 이것은 바로 이상적 교사상이나 비전을 예비교사들의 정신과 태도와 신체에 각인되도록 하는 일에 다름 아니다. 교과교직전문성(subject teacher professionalism)이나 교직윤리(teacher professional ethics)가 강조되는 강좌는 물론, 다양한 비교과활동과 홍보를 통하여 전문적 교사로서의 자기 책임과 의무, 그리고 봉사정신을 확고히 할 수 있게 해야 한다.

나. 프로그램의 구성과 평가

1) 체계성과 연결성 높은 프로그램 구성 및 운영

(교육사명서 또는) 교과교사사명서에 근거하여 예비교과교사의 전문적 정체성을 완비시키며 구체적인 자질과 역량을 갖추도록 하려면 프로그램은 체계성, 연계성 있게 구성되어야 한다. 체계성은 수직적인 조직성을 의미하며, 1학년에서 4학년까지 기초적인 것에서 복잡한 것까지, 낮은 수준에서 높은 수준까지, 예비교사의 발달단계적 측면에서 과목들의 구성을 조직적으로 배치하는 것을 말한다. 연계성은 수평적인 조직성을 말하며, 동일 학년 내에서 과목군끼리 상호관련성을 맺으면서 구체적인 과목들이 선정되고 제공되는 것을 이르는 것이다.

교양과 전공, 이론과 실습, 교과내용과 교과교육 과목들의 수평적 연결이 제대로 이루어졌는지를 말해주는 기준이다. 동일 학년 내에서, 또는 1학기나 2학기 내에서 제공되는 과목들의 연관성, 즉 학년 내 연계성을 의미한다. 물론 학생들은 수강에 관한 선택권이 있어서 학년이 올라감에 따라 개인의 사정에 따라 반드시 정해진 순서대로 수업을 듣지는 않는다. 하지만, 학과나 전공계열 내에서 교과역량을 최대화시킬 수 있는 4년을 보내도록 전체 프로그램을 구성하고, 효과적 역량 습득을 위한 가이드라인 역할을 할 수 있는 “교과역량맵”(subject competency map)을 몇 가지 마련해서 제공해야 한다. 지도교수별 개인지도와 함께, 학과 단위로 종합설명회와 정기상담을 제공한다(최의창, 2010).

교육과정을 수직적, 수평적으로 체계성과 연계성이 높도록 구성하고 실제로 운영해야 하는 이유는 여러 가지다. 가장 중요한 것은, 제한된 학점 내에서 다다익선이라고 많은 교과내용학과 교과교육학 지식을 습득하는 것은 가능하지 않다는 현실 때문이다. (이미 이 같은 규정을 적용해 온 양성기관의 경우를 보더라도) 졸업이수 최저학점을 140학점(또는 그 이상)으로 상향조정하는 것도 근본적인 해결책은 되지 못한다. 결국, 체계성과 연계성의 강화를 통하여 교육의 실질적 효과가 높아지도록 해야 하며, (연구조사나 기관평가를 통해서 밝혀진 바에 의하면) 현재 국내 교과교사 양성프로그램의 구성과 운영은 그럴 수 있는 여지가 상당하다. 특히, 실제적으로 보다 효과적인 운영을 위한 양성기관 수준과 학과 수준에서의 총체적이고 세밀한 노력이 절실히 요구된다. "프로그램 개발운영 담당자"(program developer)를 두어 사범대학 전체와 학과 전체의 맥락에서 의도하는 교육효과가 이루어지는지를 지속적으로 모니터링하고 조정해나가야 한다. 그리고 양성기관에서는 (기관별, 학과별) 자체 평가를 정기적으로 실시하여 프로그램의 질 향상과 유지를 위한 필요한 조처를 취해야 한다.

2) 교과교사 자격 기준 마련 및 적용

교사전문역량기준(표준)이 반드시 필요하다는 점은 오랫동안 주장되어 왔다. 일반교사 기준과 함께 교과교사 기준의 필요성도 제기되어 왔다. 실제로 그동안 몇 차례에 걸쳐 일반교사 기준과 교과교사 기준이 개발되고, 또 보완, 수정되기도 하였다. 예를 들어, 체육교과는 2008년 1차안이 개발되었으며, 2016년 수정안(9개 영역에 27개 세부기준)이 개발되어 학과교과내용 구성에 적극적으로 반영하도록 홍보하고 있다(한국교육과정평가원, 2016). 이 기준은 (교과)교사가 갖추어야 할 필수적이고 핵심적인 능력과 자질을 규정함으로써, (교과)교사의 전문성 향상과 (교과)교사교육의 질 관리에 긍정적인 도움이 될 수 있도록 하는 것이다.

하지만, 양성기관과 교사선발과정에 있어서 이 기준의 중요성과 유의미성이 제대로 홍보 및 이해되지 못하고 있는 것이 현실이자 문제점이다. "국가직무능력표준"(NCS)이 일반화되고, 또 교육과정 자체가 역량중심으로 구성됨으로써, 역량의 표준화에 대한 관심이 사회와 교육 전반에 확산되고 있다. 예비(교과)교사들이 일반역량을 함양하고, 교과역량을 향상시키기 위해서, 그리고 교직의 일을 제대로 해내기 위하여 역량기준의 개발과 적용이 반드시 필요한 시점에 도달하였다. 이미 개발된 교과영역에서는 양성기관(대학 및 학과)에서 실제 교사교육에 적극적으로 활용하도록 홍보 및 지원이 이루어져야 한다. 당연히 각각의 양성기관 현재 상황에 맞도록 조정, 적용되어야 할 것이다.

다. 교과내용의 효과적 교수역량

1) 교과 PCK 숙달 기회 확대 및 심화

교과교사의 핵심역량 중의 핵심역량은 교과내용을 학생들의 수준에 맞도록 잘 가르치는 것이다. 양성기관 현장에서는 교과 PCK를 숙달시킬 기회가 거의 없거나 매우 부족한 실정이다. 예비교사 교육에서 교과 PCK의 절대적 중요성, 특히 우리나라에서는 교과별 국가교육과정에서 제시된 성취기준에 근거한 교과 PCK의 습득과 숙달에 대한 양성기관과 학과에서의 강조가 요청된다. 교과교육과목(특히 교재연구 및 지도법)을 가르치는 교수만이 아니라, 교과내용학을 가르치는 담당자들도 교과 PCK에 대한 이해가 필요하며, 그것을 모든 전공교과 수업시간에 직접적, 간접적으로 예비교과교사들에게 강조하고 설명하도록 해야 한다. 결국, 교과 PCK는 교과내용학에 대한 수준별 이해를 기초로 하고 있기 때문이다.

교과내용학의 내용(수학의 방정식, 미분 등)에 대해서 다양한 단계별 이해를 갖추지 않는다면, 그것을 중등학생들에게 각자가 가진 이해수준별로 지도할 수 있는 방법론적 노하우가 갖추어지지 않는 것과 같다. 이는 교과교육학에서 당연히 강조되어야 하지만, 출발점은 교과내용학에서의 다양한 내용이해와 전달방식이 함께 고려되어야 하고, 실제로 가르치는 장면에서 연습할 때에 제대로 습득될 수가 있다. 교과내용학과 교과교육학 전체 영역들에서 교과 PCK에 대한 강조가 학년간, 학년 내에서 체계적이고 연계성 있게 진행되도록 주의 깊은 모니터링이 요구된다(Berry, Depaepe & van Driel, 2016). 이들은 현장실습과 연계되어야 하며, 특히 멘토나 담당교사의 적극적 도움이 수반되어야 한다. 이렇게 하는 것이 현실적인 숙달기회 확대와 심화학습의 효과적 방안이다. 교재연구 및 지도법 과목의 이수시간을 절대적으로 늘리는 방식은 손쉬운 방법이지만, 양성기관 현실상 가능하지 않다. 시간의 양적 확대가 질적 향상과 심화를 보장해주는지도 의문이다.

2) 교과교육 학습공동체 운영 지원

현재 현직교사교육은 교사들의 전문적 학습공동체와 실천공동체 참여가 주된 경향으로 자리 잡아 가고 있다. 이러한 공동체는 현장의 교사들이 자신이 근무하고 있는 곳에서의 구체적 문제 해결을 위해 주체적이고 주도적으로 직접 참여, 운영하는 교사들의 탐구공동체인 것이다. 교사들에 대한 톱다운 형식의 일방적 전달연수는 그 효과성이 매우 제한적인 것으로 판명되었다. 결국 교사들 자신이 자기에게 필요한 교육적 지식의 생산자로 성장할 수 있는 것이 가장 효과적임이 지난 30여 년간의 교사전문성 개발 연구의 결론이다. 교육지식 생산은 교수나 연구자, 적용은 현장교사라는 전통적인 생산과 활용 분업의 원칙은 더 이상 유지되기 어렵다. 그보다는 자급자족의 원리가 현장교사에게는 더욱 필요하며 실제로 효과성도 크다. 교육 영역만이 아니라, 전문직 분야에서 직무현장 학습에 있어서 현장실천가의 자기주도적 지식생산이 중요하고 긍정적으로 평가되고 있다(서경혜, 2015).

교과교사 개개인이 각자가 당면하고 있는 현장의 현실과 문제 속에서 지금 당장 바로 필요로 하는 지식은 일반화된 지식의 공급만으로는 해결되지 않는다. 그것은 각각의 현장 맥락과 그 안에 있는 사람들의 상황이 총체적으로 고려된 실천적 지식과 판단능력에 의해 만들어진다. 교과교사는 일반화된 교과지식을 단순히 기능적, 효율적으로 적용하여 문제를 해결하려는 "기능적 전문인"이 아니다. 자신의 실천 활동에 대한 반성적, 규범적 성찰을 통하여 상황을 풀어나가려는 "반성적 전문인"이다(조덕주, 2009, 2011). 최근의 교사학습공동체나 교사실천공동체의 동향은 이런 전문인으로 성장하려는 교사들의 노력이 반영된 것이다. 이를 위한 준비를 예비교과교사교육에서 연습하도록 해주어야 한다. 정규강좌나 교과목 수강에서는 지속적으로 참여가 어려우므로, 교과외 활동으로서 학과에서 적극적인 지원체계를 마련하여 취미동아리와 함께, 학생들이 주도적으로 "예비교과교사공동체"(subject community of practice; SCoP)를 구성하고 운영할 수 있도록 지원해주어야 한다.

라. 실천적 역량과 현장 연계

1) 현장교사 참여 독려 및 교수·교사 협의체 운영

“교육실습” 관련 과목(교육봉사, 교직실습)을 중심으로, “교과교육” 관련 과목(교과 교재연구 및 지도법, 교직실무 등)과 “교직소양” 관련 과목(학생폭력 등)들이 4년간 체계적으로 연계되어 교육됨으로써 예비교과교사의 현장실천 역량이 최대화될 수 있도록 한다. 과목들을 계열화시키는 것을 넘어서, 반드시 “교수, 학생, 교사”가 삼위일체 되어 예비교사의 현장역량 계발이 극대화될 수 있는 효과적인 교육 프로그램을 운영하도록 한다. 교과 PCK 증진과 마찬가지로, 실습 관련 과목을 늘리거나 교육실습 기간을 연장하는 방법으로 현장역량 강화의 문제가 쉽게 해결되는 것은 아니다. 학생들의 현장실천 역량 발달은 교수와 교사의 책임 있는 가이드와 멘토링에 의해서만 제대로 이루어질 수 있으므로 실질적인 지도가 과목들 간에 연계적으로 진행되도록, 그리고 지도교수와 (협력학교) 지원교사가 지속적인 조언을 제공할 수 있도록 한다.

이를 위해서는 현장교사의 교과교육 프로그램 자문과 그에 따른 수업이 가능해야 하며, 현장과 학과 교수진과의 협의를 위한 상설화된 협의체가 필요하다. 학과별로 구성하기 어렵다면, 단위 양성기관별로 구성하여 지속적이고 구체적인 협조가 이루어질 수 있는 관계를 마련해놓아야 한다. 이 협의체에서 예비교사들의 교육 현장 능력 개발을 위한 종합적 토의가 이루어지며, 양성기관의 교직 관련 실습 프로그램의 효과적 운영을 위한 현장교사의 주도적 관여와 정기적 참여가 보장될 수 있다(진석언, 곽덕주, 조덕주, 2007).

2) 융합적 교과 실천역량 함양

21세기 교육은 통합적 사고와 융합적 역량을 지닌 인재 양성을 지향한다. 창의성 교육과 인성 교육은 이미 우리의 세분화된 지식, 기술, 능력이 낱낱으로 구비되어 학생의 몸과 마음에 칸막이 쳐진 채로 구성되어 있지 않음을 상정하고 전개되고 있다. 특히, 대학에서 배우는 교과목들과는 달리 현장의 교육과 현실의 상황은 교과를 배우면서도 그 안에서 융합적 수행능력을 기르는 것을 지향한다. 역량중심 교육과정의 근본 취지가 바로 이러한 융합적 능력으로서의 역량이 학생들에게서 자라나도록 돕는 것이다. 예를 들어, 2015 교육과정에서 강조하는 여섯 가지 일반적인 역량은 자신이 전공으로 하는 교과의 학문적 이해도만 높여서 가능하지 않다.

최근 전 세계적으로 강조되는 21세기 역량, 소프트 스킬 등은 단일 교과를 넘어서는 초교과적 역량들이다(이광우, 백경선, 이수정, 2017; 한혜정, 김영은, 이주연, 2016; 홍원표, 2017). 다른 분야, 다른 교과, 다른 영역에 대한 이해를 넓히고 높이는 과정에서 더욱더 융합적인 사고와 태도, 그리고 기술력이 향상되는 것이다. 하나의 과목만 아는 것은 아무 것도 모르는 것과 같다. 역량중심 교육과정에서 실현하고자 하는 생동하는 역량, 영역을 넘나드는 역량, 실제로 활용되는 역량을 길러주고 그것을 발휘할 수 있도록 가르치기 위해서, 교과교사는 교과를 넘어서는 교사가 되어야 한다. 다른 모든 교과들과의 연계와 결합과 융합을 가능토록 하는 안목의 기초를 양성기관에서, 교과교사로서의 준비과정에서 길러놓아야 한다.

마. 교과지도와 인성교육의 연계

1) 교과 활동 내 실천 중심의 인성교육 전개

국가교육과정에 실려 학교교육을 휩쓸고 지나간 인성교육의 태풍은 한풀 꺾였으나, 인성교육에 대한 관심과 주목은 여전히 한국교육의 중요한 이슈이자 테마이다. 현 시대 청소년, 특히 경쟁과 성공에 대한 강박이 초중고 수준까지 만연한 가운데 한국의 청소년들에게 인성교육은 더 이상 도덕교과만의 과제와 과업이 아니다. 특정 과목이 도맡아서 해결해야 하는 특수한 문제가 아니라, 학교교육 전반, 그리고 학교 교과 전체가 동시적, 전면적으로 맞닥트리고 달려들어야 하는 일반문제가 되어버린 것이다. 양성기관에서는 여전히 아직도 교직이론이나 교직소양 과목을 통해서 인성교육의 문제를 대응하고 있으나, 교과영역에서 인성교육의 구체적이고 현실적인 그림을 그리지 못한다면, 교과교사로서의 인성교육은 여전히 요원한 일이 되고 말 것이다.

최근 인성교육(도덕교육)의 동향은 콜버그류의 인지적 접근보다는, 아리스토텔레스적 덕교육 접근의 가능성에 의해 많은 연구가 진행되었다. 특히, 인성을 내용으로 가르치는 것(teaching morality)은 지행일치를 이끌어내는 데에 실패하고 있다고 지적된다. 도덕교과에서 해왔듯이 직접적인 교과내용으로 (주로, 지식으로) 가르치는 것은 올바른 사람을 만드는 것에 매우 제한적인 효과만 거두는 방법이다. 따라서 인성을 방법적으로 가르쳐야 한다(teaching morally)는 주장이 제기되었다(최의창, 2014; Klaassen, Osguthorpe & Sanger, 2016; Sanger, 2017). 예비교사들은 교과 내 활동 가운데서 적극적인 참여와 실천을 통해 자연스럽게 인성이 발달되는 과정을 겪어야 한다. 도덕적 상황에 대한 인지와 그에 대한 올바른 판단의 훈련, 이것의 정당화를 위한 지식들의 학습을 넘어, 일상적인 교과 학습 과정 자체가 반복적인 도덕적 훈련의 계기가 됨으로써 올바른 인성의 함양과 실천이 습관화될 수 있도록 만들어야 한다. 그에 따른 교수 방법의 고민과 개발이 모두에게 요청된다.

2) 솔선수범의 롤 모델을 제공하는 교수자의 노력

이것은 교수자가 실제로 교과를 가르칠 때에 수업준비를 성실히 하고, 학생들이 이해를 못할 때 인내를 보이며, 시종 올바른 언어를 사용하며, 열의에 찬 태도로 학생 하나하나에 진정한 관심을 보여주고, 올바르지 않은 상황을 만들지 않는 것 등등의 다양한 모습으로 나타난다. 교과교사가 교과내용을 가르치는 매일매일의 수업에서 일관된 사람의 됨됨이를 직접 보여줌으로써 학생들은 간접적인 방식으로 (하지만 효과로는 더 직접적으로) 인성에 대하여 습득한다는 것이다. 교과수업에서의 솔선수범이 인성교육의 가장 효과적인 방법이라는 것이다. 예비교사교육에서는 이 점이 반드시 강조되어야 하며, 이것을 위한 교과교육 프로그램상의 다양한 방안들을 마련해야만 한다. 특별한 강좌를 독립적으로 만드는 것보다는, 학과 과목들 전체를 가르칠 때에 가르치는 방식에서 인성덕목의 특성들이 드러나고 자연스럽게 학생들이 이를 익힐 수 있도록 의도되어야 한다. 이 역시 교수와 강사의 노력이 절대적으로 요청되는 대목이다.

6. 결론: 열쇠는 교사교육자!

새로운 정부 초반에는 언제나 교사교육 관련 정책의 개선에 많은 관심이 주어지기도 한다. 기존의 문제점들을 지적하고 밝혀낸 후 새로운 개선안들이 펼쳐진다. 이 장에서 내가 한 일도 같은 종류의 일이다. 이를 교과교육에 한정시켜 살펴보려고 하였다. 현황을 살펴보고 문제점을 찾아내고 외국동향을 추려내어 새로운 개선의 아이디어들을 소개하였다. 막상 마무리 단계에서 뒤돌아보니, 태양 아래 새로운 것은 없다는 금언대로, 기존 아이디어들을 벗어나는 참신하고 현실적인 생각은 없는 듯 보인다. 분명 나의 능력이 부족한 이유인 터다. 하지만, 지금껏 계속해서 지적된 문제점들이 개선되지 못하는 이유는 해결방안이 잘못되었다기보다는, 아예 그것이 적용되지 않았거나, 아니면 제대로 구현되지 못하고 있기 때문인 것이라고 생각된다. 이는 20여 년간 두 곳의 주요 사범대학에서 예비교과교사들을 가르쳐보고, 여러 차례의 양성기관평가를 모두 거쳐본 경험에 근거하여 내린 결론이다.

결국, 양성 프로그램이 사범대학 전체의 수준과 단위 학과 전체의 수준에서 각자 얼마나 "유기적으로" 운영되는가의 문제가 관건이다(Darling-Hammond, 2006; Grossman, Hammerness & McDonald, 2009; McDonald et al., 2014). 지난 20년간의 정기적인 양성기관평가는 적어도 사범대학 운영과 교과교사 양성을 위한 틀은 갖추어 놓았다고 판단된다. 1980년대 초반 내가 받은 사범대학 (교과)교육과 1990년대 말 내가 행한 사범대학 (교과)교육, 그리고 현재 진행되는 사범대학 (교과)교육은 그 구조적이고 형식적인 면에서 상당한 차이를 보인다. 정말 많은 발전을 보였다. 그리고 단위 (교과교육을 포함한) 과목들 낱낱의 내용과 방법도 교과교육학의 성장에 힘입어 상당한 발전을 이루었다고 확신한다.

하지만, 교수 개개인이 담당하는 교과목들 간의 체계성과 연계성, 프로그램 단위영역(교양, 교과내용, 교과교육, 교직이론, 교직소양, 교육실습)들 간의 연결성과 융합성, 그리고 교과영역과 비교과영역 활동들 간의 관련성 등 부분 부분, 요소요소들의 총체적인 "유기적 작동"을 0에서 100까지의 스케일을 놓고 볼 때, 그것들이 얼마 정도인지를 생각하면, 등골이 서늘해지는 느낌을 피할 수가 없다. 물론, 내가 경험한 개인적 체험의 한계 내에서만 그럴 것이다. 다른 기관들에서는 모두 보통 이상은 하고 있을 테니 말이다.

나는 지금 "붉은벽돌쌓기"에 그치는 교과교사 양성 프로그램에 대해서 말하고 있다. 직육면체 빨간 벽돌을 조심조심 하나 위에 다른 하나를 올려놓는 방식으로 설계된 집을 만들고 있다. 이것은 쌓으면서 계속 무너지거나, 다 쌓았더라도 흔들

거리면서 약한 충격에도 무너지는 건축물이다. 튼튼하게 건축한 집은 적어도 "브릭블록조립" 정도는 되어야 한다. 이 블록은 아랫부분은 오목하고 윗부분은 볼록한 부분이 있어서 위와 아래, 좌와 우를 끼워 맞춤으로써 서로 맞물려 빠지지 않고 튼튼하게 모양을 유지하게 된다(한 단계 더 나은 것은 완전히 튼튼한 집짓기인 "단독주택 건축"일 것이다. 하지만, 비유는 이 정도로도 충분하다고 생각된다. 의도가 충분히 전달되었을 것이다). "한 아이를 키우기 위해서는 온 마을이 필요하다"는 잘 알려진 속담은 바로 이런 유기적으로 연결되어 하나처럼 작동하는 프로그램을 비유적으로 말해준다고 생각된다. 한 예비교과교사를 키우기 위해서는 온 학과, 온 사범대학 전체가 필요한 것이다.

좁은 소견으로 조심스럽게 평가하자면, 우리의 교과교원 양성프로그램 운영은 전자의 수준을 넘지 못하고 있다. 다른 어떤 방안들보다도 이 점이 핵심적으로 간과되어 왔다고 확신한다. 그리고 그 근원적인 이유는 사범대학의 전체 교사교육자, 그리고 학과의 전체 교사교육자들의 단합되고 일관된 비전과 노력 경주가 부족했던 것이라고 생각한다(박영숙 등, 2017). 학생에게 제공되는 교육의 질이 교사에 의해 좌우된다는 상식은 교사교육에 있어서도 그대로 적용되는 것이다. 훌륭한 교과교사를 양성하겠다는 단위 학과와 단위 기관 교사교육자들의 분명하고 일관된 체계적인 노력 없이는 모든 훌륭한 조처들도, 마치 매번 개정된 교육과정이 교사들에 의해서 지속적으로 실천되지 않으면 수포로 돌아가듯이, 역시 마찬가지로 물거품이 될 것이다. 그리고 그 대가는 이후 우리의 자녀들이 학교교육에서 돌려받게 된다. 결국, 교과교사의 교육에 있어서도 교사교육자가 관건인 것이다. 교사교육자인 나부터 스스로를 반성해 볼 일이며, "발이부중 반구제기"(發而不中 反求諸己)하는 마음으로 이를 시작하도록 하겠다.

14

교직 교육의 성찰과 제언

신창호(고려대학교 교육학과 교수)

교직 교육의 성찰과 제언

신창호(고려대학교 교육학과 교수)

1. 시대정신에 맞게 교원을 양성하고 있는가?

'산업혁명(Industrial Revolution)'은 말 그대로 인류의 삶에 '혁명'을 가져왔다. 18세기 중반에 시작된 산업혁명은 농업중심사회에서 공업사회로의 이행을 선도했고, 물질적 재화 생산에 무생물적 자원을 광범하게 이용하는 조직적 경제과정을 전개하였다. 물론, 이런 혁명은 순간적으로 격렬하게 발생한 현상이기보다는 이전부터 지속적으로 진행되어온 점진적이고 연속적인 기술혁신의 과정이었으리라. 과학기술의 발달과 더불어 다가온 산업혁명, 즉 농업사회에서 공업사회로, 나아가 정보사회로의 전환은 인류 삶의 양식을 급격하게 바꾸어 나갔다. 1980년대 이후 지난 30여 년간 한국사회의 변화를 보면 실감날 것이다. 정보기술(IT: Information Technology), 환경기술(ET: Environmental Technology), 생명공학기술(BT: Bio Technology) 등 첨단과학이 만들어 내는 기술의 막강한 영향 아래, 테크놀로지(technology)는 인간을 지배하고 있는 듯하다.

이런 시대에 한국교육은 어떠한가? 시대정신에 부합한 교육인가? 아니면 사회변화를 선도하기는커녕, 적응조차 힘들어 하며 첨단기술의 발아래 허우적대고 있지는 않은가! 우리의 관심은 18세기 산업혁명 이후 축적된 지식습득도 중요하지만, 21세기 현재 대한민국의 교육을 추동하려는 열정에 맞춰질 필요가 있다.

과학기술의 발달을 기준으로 볼 때, 인류문명은 몇 번의 대전환을 겪었다(하원규·최남희, 2016: 30-31). 첫 번째 대전환은 농업이 산업의 중심이 되고 인간이 정착생활을 하던 농업혁명의 시기이고, 두 번째는 공업이 산업의 중심이 되고 인간의 육체노동을 기계가 대신하던 공업혁명의 시기이다. 이것이 우리가 흔히 말하는 18세기 산업혁명이다. 세 번째 대전환은 컴퓨터의 발명에 의한 정보처리와 커뮤니케이션 혁명에 의해 인간의 정신노동을 컴퓨터가 대신하던 시기이다. 이는 최근의 일이다. 이제 나아가 네 번째 대전환의 시기에 들어섰다. 그것은 다양하게 표현할 수도 있지만, 한 마디로 말하면 '인공지능정보의 시대'이다. 이는 인간의 두뇌 노동이 사물이나 기계, 공간 등으로 외부화를 거치는 작업을 중심으로 한다. 의사소통 차원에서의 문명 전환은 다르게 명명된다. 인쇄혁명으로 과학기술의 혁신과 인류의 삶을 극적으로 바꾼 근대 문명 시대를 '인류문명 3.0'이라 하고, 컴퓨터와 인터넷, 인공지능 등으로 실현되고 있는 초연결 창조문명을 '인류문명 4.0'이라 부르기도 한다.

이 지점에서 교원양성을 비롯한 한국교육의 문제는 심각성을 더한다. 이른 바 '4차 산업혁명시대의 교육!'이다. 이런 시대의 교육은 어떤 모습을 띠어야 할까? 최근 들어, 정부는 물론이고 민간에서도 다양한 측면에서 교육 문제를 고민한다. 지능정보와 관련된 논의도 있고 융·복합과 관련한 논의도 많다. 이외에도, 민주주의, 평화, 환경, 생태, 다문화, 복지, 노인, 죽음교육 등 기존의 학교교육 자체는 물론 그것을 넘어서는 주제들이 많다. 그렇다면 교육은 어떤 모습이어야 하는가? 특히, 공교육의 목적은 무엇이어야 하고, 교육의 역할과 기능은 그 초점을 어디에 두어야 하는가? 그런 고민과 함께 교원양성을 위한 교직교육의 문제도 고려되어야 한다. 그것은 과거에 만들어져 현재 진행형으로 존재하는 교원양성의 시스템을 진지하게 재고하여, 시대정신에 부합하는 교직과정 교육에 활력을 불어 넣는 작업이어야 한다. 단순하게 그냥, 교직과 관련한 교과목 정돈이나 교직과정에서만 교사를 양성하는 문제를 넘어선다.

여기에서 여러 가지 물음이 제기될 수 있다. 4차 산업혁명시대의 교사는 어떤 직업인인가? 어떤 역할과 기능을 지녀야 하는가? 다양한 대안과 해법들이 여기저기서 난무한다. 분명한 것은 단일한 해법을 통해 단순하게 적시할 수 있는 정책대안이 어렵다는 점이다. 대신, 전 지구적 차원의 시대 추세와 대한민국의 사회상황, 사범대학(교직, 교육대학원 포함)에서 교직을 이수하는 대학생들의 특성, 중등교육의 대상인 청소년(중고등학생)들을 이해하는 방식 등, 여러 측면과 차원에 따라 교직의 문제를 충분하게 고려할 필요가 있다. 그래야만 보다 나은 대안을 검토할 수 있으리라.

중등교육의 교직을 인식하기 위해서는 다양한 사안을 파악하고 고심해야 한다. 큰 틀에서 보면, 대한민국 교육문화를 명확하게 인식해야 하고, 중앙은 물론 지방 정부에 이르기까지 교육과 관련한 정책, 재정(예산), 단위학교별 교육, 학부모, 사교육, 입시 문제 등 수많은 교육 관련 문제를 함께 성찰해야 한다. 그러면서도 교직과 관련하여 고민해야 할, 정말 중요한 사안은, 교사로 나갈 예비교사(교직을 이수하는 대학생)와 교육현장에서 직접 만나 함께 해야 하는 청소년(중고등학생)에 관한 인식이다.

이는 단순하게, '요즘 대학생(중고등학생) 어떠어떠하다' 그래서 '교직이 힘들다!', '인성교육이 중요하다!', '민주 시민 교육이 필요하다!' 등등 '무엇 무엇이 문제이다!'라는 한탄으로 끝날 일이 전혀 아니다. 절대 그래서는 안 된다! 교직에서 아이들을 가르치고 있다면, 아이들을 만나고 있는 한, 더불어 고민해야 한다. 그들과 함께 해야 한다. 그런데 현재 교직에 몸담고 있는 중등교사들은 어떠할까? 혹은 사범대(교직) 예비교사(청년 대학생)들의 소망은 무엇일까? 안정된 직장으로서 교사 생활을 하거나 미래의 안정된 직업으로서 교사되기를 바라고 있는 건 아닐까? 현재 대한민국의 교육을 부둥켜안고 청소년들과 함께 하거나 미래에 더불어 할 준비를 하고 있을까? 교직을 이수하는 청년들은 어떤 상황에 처해 있는가? 이들에게 교직이라는 달콤한 희망(?)을 통해 교원양성의 장밋빛 미래를 그릴 수 있을까?

현재 교직과정을 이수하고 있는 청년 대학생들의 의식실태를 간략하게 엿보면서 고민을 더해 보자. 2010년 이후, 대한민국을 살아가는 청년 세대에게 심각한 문제가 대두되기 시작했다. 이전에는 경험하지 못한 새로운 형식의 청년 문화가 등장했다. 이른 바 '엔(N)포 세대'이다. 엔포 세대는 2015년 청년들의 취업시장에 등장한 신조어로 어려운 사회적 상황 때문에 취업이나 결혼 등 여러 가지 삶을 포기해야 하는 세대를 뜻하는 말이다. 2010년대에 들어서면서 한국의 청년들은 너무나 큰 사회 경제적 압박을 받게 되었다. 그들은 한참 누려야 할 연애, 결혼, 주택 구입 등 많은 것을 포기해야 하는 사회적 한계에 부딪쳤다. 얼마나 많은 것을 포기해야 하기에 '엔(N)포'라고 한 것일까? 처음에는 연애, 결혼, 출산을 포기하는 3포세대라고 하더니, 조금 지나서는 3포에 취업과 주택 마련 두 가지 포기가 더해진 5포세대로 바뀌었다. 이후에는 다시 5포에 희망과 인간관계까지 포기하는 7포세대가 등장했다. 그리고 급기야 외모, 건강까지도 포기하는 9포세대까지, 포기해야 할 특정 숫자가 정해지지 않고 여러 가지를 포기해야 하는 세대로 전락하고 말았다.

이러한 포기와 더불어, 2015년의 조사에 의하면, 대한민국 청년들은 '절박, 면박, 쪽박, 소박'이라는 네 가지 '박'에 힘겨워한다(청년정책연구센터, 2015). 첫째, 청년 대학생들은 취업 앞에서 정말 '절박'하다. 청년 대학생들에게 취업은 허니버터칩만큼이나 구하기 힘들다. 청년 대학생들의 70% 정도가 취업이 가장 큰 고민거리이고 그로 인해 스트레스를 느낀다. 절반 정도의 청년 대학생들이 휴식도 제대로 취하지 못하면서 나름대로 성공을 위해 노력하고 있다. 취업에 부정적인 영향을 끼친다면 친구 관계도 포기할 정도이다. 둘째, 기성세대들은 청년 대학생들을 '면박'한다. 부모님을 비롯한 기성세대들의 상당수가 '남 탓, 사회 탓 하지 마라. 너희가 나약한 것'이라며 면박한다. 그것은 자녀의 개성을 인정하지 않은 부모나 기성세대들의 청년 대학생들에 대한 이해 부족과 무관심에 기인하는 것이기도 하다. 셋째, 청년 대학생들은 탈출구 없는 현실에 '쪽박'을 찬다. 70% 정도의 청년 대학생들은 개인의 노력만으로 성공할 수 없으며 부모의 사회경제적 지위와 출신 대학 등이 성공에 영향을 미친다고 생각했다. 사회에 발을 내딛기도 전에, 학비나 생활비 부담 등으로 인해 이미 빚쟁이가 되어 있어, 노력만으로는 살아가기 힘든 현실을 실감한다. 넷째, 청년 대학생들은 성공을 위한 거창한 꿈을 꾸기보다는 차라리 보통의 삶을 바라는 '소박'이다. 희망 없는 절벽에 쪼그라든 청년들은 더도 덜도 말고 보통의 삶을 지향하며 안정을 취하고 싶어 한다. 그러다 보니 젊은 패기나 열정을 갖고 도전하고 개척하는 정신보다는 직장 선택에서 가장 중요한 기준을 '고용의 안정성'으로 꼽았다.

그러나 한국의 100대 기업들이 요구하는 인재상은 '슈퍼(SUPER)'이다. 슈퍼(SUPER)는 전문성(Specialty), 창의성(Unconventionality), 도전정신(Pioneer), 도덕성(Ethicality), 주인의식(Responsibility)의 머리글자를 따서 만든 신조어이다. 기업마다 사정이 다르겠지만, 대부분의 기업이 이전에 비해 도전정신이나 주인의식 등을 강조했다. 제조업이나 운수업의 경우에는 '도전정신'을, 금융업은 '전문성'을, 도소매업은 '주인의식'을 중시하였다.

기업의 입장에서는 경제적 불황을 타개할 적극적 인재를 원하는 것이 당연하다. 하지만 기업이나 사회가 요구하는 인재는 위에서 살펴본 한국의 청년 대학생들이 지니고 있는 가치관과 여러 차원에서 거리가 먼 부분이 많다.

그림 1 2010년대 주제어로 본 청년 대학생들의 가치관

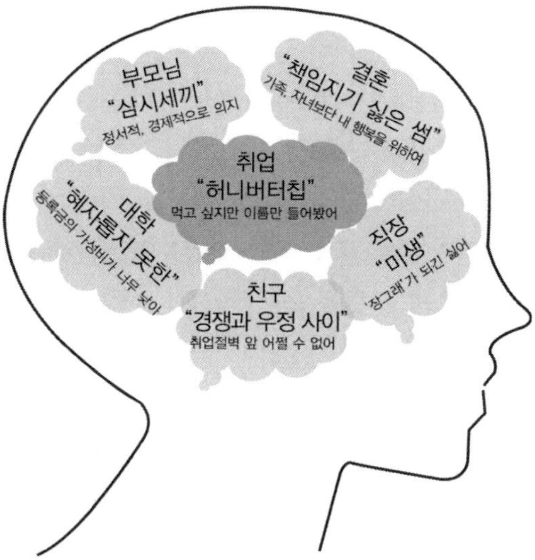

교직에서는 어떠한가? 무엇이 요구될까? 교직의 교육과정을 통해 이 시대에 부합하는 교직관이나 교사상을 확보할 수 있을까? 교직과 관련된 대부분의 사람들이 이 시대의 교육을 고민하며 시대정신에 부합하는 교직과정을 고민하고 있으리라.

이 글은 중등교원양성을 위한 '교직과정' 교육의 의미를 근원적으로 성찰하면서 보다 나은 대안을 위한 교직과정 교육의 정책철학을 고민해 보려는 것이다. 이에 먼저 전통적 교직관을 반성하고, 현재 교직과정에서 일반적으로 진행되고 있는 교직에 대한 교육내용을 고민하면서, 실제 교직과정의 운영 실태와 미래 전망을 생각해 보려고 한다.

2. 전통적 교직관; 스승의 그림자도 밟지 말라!

동서고금을 막론하고 교육에서 스승은 교육을 좌우할 만큼 절대적 존재라 해도 과언이 아니다. 그 역할이 소극적이건 적극적이건, 훌륭한 스승은 한 사회의

정신적 지주 역할을 하고, 교육현장에서는 교육을 좌지우지할 정도로 중요한 인물이다. 스승이 어떻게 지도하느냐에 따라 학생 개인의 변화는 물론 한 사회나 교육의 방향이 달라지기도 한다. 그만큼 스승은 한 사회의 지도급 인사로 존숭(尊崇)된다. 전통 유학교육에서는 '군사부일체(君師父一體)'라는 개념으로 상징되듯, 군주가 정치를 통해 백성의 삶을 보호하고 책임진다면, 스승은 교육을 통해 제자를 양성했고, 부모는 양육을 통해 자식을 길렀다. 군주와 부모가 백성과 자식을 경제적·물질적 차원의 보호를 했다면(물론 군주와 부모도 정신적 차원의 양육을 충분히 고려했겠지만), 스승은 그들의 보호와 양육의 수준을 넘어 정신적 차원의 성장을 모색하는 데 절대적으로 기여하였다. 때문에 스승은 군주나 부모와 동일한 수준에서 존숭 받는 위대한 인간이었다.

유학의 핵심 경전인 『논어(論語)』나 『맹자(孟子)』에서는 스승이나 사회지도급 인사에 해당하는 군자(君子)에 관해 많이 언급하였다. 하지만 교육적 차원에서 스승의 역할을 뚜렷하게 부각하거나 구체적으로 적시한 내용은 많지 않다. 스승은 거시적 차원에서 인간의 도리를 전하거나 덕성을 일깨워주는 '계발의 촉진자'로 이해되기는 한다. 그것은 공자와 맹자 이후에 등장한 순자(荀子)에 의해 상당히 세부적으로 제시된다(신창호, 2012: 261-265).

『순자』에는 스승의 자질과 자격, 개념을 다음과 같이 명확하게 규정하였다. "스승의 자질 혹은 자격에는 네 가지가 있다. 엄청난 양의 지식 내용을 가르치는 것은 거기에 들지 않는다. 첫째, 존엄하여 공경을 받으면 스승이 될 수 있다. 둘째, 50, 60대 어른으로서 사람들에게 신뢰가 있으면 스승이 될 수 있다. 셋째, 옛날 경전을 암송하며 강의하되 그 뜻을 능멸하거나 제멋대로 본뜻을 해치지 않으면 스승이 될 수 있다. 넷째, 세상일의 숨겨진 의미를 알아서 그 핵심을 논의할 수 있다면 스승이 될 수 있다.[『荀子』「致仕」: 師術有四, 而博習不與焉. 尊嚴而憚, 可以爲師. 耆艾而信, 可以爲師. 誦說而不陵不犯, 可以爲師. 知微而論, 可以爲師.]"

순자의 견해는 스승의 자질이 어떠해야 하는지, 매우 중요한 시사점을 제기한다. 무엇보다도 '엄청난 양의 지식 내용을 가르치는 작업'에 대한 배제가 눈에 띈다. 순자는 서구 근대 공교육에서 강조하는 객관적·과학적·사실적 지식 습득의 문제에 대해 적극적이지 않다. 지식만을 전달하거나 지식을 학습하는 교육만을 강조하는 경우, 그만큼 스승의 자격에서 거리가 멀어지는 인상이 짙다. 순자의 언급에 의거하면 스승의 역할과 기능은 단순한 지식의 전수를 넘어 있다. 스승은 타인에게 공경 받고 믿음이 있어야 하고, 경전을 정확히 이해하고 본래의 뜻을 강의할 줄 알아야 하며, 경전에 숨겨진 의미를 명확히 밝혀주는 사람으로 요약된다. 그것은 스승이 단순하게 지식을 전달하는 지식전수자에 머무르지 않음을 의미한다. 스승은 사람들에게 공경 받고 신뢰가 있고, 경전의 본지를 파악하며, 우자자연과 사회의 본질적 세계를 꿰뚫어, 인간의 삶을 추동하는 기본적 예의를 전수하는 선각자이다. 그러므로 스승이 사회를 교화하는 교육에 종사하면, 온 세상이 한 집안처럼 느껴지고, 먼 지역에 사는 사람 가운데 조금이라도 선량한 사회로 편입하고 싶어 하는 사람은 모두 복종해 온다[『荀子』「儒效」: 四海之內, 若一家, 通達之屬, 莫不服從, 夫是之謂師.].

이러한 스승의 의미는 당나라 때의 사상가인 한유(韓愈)에 의해, 보다 구체적으로 드러난다. 한유는 "옛날부터 학문의 길에 들어선 사람에게는 반드시 스승이 존재하였다. 스승이란 인간이 살아가는 삶의 도리를 전하고, 학업과 생업에 종사하는 양식을 가르쳐주며, 의혹 가득한 문제를 풀어주는 사람이다. 태어나면서부터 모든 것을 아는 사람이 흔하지 않다. 그렇기 때문에 누구나 의혹이 있다! 의혹이 가득한데도 스승을 따라 배우지 않는다면, 그 의혹은 끝내 풀리지 않을 것이다. 나보다 나이가 많고 먼저 도를 들었다면, 나는 그를 스승으로 삼을 것이다. 또한 나보다 나이가 적더라도 먼저 도를 들었다면 나는 그를 스승으로 삼을 것이다. 인간이 지향하는 삶의 도리만이 교육의 핵심일 뿐, 나이가 많고 적음, 그것이 뭐 그리 중요한가. 때문에 스승의 요건에는 신분의 귀천도 없고, 나이의 많고 적음도 없다. 도가 있는 곳이 바로 스승이 존재하는 곳이다[「師說」: 古之學者, 必有師. 師者, 所以傳道授業解惑也. 人非生而知之者. 孰能無惑. 惑而不從師, 其爲惑也. 終不解矣. 生乎吾前, 其聞道也, 固先乎吾, 吾從而之. 生乎吾後, 其聞道也, 亦先乎吾, 吾從而師之. 吾師道也. 夫庸知其年之先後生於吾乎. 是故無貴無賤無長無少. 道之所存, 師之所存也.]"라고 하였다.

한유가 언급한 스승의 모습은 순자와는 약간 다른 차원이다. 그것은 시대 상황에 따라 교육의 역할에서 차이가 있기 때문에 그러할 것으로 추측할 수 있지만, 스승이라는 교육의 주체를 고려할 때, 둘 사이에는 유사한 기능이 강하게 엿보인다. 한유는 스승의 임무를 크게 세 가지로 정돈했다. 첫째가 '전도(傳道)'이고 둘째가 '수업(授業)'이며 셋째가 '해혹(解惑)'이다. '전도'는 '일상에 필수적인 인간 삶의 도리를 전하는 일'이다(殷海華, 2008: 60-64). 그것은 인간이 어떻게 살아야 하는지, 삶의 내용에 관한 것이다. '수업'은 인간이 해야 할 일, 즉 생업과 학업 등에 대한 올바른 관점을 부여하는 작업이다. 이는 인간이 무엇을 중심으로 생활해야 하는지, 삶의 방법에 관한 것이다. '해혹'은 일상에서 무엇을 하며 어떻게 살아야 할지에 대한 전체 생활에서 의심나는 문제들을 풀어가는 데 도움을 주는 일이다. 이는 스승에게 가르침을 받은 인간이 합리적 삶을 살아가기 위한 문제해결의 방식을 제공해 준다.

스승의 임무를 제시한 이후, 한유는 스승의 필요성에 대해 역설한다. 인간은 누구나 부족함을 느끼며 세상을 살아간다. 그 삶의 과정은 천지(天地)로 통칭되는 우주자연과 인간에 대한 의혹으로 가득 차 있다. 이 의혹들을 어떻게 풀어갈 것인가? 스스로 해소하지 못하는 한 그 해결의 계기는 스승에 의지할 수밖에 없다. 그런데 눈여겨 볼 대목이 있다. 단순히 나이가 많다고 스승이 되는 것은 아니라는 점이다. 스승이 될 수 있는 자격의 핵심은 '도(道)의 체현(體現)'이다. 삶 자체의 일용인륜(日用人倫)과 일상지도(日常之道)를 어떻게 구현하느냐에 스승의 자격과 교육의 무게중심이 실려 있다. 나이와 신분에 관계없이 그 중심은 도(道)이다. 도는 인간의 올바른 길이다. 그러기에 인간의 올바른 길을 담보하고 있는 지점이 바로 스승이 있는 곳이라고 보았던 것이다.

이런 점에서 전통 유학은 스승의 임무를 지식전수에만 힘쓰는 지식전달 전문가로 규정하지 않았다. 인간 전체 삶의 문제를 고민한 카운슬러이자 멘토이며 전인적 교사로 인식하였다. 스승은 늘 삶의 전체적이고 유기체적 연관, 조화의식 가운데 교육을 실천하였다. 유학에서 그러한 스승은 다음과 같은 태도를 지향한다.

첫째, 스승은 시간적으로 과거와 현재를 연속선상에서 바라본다. 이는 온고지신이라는 옛것과 새것의 계승과 창조의 측면을 적절히 조화시켜 가르침의 기준으로 삼는 일이다. "옛 것을 잊지 않고, 새 것을 알면, 스승이 될 수 있다.[『論語』「爲政」: 溫故而知新, 可以爲師矣]." 인간의 교육은 인습(因襲)과 혁신(革新), 그리고 창조(創造)의 과정을 거친다. 고금(古今)이 누적되고 아우러져 현재(現在)의 우리에게 축적된다. 인간의 인식은 현재 순간에서 과거를 '다시' 당기고 미래를 '미리' 당기는 작업이다. 그 과정에서 성찰과 예측의 혜안이 발휘된다. 교육 행위도 마찬가지이다. "예전에 들은 것을 늘 익히고 항상 새롭게 터득함이 있으면, 배운 것이 나에게서 그 응용에 끝이 없다. 단순히 암기나 하고 묻기나 하는 학문이라면 마음에 터득함이 없어 아는 것이 한계가 있다.[『論語』「爲政」: 學能時習舊聞而每有新得, 則所學在我而其應不窮. 故可以爲人師. 若夫記問之學, 則無得於心而所知有限.]" 온고지신은 전통의 지속이자 삶의 연속을 의미한다. 전통은 인습과 창조의 변증법적 조화이다. 그것은 일상생활에서 실천되고 스승으로 인해 담보된다. 따라서 스승은 일상의 삶을 지도하는 생의(生意)의 실천을 통해 늘 우리 생활과 함께 한다.

둘째, 스승은 끊임없이 배우며 가르침에 최선을 다한다. 사람들의 교육을 책임지는 스승은 "묵묵히 기억하고, 배우기를 싫어하지 않으며, 가르치기를 게을리 하지 않는다.[『論語』「述而」: 黙而識之, 學而不厭, 誨人不倦.]" 스승의 '묵묵히 기억함, 배우기를 싫어하지 아니함, 가르치기를 게을리 하지 않음', 이 세 가지는 자신의 삶과 제자를 향한 삶이 교차되는 자기 수양과 타자 배려의 길을 동시에 보여준다. 스승은 늘 제자와 동행하는 구도적 동반자의 길을 가는 것이다. "묵이지지(黙而識之)는 마음에서 얻는 것이고, 학이불염(學而不厭)은 더욱 강구하여 꿰뚫는 일이며, 회인불권(誨人不倦)은 다른 사람에게 베푸는 행위이다. 배움을 귀하게 여겨 스스로 얻어야 하기 때문에 묵묵히 기억해야 하고, 스스로 얻을 수 없기 때문에 배우기를 싫어하지 않으며, 반드시 다른 사람과 함께 얻으려 하기 때문에 가르치기를 게을리 하지 않는다.[『論語』「述而」集註: 黙而識之, 便是得之於心. 學不厭, 便是更加講貫. 誨不倦, 便是施於人也(朱子). 學貴自得, 故在黙識. 自得而不自以爲得, 故學而不厭. 自得而必欲人之同得, 故教而不倦(雲峯胡氏).]" 스승은 지식을 확장하고 고상한 품격을 지니기 위해 자기 수양에 힘을 다해야 한다. 왜냐하면 지식과 인품은 사람을 가르치는 기본 전제이기 때문이다. 그러기에 공자도 '학문에 진전이 없는 것'을 최대의 걱정거리로 꼽았다. 이와 함께 제자에게 가르침을 게을리 하지 않는 태도는 스승으로서의 사명과 책임을 다하려는 적극적인 정신 경지를 보여준다. 이는 스승으로서 자기의 인품을 성찰하는 동시에 제자의 인간다움을 향해 가는 끊임없는 과정이다.

셋째, 스승은 몸으로 직접 모범을 보여준다. 교육에는 말로 실천하는 '언교(言敎)' 뿐만 아니라 몸으로 직접 보여주는 '신교(身敎)'가 있다. 어떤 측면에서는 '신교'가 훨씬 감동적이다. 스승이 실제로 모범을 보일 때, 제자들에게 미치는 감화(感化)는 이루 헤아릴 수가 없다. '신교'는 몸으로 모범을 보이는 '이신작칙(以身作則)'의 교육 방법이다. 이는 몸을 바르게 하는 데서 시작된다. "몸가짐과 행위가 바르면 명령

하지 않아도 행해지고, 몸가짐과 행위가 바르지 못하면 명령한다 할지라도 상대방이 따르지 않는다[『論語』「子路」: 其身正, 不令而行, 其身不正, 雖令不從.]. 엄밀하게 말하면, 교육은 이론에 머물기보다 실천에 중점을 둔다. 그러므로 행위의 문제, 모범으로서의 가르침은 교육방법의 핵심이 된다. 때문에 스승에게는 고상한 품격과 덕성을 몸에 체득하여 우러나게 하는, 고귀한 인품의 소유를 넘어 세상에 향기를 내뿜는 실제적 행위가 목숨처럼 소중한 것이다.

3. 교직 교육; 시대에 맞게 안내하고 있는가?

가. 교직관

앞의 전통 유학에서 스승을 다루었지만, 스승으로 대변되는 교사는 교육에 종사하는 사람을 통칭하는 말이다. 전통 유학의 맥락을 넘어, 현대 민주주의에 근거한 한국 사회에서 교사는 다양한 표현을 통해 사회적 책무성을 부여받아 왔다. '교사는 사랑이 있어야 한다!', '교과목에 대한 실력이 있어야 한다!', '학생들을 이해할 줄 알아야 한다!', '돈을 모르는 청렴결백한 선비가 되어야 한다!', '도덕적이고 착한 행실을 몸소 실천해야 한다!', '사회를 순화하고 정화하는 데 앞장서야 하며 근본적인 책임을 져야 한다!' 등등(정우현, 1988: 14). 교사가 이러한 태도와 자세를 바탕으로 책무성을 부여받는 이유는 바로 교육에서 교사가 차지하는 위상과 교육이 지닌 속성 때문이다.

교사의 위상은 교육의 기본요소, 즉 '교사－교육내용－학생' 가운데서도 교육을 주도하는 위치에 있다. 교사 주도적 교육이 지배하던 때는 교육의 주체라고도 했다. 교사는 다름 아닌, 교육을 담당하는 전문 직업인이다. 특히, 인간을 대상으로 하는 교육을 전담한다. 의사나 간호사, 판사나 검사, 변호사도 인간을 다룬다. 그러나 이들은 인간 삶의 일부분 또는 특정 사안에 관심을 집중한다. 이에 비해 교사는 인간의 정신적·육체적·지적·도덕적·사회적·정서적인 모든 면을 포괄적으로 다룬다. 일반적으로 교사[teacher]라고 할 때, 적어도 다음과 같은 의미가 포함되어 있다.

"첫째 공립이나 사립학교[교육기관]에 학생의 지도를 위하여 고용된 사람, 둘째 어떤 특정한 영역에 뛰어난 자질을 갖추고 남을 가르치는 사람, 셋째 대학에서 교직과목을 이수하고 공식적으로 인정된 교사자격증을 취득한 사람, 넷째 생활 속에서 특정한 내용을 가지고 남을 가르치는 사람(김정환·강선보, 2005: 230).”

교사는 모든 사람들에게 좋은 영향과 감화를 준다고 기대된다. 어린이나 어른을 막론하고 그들의 인간적 성장을 조성하는 데 기여한다. 그러므로 무언가 남에게 영향을 미치고 있다면, 교사라 할 수도 있으리라. 핵심문제는 다음과 같은 언표이다. 교사는 ‘올바른 삶을 이끌어주는 사람이어야 한다!’ 역사적으로 성인이라고 일컫는 예수나 부처, 공자나 소크라테스, 베토벤과 같은 종교가나 철학자, 예술가들은 보통 사람들의 인생에 깊은 교훈을 주고 있기 때문에 인류의 교사라고도 한다. 그러나 서구 근대 공교육의 탄생과 더불어 학교교육 제도가 발달하면서, 교사는 좁은 의미로 이해된다. 흔히 ‘선생님’이라고 할 때, 학교에 재학하는 학생들을 지도하기 위해 자격증을 갖춘 학교교사, 특히 초등 및 중등학교의 교사를 가리킨다. 따라서 교사는 어린 학생들, 미성숙한 아동들을 바람직한 인간으로 인도하고, 개인의 자아실현을 도모하며, 국가 사회 및 인류의 발전에 공헌하기 위해 봉사하는 하나의 직업이다.

이러한 좁은 의미의 학교 교사 이른바, ‘교직’을 바라보는 관점에는 크게 세 가지가 있다. 성직자로서의 교사, 노동자로서의 교사, 전문직으로서의 교사관이 그것이다. 성직자로서의 교사관은 교사를 성직자처럼 인식하는 관점이다. 즉 교육을 종교적 관점에서 특별한 소명의식(召命意識)을 지닌 사람들이 수행할 수 있는 것으로 보고, 신성한 직업에 종사한 것으로 간주한다. 교사는 성직자와 같이 인간의 정신적인 면과 영적인 면을 다루기 때문에 세속의 여러 직업들과는 다른 자세로 임해야 한다. 특히 사랑과 봉사, 희생, 헌신, 배려 등 성직자들과 같은 수준의 도덕성을 요구한다. 노동자로서의 교사관은 교사도 노동자라는 관점이다. 교사도 정신적 노동을 통해 생계를 유지하는 노동자이므로 생계를 위해 노동에 종사하는 다른 직종의 노동자들과 본질적으로 차이가 없다. 이런 관점에 있는 사람은 노동조합을 결성한다. 그래야만 교사도 노동의 대가로 보수를 받고 처우 개선과 근무 여건 개선 등을 위해 노동의 권리를 행사할 수 있다. 또한 집단행동을 통해 정부나 고용주에 맞설 수 있고 교사의 권리를 위해 활동할 수 있다. 전문직으로서의 교사관은 교사를 전문직에 종사하는 일종의 전문가로 보는 견해이다. 교사는 지적·정신적 활동을 위주로 고도의 자율성과 윤리성을 필요로 하는 직업이다. 따라서 교사의 자질함양과 사회경제적 지위향상을 위해 전문직에 맞는 적극적인 노력이 요구됨을 강조한다. 특히, 현대사회에서 강조되고 있는 전문직으로서의 교사는 자기가 가르치는 과목에 대한 해박한 지식과 교육방법에 대한 전문적 지식을 갖추고 있어야 하며, 인간과 사회에 대한 자기 나름의 명확한 교육철학을 갖고 실천해 가야 한다.

이러한 세 가지 차원의 교직관은 모두 소중하다. 따라서 어느 하나의 관점으로만 교사를 정의해서는 곤란하다. 교사는 자신의 권리를 확보하기 위해 교직단체에 적극적으로 참여할 필요가 있다. 또한 강렬한 역사의식을 통해 미래를 전망해야 하고, 현대사회의 병폐 가운데 큰 비중을 차지하는 인간 소외현상을 극복하기 위해 전인적 인격체로 거듭나야 한다. 그리고 전문가로서의 능력은 물론, 학생을 비롯하여 이 사회의 민중과 함께 호흡하는 교사로서 책무성을 지녀야 한다.

나. 교사의 자질과 역할

'교육의 질은 교사의 질을 능가하지 못한다!' 이 유명한 언표는 교사의 실천에 따라 교육의 효과가 달라질 수 있음을 의미한다. 교사는 학생의 학습지도는 물론 생활지도, 기타 다양한 활동을 통해 학생들의 인지적·정의적·신체적 발달을 촉진할 수 있는 교육환경을 조성해야 한다. 그것이 교사의 기본 임무로서 오랜 전통으로 굳어 있다. 나아가 학생들이 온전한 인간으로 성장할 수 있도록 인간성을 형성시키는 종합예술가의 역할을 해야 한다(이형행, 1993: 337, 정우현, 1988: 356).

그렇다면 교사는 기본적으로 어떤 자질을 가져야 하는가? 바람직한 교사의 조건은 무엇인가? 첫째, 교사는 무엇보다도 교사로서의 '자긍심'을 가져야 한다. 스스로 이상적 방향성과 교육철학을 설정하고 이를 실천해야 한다. 그것은 학생들을 향한 애정인 동시에 인류애적 이상이다. 특히 교사는 자신의 지적 충만을 위해 꾸준히 노력하여 자기성장에 관심을 가져야 한다. 둘째, 교사는 교직에 대한 '소명의식'을 지녀야 한다. 교사는 단순한 전문 직업인이나 교과목 내용을 전수하는 기술직에 종사하는 사람으로 머물러서는 곤란하다. 그 범주를 넘어 학생들에게 비전을 제시하고 헌신하는 모범적 자세로 임해야 한다. 셋째, 교사는 '사랑과 봉사'의 정신으로 학생들을 배려하고 이해해야 한다. 특히 학생들에게 한없이 베푸는 사랑으로 학생들의 가능성을 인정하고 긍정적 태도를 가지고 책임과 의무를 다할 수 있어야 한다. 넷째, 교사는 사람을 '존중'하는 태도를 지녀야 한다. 교사는 기본적으로 인간을 다루는 직업이다. 그러므로 인간에 대한 존중과 존경심을 지니고 그를 수단으로 이용하기보다는 그 자체의 소중함을 깨달을 수 있어야 한다. 다섯째, 교사는 '전문지식'을 갖추고 실천하는 사람이어야 한다. 교육의 과정에서는 기본적으로 전달하고 익혀야 할 내용이 있다. 그런 교육내용에 대해 전문적이고 해박한 지식을 갖추고, 열정과 정성으로 가르칠 수 있어야 한다.

이런 점에서 교사에게는 너무나 다양한 역할이 맡겨져 있다. 고대 그리스 사회에서 소피스트들처럼 지식을 주 무기로 하는 지적 카멜레온이어야 한다. 학생들에게 필요한 지식을 가르친다는 입장에서 지식의 보고이자 자원이다. 학생들이 어떤 문제를 해결하려고 노력하고 있을 때, 학습의 조력자로서 참여해야 한다. 또한 학교나 학급 내에서 발생하는 다양한 현상에 대해 심판자 또는 훈육자 역할도 해야 한다. 때로는 부모의 대행자가 되어야 하고, 학생들의 다정한 친구로서 대화해야 한다. 이러한 교사의 역할을 임무 차원에서 이해하면 다음과 같다 (Phenix, 1958: 40~56).

첫째, 어린이의 유연한 삶에 감화를 주면서 그들을 완전하고 성숙한 하나의 이상적 인간상으로 키워내는 '인격형성[the making of persons]', 둘째, 인류의 귀한 경험과 유산을 지식으로 다듬어 다음 세대에 계승시키는 '지식의 계승[verbal transmission of knowledge]', 셋째, 자기의 삶을 통하여 바람직한 삶의 모범을 보여주는 '사표[demonstration]', 넷째, 학생의 학습의욕을 북돋아주며, 학습을 효과적으로 진행하도록 환경을 마련하는 '환경의 정비[arranging learning situation]', 다섯째, 학생의 소질이나 능력을 발견하여 키워주며, 성취해야 할 목표에 비추어 그 성취도를 평가하는 '평가[appraisal]', 여섯째, 사회나 학교 안의 여러 교육적 활동에 학생과 더불어 관여하고 귀한 시사를 주는 참여[participation]', 일곱째 진리와 학생 사이의 중개자가 되어 학생과 더불어 진리에의 길을 걷는 '사제동행[mediation]'이다.

다. 교사의 권리와 의무

교육의 일선에서 업무를 담당하고 있는 교사에게 기본 권리는 매우 중요하다. 교육은 일회적이거나 단절적이기보다 다층적이고 연속적이며, 교사는 이를 책임지는 주요 구성원이기 때문이다. 예를 들어, 학생이나 학부모, 기타 특정 단체나 개인으로부터 교사가 권리를 침해당한다면 정상적인 교육이 어려울 수 있다. 때문에 교육을 실질적으로 보장하기 위한 교사의 권리는 철저하게 보장되어야 한다. 교사의 권리인 교권은 오래 전부터 다음과 같이 정의되고 있다.

"교권은 사회적 제도로서 교육에 종사하는 교원들이 자신들에게 주어진 사회적 역할을 수행하는 데 있어서, 그들이 일정한 기간의 훈련을 통하여 획득한 전문적 지식과 능력의 소유자로서 권위를 인정받고, 부과된 책임과 임무를 이행하는 데 있어서 부당한 간섭과 침해로부터 자신과 자신의 업무를 보호하고, 나아가서 그 전문직에서의 안정된 생활과 최대한의 능률을 기하기 위한 신분상의 보장을 받을 수 있는 조건을 주장할 수 있는 권리이다."(한국교원단체총연합회, 1991: 23).

이러한 개념 규정은 학생이나 학부모가 학교교육에 간섭하고 교원의 권리를 침해하는 데 대해, 교사의 권리와 권위를 확보하려는 의도에서 '교사의 교육권'이라는 뜻으로 사용된 것이다. 교사의 자질 및 전문성 향상을 위한 노력은 20세기 중반부터 국제적으로 강조되었다. 1966년 유네스코와 국제노동기구[ILO]는 세계 각국에 교사의 지위에 관한 공통기준을 마련하기 위해 "교원의 지위에 관한 권고"를 선포하였다. 교사의 지위 향상과 교사의 권리 보장은 표리일체의 관계이다. 이 권고문은 교사의 지위향상을 표방하지만, 실제 내용은 교사의 권리보장 사항이다. 특히, 권고문에서 주목할 조항은 교원의 지위결정 요인을 분석한 제1조 제2항이다. 교원의 지위라는 말은 교원이 지녀야 할 직무의 중요성 및 그 직무수행 능력에 대한 인식의 정도에 따라 그들에게 주어지는 사회적 대우 또는 존경과 다른 집단과 비교하여 본 근무조건, 보수 및 그 밖의 물질적 급부 등 두 가지 모두를 의미한다. 이 권고문은 교사의 권리를 ① 전문직으로서의 자유, ② 교원의 책임, ③ 교원과 교육활동과의 관계, ④ 교원의 권리[특히, 단체활동]의 네 개념으로 규정하고 있다. 이는 '교사의 3대 권리'로 정돈할 수 있는데, 교육자유권, 문화생활권, 신분보장권의 셋으로 구분할 수 있다(김정환, 강선보, 2005: 247-256).

첫째, '교육자유권'은 전문직으로서의 교사와 관계된다. 교사는 법이 허용하는 범위에서 가르칠 내용을 선정하고, 그것을 개성적 방법으로 교수하며, 그 결과를 평가할 수 있는 자유를 지녀야 한다. 교사는 자신이 확보한 전문지식을 통해 전문직으로서의 임무를 수행하는 데 필요한 학문의 자유를 누려야 한다. 교사는 학생에게 가장 적합한 학습지도 자료와 방법을 판단하는 데 특별한 자격을 가지고 있다. 그러므로 일정한 교육과정 내에서 당국의 원조를 받아 교재의 선정과 개선, 교과서의 선택, 교육방법의 적용 등에 중요한 역할을 담당해야 한다. 유네스코의 권고에 비추어볼 때, 한국의 교육현실은 아쉬운 점이 많다. 교사는 전문직으로 자각하지 못하고, 짜여진 교육과정을 기술자가 기술을 전수해 주는 것처럼 가르치는 경우도 많다. 뿐만 아니라, 교사평가나 학력·성적평가, 잡무 등의 다양한 업무를 강요당하기도 한다. 또한 교사에 대한 학부모의 불만, 교육 당국의 일방적 지시 등 교사로서 자유권을 침해당하는 사례가 끊임없이 발생하고 있다.

둘째, '문화생활권'은 물질적 보수와 연관된다. 교사는 그 직분에 합당한 문화생활을 누릴 수 있는 물질적 보수를 받아야 한다. 교직은 영리를 추구하기보다는 봉사하는 직업이다. 그러기에 교사는 교육에 종사하는 본업만으로도 최저한의 문화생활을 할 수 있어야 한다. 따라서 국가 사회는 교사를 지원해야 할 공공적 책무를 져야 한다. 교사들에게 주어지는 사회적 대우나 존경, 그들의 중요성에 대한 인식의 정도 등 여러 요인은 다른 전문직과 마찬가지로 그들이 놓여 있는 경제적 지위에 달려 있다. 때문에 교사의 지위에 영향을 주는 요인 중에서도 봉급은 무엇보다도 중요시되어야 한다. 한국의 교사들은 다른 전문직에 비해 상대적으로 급여 수준이 뒤떨어진다. 그것으로는 지속적인 교육이나 연구, 문화생활을 즐기기에 매우 부족하다. 다양한 교원복지를 통해 이를 보완할 필요성이 있다.

셋째, '신분보장권'은 법에 의해 정해진 인사·임용상의 권리보장이다. 교사의 신분보장은 부당한 인사행정상의 조치에 합법적 소청 기회를 부여하는 것이다. 아울러 교직단체를 통해 단체활동을 전개할 수 있는 권리도 포함된다. 즉 취업의 안정성과 신분보장은 교사는 물론, 교육의 안정과 지속을 위해서도 필수불가결하다. 따라서 교육제도 자체가 바뀌거나 또는 교사 조직 내부에 변화가 일어나더라도 보호되어야 한다. 교사는 전문적 지위나 신분에 영향을 미치는 여타의 부당한 행위로부터 충분히 보호될 권리가 있다. 특히, 여성의 경우, 결혼이 교원의 임명이나 계속적인 고용에 지장을 주거나, 보수나 그 밖의 근무조건에 영향을 미쳐서도 안 된다. 임신과 출산휴가를 이유로, 고용자가 고용계약을 종결시키는 일은 철저히 금지되어야 한다. 가정을 책임져야 하는 교원의 경우, 자녀를 돌봐주기 위하여 어린이집이나 보육원 같은 특별한 설비도 고려할 필요가 있다. 이외에도, 가정을 지닌 여성 교원에게는 연고지에서 근무할 수 있도록 하고, 부부교사의 경우, 인접지역의 학교에서 근무할 수 있도록 배려할 필요도 있다.

유네스코의 권고문은 교사의 권익을 보호하기 위한 기본 사항이다. 그러나 한국의 교육현실은 이런 권고문과는 거리가 먼 것이 많다. 수시로 교권침해 사례가 헤아릴 수 없을 정도로 많이 발생한다. 부당한 근무조건 개선을 요구한 교사가 직위해제를 당하기도 하며, 기타 여러 사유로 교사가 불이익을 강요당하기도 한다. 체벌을 한 교사에게 물질적 보상 등으로 책임을 요구하기도 하고, 매스컴에 의해 교직이 우롱당하기도 한다. 이는 아직도 한국의 교육현실에 비민주적 요소가 남아 있음을 의미하며, 교육에 종사하는 모든 관계자들이 고민해야 할 문제이다.

4. 교직교육의 현실; 시대를 예비하는 교원양성교육인가?

가. 2010년 이후 몇 가지 연구

교직교육은 교육부가 지정한 규정(교직과목의 교수요목 - 교원자격검정 실무편람)에 의거하여 진행된다. 따라서 교직교육을 위임받은 대학에서 자체적으로 교직을 위한 교육과정을 편성하여 교육하기 힘든 구조이다. 교육부가 정해 놓은 교육과정을 교직과정이 설치된 대학에서 대신 교육하고 있을 뿐이다. 어떤 측면에서는 교과목 개설과 관련하여 어떤 자율성도 없다! 그런 가운데 각 대학은 양질의 중등교원양성을 목표로 교육부가 요구하는 규정에 의거하여 충실히 교육하고 있다.

그렇다면 중등교원의 양성이란 어떤 의미가 있는가? 교직교육은 대학의 다른 전공에 비해 뚜렷한 목표와 목적을 지닌 교육 분야에서 또 하나의 전공 영역과도 같다. 때문에 중등교원양성은 단순한 직업 창출을 넘어 교원양성의 과정 전반에서 심층적 고민이 필요하다. 즉 교직교육은 중등교원을 양성하고 임용하기까지 전반에 걸쳐 교육적으로 숙고해야 하는 작업이다. 이에 정책적으로 근본 체제를 바꿀 수는 없을 지라도 다양한 측면에서 교원양성, 교직과목 등과 관련한 연구 자료가 상당수 있다.

2010년 이후에 연구된, 국내 중등교원양성에 관한 자료로 '교원양성기관 교직과목의 운영 실태 분석(박수정 외, 2016)', '우리나라 중등교원 양성체제 개편에 관한 정책적 고찰(이부하 외, 2015)', '중등특수교사 양성 과정에서 교과교육의 문제점과 개선방안(전병운, 2011)', '수학, 과학 교과 중등교원양성 교육과정의 현장 적합성 분석(김승정 외, 2015)', '중등교원의 양성 및 임용 실태와 고교학점제 도입의 의의(안홍선, 2017)' 등, 최근까지도 교직을 비롯한 교원양성의 개선점과 의미를 고민하는 연구가 있다. 이외에도 교직이나 중등교원양성과 관련하여 다양한 각도에서 조명한 연구로는, '중등교원 양성기관 학생의 임용시험대비 사교육비 실태 분석(김종수 외, 2017)', '중등교원 수급정책의 과제와 발전방향: 현황과 주요쟁점을 중심으로(한유경, 2011)', '새 정부 출범에 따른 중등교원정책의 쟁점과 과제에 대한 토론문(정미경, 2017)', '중등 예비교사의 수업분석 관점 탐색: 수업비평문을 바탕으로(정한호, 2013)', '새 정부 출범에 따른 중등교원정책의 쟁점과 과제(김이경, 2017)', '중등교원 양성기관 평가의 책무성 특성 고찰(양성관, 2011)' 등이 있다.

이들 선행연구를 참고하여 교직교육과 중등교원양성교육에 대해 고민해 보는 것도 의미가 있다. 아울러 국제적으로 교직교육이 어떠한지 그 동향을 짚으면서 교직교육을 성찰해 보는 것도 교직교육의 전망을 밝게 하는 데 의미가 있다고 판단한다. 교직교육에 관한 구체적 정책 대안을 제시하면 좋겠지만, 교육부가 의지를 갖고 정돈하지 않는 한, 그것은 연구자의 개인적 의견이자 공허한 소리일 수도 있다. 이에 구체적 정책 대안보다는 시대정신을 고려한 교직교육의 방향을 고민해 보려고 한다.

교직교육에서 고려해야 할 변인은 많다. 학령인구감소, 인구절벽의 시대에 교직교육, 중등교원양성은 어떠해야 하는가? 양성기관의 축소 또는 정원 감축, 다양한 후속조치가 논의되고 있다. 교원의 과잉양성, 교원 수급의 불균형이라는 비관적 평가 속에 중등교원양성의 근본 의미는 어디에 두어야 하는가? 무엇을 지향해야 하는가? 교직이수를 통한 교원 자격증 발급의 문제를 초월하여, 대학 내에서 교직교육이 지니는 위상을 솔직하게 고려할 필요도 있다.

나. 국내의 교직교육 연구와 문제

국내 교직교육의 현황을 알아보기 위해서는 가장 먼저 교육부에서 제시한 <교직과목의 교수요목－교원자격검정 실무편람>을 확인해야 한다. 교육부에서 제시한 교직과목에 대한 안내를 보면, 지난 수년간 약간의 변화는 있으나 근본적인 변화는 없다. 주지하다시피, 교직수업은 사범대뿐 아니라 일반전공에서도 교직 이수가 가능하다. 각각의 경우, 교직으로 진로결정이 어느 정도 이루어지는지 연구 분석한 자료에 의하면 교직분야로 진로를 결정한 학생들 가운데 사범계열 학생들의 비중이 높았고, 비교직분야로 진로를 결정한 학생들 중에는 비사범계열 학생들이 많다(안재희, 2015: 44). 그 이유로는 첫째, 처음부터 교직 이수 자체에 흥미가 없다. 둘째, 교직에 흥미가 있어도 이 흥미를 계속해서 유지시켜 줄 장치가 교직이수 과정 동안 많지 않다. 셋째, 중등교사 선발인원이 매우 제한되어 있어 교직이수자들을 비교직 분야로 방향을 전환하는 데 영향을 준다. 넷째, 지금의 학교 현실도 교직이수자들이 비교직분야로 진로를 결정하는 데 영향을 주고 있다.

이런 연구결과를 기반으로 볼 때, 교직이수자들의 진로지도와 교직과정 운영 차원에서 주요한 시사점이 존재한다. 첫째, 교직이수자들의 상당수가 비교직분야로 진로를 결정한다는 것을 사실로 받아들이고 이들을 위한 진로지도를 모색해야 한다. 둘째, 체계적이고 전문적인 진로상담과 진로탐색 프로그램이 운영되어야 한다. 셋째, 교직이수자들의 사회적 연결망을 위한 제도적 환경을 대학 차원에서 마련해 줄 필요가 있다(안재희, 2015: 46).

한 연구 분석에 따르면(박수정 외 2016: 7－10), 교직교육은 다음과 같은 특징을 지니고 있다. 첫째, 초중등교원양성기관의 교직과목 영역별 학점 운영 특성을 살펴본 결과, 교원자격검정 기준과의 동질성이 매우 높은데, 그 특징은 기준적용, 실습확대, 이론확대 그리고 이론, 소양확대로 구분되었다. 둘째, 모든 교원양성기관이 교육부 고시에 따른 교직과목 영역별 교수요목과 동일한 과목을 개설하고 있으며, 교원양성기관 간의 다양성은 '기타 교직이론'에서 일부 드러나고 있었다. 셋째, 학습자의 수강 과목은 개설된 과목 중에서 자율적으로 선택하거나 필수과목군과 선택과목군 안에서 선택하는 방법으로 결정되었다. 이에 따른 시사점으로 교직과목의 교육내용에 따라 유사하거나 연계된 과목을 통합, 교직이론과목의 효과적인 이수를 위해 내용에 따른 계열성을 마련하자는 주장이 있다. 또 교육학 분야와 교직과목의 연계, 통합 등을 통한 교육과정의 조직을 제안하기도 하였다. 마지막으로 교원양성기관 간에 동일한 교직과목 개설의 경우 기관에 따라 편차가 있으므로 특수성과 자율성을 반영하자는 주장과, 평준화하여 동일한 과목으로 계속 운영하자는 주장 등 다양한 목소리가 있다.

교직과정 교육에서 드러나는 난제로는 첫째, 현재의 교육과정이 교직분야로 진출하려는 학생이나 취업하려는 교직이수자들 모두에게 도움이 안 된다. 둘째, 교육현장과 연계된 교육과정의 확대가 요청되며 중등학교 현장에 조기에 노출될 필요가 있다. 특히 교직이수자들은 다른 계열의 학생들보다 진로가 명확해 보이지만 여전히 진로에 대한 고민이 크다(안재희, 2012: 46).

교직과정 운영과 연관하여 시대정신을 고려한 연구도 있는데, 그 시사점은 다음과 같다. 첫째, 최저이수기준에 포함된 교직이론 과목은 대폭 통합해서 운영될 필요가 있다. 둘째, 교육실습 운영시 교육학 전공자, 교과전공자, 지도교사 간의 연계방안을 모색해야 한다. 셋째, 교직과목을 담당하는 강사들은 교직이론, 교직실습, 교직소양 과목에 상관없이 교사의 정서 및 심리적 역량, 반성 및 성찰 역량, 연구 역량을 증진할 수 있는 공통요소를 개발하여 적용시킬 필요가 있다(양성관, 2011: 367-368).

이 외에도 교직과목에 관한 고민은 교직과목이 각 전공 내용과 분리된 채 교육되기도 하는데, 이에 따라 전공 지식에 대한 올바르고 폭넓은 지식을 함양한 교사가 실제 수업을 할 수 있어야 하는 교육과정의 내실화가 반드시 필요하다. 중학교 교육의 강화를 위해 중등교원 자격을 이원화 하는 방안도 있을 수 있다. 인성과 사명감, 실무능력을 갖춘 예비교사 양성 강화 방안도 마련해야 한다. 새로운 중등교원 양성기관 개편의 모형으로 6년 모형, 2+4모형, 4+2모형, 복합모형 등을 제시하기도 하였다(이부하 외, 2015: 616-624).

2017년 새 정부 출범 이후, 중등교원정책 과제로 다음과 같은 논의도 있었다. "시대가 요구하는 중등교육의 역할 변화가 요청된다. 학교는 새롭게 창조되어야 하며 학생들이 바라는 성취와 성공이 무엇인지, 앞으로 디지털 시대에 코딩이나 프로그램 등 필수 기술은 배우고 있는지, 학생들의 학업성취 평가 방식 역시 적절한지 재고해야 한다. 그에 따라 중등교원양성은 구조 조정인가? 프로그램의 내실화인가? 중등교원자격은 폐쇄형인가, 개방형인가? 어떤 식으로 관리해야 하는가? 중등교원의 선발은 객관성과 공정성이 중요한가? 혹은 적합성이 중요한가? 중등교원의 평가 역시 목적별로 다양화할 것인가, 단순화할 것인가?" 등 다차원적 논의가 더욱 요구된다(김이경, 2017: 171-182).

교직교육 및 교원양성과 관련된 이러한 교육학계의 요구는 다양한 양태로 교육정책에 영향을 미칠 것이다. 교직교육 양성을 위한 구체적 방법 제시 차원에서는 매우 의미가 있다. 중요한 것은, 교직과정을 둘러싸고 일어나는 많은 논의에 대해, 왜 그래야 하는가에 대한 근원적 고민과 그 고민의 근저가 다시 요청되어야 한다.

교직과정 운영은 교육부가 제시한 편람에 따라 운영하면 된다. 문제는, 교직과정의 목적과 목표, 내용, 방법에서 전 방위적인 시대정신을 담아야 한다. 위에서 제시한 선행연구들에서도 이미 시대정신을 담으려는 열정이 돋보인다. 그런데 무엇이 문제인가?

다. 교직교육의 국제동향과 시사점들

한국과 마찬가지로 학교가 존재하는 모든 국가에서는 교직(교원양성과정)을 통해 교사를 양성하고 있다. 미국의 경우, 교직교육의 학점 수는 대개 20학점에서 36학점이며 그 내용상 교직의 기초과정, 교직의 전문 과정, 교육실습으로 구분할 수 있다. 주요 내용을 요약하면 다음과 같다.

첫째, 교직의 기초과정이다. 여기에서는 교육의 역사적, 사회적, 심리학적 기초를 학습하는 과정으로 교육의 이론적 기초를 다진다. 둘째, 교직의 전문 과정이다. 여기에서는 교육방법이나 평가와 같은 교육기술을 습득하는 과정으로 교과지도방법, 교육공학, 상담 등의 과목을 수강하며 특히 교육방법상의 기술적 측면을 강조한다. 셋째, 교육실습이다. 이는 교원양성교육 전체를 통합 또는 정리하는 과정으로 교원교육에서 가장 중요시되는 부분이다. 대개 4학년 때 한 학기(16학점) 동안 실시하는 경우가 많다. 교육실습을 하기 위해서는 교양필수 과목 이수 후 전문 교육과정, 심화과정, 전공 및 부전공 필수 이수, GPA 2.5, 현장경험, 신체검사 및 정서적 안정성 여부, 교원교육위원회의 승인 등을 갖추어야 한다. 교육실습의 경우 대개 2주간의 참관과 8주에서 한 학기 동안의 실습이 이루어지는데 8주인 경우에는 대체로 전일제로 실습에 임한다. 그러나 실습기간이 한 학기인 경우 전반기 9주간은 오전에 실습학교에서 실습에 참여한 후 오후에는 대학에서 교육실습 관련 강의를 받고 후반기 9주간은 전일제로 실습학교에서 실습에 임한다. 최근에는 교원양성과정의 학생이 정식으로 교육실습을 시작하기 전에 학급교사의 보조로 일하면서 스스로 교사로서 적성이 맞는지 탐색할 기회를 얻는 경우도 있다. 많은 대학에서 학생들이 교육실습을 받는 동안에는 교육실습 관련 세미나 등을 제외한 다른 수업을 수강하지 못하게 하고 있으며, 주에 따라 교육실습생을 담당하는 지도교사의 자격을 규정하는 경우도 있다(박수정, 2015: 127-136; National Council on Teacher Quality, 2011).

핀란드의 경우, 교사교육의 질을 높이고 내실을 기하기 위해 다양한 관련 부설기관을 운영하고 있다. 가장 대표적인 기관이 '교사훈련학교'와 '교사교육관련연구소'이다. 두 기관은 모두 교사교육학과, 또는 교육학부 소속으로 교원양성과정의 질과 전문성을 높이기 위한 목적으로 설치된 기관이다. 일부 대학에서는 교사교육기관에 교육리더십 센터를 설치하여 운영하기도 한다(정미경, 2011: 11-12).

일본의 경우, 교직과목은 '교직의 의의 등에 관한 과목, 교육의 기초 이론에 관한 과목, 교육과정 및 지도법에 관한 과목, 학생지도, 교육상담 및 진로지도 등에 관한 과목, 교육실습, 교직실천연습' 등이다. 한편 '교육공무원특례법'에 따라 초등, 중등, 고교 교원에 대하여 1년 동안 조건부로 임용할 것을 규정하고 있다. 교원 임용 후보자들은 실질적으로 이 기간 동안 수습 교사의 경험을 하게 된다. 실제로 신규 채용 1년이 경과한 후, 교사로 임용되지 않는 사례가 있으며, 그것은 증가 추세에 있다. 이렇게 본다면 이 기간은 교원양성과정에는 포함되지 않지만 실질적으로는 교사 전문성 배양 기간이라고 할 수 있으므로, 사실상 교원 양성의 일환으로 파악할 수도 있다(정미경, 2011: 14-15).

싱가포르의 경우, 교직이수 이후 졸업을 하고 학교 내에서 교사인턴을 거친 후 정교사 자격증을 주는 등, 교사자격증 발급이 매우 까다롭다. 시험이 아닌 현장에서 실습을 통해 교사에 대한 자격을 보다 확증하는 것이다. 교사는 이론과 실습현장 모두 전문적이면서 동시에 경험을 바탕으로 한 원활한 교육적 대응이 이루어져야 하므로, 교원양성의 과정이 다소 힘들지만, 그 만큼 배우며 성장해야 가르치는 위치를 획득할 수 있다.

5. 고민과 제언; 교직교육을 새롭게 인식해야 하지 않는가?

교직교육 과정을 논하기 이전에 분명하게 확인할 것이 있다. 시대가 변화했다. 그만큼 새로운 시대정신이 우리 삶에 깃들었다! 4차 산업혁명이라는 수식어를 동원하지 않더라도, 시대가 변한만큼, 인간은 그것에 대응해야 하고, 교육은 적응과 선도의 이중주를 고려해야 한다. 단순하게 현재 존재하는 교직과정을 그대로 둔 채, 그것을 이수하는 방법적 논의에만 그쳐서는 문제를 해결하기 곤란하다.

기본적 인식은 이러하다. 교육부가 교직과정 이수에 관한 실권(?)을 쥐고 있는 한, 그리고 교육부가 그것을 폐쇄적 교육과정으로 단순하게 대학에 위임만 하고 있는 한, 교직과정 개혁은 본질적으로 이루어지기 힘들다. 앞에서 연구한 여러 학자들의 논의도 그냥 연구 자체로 그치기 쉽다. 따라서 국내 연구와 외국의 동향을 참고하여, 교육부가 먼저 시대정신과 교직의 특성을 고려해 개방적 자세로 교직과정에 접근하면서 교직교육의 실제를 대학에 위임해야 한다.

교직과정의 여러 영역(교원양성기관, 교직교육과정-교과목, 임용방법-시험, 교육학과 교과교육, 교육실습 등)을 한꺼번에 다루기는 힘들지만, 교직교육의 방향 차원에서 아래와 같이 간략하게 제언해 본다.

첫째, 전통적인 교사의 기능과 역할, 교사의 권리와 책무 등이 어느 정도 유효한지 신중히 검토해야 한다. 앞의 2절, 3절에서 언급한 것처럼, 전통적 교직자관을 현재에서 미래의 교직자들에게 그대로 적용해야 하는가? 사회도, 학교도, 학생도, 학부모도, 교사도 많이 변했다. 변하고 있다. 그 변화만큼, 교사와 교직의 기능과 역할, 권리와 책무 등을 재고한 다음, 교직의 목표를 재 정돈할 필요가 있다. 그렇지 않을 경우, 교직도 일반적 직업으로서 안정성이 높은 직업, 교직자(교사) 개인의 감정 등에 따라 이행될 수 있다.

둘째, 교사에게 필요한 능력에 대해 진지하게 성찰해야 한다. 현재 교사들 가운데 지식의 전수자로서 전문적 교과지식 전수를 주요 임무로 하는 경우가 많다. 그런데 빅 데이터, 인공지능의 역할 등이 제기되면서, '인공지능 교사'냐 '사람 교사'냐의 논쟁도 벌어지고 있다. 이런 시대에 교직 이수자에게 어떤 능력이 확보되어야 하는가? 의사소통, 안전사고, 진로지도, 보건위생 등 전문 교과 이외에도, 이 시대가 요구하는 중요한 능력 확보 교육과정을 충분히 고려해야 한다.

셋째, 전문 교과지식에 대한 인식의 전환이 필요하다. 흔히 융·복합시대라고 할 때, 교직 교과목 간의 통합, 교직과 기타 학문 간의 융합, 지식 사이의 응용과 적용을 위한 교직 전공과목의 개발 등, 교과교육에 관한 새로운 철학이 요청된다. 단순하게 국어, 영어, 수학 등과 같은 단일 교과목 중심의 교직교육(교원양성) 과정은 여러 측면에서 한계에 도달했다고 판단된다. 따라서 교육학 이론과 교과목 전공을 중심으로 하되, 인문학, 사회과학, 심지어는 자연과학(과학철학)에 대한 인식을 할 수 있도록, 교직교양(교직소양) 교과목이 폭넓은 차원에서 부여될 필요가 있다.

넷째, 지식 중심(교과교육 전공)의 교직교육에서 지식과 도덕을 바탕으로 하되 생활 중심(교사 멘토)의 교육을 고려할 필요가 있다. 특히, 학생생활에 관한 상담, 진로, 안전, 보건위생, 체력, 특기적성 등 학생의 멘토로서 자질을 교직과정에서 필수적으로 부과하고 실제로 함양할 수 있어야 한다. 많은 사람들이 지적하고 있듯이, 지식 중심의 전문성만을 갖춘 교직과정 이수자가 교원임용시험을 통과하여 교사가 되었다고 했을 때, 여러 가지 교육문제가 발생할 수 있다.

국내외의 연구 현황과 교직과정의 실제 운영을 검토해 볼 때, 현재 교직교육의 과정을 보다 진일보한 양식으로 이행하기 위해서는, 교육부의 정책 결단과 교직과정을 담당하고 있는 대학의 교직과정 설치에 대한 분명한 인식이 요청되고, 교육학과 교과교육 전공을 비롯한 교직교육 관련자들의 시대정신을 고려한 교육적 열정이 필요하다고 본다.

memo

15 교원양성교육의 국제화 현황과 개선방안

신현석 (고려대학교 교육학과 교수)

교원양성교육의 국제화 현황과 개선방안*

신현석(고려대학교 교육학과 교수)

1. 문제의 제기

국제화(internationalization)는 21세기 고등교육에 가장 큰 영향을 미치고, 변화를 조장하는 주된 동인이다(Knight, 2008). 국제화는 민족·국가 간의 상호 작용의 증대를 의미하는 용어로서 높은 수준의 국제적 상호작용과 상호의존을 나타내기 위해 사용한다. 이러한 국제화의 과정은 무역, 투자, 자본 등에 관한 국가 간 합의에 의해 촉진되고 형성된다(Baylis, Smith & Owens, 2007: 695).

국제화의 대표적인 흐름은 1995년 1월에 출범한 WTO체제이다. WTO체제의 일환으로 발효된 '서비스 무역에 관한 일반협정'(General Agreement on Trade in Service: GATS)은 교육을 상품서비스의 일환으로 간주하게 되었고, 이와 맞물려 국가 간 교육시장의 개방과 인적·물적 자원의 교류와 협력은 더욱 강화되었다. 정보통신기술의 급격한 발달은 국가 및 지역 간 네트워크 강화, 가상교육(virtual education)을 통한 협력체계의 출현 등을 통해 교육 분야의 국제화를 더욱 가속화시키고 있으며, 세계화(globalization)[1]와 맞물려 전 지구적인 사회·문화적 교류의 증대와 함께 복합적으로 네트워킹 되어 가고 있다.[2]

---

* 본고는 교육정치학연구 16(2)에 게재된 신현석 등의 "교원양성정책의 국제화 방안 모색: 교원양성기관의 교육 분야를 중심으로" 논문을 대폭 수정·보완하였음.

1 세계화(또는 지구화, globalization)는 사회 간의 상호연결성이 증대되어, 세계의 한 부분에서 일어난 사건이 멀리 떨어져 있는 사람과 사회에 더 큰 영향을 끼치는 것을 의미한다(Baylis, Smith & Owens, 2007: 19). 이는 현상(phenomenon)에 초점을 둔 용어로서 정치, 경제, 교육 등의 교류를 의미하는 국제화와 대별된다(Knight, 2008).

2 Boehm et al.(2002)는 학생 간 국제교류가 2000년 1800만 명에서, 2025년에는 7200만 명으로 증가할 것이라고 예상하였다.

고등교육의 국제화는 크게 외부적 국제화(internationalization abroad)와 내부적 국제화(internationalization at home)의 두 가지 차원에서 설명될 수 있다(Knight, 2003; OECD, 2004). '외부적 국제화'는 초국가적 교육(cross-border education)으로도 명명되며, 국가 간 경계를 넘어선 인적(학생, 교수) 이동, 프로그램 이동(각종 교육프로그램, e-learning, 교육과정), 제도(분교 설립, 투자) 이동을 의미하며, '내부적 국제화'는 대학 캠퍼스를 기반(campus-based)으로 간문화적(intercultural), 국제적 차원에서 이루어지는 교육과정, 연구, 교육과정 외 활동 등의 상호작용을 의미한다. 이러한 내·외부적 고등교육의 국제화는 세계적인 추세로 확대되어 가고 있으며(OECD, 2004), 국내의 정책동향도 1995년 이후 고등교육의 개방에 따른 경쟁력 강화를 위하여 대학 구조개혁 방안(2004.12.28), 대학 특성화 방안(2005.11.29), 고등교육 국제화 전략(2007.02.28) 등의 국제화 정책들이 발표되어 추진되고 있다.

그러나 고등교육 국제화 정책의 국내·외적 흐름 속에서 교원양성기관의 국제화는 미비한 상태로 남아있다.[3] 이러한 측면은 교원양성이 국가의 초·중등교육을 담당하는 인적자원의 생산지로서 제도적 교류, 투자 유치 등의 제도적 측면에서 국제화의 제한성을 가지고 있다는 점과 정부 정책이 현장 전문성 향상에 초점을 맞추어 온 데서 그 원인을 찾을 수 있다. 하지만 사회·경제적 측면에서 국내거주 외국인의 수가 165만 명을 넘어서고 다문화가구가 334,856가구에 이르고 있다는 점(통계청, 2018), 외국 생활을 한 학생의 수가 증가하고 이에 따른 국제화된 감각의 교사를 사회가 요구하고 있다는 점, 영어교육의 수요 상승에 따른 외국어 구사 능력이 우수한 교사의 필요성이 증가하고 있다는 점 등은 교원양성기관에 있어서도 국제화 시대에 적합한 교원양성 교육의 필요성을 제기한다.

이러한 측면에서 본 장에서는 국내 교원양성기관의 국제화 실태를 진단하고, 해외 교원양성기관의 대표적 국제화 사례와의 비교·분석을 통하여 국내 교원양성기관의 교육분야 국제화 방안을 탐색 및 제시하고자 한다. 이를 위해 Knight (2003)와 OECD(2004)가 분류하였던, 내부적 국제화와 외부적 국제화의 내용들을

---

3 국내의 교육계열 개설학과는 전체 12,594개 중 805개로서 약 6%를 차지하고 있다(교육통계연보, 2019). 이러한 수는 초등교원양성이 교육대학을 중심으로 한정되어 있고, 중등교원양성이 교육계열 학과 이외에도 교직이수, 교육대학원 등을 통해 이루어진다는 점을 감안하면 결코 적은 비중이 아니다.

재구성하여 (1) 교육목표 및 교육과정 영역과 (2) 각종 프로그램 및 인프라 영역, (3) 국가 내·외적 제도 영역으로 분류하고 이 중 교원양성의 특수성에 의해 제약을 받는 '국가 내·외적 제도 영역'을 제외한 '교육목표 및 교육과정 영역'과 '각종 프로그램 및 인프라 영역'을 중심으로 교원양성기관의 국제화 현황을 분석하고자 한다.[4]

2. 교원양성교육 국제화의 배경과 동향

가. 고등교육기관 국제화의 동향

고등교육의 국제화는 세계화의 시대적 조류에 부응하여 대학의 기능과 역할에 부합하는 국제적(international), 간문화적(intercultural), 세계적(global) 요소들을 통합하여 가는 과정이며(Knight, 1997), 대학의 교육·연구·서비스 기능의 국제화를 의미한다. 따라서 고등교육의 국제화는 대학의 교육·연구·서비스 시스템에 국제적, 간문화적, 세계적 차원의 구성요소들을 체계적으로 흡수·통합하는 것이다(Ellingboe, 1998).

이러한 고등교육의 국제화의 흐름은 세계화에 따른 세계 경제의 통합 움직임과 함께 정보통신기술의 급격한 발전, 지식기반사회의 도래에 따른 고등교육 경쟁력 강화 등의 세계적 동조화 현상으로 나타나고 있다. 2005년 12월 UNESCO와 OECD가 공동 발표한 「UNESCO/OECD의 국경을 넘는 고등교육 질 보장에 관한 가이드라인」[5]은 고등교육의 국제화가 이제는 지역별 이슈가 아닌 국제적 관리 차원의 수준으로 활발해 졌음을 보여주는 대표적인 예이다.

유럽의 경우 1987년부터 시작된 ERASMUS(European Community Action Scheme

---

4 교육목표 및 교육과정 영역과 각종 프로그램 및 인프라 영역은 더 큰 범주에서 보면 전반적인 교육 행위와 직접적으로 관련되는 영역으로서, 본 연구에서는 '교육 분야'라고 명명한다.

5 이 가이드라인은 교육의 질적 수준을 보장하는 데 목적을 두고 있으며 국가별 대학의 정보를 공개하여 교육수요자들이 이 정보를 활용할 수 있도록 하고 있다. 또한 각국이 상호 인정할 수 있는 학위·자격체계를 갖출 수 있도록 국제협력 네트워크를 마련하도록 촉구하고 있다. 우리나라도 UNESCO와 OECD의 회원국으로써 이 가이드라인을 적극적으로 이행해야 할 의무가 있다.

for the Mobility of University Student) 프로그램의 성공과 유럽공동시장의 완성을 바탕으로 1999년 대학 간 학위, 학점, 질적 기준 등을 통일하는 볼로냐 협약(Bologna Process)을 통과시킴으로써 유럽 대학 간 블럭화 및 국제화를 더욱 강화시키고 있으며 호주, 일본, 중국 등의 OECD국가들도 해외 유학생 유치를 위한 정책들을 강화해 가고 있는 추세이다. OECD국가들을 중심으로 하는 고등교육 세계화의 추세는 단순한 교류의 수준에서, 국가 경쟁력 강화를 위한 고등교육의 질 보장 정책과 맞물려 진행되고 있다. 즉 고등교육의 국제화는 시장적 블럭화를 통하여 각국 고등교육기관들의 전 세계적 경쟁을 유발하게 되었다.

이러한 국제적 현실이 반영된 정부의 대표적인 정책은 2007년 2월 28일에 범부처별 공동으로 발표한 「고등교육 국제화 전략」이다. '대학의 국제경쟁력 강화 및 아시아의 교육·연구 중심지로 도약'이라는 비전에서 알 수 있듯이(교육인적자원부, 2007), '고등교육의 국제화는 곧 고등교육의 경쟁력 강화를 의미하는 동조어로 인식되고 있으며, 이러한 의식의 반영이 범부처별 추진을 요하는 국가전략으로 나타나게 된 것이다.[6] 이 전략은 6개 정책 영역, 28개 추진 과제로 구성되며 크게 '학생 교류, 교수·연구 인력 교류, 외국 교육기관 및 프로그램 유치, 유학생 유치, 고등교육 서비스 수출, 국제화 환경조성 및 여건 개선, 국제화 지원 인프라 구축' 등의 내용으로 나누어 추진되고 있다. 이러한 국제화 정책은 세계 수준의 대학 연구력 확보사업(BK 21 마무리, Post-BK 21 및 기초학문육성계획 등), 지방대학육성사업(NURI 사업) 등의 기존 정책과 최근 발표된 「세계수준의 연구중심대학(World Class University: WCU) 육성 사업」[7](교육과학기술부, 2008a)과 연계 운영되어 국내 대학의 국제화를 가속시키고 있다.

또한 정부의 고등교육 국제화 정책의 예로 아시아 대학 간 글로벌 교류 활성화 기반 마련을 위한 Campus Asia 사업을 들 수 있다. Campus Asia 사업은 제3차 한일중 정상회의(2010, 제주)에서 신규협력사업으로 선정되어 2012년부터

---

6 이 전략에 관계된 부처는 교육인적자원부, 재정경제부, 과학기술부, 외교통상부, 법무부, 보건복지부, 노동부, 산업자원부, 정보통신부, 문화관광부, 해양수산부의 11개 부처였다.

7 이 사업은 국제적으로 저명한 해외학자 확보를 위한 지원 사업으로서, 창의적 실용지식 창출 역량을 제고를 통한 미래 국부 창출과 우수 교수를 통한 국내 대학 경쟁력 강화, 연구 역량이 우수한 해외 인재 유치를 목표로 하고 있다(교육과학기술부, 2008a).

2015년까지 시범사업으로 추진되었으며, 2016년부터 확대 추진되고 있다. 해당 사업은 한일중 교육부 공동으로 3국 대학간 복수학위 또는 공동캠퍼스 운영 등 특화된 커리큘럼 개발 및 운영을 지원한다. 더불어 정부는 대학 위치변경 인가범위를 '국내'에서 '국내 또는 국외'로 확대하여 해외캠퍼스 설치의 법적 근거를 마련하고, 국내외 대학이 협력하여 국내 캠퍼스에서 공동·복수학위 프로그램(조인트 프로그램)을 구축·운영하도록 지원하는 등의 방안을 통해 우리 대학의 해외 진출 활성화 정책을 추진하고 있다(교육부, 2016).

이외에도 대학생들의 국제적 역량 강화를 위한 정부사업의 일환으로, 글로벌 현장학습 프로그램이 2009년부터 현재까지 운영되고 있다. 교육부와 한국장학재단, 한국전문대학교육협의회가 추진하는 「대학·전문대학 글로벌 현장학습」은 일반대 및 전문대 대학별 사전 신청을 받아 운영되며,[8] 선발된 대학생들에게 해외 현장실습에 따른 항공료·연수비·체제비 일부를 290~800만 원까지 지원한다. 대학생들은 한 학기(4~6개월) 간 전공과 연계된 해외 현장 실무 경험을 통해 국제화 역량을 키우고 학점 이수까지 할 수 있다. 또한 「한·미 대학생 연수(WEST)」는 한-미 정부 간 협약에 따라 대학생에게 최장 18개월 기간의 미국 어학연수, 인턴이 결합된 기회를 제공하는 프로그램이다. 「파란사다리」는 사회·경제적으로 취약한 대학생에게 진로개발을 위하여 해외 대학에서의 연수, 진로·문화체험 등의 기회를 제공하는 사업이다. 이러한 글로벌 현장학습 프로그램은 대학생들에게 체계적·단계별 해외 직무 경험을 제공하고 해외 취·창업으로 연결되도록 연계 지원하여 장기적인 해외 진출 성과를 제고시킬 수 있는 사업으로 인정받아 예산이 매년 증대되는 추세이다(교육부, 2018).

나. 교원양성기관 국제화의 사회적 요구

국제화의 세계적 흐름은 비단 대외적 측면뿐만 아니라 대내적으로도 국제화에 대한 사회적 요구와 필요성을 증대시키고 있다. 이러한 변화는 국내 경제의 지속

8 2017년 총 564명(일반대 106명/전문대 458명, 전문대 추경 포함), 2018년 총 520명(일반대 111명/전문대 409명), 2019년 총 500명(일반대 100명/전문대 500명)을 선발하였다.

적 상승에 따른 국내외 이동 유동량 증가와 함께 한국의 국력신장에 의한 해외 인구 유입의 영향도 있다. 아울러 2000년을 전후한 한국 사회의 저출산 고령화, 농촌총각의 결혼 문제, 산업현장의 3D업종 기피현상, 동아시아 지역의 한류 열풍 등에 의한 국제결혼의 증가와 그에 따른 정주 외국인의 증가 현상은(김흥수, 2009), 한국 사회를 이른바 '다문화 사회'로 진입하게 하였다.[9] 이러한 일련의 변화 양상은 한국 사회가 외부적 구조와 내부적 구조의 양측면에서 국제화에 대한 요구와 필요성이 증대되고 있음을 방증하고 있으며 이는 다문화교육, 국제이해교육, 국제어로서의 영어교육 등의 사회적 요구가 높아지게 하는 원인으로서 작용하고 있다. 국제화 교육 수요의 발생은 필연적으로 국제화 시대에 맞는 교원양성교육에 대한 사회적 수요로 직결된다. 이러한 측면에서 교원양성기관의 국제화와 관련된 사회적 요구를 정리하면 다음과 같다.

첫째, 다문화 가정의 증대와 그에 따른 다문화교육의 필요성이 증대되고 있다. 김흥수(2009)는 한국 사회가 다문화사회로 전환됨에 따라 다문화사회의 촉진자의 역할이 중요하며 촉진자로는 초·중등 교사, 학교관련 전문가 및 언론, 다문화 전담 지도자 등이 있다고 밝히고 있으며, 장원순(2009)은 한국 사회가 나와 다른 삶의 방식과 사고양식을 가지고 있는 민족과 집단들과 상호 인정하고 존중하며 수용하고 공존할 수 있는 능력이 요청되고 있으며, 한국사회에서 이러한 다문화교육이 적절히 이루어지기 위해서는 다문화교육을 담당할 교사교육과 다문화교사교육과정이 필요함을 제기하였다. 이러한 국내의 동향들을 정리하면 다문화사회에 부응하고 사회적 통합을 위한 다문화교육이 필요하며, 이의 핵심은 다문화사회에 적합한 마인드를 가진 교원양성임을 알 수 있다.

둘째, 해외 체류경험이 있는 학생의 증가에 따른 국제화된 인식과 소양을 갖춘 교사의 필요성이 제기되고 있다는 점이다. 1980년대 냉전체제의 종식에 따른

---

9 유엔 인종차별철폐위원회는 제71회 총회에서 한국 정부와 '민주사회를 위한 변호사 모임'이 제출한 자료를 토대로 발표한 보고서를 통해 외국인 거주자와 혼혈인이 크게 늘어난 한국 사회는 이제 다민족 사회가 된 만큼 '단일민족'이라는 개념을 극복해야 한다고 지적했다. 이 보고서는 한국이 이제 다민족 사회라는 점을 정부 차원에서 받아들이고 이에 맞춰 교육, 문화 등 여러 분야에서 적절한 조치를 취해야 한다고 밝혔다. 특히 다양한 민족의 역사와 문화를 초중등학교 교과목에 포함시킬 것을 권고했다(동아일보, 2007.08.20).

자유민주주의의 확산, 그에 따른 상호의존성은 세계화와 국제화라는 거대한 흐름을 만들어내고 있으며, 이에 따른 국제화 교육의 필요성이 강조되고 있다(김현덕·문영주·김현숙, 2005; 김귀성, 2006; 김기홍·박소영, 2009). 한국은 2000년 이후 조기 유학생 수가 급격히 증가하여 2006년~2007년[10] 사이에 절정에 이르렀다가 2008년 세계 금융위기 이후에 감소하는 추세를 보였으나, 이 시점 이후로는 조기유학을 떠났다가 국외 대학이 아닌 국내 대학으로 발길을 돌리는 리터니(returnee)가 늘어났다(한겨레신문, 2019.09.04.). 이러한 급격한 유학생의 증가와 해외 체류 경험 학생의 증가는 다문화사회와 더불어 다양한 국제 경험을 가진 교사의 필요성에 대한 사회적 수요를 강화시킬 수밖에 없다.

셋째, 국제어로서의 영어교육을 담당할 수 있는 우수한 외국어 구사능력을 갖춘 교원이 필요하다는 점이다. 정부는 2009년 4월에 입법예고한 '초중등교육법시행령 개정령'에서 '영어회화 전문강사의 자격요건'을 신설하여 '영어회화 전문강사'를 교육감 재량에 의해 채용하고 일선 학교에 배치할 수 있도록 하였다. 또한 정부는 2019년 7월 발표한 '초등학교 영어교육 내실화 계획'에서 교사의 전문성 제고를 위해 초등교사 연수 프로그램을 지원하고, 심화연수 등을 통해 영어전담교사 인력풀을 확대한다고 하였다(교육부, 2019). 이러한 예는 영어교육에 대한 사회적 수요가 국가 정책으로 나타나고 있으며, 현재의 교원양성기관에서의 외국어 교육을 담당할 수 있는 교원이 부족함을 단적으로 나타낸다. 국제어로서 영어교육은 영어라는 공통의 의사소통 수단을 이용하여 세계의 문화와 그 차이를 이해하며 지적균형이 잡힌 세계 시민성(global citizenship)을 갖춘 인재 양성의 시대적 필요성(안종협, 2008)과 조기 영어유학과 사교육비에 의한 국민 경제의 부담 완화(교육과학기술부, 2008b) 등의 이유로 그 사회적 필요성이 증가하고 있다. 이러한 측면에서 영어교육을 담당할 수 있는 외국어 구사능력이 우수한 교사의 필요성이 제기되는 것은 필연적 결과이다.

---

10 2007년 기준으로 인구 만명당 조기 유학생 수는 초등학생 33.6명, 중학생 45.1명, 고등학생 32.1명에 이르렀다. 숫자로는 2007년 기준으로 초등학생 23,547명, 중학생 12,669명, 고등학생 6,126명이다. 현행법상 초등학교와 중학교 재학생은 미인정 유학임에도 불구하고, 상당한 수가 해외 유학을 하고 있다. 이 밖에 파견동행, 해외이주를 포함한 출국 현황은 43,415명이 출국하였으며 그 중 미국 14,006명, 동남아 7,421명, 중국 6,880명, 캐나다 5,453명이었다. 자세한 내용은 「한국교육개발원(2008). 2008 국제지표로 본 한국교육. 서울: 한국교육개발원」을 참조.

다. 교원양성기관 국제화 정책 동향

교원양성기관은 예비교사가 학교 현장에서 성공적으로 업무를 수행하는 데 필요한 역량을 신장·발전시키는데 중요한 역할을 하는 곳으로서 인식되어 왔다(Darling-Hammond & Bransford, 2005; 백순근, 2007). 교원정책은 역대 정부마다 공교육 강화를 위한 교원의 전문성 향상 기제로 다루어져 왔으며, 이에 따라 교원양성기관에 대한 초점도 교원의 전문성 신장을 위한 체제구축에 초점이 맞추어져 있었다(고전, 2009; 신현석, 2009).

교원양성기관과 관련된 주요 정책으로는 2006년에 발표된 「학교 교육력 제고를 위한 교원양성체제 개선방안(이하 교원양성체제 개선방안)」(교육인적자원부, 2006)이 있다. '교원의 교육력 향상을 통한 학교교육의 질 향상, 그에 따른 교육경쟁력 강화와 학교교육에 대한 국민 신뢰도 증가'라는 정책의 비전에서 나타나듯이 「교원양성체제 개선방안」은 현장과 유리된 교원양성과정의 문제점과 그에 따른 교육경쟁력 약화의 해소를 위해 2006년 11월 17일에 발표된 정책이다. 이 정책의 주요 내용은 크게 1) 교원양성과정의 질적 수월성 제고를 위하여 ① 교사과정 교육과정 최소 기준 강화, ② 신규교사의 자질과 능력에 관한 일반 기준 설정, ③ 교원양성과정의 현장적합성 강화와 2) 교원양성기관 효율성 제고를 위한 ① 교원양성기관 평가인정제 도입, ② 초등교원양성기관의 개편, ③ 중등교원 양성체제 정비, ④ 교원전문대학원 도입방안 검토 등이 제시되었다.

이러한 정책 내용과 세부 구성요소들을 검토하면 교원양성정책은 주로 교원의 현장 전문성 강화를 위한 주요 기준을 제시하고 있을 뿐 국제화와 관련된 뚜렷한 내용과 기준은 보이지 않는다. '신규교사의 자질과 능력에 관한 일반 기준'에서도 주로 교원의 전문성과 자질에 관해서만 언급하고 있고, 2009년부터 시행되는 '교원양성기관 평가인정제'의 주요 내용도 학교시설, 임용률, 이수학점의 강화 등에 초점이 맞추어져 있다. 교원양성기관의 국제화와 가장 근접한 내용은 2009년 교육부 업무 보고자료인 「교육과학기술의 미래경쟁력 강화」를 통하여 영어교육 강화를 위한 '교육대학 영어심화과정 지원 사업 추진 계획'만이 언급되어 있을 뿐이다.[11]

11 교육과학기술부는 '교육대학 영어심화과정 지원 사업'에 매년 12억원의 예산 투입을 계획하였다.

한편, 교육부는 고등교육의 국제화 지원 사업으로 2010년부터 교원양성기관의 글로벌화를 지원하고 있다. 이는 국내 학교현장의 급격한 다문화·국제화[12]에 따라, 예비교원에게 필요한 다문화·국제화 역량을 길러줄 수 있도록 교·사대의 교육과정 개편 및 역량강화프로그램을 지원할 필요가 있다는 판단 하에 이루어졌다. 현재 경북대학교, 경인교육대학교, 제주대학교, 한국교원대학교가 글로벌 교원양성 거점대학(GTU: Global Teachers' University)으로서 세미나, 포럼, 교육봉사 및 현장실습 등의 교육활동을 운영하고 있다(교육부, 2018). 하지만 해당 사업은 4개 대학만을 예산 지원하고 있다는 점에서 한계가 있다. 공통적으로 교·사범대학생 글로벌 모의수업시연(IGT) 및 다문화 교육 프로젝트 발표 대회를 개최하고 있긴 하지만, 전체 교원양성기관의 국제화를 도모하기에는 미비한 실정이다.

즉 현재까지 교원양성과 관련된 제 정책은 공교육 강화를 위한 교원의 전문성 신장에 초점을 맞추어 왔을 뿐 국제화라는 세계적 흐름과는 별도로 운영되고 있다. 이러한 이유로는 교육이 국가 정체성 유지 및 발전을 위한 주요 수단이라는 입장에서 그에 따른 교원양성이 대내 지향적 측면에서 다루어 온 일면이 있다. 그러나 교육의 국제화, 초국가적 교류의 확대, 다문화 사회로의 전환 등의 국내·외의 환경 변화는 초·중등교육에서도 국제화 교육 및 국제화 마인드를 가진 교사의 사회적 수요를 증가시키고 있으며, 이와 함께 교원양성기관에서의 교육분야 국제화 정책이 필요한 국면으로의 전환을 요구하고 있다.

---

12 국내 초·중등학생 중 다문화가정 학생의 수는 ('09) 0.35% → ('11) 0.55% → ('15) 1.4% → ('18) 2.2%로 지속적인 증가 추세를 보이고 있다.

3. 교원양성기관의 교육분야 국제화 현황[13]

가. 초등교원양성기관의 사례: 서울교육대학교를 중심으로

한국의 초등교원양성은 10개의 국립 교육대학을 중심으로 목적형체제로 운영되고 있으며,[14] 교육과정의 편성과 운영에 관한 별도의 규정은 없다(윤정일 외, 2003; 박남수·최영하·김관일, 2004). 다만 고등교육법 제44조에 의해 '교육대학·사범대학·종합교원양성대학 및 교육과의 교육은 그 설립목적을 실현하기 위하여 ① 교육자로서의 확고한 가치관과 건전한 교직윤리를 갖추도록 하고, ② 교육의 이념과 그 구체적 실천방법을 체득하게 하며, ③ 교육자로서의 자질과 역량을 생애에 걸쳐 스스로 신장시켜 나가기 위한 기초를 확립한다.'라는 목표를 제시하고 있다. 따라서 교육대학은 목적형 국립대학이지만 법률에서 정하는 목표를 벗어나지 않는 범위 내에서 교육과정을 다양하게 편성 및 운영할 수 있다. 그러나 교육대학들은 교양과정, 전공과정, 심화과정의 범주 내에서 선택교과에 한해서만 차별성 있는 교육과정을 운영하고 있어, 체제·편제·과목 구성이 거의 동일한 형태로 운영되고 있다(윤정일 외, 2003; 김명수, 2003; 박남수·최영하·김관일, 2004). 따라서 본 절에서는 서울교육대학교의 운영사례를 중심으로, 교육목표 및 교육과정의 운영 측면과 국제화 프로그램 및 인프라 측면의 국제화 실태를 진단하고자 한다.

1) 교육목표 및 교육과정 운영 측면의 진단

서울교육대학교가 밝히는 교육 목적은 '대한민국의 교육 이념 아래 국가와 사회 발전에 헌신할 수 있는 교육자로서 인격과 자질을 지닌 유능한 초등학교 교사

---

13 본 장에서 제시하는 국내의 초등 및 중등교원양성기관의 사례와 해외 사례는 연구 주제인 '교원양성기관의 교육분야 국제화'를 위한 방안추출에 목적이 있다. 따라서 제시된 사례들은 기관에 대한 대표성(서울교육대학교의 사례) 또는 국제화를 선도하는 모범적 사례(고려대학교, 해외 사례)에 해당하며, 전체 사례를 일반화하는 내용으로는 볼 수 없다.

14 2020년 현재 교육대학교는 서울·부산·대구·경인·광주·춘천·청주·공주·전주·진주교육대학교의 10개교이며, 제주교육대학교는 2008.03.01부로 국립학교설치령 중 개정령(대통령령 제17143호)에 의하여 국립제주대학교와 통합되었다. 이 밖의 초등교원양성기관은 한국교원대학교 초등교육과와 이화여자대학교 초등교육과가 있다.

를 양성함에 있다.'라고 밝히고 있으며, 그에 따른 교육목표는 다음과 같다(서울교육대학교, 2020).

① 국가를 사랑하고 겨레의 행복과 번영을 위해 전력을 다하는 인간을 양성한다.
② 민주주의 사회생활에 필요한 능력과 태도를 배양한다.
③ 교사로서 지녀야 할 건전한 인격을 도야하고 교육애에 불타는 헌신적 생활 태도를 확립시킨다.
④ 아동의 성장 발달과 행동을 정확하고 폭넓게 이해할 수 있는 능력을 개발한다.
⑤ 초등학교 각 교과를 성공적으로 가르칠 수 있는 실력을 배양하고 교수학습능력을 습득하게 한다.
⑥ 보다 나은 교직 발전을 위하여 노력하는 진지한 연구 자세를 기른다.
⑦ 교직의 사명에 대한 깊은 인식을 통하여 교육자로서 확고한 신념을 가지게 한다.

교육과정 측면에서 살펴보면 '국가와 사회의 발전에 기여할 수 있는 유능한 초등교원을 양성하기 위하여 ① 국민기초교육 담당자로서의 자질과 인격을 갖춘다. ② 확고한 국가관과 투철한 교직관을 확립한다. ③ 초등학교 각 교과에 대한 전문적 지식과 효과적인 지도 기술을 습득한다. ④ 초등교육 각 분야에서 전문적인 역할을 담당할 수 있는 능력을 기른다.'의 교육과정 구성의 목표를 제시하고 있다(서울교육대학교, 2008).

교육과정은 교양과정, 교직과정, 전공과정으로 대별되며, 학사과정 이수에 필요한 학점은 총 140학점이다. 교양과정에 34학점, 교직과정에 22학점, 전공과정에 84학점을 배당하고, 졸업과제(P/F) 및 교육봉사활동(P/F) 40시간을 이수해야 한다.

교육과정(curriculum)이 교육목적을 달성하기 위해 의도된 모든 교육내용 및 교육활동이며 학교경영의 가장 핵심 영역이라는 측면에서(한국교육행정학회, 2005), 서울교육대학교의 교육목표와 교육과정은 고등교육법 제44조에서 제시하는 내용의 범위 안에서 초등교사를 양성하는 기본적 자질과 관련된 대강을 제시하고 있다고 볼 수 있다.[15] 그러나 교육과정의 국제화의 측면에서 살펴보면 (1) 교육목표, 교

15 그러나 좀 더 세부적인 측면에서 교육대학의 교육과정은 교육과정의 전문성 미흡, 중등교육과정과의 연계성 결여(조동섭, 2004), 학생들의 강의 선택의 기회 제한, 제한된 교육실습기간과 그에 따

육과정 구성 목표 및 일반 원칙에서 교사로서의 기본적 자질과 소양에만 초점을 맞추고 있을 뿐 국제화와 관련된 내용이 존재하지 않을 뿐만 아니라 (2) 국내외 대학 간의 교육과정 공동운영, 외국어 진행 강좌[16] 등의 국제적, 지역적 네트워킹이 이루어지지 않고 있다. 이러한 원인은 특수목적대학의 설립목적에 기인했다고도 해석할 수도 있지만, 다른 한편으로는 사회 변화의 흐름에 유연하게 대처하지 못하는 교육대학의 운영 체제(이종재 외, 2000; 조동섭, 2004)와 규모와 재정의 영세성(김이경 · 한유경, 2002; 조동섭, 2004)에 의한 자체 역량의 부족, 국립대학으로서의 자율성의 한계 등의 제도적 · 구조적 측면에서 찾아볼 수 있다. 따라서 교육대학의 운영체제에 대한 정책적 고려시 교원양성 체제의 개편과 고등교육 국제화 정책 및 국립대학 자율화 정책과 연계하여 국가 전략적 차원에서 접근해야 할 필요성이 제기된다.

2) 국제화 프로그램 및 인프라 측면의 진단

국제화 프로그램과 인프라는 향후 교육대학이 국제화를 추진하게 될 때, 효과성과 시너지 효과를 강화시킬 수 있는 기반이라고 볼 수 있다. 국제화 프로그램은 인적 · 물적 교류와 관련된 대학 내부의 정책이라고 볼 수 있으며, 인프라는 국제화를 실현할 수 있는 물리적 기반으로 분류하여 분석할 수 있다.

먼저, 국제화 프로그램과 관련하여 서울교육대학교의 경우 2019년 10월 1일 기준 17개국 51개 기관과 자매 결연을 맺고 학생교환, 해외인턴십, 해외자율문화체험 등의 프로그램을 운영한다고 밝히고 있다.[17] 해외 교환학생 선발은 매년 미국, 일본, 대만, 중국 자매대학과 이루어졌다.[18] 또한 해외 초등교육 현장 체험을

른 현장연계성 부족(OECD, 2002; 박남수 · 최영하 · 김관일, 2004), 교육내용 간 연계성 부족(OECD, 2002) 등의 문제점이 지속적으로 지적되어 오고 있다.

16 초등교원 양성교육에서 외국어 강좌에 대해서는 이견이 존재할 수 있으나, 영어심화전공을 하는 과목에도 외국어 강좌가 존재하지 않는다는 점은 반드시 지적되어야 할 사항이다.

17 서울교육대학교 홈페이지(http://www.snue.ac.kr/) 국가별로는 대만(2), 독일(1), 러시아(1), 말레이시아(1), 몽골(2), 미국(11), 베트남(4), 싱가폴(1), 영국(1), 우즈베키스탄(2), 인도네시아(1), 일본(7), 중국(8), 캐나다(5), 터키(2), 필리핀(1), 호주(1)의 분포를 보이고 있다.

18 서울교육대학교 홈페이지(http://www.snue.ac.kr/) 자매대학 교류현황을 살펴보면, 매년 미국－미네소타대학교 트윈시티 캠퍼스 1명, 일본－동경학예대학교 5명, 오사카교육대학교 3명, 효고교

통해 외국어 능력과 글로컬 교직 수행 능력을 배양할 기회를 제공하는 해외 인턴십 프로그램과 학생들 스스로 해외문화 탐방 계획을 수립하여 실행하는 해외자율문화체험 프로그램을 지원하고 있다. 그러나 공동연구나 교수교류 등의 프로그램은 활발히 운영되지 않았으며, 외국인 교수(전임강사 이상)의 임용은 전무하였고, 외국어 강좌(일반 회화 프로그램 제외)도 존재하지 않았다.[19]

> 가끔 일본 학생들이 교환 학생으로 와서 같이 수업을 듣는 경우가 있었어요. 우리 쪽에서도 (학교 전체에서) 1~2명 정도 일본 대학에 교류로 가기도 했구요. 다른 국내대학들과도 학점 교류가 있기는 했지만, 그다지 활발하게 이루어지지는 않았던 것 같아요. 교수님들의 경우도 가끔 해외 대학에 개인적으로 연구하러 가신다는 얘기는 들었지만, 자매 결연에 의해서 간다는 말은 들어보지 못한 것 같아요. 물론 있을 수야 있지만 그다지 활발한 게 아닌 것 같고, 저는 들어본 적이 없어요(김하늘, 2009년 졸업생).

이러한 상황은 앞서 지적하였듯이 교육대학 내부 운영의 문제보다는 행·재정적 제약과 자율성의 한계, 그에 따른 조직운영의 경직성 등의 구조적 문제에서 기인하는 것으로 분석될 수 있다.

두 번째로 국제화 인프라와 관련하여 살펴보면, 부속 기관으로 국제어학원, TESOL교육원, 다문화교육연구원이 설치되어 있다. '국제어학원'은 영어교사 교육과정(EFL Teacher Training Program)과 서울교대-영국문화원 어학센터를 통하여 현직 교사와 학생의 영어 능력 향상을 위한 강의가 개설되어 운영되고 있고, 서울교대-영국문화원의 경우에는 학생들을 위한 영어강좌도 개설되어 있다. 'TESOL교육원'은 호주 그리피스 대학(Griffith University)과 연계하여 테솔 예비과정, 자격증과정, 대학원 연계과정을 개설하여 운영하고 있으며, 현직 교사, 학생, 일반인까지도 등록이 가능하다. '다문화교육연구원'은 법무부의 이민자 사회통합 ABT(Academic Brain Tower)대학으로 지정되어 다문화교육을 위한 교육 및 관련 학술

육대학교 5명, 북해도교육대학교 2명, 대만-대북교육대학교 5명, 대중교육대학교 3명, 중국-천진사범대학교 2명을 선발하고 있다.

19 서울교육대학교 홈페이지(http://www.snue.ac.kr/)와 대학알리미 2019 공시자료 모두에서 외국어 강좌와 외국인 교수는 존재하지 않았다.

활동을 진행하고 있다. 이러한 국제화와 관련된 부속기관들은 현재 국제화 교육에 대해 제한적으로 기여하고 있으나, 다른 한편으로는 향후 교원양성기관의 개편과 그에 따른 정책 진행시 국제화에 시너지 효과를 제공할 수 있는 거점이 될 수 있다는 점에서 그 가치를 고려해 볼 수 있다.

나. 중등교원양성기관의 사례: 고려대학교 사범대학을 중심으로

한국의 중등교원양성은 목적형 체제로 단일화된 초등교원 양성에 비해 다소 복잡한 형태를 띠고 있다. 현재 중등교원의 양성은 사범대학, 일반대학의 사범계 학과, 일반대학의 교직과정, 교육대학원 등의 기관에서 이루어지고 있다. 이러한 중등교원의 양성체제는 국립대학과 사립대학을 망라하여 다양하고 복잡한 구조를 형성하고 있다. 따라서 초등교원양성기관과는 달리 중등교원양성기관은 교육과정에 대한 특별한 지향점 없이 각 대학마다 다르게 운영되고 있으며, 각 소속 대학의 정책에 더 많은 영향을 받는 면이 있다. 따라서 여기서는 고등교육 국제화를 적극적으로 추진하고 있는 고려대학교의 사례를 제시하고자 한다.

고려대학교는 '세계 고대'의 비전을 달성하기 위한 「고려대학교 국제화 프로젝트: Global KU」를 세우고 이를 위한 세부추진계획들을 전략적으로 실천하는 대대적인 국제화 개혁을 꾀하고 있다. 국제화의 비전을 '글로벌 리더를 양성하는 세계 속의 민족대학'으로 설정하고, 국제화의 방향을 첫째, 세계적 수준의 교육 연구체제와 역량을 갖춤으로서 국제사회에서 한국 대학의 위상을 제고하고, 둘째, 세계화 시대를 주도하는 국제적 인재 양성으로 정하였다. 고려대학교는 국제화의 실천적인 목표를 '세계 100대 우수대학 진입'으로 현실화 하고, 이 목표를 달성하기 위하여 교육 및 연구분야의 세계적 수준 강화와 국제 우수대학 수준의 인적·물적 인프라를 구축하고 이의 추진 방안과 과제를 제시하였다(고려대학교, 2009). 이에 고려대 전체 국제화 목표 및 계획 속에서 고려대학교 사범대의 국제화는 어떻게 진행되고 있는지 교육목표 및 교육과정 운영 측면과 국제화 프로그램 및 인프라 측면으로 나누어 살펴보고자 한다.

1) 교육목표 및 교육과정 운영 측면의 진단

고려대학교 사범대학은 교육학과, 체육교육과, 가정교육과, 수학교육과, 국어교육과, 영어교육과, 지리교육과, 역사교육과 등 8개 학과[20]로 구성되어 있으며, '교육문제연구소', '교과교육연구소', '생활과학연구소', '동아시아문화교류연구소', '영어교육연구소', '고등교육정책연구소', '두뇌동기연구소', '한국어문교육연구소', '미래국토연구소', '사회통합교육연구소', 'HRD정책연구소'를 설치 · 운영하고 있다. 고려대학교 사범대의 교육목적은 '학생들에게 교육현상에 대한 총체적 이해 제공을 통해 교사로서 지녀야 할 전문지식과 전인적 품성, 태도를 습득하게 하며, 광범위하고도 심오한 교육이론과 실제의 제공을 통해 사회변화에 능동적, 창의적 능력을 발휘할 수 있는 지도적 인격을 갖추게 함으로써 국가사회발전 및 인류공영에 이바지할 수 있는 전인적 교사 및 교육전문가를 양성한다.'이다. 그에 따른 교육 목표는 다음과 같다.

① 인간적 품성(human character)의 함양
② 사회변화에 대처할 수 있는 능동적, 창의적 능력의 배양
③ 체계화된 전문적 지식의 제공
④ 이론의 실제화와 실제의 이론화를 도모
⑤ 국가사회 발전과 인류공영에 기여할 수 있는 사명감 고취

고려대 사범대에서는 위의 교육목표를 달성하기 위한 세부 실천방안으로 열가지를 제시하고 있다. ① 인성교육의 강화, ② 교육과정의 전문화 및 탄력적 운영, ③ 교육환경(시설, 행정)의 개선, ④ 교수-학습방법의 개선, ⑤ 현장학교(부속중고등학교)와의 교류 강화(현장교사의 대학강의 참여, 교수-교사의 공동연구, 교수의 현장지도 등), ⑥ 사범대학 교육의 특성화, ⑦ 복수전공 및 부전공의 활성화, ⑧ 정보화, 세계화(국제간 사범대 자매대학, 교육실습생 교류 등)에 대처하는 교육 강화, ⑨ 실습기회의 다양화(현장관찰, 견학, 실습 등), ⑩ 교수의 교수능력 향상 및 학생지도를 위한 다양한 프로그램 운영을 세부 실천 방안으로 제시하였다. 이 중 국제화와 관련된 내용

---

20 1999년 사범대학 미술교육과가 미술학부로 분리 독립되었으며, 2014년 3월 사범대학 컴퓨터교육과가 정보대학 컴퓨터학과로 분리 독립되었다.

은 '정보화, 세계화에 대처하는 교육 강화'이다.

교육과정 측면에서는 세계 우수대학 수준의 학습시간 및 이수학점으로 기준을 정하여 운영하고 있으며, 교양과정을 글로벌 리더로서 필요한 소양과 타문화에 대한 이해 영역을 중심으로 개편하였다. 사범대학은 공통적으로 졸업요구학점을 140학점으로 하고 있다. 영어강의의 비중이 국어교육과를 제외하고 전체 전공 강좌의 약 26%이며(2020년 1학기 기준), 2004학년도 이후 입학생을 대상으로 영어강의 5과목 수강을 의무화 하고 있다. 또한 외국어 강좌의 질적 제고를 위해 원어민 전임교수의 임용을 확대하고 있다.

2) 국제화 프로그램 및 인프라 측면의 진단

고려대학교 사범대학의 국제화 프로그램의 대표적 사례는 (1) 해외교육실습, (2) 해외한국학교 학교현장실습, (3) 교환학생 프로그램 운영 등이 있다. 구체적으로 해외교육실습 프로그램의 경우, 미국 워싱턴주 Federal Way 교육청 산하 중고등학교에서 3개월간 보조교사로서 실습할 학생을 매 학기 선발하고 있다. 선발된 교육실습생은 교직필수과목인 학교현장실습(해외인턴십) 3학점을 인정받으며, 1인 300만원 내외의 장학금을 지원받고 있다. 이러한 교육실습 교환학생 제도는 국제화라는 사회적 조류와 다문화사회로 전환되고 있는 국내 상황에서 예비교원의 국제적 역량 강화에 도움을 줄 수 있는 사례로 볼 수 있다.

해외한국학교 학교현장실습의 경우, 2020학년도 1학기 기준으로 베트남, 인도네시아, 일본, 중국, 태국 등 해외 각지에 있는 한국학교에서 학교현장실습을 이수하는 프로그램이다. 선발된 교육실습생은 교직필수과목인 학교현장실습(해외한국학교) 2학점을 인정받으며, 실습비와 1인 60만원의 장학금을 지원받는다. 교환학생 프로그램은 현재 미국 워싱턴주립대학교와 일본 아키타국제교양대학교와 이루어지고 있는데, 한 학기당 최대 20학점이 인정된다.

인프라 측면에서는 (1) 글로벌 캠퍼스 구축, (2) BK21 사업에 따른 재정적 지원으로 집약될 수 있다. 먼저 글로벌 캠퍼스 구축의 예로, 중국의 인민대학교 기숙사, University of British Columbia에 200명 수용 가능한 기숙사, Royal Holloway University of London에 96명 수용 가능한 기숙사가 설립되어 학생들의 해외 대학 파견을 지원하고 있다. 또한 교육학과는 BK21 사업단 지원을 통해 북경사범대학교 및 와세다대학교와 BeSeTo 협정을 맺어 학생 및 학술교류를 활발하게 진행해오고 있다. 이외에도 정부의 재정 지원 하에 해외 석학을 초빙하여 강좌 개설 및 연구 활동을 해오고 있다.

다. 해외교원양성기관의 사례

1) 프랑스

프랑스의 교원양성은 교사교육대학원(IUFM, Instituts Universitaires de Formation des Marîtres)이 중추적 역할을 담당하고 있다. 프랑스의 교원양성체제는 교사를 양성하고 선발, 임용하는데 필요한 모든 제도적 장치, 즉 전문교사양성기관, 전공교육기관 그리고 국가교원임용고사가 서로 분리되어 있으면서도 상호 유관 관계를 맺고 있어 매우 합리적이다(전효선, 2002). IUFM는 대학원 수준의 국립종합교육양성기관으로 현재 총 31개 학교가 개설되어 있다(IUFM, 2009). IUFM의 교육목표는 이론과 실제를 겸비한 고도의 전문적 교사 훈련, 각종 교원의 임용고사에 합격한 수습교원의 초기 임용 교육, 현직 교원의 계속 교육 및 교육 연구 활동 증진, 사명감 있는 교사 양성, 교직 진출에 대한 안내와 지도를 도모하는 것이다.

일반적으로 프랑스 교원양성기간은 학부 3년 이상의 교육과 IUFM에서의 2년 교육을 포함하여 최소 5년의 기간이 필요하다. IUFM의 교수진은 현장경험이 풍부한 교원으로 초, 중등교사, 장학사, 박사학위를 가진 IUFM 또는 대학 소속 교수 등으로 구성되어 있다. IUFM의 교육과정은 교과교육 및 교육방법과 실습에 중점을 두고 있다. 1년차에서는 교사 임용 후 가르치게 될 전공교과의 학습이 중심이다. 초등교사교육의 60%, 중등교사교육의 75%가 전공교과교육으로 채워진다. 그런데 주로 초등학교 교사 지원자의 경우는 초등교육의 다면적 특성상, 프랑스어, 수학, 음악, 체육 등 여러 교과에 대한 다양한 지식과 기능을 갖추도록 강조하는 데 비해 중등 교사 지원자는 본인이 가르칠 교과에 대한 탁월한 능력을 갖추어야 한다. IUFM의 2년 교육기간 중 1/3은 연수 및 그에 대한 준비와 분석으로 나머지 2/3는 교과교육과 교양교육으로 구성된다. 1년차는 학생신분으로 교과 교육 및 교사 초기 교육 및 실습, 임용고사를 대비한 교육으로 구성된다. 2년차는 수습교사 신분으로 급여를 받는다. 현장 책임 연수에 참가해야 하며 초등학교 수습교사는 풀타임으로 2차례에 걸친 4주 연수, 중등교사는 주당 4~6시간씩 학년 내내 참가해야 한다. IUFM의 가장 큰 특징은 실제 교수 경험을 강조하고 현장실습 과정도 교수와 파견된 학교와 연계된 지도를 받게 되는 것이다. 다음은 프랑스의 31개 IUFM 중 낭트대학의 사례이다(낭트대학, 2009).

낭트대학의 교원양성 목표는 오늘날 교직의 현실과 도전 과제를 이해하고 예비교사들로 하여금 이에 적극적으로 대응할 수 있는 이론과 실제적 기술과 지식을 갖추도록 하는 데 있다. 일반적으로 교육은 이론과 실제적 요소의 균형적인 조화에 역점을 두고 있다. 낭트대학은 유치, 초등, 중등 교사교육 과정을 갖추고 있다. 초등학교 교사양성과정은 프랑스어, 수학, 체육, 기초 외국어 그리고 미술교과목 관련 강의로 구성된다. 일반과목은 컴퓨터기술, 철학, 교수법, 아동심리와 교육시스템에 대한 이해이다. 그리고 2학년에서 심화학습이 이루어진다.

특징적인 것은 교사양성과정이 교내에서만 이루어지는 것이 아니라 주변 지역의 대학과 공동으로 교육과정을 개설하고 있다는 점이다. 국제적인 면에서도 ECTS의 적용을 받으며 해외교환학생제를 통해 인턴십과 학점이수가 가능하다. 예를 들면 중등교사교육과정은 1년차에는 Nantes, Le Mans과 Anger 대학과 공동으로 전공지식과 관련된 교과목을 제공한다. 인턴십이나 현장실습과 같은 훈련과정은 ECTS 평가 적용 대상이 아니지만 IUFM의 대외협력부(International Relations Department)에서는 학점 인정이 가능하다.

교원양성기관 국제화 부문에 있어서 교육과정은 프랑스어로 진행되고 있긴 하지만 교환학생제를 실시하여 다문화를 이해하고, 프랑스어를 전파하는 데 주력하고 있다. 교환학생제는 다른 나라의 교육시스템을 이해하고 자국의 시스템을 다시 숙고하여 볼 수 있는 기회가 될 수 있기 때문에 IUFM의 대외협력부에서는 해외대학과의 교류를 적극적으로 추진하고 있다. 베트남, 세네갈, 기니와 같은 해외국가의 교육부 공무원 및 교원교육 담당자들을 교육, 훈련하고 아랍에미레이트에서는 현직교사 연수에 참여하고 있으며 멕시코의 경우는 외국인 교사가 교육 및 훈련과정에 참여하고 있다. 또한 ERASMUS와 SOCRATES for Higher에도 참가하고 있다. 17개 대학과 네트워크를 형성하고 있으며 교육, 훈련, 연구 과정을 공동으로 운영하고 있다. 미국, 아프리카, 아시아 지역으로의 네트워크 확장에도 많은 노력과 관심을 기울이고 있다.

2) 호주

호주의 교원교육은 대학이나 인증을 받은 사립대학에서 이루어지고 있다. 초, 중등 교사교육 프로그램은 학사학위 혹은 전문석사 학위 수여가 가능하다. 현재 교사가 임용되기 위해서는 최소 4년제 대학 이상 졸업자이어야 한다. 유치원 교사, 초등교사, 중등교사 양성 교육과정으로 분리되어 있다. 취학 전 아동을 위한 교사 양성 교육과정은 출생에서부터 8세 혹은 3~8세 아동을 보육하고 교육하는데 필요한 교육 내용을 담고 있다. 일반적으로 보육교육, 취학 전 교육, 유치원 교육이 이에 속한다. 초등교사교육 과정은 5~12세 아동을 가르치는데 필요한 내용으로 구성되어 있다. 이 프로그램은 아동의 지적, 육체적, 사회적 발달을 도모하는데 필요한 전문적 지식 및 이론을 담은 교육과정과 교과교육 과정으로 구성되어 있으며 두 교육과정의 균형을 강조하고 있다. 중등 교사교육프로그램은 12~18세의 청소년을 가르치는데 필요한 교육내용을 갖추고 있다. 1~2개 전공분야에서 교과교육 과정을 이수하며 초등교사교육과정과 마찬가지로 이론과 교과교육 내용이 조화를 이루도록 설계되어 있다(호주 교육부, 2009).

교사교육 교육과정은 세 가지 요소로 구성되어 있다. 첫째, 교사가 갖추어야 할 전문적인 이론적 지식과 기술 과정이 있다. 둘째, 교과교육과정으로 교과 지식과 교수 기술을 다룬다. 셋째, 실습과정이다. 주 12~20시간 가량의 지도·관리 감독 하에 전문적인 실습과정을 거친다. 원주민 그리고 간문화 이해교육(Cross-cultural awareness studies), 특수교육, 정보 통신 교육(ICT)이 필수 이수교과로 지정되어 있다(호주 교육부, 2009). 다음은 시드니대학교(The University of Sydney) 사범대학의 사례이다(시드니대학, 2009).

시드니 대학의 사범대학(Faculty of Education and Social Work)에는 유치·초등·중등 교사양성 교육 프로그램이 있으며 학사 및 석사학위 과정과 함께 교사전문성 함양을 위한 단기 프로그램을 모두 제공하고 있다. 초등교육과정은 학습기간이 4년으로 매년 교육과정이 단위별로(Unit) 짜여져 있으며 입문, 탐구, 확립, 심화(empowerment) 단계로 구성되어 있다. 이후 1년 과정을 추가하여 석사과정을 마칠 수 있다. 단위교과로 지정된 과목 외에 추가 과목들이 있는데 주로 특수교육, 영재교육, 예능교육, IT 교육 그리고 TESOL 교육 과정이 들어 있다. 중등교육과정은 영어, 드라마, 지리, 경제, TESOL, 중국, 히브리어, 프랑스어, 인도네시아어, 일어 등 다양한 외국어 전공을 선택하여 중등교육과정을 이수할 수 있다.

정규교육과정 외에도 인턴십과 교사 수련을 위한 실습과목이 정규 교과로 포함되어 있다. 인턴은 9주간 주 5일 근무하여 교사에 비하여 50~60% 정도의 교수부담(teaching load)이 있다. 그리고 현장연구 프로젝트(Action Research project)를 실시한다.

국제화를 위한 노력으로 미국 조지아대, 영국 미들섹스대, 중국 상해사범대, 상해사회과학원 등과 교류를 맺고 학생 프로그램을 운영하고 있다. 외국인 유학생도 입학할 수 있으며 일정 수준의 공인영어시험 성적이 필요하고 특별히 외국인 유학생을 위해 특별히 개발된 교과목을 개설해 놓고 있다. 뿐만 아니라 교사의 인턴십은 해외에서도 가능하도록 허용하고 있다.

3) 일본

일본의 교원양성기관은 대학의 학부 과정, 교육대학 10개를 비롯하여 국립대학 일반학부 및 사립대학, 단기 대학 등에 개설된 교직과정을 통해 교사를 양성하고 있다. 흔히 교원양성을 위하여 대학에 교육학부를 설치하였는데 교육학부는 교육학과 교직과목의 수업을 제공하고 학교 전체의 교원양성과정을 운영하는 것이 일반적이다. 그러나 학부 간의 벽이 높고 대학 전체적인 연대나 협력체제가 만들어지기 어려우며, 또한 교직과목과 같이 실천적인 과정은 학문적 연구보다 낮게 보는 풍토 때문에 교육학부와 같이 양자의 기능을 통합하려는 노력은 성공적이지 못하였다(한용진, 2001). 이를 극복하고자 츠쿠바 대학교에서의 교직교육은 대학원 수준에서 실시하도록 하고 있다. 학부와 대학원을 통합하여 5~6년의 과정으로 수준 높은 교원양성을 지향하고 각종 현직연수과정을 포함하고, 단과대학 중심의 수직형 대학 조직을 개선하여 단과 대학 간의 횡적인 교류와 협력체제를 정비하여 종합적인 교직교육을 시행하고자 하였다(송민영·신지원, 2008). 다음은 츠쿠바대학(筑波大學)의 사례이다(츠쿠바대학, 2009).

츠쿠바대학(筑波大學)의 대학원 석사과정교육연구과는 특수아동교육이 최초로 개설된 이래 교과교육전공이 개설되었다. 실험적 성격으로 개교된 츠쿠바대학의 교사교육은 예전의 동경교육대학을 계승하면서 다른 한편으로는 1945년 이전의 동경문리과대학과 동경고등사범학교 등 중등교원양성학교 세 군데를 합병하면서 새롭게 설립되었다. 교육목표는 사회의 변화와 교육계의 다양한 니즈에 대응하는 교사 양성에 있다. 현재까지 졸업생이 약 2천 명에 달하며 교육계를 중심으로 활약하고 있고 다양한 방면에서 높은 평가를 얻고 있다. 또, 외국인교원연수 유학생 프로그램을 실시하여 교육과정의 공헌은 세계 각지에 파급되고 있다(츠쿠바대학, 2009).

교원양성 석사 과정은 학교리더십개발전공, 교과교육전공, 특별지원교육전공 세 가지로 나뉜다. 첫째, 학교리더십개발전공은 학교경영, 학생지도, 커리큘럼개발과 같은 전문적인 분야의 전공과정의 리더를 양성하는 데 있다. 학교리더십과정은 지역 커뮤니티 형성, 학교조직개발, 학교경영전략 문제를 다룬다. 학습생활지원코디네이터 과정은 학생지도, 학내 문제 및 학생의 등교와 관련된 실증적 연구를 다룬다. 둘째, 교과교육전공은 국어교육, 사회교육, 수학교육, 이과교육, 영어교육, 보건체육교육, 예술과 교육과정으로 편성되어 있으며 중등교육전반에 있어 광범위한 시야를 획득할 수 있도록 하고 있다. 셋째, 특별지원교육의 이론과 실체를 융합한 고도직업인의 양성을 목적으로 한다. 특수지원교육전공은 특수지원교육으로써 교직과정과 특수아동교육 등의 다수의 교과목을 수강한다.

츠쿠바 사범대학의 국제화를 위한 노력은 '외국인 유학생을 위한 교육과정'에서 잘 드러난다. '외국인 유학생을 위한 교육과정'은 일반 입시와 사회인 특별선발 과정 두 개로 나뉘어지며 다양한 국가에서 온 유학생을 수용하고 있다. 영어로 개설된 교과목이 있어 외국인은 영어 강의를 수강할 수 있다. 교직교과과정에 있는 학생들은 '외국인 교원연수 유학생 프로그램'을 포함하여 다양한 행사를 통하여 유학생과 교류의 기회를 갖는다.

'외국인 교원연수 유학생 프로그램'은 교육개발론, 일본학교와 교육실체 등의 강의 이외에 학교방문에 따른 국제교류와 기업체 견학, 봄, 가을 학기 소프트볼 경기대회, 국내연수여행 등 다양한 행사를 통해 교류 활동을 한다. 유학생은 영어교육, 교육경영, 국어교육, 사회과교육, 수학교육, 이과교육, 특별지원교육 등의 전공을 선택할 수 있다. 그리고 지도교수로부터 개인 지도를 받고, 연수기간이 종료하면 연수성과로 최종보고서를 제출하게 된다. 츠쿠바대학은 외국인 교원연수 유학생 프로그램을 통하여 일본인 학생이 일본의 교육을 상대적으로 파악하게 하는 계기로 활용하고 있으며, 여타 교내 국제화 추진에 중요한 역할을 하고 있다(츠쿠바대학, 2009).

라. 종합 및 시사점

교육의 변화는 복잡성의 유무를 떠나 교사의 행동과 생각에 의해 좌우된다(Fullan, 2007). 교원의 인식과 전문성은 체계적이고 전문적인 교원양성 프로그램을 통해서 개발되며(백순근, 2007), 이러한 측면에서 교원양성기관의 운영과 교육이 국가의 공교육에 미치는 중요성은 결코 가볍게 다룰 수 없는 사안이다.

1980년대 냉전시대가 종식되면서 발생된 국가들 간의 상호의존성은 세계화(globalization)라는 조류를 양산하면서 국가 간의 자유무역과 그에 따른 시장개방의 흐름을 양산하였다. 이러한 흐름 속에 지식기반사회의 도래와 정보통신기술의 발달은 교육의 국제화를 강화시키는 주된 요인으로 작용하고 있으며, 국가 간 인적·물적 자원의 이동뿐만 아니라 제도적 수준의 교류, 교육의 지역 블럭화를 가속시키고 있다. 세계화와 국제화의 전 지구적 조류 속에 한국 사회도 다문화 사회로 전환되고, 조기 유학생을 비롯한 많은 해외 유동인구를 양산하게 되었다. 따라서 한국 사회도 기존의 국지적인 단일민족주의를 벗어나 사회 통합을 위한 국제적 마인드를 함양하는 교육의 필요성이 증대되고 있으며, 교원양성기관의 국제화의 필요성이 제기되게 되었다. 이러한 측면에서 국내의 초등교원양성기관과 중등교원양성기관의 운영 실태와 해외 사례를 통하여 교원양성기관의 교육분야 국제화에 대한 시사점을 도출하면 다음과 같다.

첫째, 고등교육 국제화의 흐름 속에 교원양성관련 제도와 프로그램도 국지적 관점에서 벗어나 국제적 관점의 교류가 필요한 시점으로 전환되고 있다. 주요국은 교원양성 교육과정과 프로그램 등의 국제적 교류를 확대해 가면서 자국 문화의 전파 및 인지도 향상뿐만 아니라 국내의 교육역량 강화를 위한 수단으로서 활용하고 있다. 이러한 현상의 이면에는 국제화를 통한 자국 학생의 국제적 감각 향상뿐만 아니라 교육시장의 국제화에 따른 대학 경쟁력 강화 차원의 전략적 메커니즘이 작용하고 있다.

둘째, 이러한 해외 교원양성기관들의 국제화의 흐름은 국가수준의 일괄적 움직임보다는 개별 대학을 중심으로 이루어지고 있다. 개별 고등교육 기관의 운영 메커니즘은 국가정책에 의해 영향을 받는 것이 주지의 사실이나 고등교육 국제화의 흐름 속에서 개별대학의 차별화와 경쟁력 강화를 위해 대학의 자발성이 더 전제되고 있다는 점은, 국가주도의 획일적인 지배구조(governance)를 가지고 있는 한국 고등교육에 시사하는 바가 크다.

셋째, 국내 교원양성기관의 국제화를 위해서는 전반적인 교원양성체제의 정비를 통해 가능하다. 한국의 교원양성체제는 목적형의 초등과 개방형에 가까운 절충적 형태의 이중구조를 가지고 있다. 초등교원양성은 목적형의 성향에 기인한 폐쇄성과 경직성이 문제가 되고 있으며, 중등교원양성은 전반적인 교육과정 목표에 대한 뚜렷한 방향이 없어 양성과정에 체계가 없고, 개별 대학간 교육과정이 천차만별이라는 문제점이 있다(윤정일 외, 2003). 이러한 구조에 기인하여 초등교원양성기관은 국제화를 위한 자체적 변화 시스템을 구축하지 못하고 있으며, 재정적으로 그 자립도와 역량이 미흡하다. 중등교원양성기관의 경우에는 소속 대학의 국제화 정책에 의해 영향을 받으며, 따라서 주요 대학을 중심으로만 국제화가 이루어지고 있다. 즉, 초등교원양성기관은 자율성 부족과 조직구조의 경직성에 의해 국제화가 이루어지고 있지 못하며, 중등교원양성기관은 양성과정의 난립으로 인해 국가적인 관점에서는 체계적인 국제화가 이루어지고 있지 못하다.

4. 교원양성기관의 교육분야 국제화 방안

가. 교원양성기관 교육분야 국제화 상황 SWOT분석

한국의 교원양성기관은 국제화의 사회적 수요에 대한 반응성, 기관의 자율성과 자발성, 교원양성 시스템에서 기인한 문제점 등이 제기되지만, 다른 한편으로는 국민의 높은 교육열과 성실한 국민성, 국제화 시대에 유리한 우수한 정보통신 기반, 지속적인 국력의 증대 등의 정적 측면도 동시에 존재한다. 즉 교원양성기관의 교육분야 국제화와 관련된 주변 상황은 긍정적, 부정적 측면과 가능성과 개선점이 복합적으로 존재한다. 따라서 앞서 진단한 국내 · 외 교원양성기관의 교육분야 국제화 현황을 토대로 국내 교원양성기관이 대면한 전반적인 상황을 [그림 1]

과 같이 SWOT분석을 통하여 분석하고자 한다.[21]

첫째, 국내 교원양성기관의 '강점'은 1) 국제화에 유리한 정보통신 기반과 2) 교직으로의 우수인재의 꾸준한 유입을 들 수 있다. 한국은 정보통신기술의 세계적인 강국이다. 오늘날 세계화를 가속시킨 주된 요인 중 하나는 '정보통신기술의 급격한 발전'이며 Knight(2008)도 교육 국제화의 주요 개념요소로 가상교육(virtual education)과 가상대학(virtual university), 네트워크를 제시하였다. 한국의 우수한 정보통신 기술과 인프라는 향후 국내 고등교육기관의 국제화에 유리한 요소임이 분명하다. 또한 교직에 대한 국민적인 선망은 교원양성기관이 우수 인재를 꾸준히

그림 1 국내 교원양성기관 교육분야 국제화 관련 SWOT 분석

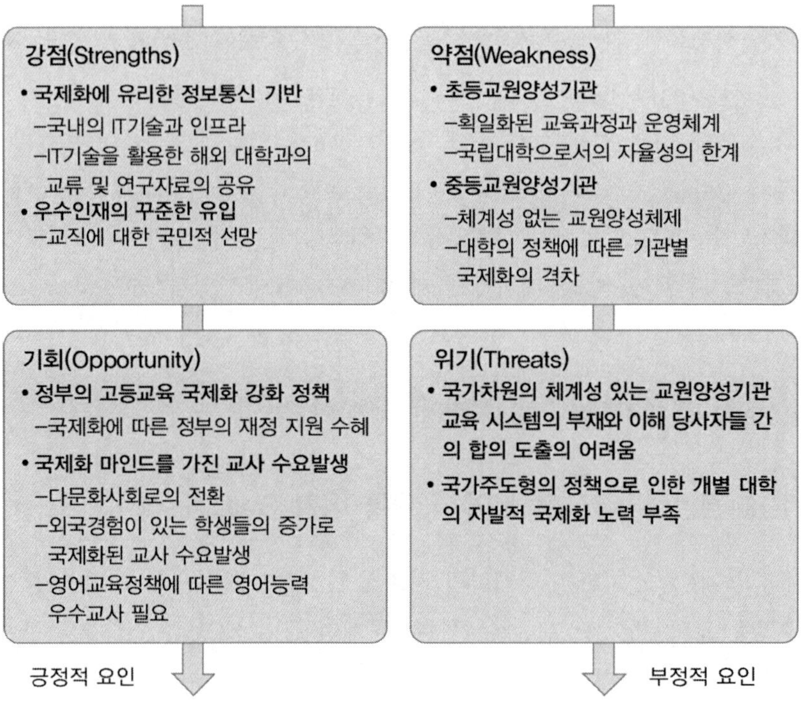

21 SWOT분석은 대학과 같은 조직 역량의 수준이 어느 정도인지 강점(Strengths), 약점(Weakness), 기회(Opportunity), 위기(Threats)의 네 가지 측면에서 진단 및 평가하고, 이를 토대로 발전 전략을 모색하는데 유용한 분석기법으로 간주되고 있다(신현석 외, 2008).

유치할 수 있는 긍정적인 사회적 요인이다. 따라서 우수한 인재군을 바탕으로 국내의 정보통신 인프라를 적극적으로 활용하는 대학간 인적, 물적 교류를 증대시킨다면 국제화 마인드와 자질을 갖춘 교원확보도 가능하다.

둘째, 국내 교원양성기관의 '약점'으로는 (1) 획일화되고 경직된 운영구조를 가진 초등교원양성체계와 (2) 체계 없이 난립되어 있는 중등교원양성기관의 구조적 문제이다. 목적형으로 운영되고 있는 초등교원양성기관의 경우 사회의 변화에 민감하게 반응하지 못하는 경직된 구조와 국립대학으로서 행·재정적인 측면의 자율성의 한계를 가지고 있으며, 중등교원양성기관의 경우는 초등의 경우와 반대로 복잡한 구조를 가진 양성체제로 인한 일관성 없고 지향점 없는 교원양성이 이루어지고 있다. 이는 비단 교육부분의 국제화측면뿐만 아니라 과거부터 꾸준히 지적되고 있는 문제라는 점에서 교원양성체제의 구조적 측면에서 기인하고 있다.

셋째, 국내 교원양성기관의 '기회' 요인으로는 (1) 정부의 고등교육 강화 정책과 (2) 국제화 마인드를 가진 교사의 사회적 수요 발생이라는 측면에서 집약된다. 정부는 1995년 '5·31교육개혁방안' 이후 꾸준히 고등교육의 시장화와 국제화에 따른 정책을 수립하고 있으며, 2007년 '고등교육 국제화 전략'을 통하여 더욱 구체적으로 고등교육 기관의 국제화를 강화해 가고 있다. 이러한 정책 운영의 핵심은 차등적 재정지원인데, 사범대학을 중심으로 하는 중등교원양성기관에는 기회요인으로 작용한다. 또한 한국사회의 다문화 사회로의 전환과 국제 유동 인구의 증가는 국제화 시대에 맞는 교원의 사회적 수요를 가중시키고 있다. 그러나 이러한 재정지원 정책과 국제화 마인드를 가진 교원양성은 국가의 직접적 정책 개입이 없으면 실현될 수 없는 한계도 동시에 있다. 예컨대 정부의 재정지원은 주로 단과대학이 아닌 종합대학을 중심으로 단위대학별 국제화에 의해 지원이 이루어지는 점, 교원임용구조가 교육학 중심의 지필시험 위주로 선발된다는 점 등을 들 수 있다.

넷째, 국내 교원양성기관의 '위기' 요인으로는 (1) 국가차원의 체계성 있는 교원양성 시스템의 부재와 이해 당사자들 간의 합의 도출의 난해함과 (2) 오랜 기간의 국가주도적 정책에 의한 개별대학의 자발성 부족이다. 교원양성체계의 개편 움직임은 역대 정부별로 꾸준히 시도되고 있었지만 체계 자체의 이중성과 중등교원양성기관의 다원화로 인한 효율적 체계의 마련은 이해당사자들 간의 갈등으로 인해 합의점을 찾고 있지 못하다(신현석, 2009; 고전, 2009). 또한 오랜 기간의 국가 중심의 개입으로 인한 고등교육기관들의 자율적 변화 움직임의 부족은 앞서 분석되었던 해외 기관과의 사례와 비교하였을 때 대별되는 바가 크다.

나. 실제적 방안 모색

교육과 연구는 세계화의 핵심 요소이자, 지식과 기술을 창출하며 초국가적 협력을 가능하게 하는 기반이다(Marginson & Wende, 2007). 세계화와 그에 따른 국제화 시대에 교육은 하나의 유동체이자 국가 간 협력을 촉진시키는 요소로서 그 중요성이 강화되고 있다. 이러한 전 세계적 흐름에 의해 한국 사회의 정치, 경제, 사회, 교육도 국제화되어 가고 있다. 한국의 지속적인 경제 성장과 국제사회에서의 영향력 증대는 세계화와 국제화의 흐름 속에서 2000년 이후 다문화사회로의 진입과 해외 유동인구의 급속한 증대 현상을 보이고 있다. 이러한 대내·외적 상황의 급격한 변화는 교육부문에 있어서도 국제화와 다문화 시대에 맞는 교육의 필요성을 높이고 있으며, 그에 부응할 수 있는 교원양성의 필요성은 점차 증대되고 있다. 이러한 측면에서 국내의 교원양성기관의 교육 분야 국제화를 위한 방안을 교육목표 및 교육과정, 프로그램, 인프라의 세 가지 측면에서 제시하고자 한다. 방안은 이원적 교원양성체제의 특성을 감안하여 초등교원양성기관과 중등교원양성기관별로 각각 제시하고자 한다.

먼저, 교원양성기관의 교육목표 및 교육과정의 국제화 방안으로 초등교원양성기관의 경우 크게 (1) 교육목표에 국제화와 관련된 내용의 부재, (2) 국제화 시대의 사회적 요구에 부합하지 못하는 교육과정체계, (3) 양성기관들의 천편일률적인 교육과정체제의 세 가지 측면에서 문제점과 방안을 추출할 수 있다. 교육 목표측면에서는 학교 교육목표에 실효성 있고 구체적인 '국제화' 관련 항목을 추가할 필요가 있으며, 이를 통해 교육과정 목표와 운영 내용에 국제화와 관련된 과정을 중점적으로 개설할 필요가 있다. 이를 통해 국제화 시대, 다문화 시대에 맞는 태도와 마인드를 가진 교원양성 교육과정을 개발 및 시행해야 하며, 자체적인 교육과정의 질 관리 체제를 구축해야 할 필요가 있다. 이러한 교육과정 개발은 천편일률적인 획일성을 벗어나 각 교원양성기관별로 지역의 교육기관 및 연구기관과의 상호 협력과 공조를 통하여, 특성화 시켜야 할 필요성이 있다.

중등교원양성기관의 경우 양성기관별 표준화된 교육과정 체제의 확립[22]을 통한 국제화 시대에 부응하는 교육과정 국제화 지표 개발과 단위 기관별 여건에 맞는 다양한 교육과정을 운영해야 할 필요가 있다. 중등교원양성기관의 교육과정의 문제는 교사를 양성하기 위한 교육과정이 일반 교육과정과 뚜렷한 차별성이 없다는 점이다(김이경·한유경, 2002; 윤정일 외, 2003). 따라서 중등교원양성기관은 소속된 대학의 정책 형태에 따라 교육과정의 질이 결정되는 특성이 있으며, 양성기관별 여건과 역량의 차이가 심하다는 특성이 있다. 따라서 해외 우수대학의 지표를 참고하여 국제화와 교육의 질 향상을 추구하는 국내·외 대학의 사례를 비교·분석해 양성기관별 상호 공조 하에 통일된 지향점과 지표를 개발하고, 대학별 특성을 살린 국제화된 질 높은 교육과정을 편성해야하는 필요성이 제기된다. 이러한 지표 개발과 함께 병행되어야 하는 것은 각 대학별 교육과정의 차별화이다. 최근 교원양성교육에서 강조되는 것은 형식화된 교육보다 체계적 고찰(systemic reflection), 혁신, 문제해결 지향(joint problem-solving), 네트워킹 등의 다양성이 강조되고 있다(OECD, 2005). 이러한 다양성은 유입인재군의 역량, 지역적인 상황, 재정 상황 등의 제반 환경에 따라 개별 교원양성기관들이 다양한 교육과정의 편성을 통해 보장되어야 한다. 즉, 국제화를 지향하기 위한 전체 양성기관 간의 공통적 지표를 개발하되, 각 대학별 특성화된 국제화를 할 수 있는 교육과정 편성운영 여건의 개선이 필요하다. 이를 위해서는 교육과정의 과목의 항목까지 정해져 있는 중등교원양성기관 교육과정 체제를 완화하는 정책적인 뒷받침도 부가적으로 필요하다.

두 번째로, 교원양성기관의 프로그램 국제화와 관련하여 초등교원양성기관의 경우 폐쇄적인 교육과정 운영에 의한 네트워킹 역량의 문제와 국립대학의 특성에 의한 행·재정적 자율성의 부재(박정수·김병주·이향철, 2008)로 인한 프로그램 다양화의 한계가 핵심 사안이다. 이는 모두 국립대학의 지배구조(governance)와 제도(institution)적 원인에 기인하는 것으로서, 정부와의 긴밀한 협조 하에 변화를 모색

22 이는 효율적 운영 방향을 제시할 수 있는 기준 내지는 지표의 필요성을 언급하는 것으로서, 지나친 동형화로 인해 획일화된 교육과정을 가지고 있는 초등교원양성기관의 경우와는 구분하여 이해할 필요가 있다.

하여야 한다. 따라서 지속적으로 정부에 교육 분야 국제화를 위한 재정 요청과 규제 완화를 요청하여야 하며, 이를 통해 영어심화과정 학생들의 6개월~1년 정도 기간의 영미권 국가 대학 수강 의무화, 국제 인턴십 운영, 외국인 교원연수유학생 중·장기 프로그램 운영, 외국 교원양성기관과의 교환학생 프로그램 운영, 한국어 및 한국 문화 이해 프로그램 운영, 국내 학생에 대한 국제화 의식 함양 프로그램 등을 실시할 필요성이 있다. 이러한 초등교원양성기관의 운영은 다른 한편으로는 특수목적 국립대학의 설립목적과 우수한 학생군이 밀집된 점을 적절히 활용한다면, 단기간에 매우 효율적인 성과를 낼 수도 있는 가능성도 동시에 가지고 있다.

중등교원양성기관의 경우 국제화를 대학 차원에서 적극적으로 실현하고 있는 사범대학의 실제적 예를 바탕으로 개별 양성기관별로 적극적으로 벤치마킹하고, 소속 대학의 특성에 맞게 재구성하여 운영해야 할 필요가 있다. 이를 위해 지역별 블럭화를 통해 인근 양성기관별 발전전략을 자발적으로 협의하고, 전략을 마련할 필요가 있다. 이러한 상호 연계를 통해 블록 내 대학과 해외 대학의 국제화 우수사례의 강·약점을 분석하여 국제화 지표 또는 기준을 마련해 대학별로 프로그램 개발을 해야 할 것이다. 구체적으로 어학교육 전공학생들의 해당 언어국가 수강의 강화, 국제 인턴십 운영, 교환학생 프로그램, 방학을 이용한 국제대학 프로그램 개발 및 운영, 외국인 교원연수유학생 중·장기 프로그램 운영, 한국어 및 한국 문화 이해 프로그램 운영, UNESCO 및 OECD 등의 국제기관의 봉사활동, 우수 외국 석학의 초빙을 통한 교육프로그램 운영 등의 프로그램을 운영할 필요가 있다. 중등교원양성기관의 경우, 초등에 비하여 프로그램 운영과 개발에 있어 비교적 융통성 있는 운영이 가능하다는 장점이 있으며, 이를 통해 기업과의 적극적인 교류 프로그램 및 후원을 통한 프로그램 운영도 가능하다. 이러한 초등 및 중등교원양성기관의 프로그램의 운영과 개발은 교원양성기관별 상호협력 하에 정보체제를 구축하고 프로그램과 연계된 교육과정 편성, 인프라 구축도 병행해 간다면 그 시너지 효과가 가중될 수 있다.

세 번째로, 교원양성기관의 국제화를 위한 인프라 구축과 관련하여 초등교원양성기관의 경우 인프라 구축을 위한 재정적 운영이 국립대학이라는 속성에 의해 한계가 있다는 점이 문제점으로 지적될 수 있다(박정수·김병주·이향철, 2008). 그러므로 재정 운영의 자율성과 효율성을 높일 수 있는 방안을 양성기관별 공조하에 방안을 설정하고, 정부와의 협의를 통해 변화시켜야 할 필요가 있다. 교육과정을 유사하게 운영하는 네트워크의 노하우를 효율성 있는 운영안을 생성하는데 역량을 모아, 운영 구조 변화를 모색한다면 더 발전된 안을 모색할 수 있을 것이다. 이를 통해 정부 재정지원을 확대하고, 국제화를 전담하는 부서 또는 부속기관을 설치하여 교육 분야 국제화의 거점으로 삼는 것이 주요하며, 기존의 국제어학교육원, 다문화교육원 등의 인프라를 바탕으로 그 기능을 강화 및 발전시켜가야 할 것이다. 또한 앞서 제시한 국제화 프로그램과 교육과정 운영을 위한 국제화교육원(가칭)을 설치함으로써 국제화를 위한 거점으로 발전시켜야 할 필요가 있다.

중등교원양성기관의 경우 인프라 구축을 위하여 사회와 기업에 대한 적극적인 투자유치를 모색할 필요가 있다. 인프라 구축의 핵심은 재정이므로, 이러한 재정적 뒷받침 없이 인프라의 확대는 사실상 불가능하다. 따라서 지역과 대학 특성의 상황을 고려하여 양성기관별 재정 유치 전략을 모색하고, 이를 위한 적극적인 활동이 필요하다. 구체적으로 연구역량과 학생이 우수한 자원을 보유한 학교는 기업과 제휴한 투자 유치를 모색할 수 있으며 또는 지역대학의 경우 지방자치단체와의 협조를 통하여 인프라 투자 유치를 적극적으로 모색해야 할 것이다. 이를 바탕으로 지역사회, 기업 등과 상호 긴밀한 네트워크를 구축하고 이를 통한 국제적인 네트워크로 확충할 수 있다. 이러한 바탕위에 국제화 교육과정과 프로그램을 종합적으로 관리하고 운영할 수 있는 전담 기구를 설치하고, 이 기구를 통하여 국제화교육원(가칭), 글로벌 캠퍼스 등을 구축한다면 충분한 시너지 효과를 발휘할 수 있을 것이다. 이러한 인프라는 평생학습사회의 지역적 기반이 되도록 구축하여(조동섭, 2004), 궁극적인 국제화를 지향하는 지원체가 되어야 할 필요가 있으며 이의 실현을 위해서는 우선 단위교원양성기관의 확고한 국제화 의지, 정부의 교원양성기관의 국제화 및 질 향상을 위한 의지와 정책 수립 및 행·재정 지원, 사회와 기업의 적극적인 관심과 지원 등이 수반되어야 그 효과를 강화할 수 있다.

5. 결론 및 제언

세계화의 상호연계성은 오늘날 주권국가 또는 민족, 경제 및 정치 공간으로 분할하는 경계를 해체시키고 있다. 이러한 구조적 변화의 핵심은 커뮤니케이션과 관련된 현대 정보과학기술과 기반시설이며, 이를 통해 시공간은 압축되며 탈영토화(deterritorialization) 과정을 구현한다(Baylis, Smith & Owens, 2007: 30-31). 세계화와 그로 인한 국제화의 흐름은 우리 사회를 다문화 국가로 변화하게 만들었고, 해외 유동인구의 급격한 증가를 유발하였다. 이러한 세계화와 국제화의 흐름 속에서 한국 교육은 시대적 조류에 편승하는 학교교육을 요청하고 있으며, 이에 따른 교원양성기관의 교육과정, 프로그램, 인프라 등의 국제화도 동시에 필요하게 되었다.

그 동안 한국의 교원양성정책은 교원의 질 향상을 위한 전문성 강화에 치중해 온 일면이 있다. 그러나 '교원의 질'과 '교원의 전문성'이라는 용어의 의미에 이제는 국제화된 마인드와 적절한 능력도 포함시켜야 할 시점이 되었다. 국제화된 교원의 양성과 전문성 있는 교원의 양성은 결코 유리될 수 없으며, 양자의 질적 향상을 위한 정책 수립이 필요하다. 이러한 정책의 실현을 위해서는 장기적으로는 국가와 사회의 공익에 기여하고 일관되면서도 경직되지 않은 효율적 교원양성정책의 수립과 교원양성교육이 필요하며, 단기적으로는 이를 뒷받침 할 수 있는 국가 전략 수립과 함께 구체적으로 실현할 수 있는 치밀하고 정교한 정책 수립, 행정적·재정적 뒷받침이 필요하다.

교원양성기관 교육 분야의 국제화 실현은 개별 대학의 노력만으로는 그 효과에 한계가 있으며, 정부를 중심으로 하는 정책적 뒷받침이 반드시 필요하다. 교원양성기관의 교육분야 국제화와 효율성의 제고는 침체되어 있는 공교육의 경쟁력을 강화시키고, 세계화된 환경에서 국민들의 시민성을 높임으로써 궁극적으로 사회 이익에 기여해야 하는 당위성을 가지고 있으며, 이러한 측면에서 다음과 같이 제언하고자 한다.

첫째, 교원양성기관 국제화에 대한 국가적 전략이 필요하다. 정부는 고등교육기관의 전반에 대한 국제화 정책과 경쟁력 강화정책을 꾸준히 추진하였으나, 교원양성기관에 대한 국제화는 주요 정책과제로 삼지 않았다. 그러나 앞서 상술하였듯이 우리 사회의 변화에 따른 공교육에서의 국제화 시대에 맞는 과제를 실현하기 위해서는 교원양성기관의 교육분야의 국제화를 위한 체계적인 정책 마련이 중요하다. 이를 위해 해외 사례와 국내의 주요 고등교육 정책과의 연계성을 모색하여 한국적 상황에 맞는 교원양성기관 교육부분 국제화 정책을 수립해야 한다.

둘째, 이러한 전략 수립을 바탕으로 교원양성기관의 교육 분야 국제화를 뒷받침 할 수 있는 구체적인 행·재정 지원 정책 수립과 국제화 시대에 맞는 교원양성이 되도록 교육과정 및 프로그램, 각종 인프라를 강화해 가야 할 것이다. 국내 교원양성기관 교육 분야 국제화의 취약성은 행·재정의 한계나 적절한 교원양성에 관한 교육방향이 제시되지 못함으로 인해 발생되는 측면이 존재한다. 따라서 해외 학생 인턴십과 학점 교류, 해외 우수학자 유치, 외국어 강좌 확대, 해외 대학과의 협력 네트워크 구축 등의 소프트웨어와 이를 뒷받침할 수 있는 인프라 구축과 같은 하드웨어적 뒷받침이 가능한 실질적인 행·재정 지원이 필요하다.

셋째, 장기적인 관점에서는 교원양성체제의 근본적인 개편이 필요하다. 앞서 제시한 방안들도 사실상 오랜 기간 문제시 되어 온 효율적 교원양성체제의 성립 없이는 근본적으로 사상누각(砂上樓閣)과 같다. 현재 한국의 교원양성체제는 폐쇄적이고 경직되어 있으며 자발적 변화의 움직임이 없는 초등 분야와 구체적 체계와 방향이 없어 현장과 유리된 교육과정 운영과 양성기관 난립에 의한 방만성의 문제를 안고 있는 중등분야 모두 효율적 교원양성정책 수립에 있어 구조적인 문제점을 안고 있다. 교원양성체제 개편의 움직임은 지속적으로 제기되어 왔으나, 복잡한 양성체제의 특성상 이해집단 간의 합의가 어렵다는 문제점을 안고 있다. 따라서 체계적이면서도 경직되지 않는 효율적인 형태로의 구조 변화가 장기적이면서 치밀하게 실현되어야 한다.

참고문헌

제1장

강영안 (1996). 주체는 죽었는가: 현대철학의 포스트 마던 경향. 서울: 문예출판사.

김상운, 양창렬 옮김(Hardt M. 지음) (2004). 들뢰즈 사상의 진화. 서울: 갈무리. pp. 283-293.

김재춘 (2012). 들뢰즈의 기호와의 마주침을 통한 배움의 교육적 의미 탐색. 교육원리연구, 17(1), pp. 65-87.

김희봉 (2010). 탈근대적 주체와 기연적 사고-라깡과 푸코를 중심으로. 해석학연구, 26, 81-113.

목영혜 (2010). 들뢰즈의 유목주의와 그 교육적 함의. 교육철학 제 48집, pp. 49-67.

문형찬 외 (2012). 그리스 로마의 교육과 수사학, 서양사교육 강독, 서울대학교 역사교육과.

이정우 (2009). 주체란 무엇인가. 서울: 그린비.

이홍우 (2009). 교육의 개념. 서울: 문음사.

조영달(편) (2001). 교육과정의 정치학: 사회과 제7차 교육과정의 형성과 이행. 서울: 교육과학사.

조영달 (2011). "한국교육의 불평등과 교육정의(pp. 345-395)" 공정과 정의사회. 서울: 조선뉴스프레스.

조영달 (2012). 고통의 시대 희망의 교육. 서울: 드림피그.

조영달 (2013). 생성과 다양체: Gilles Deleuze의 이해와 교육, 미간행 자료, 서울: 서울대학교 대학원 사회교육과.

조영달 (2015). 한국 경제사회 공간의 기업 책임과 인성:"인격적 자본주의" 의 제안. 경제교육연구, 22권 3호, 1-22.

조영달 외 (2017). 한국사회의 탈현대적 변화에 따른 사회과 교수학습모형의 탐색; "사회지식 공동구성 수업" 이론모형의 제안. 서울시교육청 연구보고서.

주역전의(周易傳義) (2008). 懸吐完譯 周易傳義(성백효 譯註). 서울: 전통문화연구회.

최명선 (2005). "학교지식과 권력에 관한 교육사회학적 고찰: 들뢰즈와 가타리의 리좀학의 경우," 교육사회학연구, 15권 1호, pp. 213-235.

최명선 (2006). "Deleuze와 Gattari의 지식론에 대한 교육학적 고찰: 수목적 지식과 리좀적 지식을 중심으로". 교육학연구, vol. 44, no 2, pp. 161－185.

Chang, Kyungsup (2012). Economic development, democracy and citizenship politics in South Korea: The predicament of developmental citizenship, *Citizenship Studies, vol 16, no1* , 29－47.

Cho, Youngdal (2012). "Innoivative model for teacher education(pp. 123－146)" in teacher education frontier(Edt by Oon－Seng Tan), Cengage, Singapore.

Cloke, P. (2002). Deliver us from evil? Prospects for living ethically and acting politically in human geography. *Progress in Human Geography, 26*, 587－604.

Corbridge, S. (1994). Post－Marxism and postcolonialism: The needs and rights of distant strangers. In Booth, D., editor, *Rethinking social development: Theory, research and practice*, Essex: Longman Scientific and Technical, 90－117.

Critchley, Simon (1999). *The ethic of deconstruction: Derrida and Levinas.* Indiana: Purdue University Press.

Derrida, J. (1994). The deconstruction of actuality: An interview with Jacques Derrida. *Radical Philosophy, 68*, 28－41.

Du Bois, W. E. B. (1969). *The soul of black folk.* New York: New American Library.

Harvey, D. (2000). *Spaces of hope.* Berkeley, CA: University of California Press.

Landow, G. (1997). *Hypertext 2.0. Baltimore.* Johns Hopkins University Press.

Levinas, E. (강영안 옮김, 2001). 시간과 타자. 서울: 문예출판사.

Michalinos, Zembylas (2007). Risks and pleasures: A Deleuzo－Guattarian pedagogy of desire in education, *British Educational Research Journal, Vol. 33, No. 3*, Jun. pp. 331－347.

McMahon, C. R. (1996). *Hysterical academies: Lacan's theory of the four discourses,* Unpublished MS. James Cook University, Australia.

McWilliam, E. (1997). Beyond the missionary position: Teacher desire and radical pedagogy. In S. Todd (ed.) *Learning desire: Perspectives on pedagogy, culture, and the unsaid.* New York: Routledge.

Young, M. (1990, 2011 edition). *Justice and politics of difference*. Princeton, Princeton University Press.

Warren, Sellersa & Noel, Goughb (2010). Sharing outsider thinking: Thinking (differently) with Deleuze in educational philosophy and curriculum inquiry, *International Journal of Qualitative Studies in Education, Volume 23, Issue 5,* pp. 589－614.

● 제2장

강호수 외 4인(2018). 교사 직무 스트레스 실태 및 경감 방안 연구, 경기도교육연구원.
경기도교육청(2012). 혁신학교기본문서.
교육부 보도자료(2014). 2014년 국가수준 학업성취도 평가 결과 발표, 2014.11.28.
교육부 보도자료(2017). 고교학점제 추진 방향 및 연구학교 운영계획 발표, 2017. 11.27.
김민남·손종현(2007). 한국교육론, 경북대학교출판부.
김중훈(2019). 학습부진사업이 어려운 이유, 월간 좋은교사 2019－2월호 특집.
김현자 외 3인(2016). 현장 요구에 기반한 초·중등 교원양성 교육과정 개선방안, 경기도교육연구원.
중앙일보 2018.09.05.일자 기사 https://news.joins.com/article/22943078
에크하르트 톨레(2008). '지금 이 순간을 살아라', 양문.

● 제3장

고미숙(2006), 『교육철학』, 서울: 문음사.
노명완(2006), 『고려대학교 교육대학원 국어전공 <국어교육론> 교재』.
노명완, 이차숙(2002), 『문식성 연구』, 서울: 박이정.
윤종혁, 김은영, 최수진, 김경자, 황규호, 박은영(2016), 『OECD '교육 2030: 미래 교육과 역량'을 위한 현황분석과 향후과제, 한국교육개발원 현안보고 OR 2016－10』, 서울: 한국교육개발원.
장경원, 고수일(2014), 『액션러닝으로 수업하기』, 서울: 학지사.
장은섭, 최승식(2010), 대학작문교육의 위상과 실행요건 연구, 리터러시연구(구 대학작문), 한국리터러시학회(구 대학작문학회)
한동일(2019), 『라틴어 수업』, 서울: 흐름출판.
허희옥, 임규연, 서정희, 김영애(2011), 『21세기 학습자 및 교수자 역량 모델링』, 서울: 한국교육학술정보원.

Bach, R. (1970). *Jonathan Livingston Seagull*: The Complete Edition. Simon and Schuster.[류시화 옮김(2003), 『갈매기의 꿈』, 현문미디어]

David Barton(2006), *Literacy: An Introduction to the Ecology of Written Language*, John Wiley & Sons.[김영란, 옥현진, 서수현 옮김(2014), 『문식성: 문자언어 생태학개론』, 연세대학교 대학출판문화원.]

Whitehead, Alfred North(1932), *The aimes of education and other essays,* [유재덕 옮김(2003), 『교육의 목적』, 서울: 처음]

Willingham, Daniel T.(2009), *Why don't students like school?*[문희경 옮김(2011), 『왜 학생들은 학교를 좋아하지 않을까?』, 서울: 부키.]

福田誠治(2007), 『格差をなくせば子どもの学力は伸びる : 驚きのフィンランド教育』, [박재원, 윤지은 옮김 ; 박재원 해설(2009), 『핀란드 교실혁명』, 서울: 비아북]

제4장

강원근 · 곽영우(1998), 미래사회에 부응하는 교원양성체제에 관한 연구: 교육대학교와 국립사범대학을 중심으로, **한국교원교육학회**, 15(2), 24-25.

고영희(2012), **초등학교 고학년의 사춘기 초기 적응을 위한 교육과정기준 개발 연구**, 박사학위논문, 고려대학교 대학원.

김대만(2018), **초일류 과학기술 국가를 생각한다**, 동아시아.

김병찬(2013), 핀란드의 교사양성교육 프로그램의 특성, **비교교육연구, 23**(1), 45-79.

김병찬 · 임종헌(2017), 한국 교사의 희, 노, 애, 락: 교사의 삶에 관한 일 고찰, **한국교원교육연구, 34**(4), 49-80.

권재술(1999), 과학 교사 양성의 개선 방향, **한국교원교육학회, 16**(1), 91-110.

박영숙 · 허은정 · 황은희(2018), 교직 환경 변화에 따른 교원양성 교육과정의 혁신 이슈와 과제, **한국교원교육연구, 35**(1), 165-188.

백종민 · 한기태 · 장우정(2018), 국내외 대학의 화학교육과 교육과정 비교연구, 제47차 KUCU 학술세미나 발표원고, 고려대학교 대학원 교육과정학회(KUCU).

이기영(2013), 과학 교사 양성 프로그램의 정합성 및 균형성에 대한 예비 교사 및 현직 교사의 인식, **과학교육연구지, 37**(1), 23-39.

이혁규(2018), "현장 중심 미국 교사 교육 프로그램에 대한 관찰 연구", **청주교육대학교 논문집 제53집**, 1-19.

이혜정(2019), "왜 IB인가?" **제29회 학교와 수업 연구 학술대회 자료집**(pp.9-55), 청주교육대학교.
전제상(2018), "제4차 산업혁명 시대의 교원교육 개혁으로서 교원 양성제도의 개혁," 한국교육학회 편, **제4차 산업혁명 시대의 한국교육의 전망과 과제**, 115-165.
정광희(2018), "홍후조의 교사양성 교육과정의 성찰과 과제"에 관한 토론, 한국교원교육학회 제74차 연차학술대회(2019.12.8, 한국교총) 자료집, **한국 교사교육 성찰과 미래방향**, 391-398.
정범모(2015), **격동기에 겪은 사상들,** 서울대학교출판문화원.
홍후조(2004), 4년제 일반 대학의 학부 교육과정의 문제와 과제, **교육과정연구 22**(3), 267-295.
홍후조(2011), 대학 교육과정과 수업의 개선 과제, **대학교육 171호**, 32-36.
홍후조(2017), **알기 쉬운 교육과정**(제2판), 학지사.
홍후조 · 민부자(2012), 의무교육에서 학교 · 교원 · 교육과정 제도간 불일치의 문제와 과제, **교육정치학연구 19**(1), 211-235.
홍후조 · 민부자 · 임혜진 · 조용 · 백종민(2018a), **과학영재육성의 기초로서 초중등학교의 과학기술교육의 비중 확대 방안 연구**, 한국과학창의재단.
한진호(2018), **뇌 기반 교육과정 연구**, 석사학위논문, 고려대학교 대학원.
홍후조 · 조호제 · 민부자 · 조용 · 박상우(2018b), **교원의 핵심역량 배양을 위한 핵심 프로젝트 개발**, 교육부 중앙교육연수원.
서울대학교 화학교육과 홈페이지:http://chemedu.snu.ac.kr/
서울교육대학교 홈페이지: http://www.snue.ac.kr/
이화여자대학교 홈페이지: http://www.ewha.ac.kr/
한국교원대학교(2018), 2018학년도 교육과정 안내.
한국교원대학교 화학교육과 홈페이지:http://chemedu.knue.ac.kr/smain.html
北京師範大學: http://kczx.bnu.edu.cn/jxjh.html
Purdue University Catalog:
http://catalog.purdue.edu/preview_program.php?catoid=7&poid=6995&hl=%22science+education%22&returnto=search

제5장

강원대학교 http://kedu.kangwon.ac.kr/
경북대학교 http://koredu.knu.ac.kr/

경상대학교 http://korlan.gnu.ac.kr/
공주대학교 http://koredu.kongju.ac.kr/
부산대학교 http://koredu.pusan.ac.kr/
순천대학교 http://koredu.sunchon.ac.kr/
안동대학교 http://kle.andong.ac.kr/
전남대학교 http://koredu.jnu.ac.kr/
전북대학교 https://home.jbnu.ac.kr/koredu/
제주대학교 http://koredu.cheju.ac.kr/
충남대학교 https://koreanedu.cnu.ac.kr/
충북대학교 http://edu.chungbuk.ac.kr/korean/
한국교원대학교 http://kredu.knue.ac.kr/
경남대학교 https://www.kyungnam.ac.kr/kor/main/
계명대학교 http://newcms.kmu.ac.kr/sites/koreaneducation/index.do
고려대학교 https://koredu.korea.ac.kr/
가톨릭관동대학교 http://cms6.cku.ac.kr/user/indexMain.do?siteId=korean
대구대학교 http://koredu.daegu.ac.kr/
대구가톨릭대학교 http://dept.cu.ac.kr/user/koredu/
동국대학교 https://duce.dongguk.edu/
목원대학교 http://koredu.mokwon.ac.kr/
상명대학교 https://koredu.smu.ac.kr/
서원대학교 http://home.seowon.ac.kr/ke
신라대학교 http://koredu.silla.ac.kr/
영남대학교 http://koredu21.yu.ac.kr/
우석대학교 https://koredu.woosuk.ac.kr/
원광대학교 http://koredu.wku.ac.kr/
이화여자대학교 http://kle.ewha.ac.kr/
인하대학교 https://koreanedu.inha.ac.kr/
전주대학교 http://www.jj.ac.kr/koredu/
조선대학교 http://www.chosun.ac.kr/koredu/
청주대학교 https://www.cju.ac.kr/koredu/

한남대학교 http://kukkyo.hannam.ac.kr/
한양대학교 http://education.hanyang.ac.kr/front/undergraduate/language/dean
홍익대학교 http://koredu.hongik.ac.kr/
한국외국어대학교 http://hufskle.hufs.ac.kr/
서울대학교 http://koredu.snu.ac.kr/
인천대학교 http://edukorean.inu.ac.kr/

〈논문〉

고영희(2012), 초등학교 고학년의 사춘기 초기 적응을 위한 교육과정기준 개발 연구, 박사학위논문, 고려대학교 대학원.

고전(2017). 일본의 교원생애 질관리 정책의 특징과 시사. 비교교육연구 27(1), 29-49.

곽수범(2018a). 국어과 예비 교사의 수업 역량 평가 방안 모색. 국어교육연구 67, 87-114.

곽수범(2018b). 미국 자국어 교과 교육 실습 과정 연구: 예비교사 수행평가(edTPA)를 중심으로. 새국어교육 116, 221-253.

구자옥 · 김성숙 · 이혜원 · 조성민 · 박혜영(2016). OECD 국제학업성취도 평가 연구: PISA 2015 결과 보고서. 한국교육과정평가원.

김자미(2017). 해외의 교원양성 체제 비교 분석. 한국컴퓨터교육학회 20(5), 49-59.

김현욱 · 김정희 · 권동택(2017). 핀란드의 교원규모 결정 및 교원선발 정책 탐색. 비교교육연구 27(3), 49-73.

김혜영(2006). 사범대학교 국어과의 교사교육체제와 지향점. 국어교육학연구 26, 39-80.

노명완(1999). 국어 교사 양성 프로그램 개선 방안. 한국교사교육 16(1), 41-63.

배재성(2014). 신규임용교사들의 교사양성 교육과정에 대한 인식 연구. 국어교육학연구 49(2), 265-293.

이상일(2017). 중등 국어교사 임용 체제의 문제점과 개선 방안. 국어교육학연구. 52(4), 77-103.

이성영(2009). 국어교사의 양성과 선발. 국어교육학연구 35, 387-414.

임칠성(2004). 사대 국어교육과 교육과정. 국어교육학연구 19, 91-125.

전수빈(2017). OECD 교원양성 국제비교 연구(ITP)가 한국의 중등교원양성제도 개혁에 주는 시사점. 비교교육연구 28(4), 1-21.

조영달(2018). 한국 교원양성교육에 대한 성찰과 지향: 4차 산업혁명 시대의 교원양성 교육. 고려대학교 교육대학원 50주년 학술심포지엄 자료집, 3-33.

주동범 · 정일환 · 정현숙(2017). 미국의 교원 질 관리체제에 관한 사례분석 및 시사점. 비교교육연구 27(1), 123-144.

최의창(2018). 우리의 "교과교사" 준비는 잘 되고 있는가?: 중등 교과교원 교육의 국내 현황, 문제점 및 개선 방안 탐색. 고려대학교 교육대학원 50주년 학술심포지엄 자료집, 69-102.

최지현(2006). 국어교사의 전문성 제고를 위한 방안 모색. 국어교육학연구 26, 81-128.

한진호(2018), 뇌 기반 교육과정 연구, 석사학위논문, 고려대학교 대학원.

제6장

김계명(2017). 위기청소년 현황과 나아갈 방향 모색. *한국생활과학회* 2017년도 하계학술대회, 1-21.

김민아, 어도선(2017). 영어교육과 다문화주의: 다문화주의 기반 영어 교재 평가 체크리스트 개발. *교육과정평가연구, 20*(4), 25-51.

김형순, 김혜영(2017). 4차 산업혁명시대의 영어교사 미래준비도 연구. *Multimedia-Assisted Language Learning, 20*(3), 179-205.

백성기 외(2016). *제4차 산업혁명 대비 대학의 혁신방안*. 교육부.

송원영(2012). 가족응집력이 성범죄 청소년의 성중독에 미치는 영향. *한국심리학회지: 건강, 17*(1), 217-227.

성기완(2007). 다문화주의와 영어교육의 연계 필요성 고찰 및 교과과정 모형연구. *영어교과교육,* 12(1), 48-73.

어도선(2012). 융합시대의 영문학의 역할: 독서치료를 통한 영어 학습부진아 교육과 치유. *영미문학교육, 16*(2), 129-161.

어도선(2008). 영미 아동문학과 영어교육: 인본주의적 관점. 서울시교육청 2008 중등 영어과 1~2급 정교사 자격연수, 483-506.

어도선(1999). 담론, 자아성장, 영어습득: 영문학의 인본주의적 활용을 통한 중등영어교육. *외국어교육연구, 2*(2), 91-132.

어도선(2011). 영어 학습 부진아와 분석가의 담론(Discourse of the Analyst): 교육과 치유 페다고지(Therapeutic Pedagogy). *라깡과 현대정신분석, 13*(2), 97-122.

어도선(2017). 위기의 아이들, 분석과 담론을 통한 치유교육. 한국라깡과현대정신분석학회 2017 후기 학술발표대회.

윤종혁 외(2017). *제4차 산업혁명과 미래교육 실천방안*. 한국교육개발원.

이문복(2018). 2030 미래 영어교육 방향 전망: 영어 교수학습 방향을 중심으로. 한국영어독서교육학회 학술대회 발표집, 6-26.

이정자, 유영숙, 정현주(2012). 사회적 유능성 프로그램이 Wee센터에 의뢰된 위기청소년의 사회적 기술 및 대인관계에 미치는 효과. *재활심리연구, 19*(1), 43-61.

정채관 외(2018). *4차 산업혁명과 미래 영어교육*. 서울, 한국문화사.

조영교(2017). 4차 산업혁명시대의 영어교육의 목표 및 방향에 대한 고찰. 현대영미어문학회 2017 춘계학술발표대회 발표논문집, 99-101.

지정우(2009). 청소년 범죄의 환경적 요인과 개선방안에 관한 연구. *교정복지연구, 11*, 1-22.

Arnold, Jane & Brown, Douglas. (1999). A map of the terrain. In. Arnold, Jane (Ed.). *Affect in language learning*(pp. 1-24). Cambridge: Cambridge University Press.

Banks, James A. & Banks, Cherry A. McGee. Eds. (2010). *Multicultural education: Issues and perspectives*. Hoboken, NJ: Wiley & Sons.

Bolton, Kingsley. (2005). Where WE stands: Approaches, issues, and debate in World Englishes. *World Englishes 24*(1), 69-83.

Bolton, Kingsley. (2006). Varieties of World Englishes. In Kachru, Braj, Kachru, Yamuna, and Cecil Nelson. (Eds.) *The handbook of World Englishes Vol. 28* (pp. 289-312). Oxford: Wiley.

Bolton, Kingsley. (2012). World Englishes and linguistic landscapes. *World Englishes, 31*(1), 30-33.

Bracher, Mark. (2009). *Social symptoms of identity needs: Why we have failed to save our social problems and what to do about it*. New York: Karnac.

Byram, Michael & Karen Risager. (1999). *Language teachers, politics and cultures*. Clevedon: Multilingual Matters.

Celce-Murcia, et al. (1995). Communicative competence: A pedagogically motivated model with content specification. *Issues in Applied Linguistics, 6*(2), 5-35.

Crystal, David. (2006). English worldwide. In Richard Hogg and David Denison (Eds). *A History of the English Language* (pp. 420-439). Cambridge:

Cambridge University Press.

Garcia, G. Earnest & Willis, A. Ingram. (2001). Framework for understanding multicultural literacies. In. Schmidt, R. Ruggiano & Mosenthal, Peter B. *Reconceptualizing literacy in the new age of multiculturalism and pluralism* (pp. 3−31). Greenwich, CN: Information Age Publishing.

Giroux, H. 1995, 'Language, difference, and curriculum theory: Beyond the politics of clarity. In McLaren, P. & Giarelli J. J. (Eds.) *Critical theory and educational research* (pp. 23−38), New York: State University of New York Press.

Green, Randy. (2015). Incorporating World Englishes into the Korean EFL classroom. *The Journal of Linguistic Science 73*, 249−70.

Hassett, Dawnene D. & Curwood, Jen Scott. (2007). Theories and practices of multimodal dducation: The instructional dynamics of picture books and primary classrooms. *The Reading Teacher*, *63*(4), 270−282.

Jenkins, Jennifer. (2006). Current perspectives on teaching World Englishes and English as a Lingua Franca. *TESOL Quarterly 40*(1), 157−81.

Jenkins, Jennifer. (2017). The future of English as a lingua franca? In Jenkins, Jennifer, Baker, Wil &, Dewey, Martin (Eds.). *The Routledge handbook of English as a lingua franca*, (pp. 594−605). New York: Routledge.

Kachru, Braj B. (1985). Standards, codification and sociolinguistic realism: The English language in the Outer Circle. In R. Quirk & H. Widdowson (Eds.). *English in the world* (pp. 11−30). Cambridge, UK: Cambridge University Press.

Kachru, Braj B. (1995). The speaking tree: A medium of plural canons,". *Georgetown university round table on languages and linguistics (GURT) 1994: Educational linguistics, cross−cultural communication, and global interdependence*, 6−22.

Kachru, Braj B. (1997). World Englishes and English−using communities. *Annual Review of Applied Linguistics 17*, 66−87.

Kachru, Braj B. & Nelson, Cecil L. (1996). World Englishes. In Mackay, Sandra Lee (Eds.), *Sociolinguistics and language teaching* (pp. 71−102). New York:

Cambridge University Press.

Kim, Hae-In & Eur, Do-Seon. (2018). Beyond English linguistic imperialism?: Using World Englishes literature in the English-as-international language context. Unpublished manuscript.

Kramsch, Claire. (1998). *Language and culture.* Oxford: Oxford University Press.

Kramsch, Claire. (2012). Culture in foreign language teaching. *Iranian Journal of Language Teaching Research, 1*(1), 57-78.

Matsuda, Aya. (2003a). The ownership of English in Japanese secondary schools. *World Englishes, 22*(4), 483-496.

Matsuda, Aya. (2003b). Incorporating World Englishes in teaching English as an international language." *TESOL Quarterly 37*(4), 719-729.

McKay, Sandra L. English as an international language. In Hornberger, Nance & MaKay, Sandra L. (Eds.) *Sociolinguistics and language education* (pp. 89-115). Bristol: Multilingual Matters.

Moskowitz, Gertrude. (1999). Enhancing personal development: Humanistic approach at work. In Jane Arnold (Ed.), *Affect in language learning* (pp. 177-193). Cambridge: Cambridge University Press.

Sinagatullin, Ilghiz M. (2003). *Constructing multicultural education in a diverse society.* London: The Scarecrow Press.

Vaish, Vinti and Towndrow, Phillip A. (2010). Multimodal literacy in language classrooms. In Hornberger, Nance & MaKay, Sandra L. (Eds.). *Sociolinguistics and language education* (pp. 317-345). Bristol: Multilingual Matters.

● 제7장

과학기술정보통신부(2015). 이슈분석: 주유국 초중고 SW 교육 현황 및 시사점. 과학기술정보통신부.

교육부(2015). 수학과 교육과정. 교육부.

교육부(2017). OECD 교육지표 2017 결과 발표 보도자료. 교육부.

권혁인, 나윤빈, 박종석(2013). 플랫폼 기반의 서비스 생태계 구축을 위한 주요 속성 연구. 한국IT서비스학회지, 12(4), 461-472.

김광석, 권보람, 최연경(2017). 4차 산업혁명과 초연결 사회, 변화할 미래 산업. 삼정 KPMG 경제연구원.
김은정, 유병은(2016). 인공지능 기술 발전이 가져올 미래 사회 변화. R&D INI, 12, 52-65.
김은주(2013). 오픈플랫폼 기반의 생태계 조성 전략. 한국통신학회지, 30(9), 59-64.
나귀수, 김동원, 김연, 이수진, 박미미(2018). 미래 수학교육의 전망과 탐색. 대한수학교육학회.
류선정(2017). 핀란드 프로젝트 기반 학습 시행 현황. 한국교육개발원.
박유진, 손현진(2015). 영국, 5세부터 코딩·3D프린팅 정규 교육 도입 추진. kt경제경영연구소.
서경혜(2009). 교사 전문성 개발을 위한 대안적 접근으로서 교사학습공동체의 가능성과 한계. 한국교원교육연구, 26(2), 243-276.
신승기, 배영권(2015). 에스토니아의 소프트웨어 교육 정책 분석을 통한 교육과정 설계에 대한 시사점 고찰. 정보교육학회논문지, 19(3), 361-372.
이동근, 최상호, 김동중(2014). 예비교사의 수리논술 평가문항 개발과 평가 기준 설정에 관한 연구. 한국학교수학회논문집, 17(4), 541-563.
이호영, 김희연, 김사혁, 최항섭(2015). 초연결 사회의 지속가능성을 위한 사회문화적 조건과 한국 사회의 대응. 정보통신정책연구원.
장경윤, 강현영, 권나영, 김구연, 김진호, 남진영, 박경미, 박선화, 서동엽, 정영옥, 탁병주(2016). 수학과 중등교육과정 국제 비교 연구. 대한수학교육학회.
조용호(2011). 플랫폼 전쟁. 경기도 파주: 21세기북스.
최상호(2018). 수학 교사의 담론적 역량. 고려대학교 대학원 박사학위논문.
최상호, 김대상, 김동중(2016). 모바일 장치를 활용한 거꾸로 수업의 적용 가능성 탐색. 중등교육연구, 64(2), 451-480.
최상호, 김대상, 김동중(2018). 공학 도구 친화적 거꾸로 수업에서 예비교사의 인식 분석. 수학교육 논문집, 32(4), 455-475.
최상호, 이동근, 김동중(2017). 과정 중심 평가 친화적 교사 교육과 평가에 대한 인식. 교원교육, 33(2), 1-23.
허병기, 최돈형, 김도기, 김민희, 김한별, 박병기, 손준종, 차우규, 이성민, 조성화(2009). 교실친화적 교사 양성을 위한 기본체제의 설계와 과제. 교원교육, 25(2), 1-23.
홍지훈, 박도형(2013). 네트워크 효과에 따른 모바일 컨텐츠 플랫폼의 경쟁 전략에 관한 연구. e－비즈니스 연구, 14(5), 113－130.

Bergmann, J., & Sams, A. (2015). *Flipped learning*[거꾸로 교실](Translated into Korean by C. P. Jeong & S. H. Lim), Seoul, South Korea: Eduniety. (Original work published 2014)

Car, H., & Hagju, A. (2011). *플랫폼 전략*(천채정 옮김). 서울: 더숲.

NCTM(2000). *Principles and standards for school mathematics*. V.A.: NCTM.

Peets, M. (2014). *The development of ProgeTiger programme*. Retrieved from http://twinspace.etwinning.net/files/collabspace/2/62/562/562/files/a7426d.pdf

Republic of Estonia Ministry of Education and Research (2011a). *Appendix 10: Informatics*. Retrieved from http://www.hm.ee/index.php?popup=download&id=11248

Republic of Estonia Ministry of Education and Research (2011b). *Appendix 13: Syllabuses of cross－curricular topics*. Retrieved from http://www.hm.ee/index.php?popup=download&id=11237

Republic of Estonia Ministry of Education and Research (2011c). *Appendix 4: Natural Science*. Retrieved from http://www.hm.ee/index.php?popup=download&id=11228

Smith, M. S., & Stein, M. K. (2011). *5 practices for orchestrating productive mathematics discussion*. Reston, VA: NCTM.

〈참고한 웹사이트〉

강원도 교육청(http://www.gwe.go.kr/mbshome/mbs/kr/index.do)

경기도 교육청(http://www.goe.go.kr/)

경상남도 교육청(http://www.gne.go.kr/index.gne)

경상대학교 수학교육과(http://www.gnu.ac.kr/hb/edumath/)

경상북도 교육청(http://www.gbe.kr/)

경북대학교 수학교육과(http://mathedu.knu.ac.kr/)

고려대학교 수학교육과(http://mathedu.korea.ac.kr/mathedu/index.do)

광주광역시 교육청(http://www.gen.go.kr/main/main.php)

대구광역시 교육청(http://www.dge.go.kr/main/index.do)

대전광역시 교육청(http://www.dje.go.kr/main.do?s=dje)

법제처(http://www.moleg.go.kr/main.html)

부산광역시 교육청(http://www.pen.go.kr/index.pen)

부산대학교 수학교육과(https://mathedu.pusan.ac.kr/mathedu/index.do)
서울대학교 수학교육과(http://mathed.snu.ac.kr/)
서울특별시 교육청(http://www.sen.go.kr/main/services/index/index.action)
세종특별자치시 교육청(http://www.sje.go.kr/sje)
울산광역시 교육청(http://www.use.go.kr/index_main.jsp)
이화여자대학교 수학교육과(http://cms.ewha.ac.kr/user/mathed/)
인천광역시 교육청(http://www.ice.go.kr/main.do?s=ice)
전남대학교 수학교육과(http://mathedu.jnu.ac.kr/)
전라남도 교육청(http://www.jne.go.kr/index.jne)
전라북도 교육청(http://www.jbe.go.kr/main/main.jbe)
전북대학교 수학교육과(https://home.jbnu.ac.kr/mathedu/index.html)
제주대학교 수학교육과(http://mathedu.jejunu.ac.kr/)
제주특별자치도 교육청(http://www.jje.go.kr/index.jje)
충남대학교 수학교육과(http://mathedu.cnu.ac.kr/)
충북대학교 수학교육과(http://edu.chungbuk.ac.kr/mathedu/index.do)
충청남도 교육청(http://www.cne.go.kr/cne/main.do)
충청북도 교육청(http://www.cbe.go.kr/home/main.php)
한국교원대학교 수학교육과(http://math.knue.ac.kr/smain.html)
한국교육과정평가원(http://www.kice.re.kr/main.do?s=kice)

제8장

교육부, 2015a, 『초·중등학교 교육과정 총론』, 교육부 고시 제2015-80호 [별책 1].
교육부, 2015b, 『사회과 교육과정』, 교육부 고시 제2015-74호 [별책 7].
교육부, 2018, 『2018년도 교원자격검정 실무편람』, 교육부.
강선주, 2018, 「역사 교육과정 개발 방법」 『역사교육』 146, 역사교육연구회.
강선주, 2018, 「학생의 다양성과 역사교육」 『역사교육』 148, 역사교육연구회.
김한종, 2000, 「역사교사 양성제도의 현황과 문제점」 『역사교육』 48, 전국역사교사모임.
김한종, 2017, 「시민역사교육을 위한 내용구성 원리」 『역사교육연구』 29, 한국역사교육학회.
박진동, 2006, 「현장 역사교육 50년, 중등 역사교사 구성의 추이와 문제점」 『역사교육』 97, 역사교육연구회.

양호환, 2006, 「역사교사 양성문제와 교과과정」『역사교육』 97, 역사교육연구회.
조한욱, 2017, 「역사 교육과 시민성 교육」『중앙사론』 46, 중앙대학교 중앙사학연구소.
차미희, 2005, 「중등 역사교사 양성과 재교육프로그램의 현황과 개선 방향」『역사교육연구』 1, 한국역사교육학회.
최상훈, 2000, 「교원 임용고시의 문제점과 개선방안」『역사교육』 48, 전국역사교사모임.
허신혜, 2003, 「사범대학 역사교육과 교육과정의 운영 실태 분석」『교육과정평가연구』 6-1, 한국교육과정평가원.
홍석민, 2018, 「4차 산업혁명 시대의 자유교양으로서의 역사교육」『한국교양교육학회 학술대회 자료집』, 한국교양교육학회.
한국대학교육협의회 홈페이지 www.kcue.or.kr
한국교육과정평가원 홈페이지 www.kice.re.kr
서울특별시교육청 홈페이지 www.sen.go.kr
경기도교육청 홈페이지 www.goe.go.kr
인천광역시교육청 홈페이지 www.ice.go.kr
강원도교육청 홈페이지 www.gwe.go.kr
충청북도교육청 홈페이지 www.cbe.go.kr
충청남도교육청 홈페이지 www.cne.go.kr
대전광역시교육청 홈페이지 www.dje.go.kr
세종특별자치시교육청 홈페이지 www.sje.go.kr
경상북도교육청 홈페이지 www.gbe.kr
대구광역시교육청 홈페이지 www.dge.go.kr
경상남도교육청 홈페이지 www.gne.go.kr
부산광역시교육청 홈페이지 www.pen.go.kr
울산광역시교육청 홈페이지 www.use.go.kr
전라북도교육청 홈페이지 www.jbe.go.kr
전라남도교육청 홈페이지 www.jne.go.kr
제주특별자치도교육청 홈페이지 www.jje.go.kr

● 제9장

교육부(2017). 2017년도 교원 양성 기관 현황. (https://www.moe.go.kr 2019.02.07. 검색).

교육부(2018). 2018년도 교원자격검정 실무편람. 교육부.
김대훈(2017). 중등교사임용시험에 나타난 지리교육학 지식 기반 탐구. 한국지리환경교육학회지 25(1), 77−88.
서지영, 임찬빈, 이양락, 전효선, 김혜숙, 조보경, 박도영, 서영진(2015). 교사 양성 및 임용 체제 국제 비교(ORM 2015−50−30). 한국교육과정평가원.
소경희(2006). 학교지식의 변화요구에 따른 대안적 교육과정 설계방향 탐색. 교육과정연구 24(3), 39−59.
안종배(2017). 4차 산업혁명에서의 교육 패러다임의 변화. 미디어와 교육 7(1), 21−34.
이대성(2006). 교수 내용 지식의 관점에서 본 중등 일반사회 교원 임용시험 문항 분석. 사회과 교육 45(4), 133−162.
이정우, 구남욱, 이인화(2016). 핵심역량 신장을 위한 교실 수업에서의 학생평가 방안: 의사소통 역량과 공동체 역량을 중심으로(RRE 2016−10). 한국교육과정평가원.
이흔정(2010). 역량기반 교육과정의 가능성 탐색. 교육종합연구 8(3), 151−171.
임은진(2015). 핵심역량 신장을 위한 지리과 평가 방안. 한국지리환경교육학회지 23(2), 105−117.
임은진, 한동균, 김원예, 서지연, 조경철(2017). 사회과 활동 중심 수업과 과정 중심 평가. 서울: 교육과학사.
조대훈·정경주(2010). 중등교원임용시험에 대한 사회과 예비교사의 인식 연구. 사회과교육 49(4), 1−16.
최돈형, 권동택, 김경철, 김성혜, 김정환, 김진수, 박병기, 박선화, 박소영, 박영민 박종률, 조난심, 조성기(2010). 교실친화적 교사 양성 과정과 교사 임용시험 체제의 연계성 강화 방안 연구(RRI 2010−1). 한국교원대학교; 한국교육과정평가원 [공편]
최윤정(2017). 2014−2016학년도 일반사회 중등 교원 임용시험 문항 분석. 교과교육연구 21(4), 275−289.
한관종(2007). 사회과 교사 임용시험 출제 분석 및 개선 방안-일반사회과 교과 교육학 영역을 중심으로. 사회과교육연구 14(1), 165−183.
한혜정, 장경숙, 김기철, 이주연 (2017). 2015 개정 교육과정의 핵심역량 함양을 위한 초·중학교 교육과정 설계 방안 연구(RRC 2017−2). 한국교육과정평가원.
홍성훈 (2007). 중등교원 자격제도의 개선방안에 관한 연구. 교육종합연구 5(2). 191−215.
OECD (2005). *Definition and Selection of Key Competencies: Executive Summary*. (www.oecd.org 2018.10.05. 검색)

Shulman, L. S. (1986). Those who understand: Knowledge growth in teaching. *Educational researcher*, 15(2), 4-14.

Shulman, L. (1987). Knowledge and teaching: Foundations of the new reform. *Harvard educational review*, 57(1), 1-23.

제10장

감사원(2018). 감사보고서(2018.7.): 교원 양성 및 임용제도 운영실태.

교육부 교원양성 연수과(2018). 2018년도 교원자격 검정 편람.

이영 외(2011). 「2011-2020 중장기 교원수급계획 수립 및 교원양성기관 규모 적정화·내실화방안 마련을 위한 정책연구」 한양대학교 산학협력단.

정주혁(2014). 체육교육 발전을 위한 체육계열 대학 교원의 역할과 과제. 한국체육교육학회지 18(4), 15-28.

한국교육과정평가원(2016). 표시과목 「체육」의 교사 자격 기준과 평가 영역 및 평가 내용 요소.

한국교육과정평가원(2018). 2020학년도 중등임용시험 문항유형 및 문항 수 조정 안내문.

〈참고 웹사이트〉

강원도교육청(www.gwe.go.kr)

광주광역시교육청(www.gen.go.kr)

경기도교육청(www.goe.go.kr)

경상남도교육청(www.gne.go.kr)

경상북도교육청(www.gbe.kr)

고려대학교 체육교육과(http://phyedu.korea.ac.kr/phyedu/edu/enter.do)

대구광역시교육청(www.dge.go.kr)

대전광역시교육청(www.dje.go.kr)

부산광역시교육청(www.pen.go.kr)

서울특별시교육청(www.sen.go.kr)

세종시교육청(www.sje.go.kr)

울산광역시교육청(www.use.go.kr)

인천광역시교육청(www.ice.go.kr)

전라남도교육청(www.jne.go.kr)

전라북도교육청(www.jbe.go.kr)

제주특별자치도교육청(www.jje.go.kr)
충청북도교육청(www.cbe.go.kr)
충청남도교육청(www.cne.go.kr)

제11장

강현석(2018). 한국 국가수준 교육과정 설계와 개발의 문제와 개선 방안: 학습경험의 질제고. 한국교육과정학회 주관 제3차 국가교육과정전문가포럼 자료집. 2018년 12월 15일.

교육과학기술부(2008). 중학교 교육 과정 해설 (III): 수학, 과학, 기술·가정. 서울 : 대한교과서주식회사.

교육부(2015a). 실과(기술 · 가정)/정보과 교육과정. 교육부고시 제2015-74호.

교육부(2015b). 초 · 중등학교 교육과정 총론. 교육부고시 제2015-80호.

교육부(2016a). 교원양성과정 개선 계획 수립. 2016년 8월 6일.

교육부(2016b). 「유치원 및 초등 · 중등 · 특수학교 등의 교사자격 취득을 한 세부기준」 제12조: 교육부고시 제2016-106호.

교육부(2018). 2018년도 교원자격검정 실무편람.

이수희, 유태명(2008). 포커스 그룹 인터뷰를 통한 실천적 문제 중심 가정과 교육과정 연수 프로그램에 대한 요구 분석. 한국가정과교육학회지, 20(3), 107-129.

이연숙, 김서현, 유세종(2016). 가정과 교육의 이론과 실제. 신광출판사.

최의창(2018). 우리의 "교과교사" 준비는 잘 되고 있는가?-중등 교과교원 교육의 국내 현황, 문제점 및 개선 방안 탐색. 고려대학교 교육대학원 50주년 기념학술심포지엄, 한국 교원양성교육의 미래. 2018년 5월 24일.

American Home Economics Association(1989). Home economics concepts: A base for curriculum development.

Cunningham, R.(1992). Curriculum orientation of Nebraska home economics teacher. Unpublished master's thesis. University of Nebraska.

Olson, J.(1981). Teacher influence in the classroom: A context for understanding curriculum translation. Instructional Science. 10, 259-175.

Robert, D. A.(1980). Theory, curriculum development and the unique events of practice. In H. Mundy(Eds). Seeing curriculum in a new light: Essays from science education. Toronto: OISE Press.

Wyatt, M. J(1994). Curriculum orientation of home economics leaders and characteristics of recommended home economics documents. Unpublished doctoral dissertation. The Ohio State University.

〈대학별 가정교육과 사이트〉

가톨릭관동대 http://cms6.cku.ac.kr/user/indexMain.do?siteId=homeconomics

강원대 http://homecs.kangwon.ac.kr/

경남대 http://www.kyungnam.ac.kr/home/main

경북대 http://homeedu.knu.ac.kr/

고려대 http://homedu.korea.ac.kr/

교원대 https://homedu.knue.ac.kr/

동국대(경주) https://house.dongguk.ac.kr/

동국대(서울) https://homeedu.dongguk.edu/

배재대 https://hee.pcu.ac.kr/

원광대 https://homeedu.wku.ac.kr/

전남대 http://homeedu.jnu.ac.kr/

전주대 http://www.jj.ac.kr/homeedu/

● 제12장

정보처리학회 정보교육 위원회 J07 프로젝트 연락 위원회(2007). **정보전문학과의 표준 교육과정 J07(중간보고)-지식체계(BoK, Body of Knowledge) 중간보고.** http://www.ipsj.or.jp/12kyoiku/J07/J07index.html.

정보처리학회 정보교육 위원회 J07 프로젝트 연락 위원회(2008). **정보전문학과의 표준 교육과정 「J07」 최종보고, 정보처리학회 제70회 전국대회 심포지엄.** http://www.ipsj.or.jp/12kyoiku/taikai70sympo/index.html.

IEEE/ACM Joint Task Force on Computing Curricula(2004). *Computer Engineering 2004. Curriculum Guidelines for Undergraduate Degree Programs in Computer Engineering.* IEEE Computer Society Press and ACM Press. (http://www.computer.org/curriculum or http://www.acm.org/education/ curricula.html).

IMD(2016). *World Talent Report 2016.* IMD.

Joint Task Force for Computing Curricula(2005). *Computing curricula 2005: The overview report.* ACM, AIS and IEEE−CS. http://www.acm.org/education/curric_vols/CC2005−March06Final.pdf.

K-12 Computer Science Framework Steering Committee(2016). *K−12 Computer Science Framework.* https://k12cs.org/wp−content/uploads/2016/09/K%E2%80%9312−Computer−Science−Framework.pdf.

Le Figaro. 13 July 2014. http://www.lefigaro.fr/actualite−france/2014/07/13/01016−20140713ARTFIG00067−les-eleves−de−primaire−apprendront−a-coder−des−septe.

MARK STAMP(2011). *Information Security.* Wiley.

The ACM SIGITE Task Force on IT Curriculum(2005). *Information Technology 2005, Curriculum Guidelines for Undergraduate Degree Programs in Information Technology.* IEEE Computer Society Press and ACM Press. http://www.acm.org/education/curric_vols/IT_October_2005.pdf.

The Joint Task Force on Computing Curricula Association for Computing Machinery (ACM) IEEE Computer Society (2013). *Computer Science Curricula 2013.*

The Joint Task Force on Computing Curricula. IEEE Computer Society (2001). *Association for Computing Machinery, Computing curricula 2001 computer science.*

World Economic Forum(2016). *The Global Competitiveness Report 2016∼2017.* WEF.

Xusheng Wang, James C. McKim(2013). The opportunities and challenges to teach web programming in computer science curriculum CS2013. *Journal of Computing Sciences in Colleges. 29*(2), 67−78.

文部科学省(2008). **一般情報処理教育の知識体系.** 文部科学省.

文部科学省(2009). **부전공으로서 정보분야의 지식 체계와 핵심.** 文部科学省.

文部科学省(2016). **次期学習指導要1等に向けたこれまでの審議のまとめのポイント: 2016년 8월 26일 中央教育審議会. 教育課程部会 資e 1.** 文部科学省.

● 제13장

교육부(2018). **2018년도 교원자격검정 실무편람**. 세종시: 교육부.

김기식, 박선나(2017). 교원양성 및 선발구조에 대한 근본적 전환을 제안한다. **IF Report**. (재)더미래연구소.

김병찬(2016). 지능정보사회에서 교직의 미래 전망과 중등 교원정책의 과제. 한국교원교육학회(편), **지능정보사회에 대비한 교직의 미래전망과 교원정책의 과제**(pp. 55~87). 한국 교원교육학회 제70차 연차학술대회 자료집.

김왕준(2017). 제4차 산업혁명과 교원양성 교육과정의 미래전망. 동국대학교 교원정책 중점연구소, 한국교원교육학회(편). **제4차 산업혁명과 교원정책의 새로운 전망**(pp. 61~75). 제2회 교원정책포럼 자료집.

김운종(2018). 우리나라 중등교원 양성과정의 변천과정 고찰. **한국교원교육연구**, 36(1), 321－344.

김자미(2017). 해외의 교원양성 체제 비교연구. **한국컴퓨터교육학회**, 20(5), 49－59.

박영숙, 허은정, 황은희(2018). 교직환경변화에 따른 교원양성 교육과정의 혁신 이슈와 과제. **한국교원교육**, 36(1), 165－188.

박영숙 외 7인(2017). **교직환경 변화에 따른 교원정책 혁신과제(I): 교원양성 및 채용 정책의 혁신과제**. 진천: 한국교육개발원.

서경혜(2015). **교사학습공동체: 집단전문성 개발을 위한 한 접근**. 서울: 학지사.

서울대학교 사범대학(편)(2007). **미래교육 변화와 중등교육: 과제와 지향**. 서울: 학지사.

신현석(2017). 새정부 출범에 따른 교원정책의 방향과 과제. 한국교원교육학회(편). **새 정부출범에 따른 교원정책의 방향과 과제**(pp. 1－55). 한국교원교육학회 제71차 춘계학술대회 자료집.

이광우, 백경선, 이수정(2017). 2015 개정 교육과정에서의 핵심역량 관련 이슈고찰: 인간상, 교육목표, 교과역량과의 관계. **교육과정연구**, 35(2), 67－94.

이혁규, 심영택, 김남수, 이현명(2012). **교육문화연구**, 18(2), 5－43.

장경환, 이옥선(2014). 모형기반 초등체육수업을 위한 교사지식 탐색. **한국스포츠교육학회**, 21(4), 81－103.

조대훈(2015). 사회과 PCK 여구동향 및 연구담론 분석. **시민교육연구**, 47(2), 115－143.

조덕주(2009). 반성적 사고중심 예비교사 교육프로그램 적용연구. **열린교육연구**, 19(4), 139－167.

조덕주(2011). 반성적 사고중심 예비교사 교육프로그램 개발을 위한 기초연구, **한국교원교육연구**, 26(2), 411-436.

진석언, 곽덕주, 조덕주(2007). 현장중심 교사교육연구: 영국 옥스퍼드 대학교와 캐나다 퀸즈대학교의 사례를 중심으로. **비교교육연구**, 17(3), 241-268.

최의창(2009). **체육전문인교육**. 파주: 생능출판사.

최의창(2014). 교육의 기법과 심법: 교수방법의 잃어버린 차원을 찾아서. **교육철학연구**, 36(3), 127-156.

한국교원교육학회(편)(2015). 국가교육과정 개정과 교원정책의 대응과제. 한국교원교육학회 제68차 연차학술대회 자료집.

한국교육과정평가원(2016). **표시과목 체육의 교사자격기준과 평가영역 및 평가내용 요소**(수정, 보완 2016). 서울: 한국교육과정평가원.

한혜정, 김영은, 이주연(2016). 교육목적으로서 '일반능력' 설정에 대한 논의 고찰: 2015 개정교육과정의 핵심역량과 교과역량의 관계에 주는 함의. **교육과정연구**, 34(2), 1-28.

황규호(2017). 새 정부의 교원교육정책 현안과제 분석. **한국교원교육연구**, 34(3), 307-330.

황규호, 박소영, 윤건영, 이성균, 최의창(2014). **교원양성 교육과정 및 무시험 검정기준 개정 연구**. 교육부, 인천광역시교육청.

홍원표(2017). 역량기반 교육과정의 가능성에 대한 비판적 재검토: 이론적, 실제적 쟁점을 중심으로. **교육과정연구**, 35(1), 239-254.

Ball, D. (2016). High-leverage teaching practices: What is the core work of teaching, and what is required to learn it and to do it? *Center for Educational Transmission Ed Perspectives Meeting*. University of Northern Iowa, Cedar Falls, IO.

Ball, D., & Forzani, F. (2009). The work of teaching and the challenge for teacher education. *Journal of Teacher Education*, 60(5), 497-511.

Berry, A., Depaepe, F., & van Driel, J. (2016). Pedagogical content knowledge in teacher education. In Loughran, J., & Hamilton, M. L. (Eds.) *International handbook of teacher education*(Vol. 1 & 2)(pp. 347-386). Singapore: Springer.

Casey, A. (2017). Models-based practice. In C. Ennis(Ed.), *Routledge handbook*

of physical education pedagogies(pp. 54–67). London: Routledge.
Clandinin, J., & Husu, J. (Eds.)(2017). *The SAGE handbook of research on teacher education*(Vol. 1 & 2). London: SAGE.
Craig, C. (2016). Structure of teacher education. In Loughran, J., & Hamilton, M. L. (Eds.) *International handbook of teacher education*(Vol. 1 & 2)(pp. 69–136). Singapore: Springer.
Craig, C., & Orland–Barak, L. (Eds.)(2014). *International teacher education: Promising pedagogy, Part A*. Bingley, UK: Emerald Publishing.
Craig, C., & Orland–Barak, L. (Eds.)(2015). *International teacher education: Promising pedagogy, Part C*. Bingley, UK: Emerald Publishing.
Cruess, R., Cruess, S., & Steinert, Y. (Eds.)(2016). *Teaching medical professionalism: Supporting the development of a professional identity*(2nd ed.). Cambridge: Cambridge University Press.
Darling–Hammond, Banks, J., Zumwalt, K., Gomex, L., Sherin, M., Griesdorn, J., & Finn, L. (2005). Educationqal goals and purposes: Developing a curricular vision for teaqching. In Darling–Hammond, L., & Bransford, J.(Eds.). *Preparing teachers for a changing world: What teachers should learn and be able to do*(pp. 390–441). San Francisco, CA: Jossey–Bass.
Darling–Hammond, L. (2006). *Powerful teacher education: Lessons from exemplary programs*. San Francisco, CA: Jossey–Bass.
Darling–Hammond, L. (2017). Teacher education around the world: What can we learn from international practice? *European Journal of Teacher Education*, 40(3), 291–309.
Darling–Hammond, L., & Bransford, J.(Eds.)(2005). *Preparing teachers for a changing world: What teachers should learn and be able to do*. San Francisco, CA: Jossey–Bass.
Darling–Hammond, L., & Lieberman, A. (Eds.)(2012). *Teacher education around the world: Changing policies and practices*. New York: Routledge.
Forzani, F. (2014). Understanding "core practices" and "practice–based" teacher education: Learning from the past. *Journal of Teacher Education*, 65(4), 357–368.
Grossman, P. (Ed.)(2018). *Teaching core practices in teacher education.*

Cambridge, MA: Harvard Educational Press.

Grossman, P., Hammerness, K., & McDonald, M. (2009). Redefining teaching, re－imagining teacher education. *Teachers and Teaching: Theory and Practice*, 15(2), 273－289.

Grossman, P., Schoenfeld, A. (2005). Teaching subject matter. In Darling－Hammond, L., & Bransford, J.(Eds.). *Preparing teachers for a changing world: What teachers should learn and be able to do*(pp. 201－231). San Francisco, CA: Jossey－Bass.

Hamilton, M., & Loughlan, J. (2016). Looking beyond borders: Scholarship of teacher education. In Loughran, J., & Hamilton, M. L. (Eds.) *International handbook of teacher education*(Vol. 1 & 2)(pp. 503－518). Singapore: Springer.

Hammerness, K., & Darling－Hammond, L. (2005). The design of teacher education program. In Darling－Hammond, L., & Bransford, J.(Eds.). *Preparing teachers for a changing world: What teachers should learn and be able to do*(pp. 390－441). San Francisco, CA: Jossey－Bass.

Klaassen, C., Osguthorpe, R., & Sanger, M. (2016). Teacher education as a moral endeavor. In Loughran, J., & Hamilton, M. L. (Eds.) *International handbook of teacher education*(Vol. 1 & 2)(pp. 559－572). Singapore: Springer.

Korthagen, F. (2016). Pedagogy of teacher education. In Loughran, J., & Hamilton, M. L. (Eds.) *International handbook of teacher education*(Vol. 1 & 2)(pp. 311－346). Singapore: Springer.

Korthagen, F. (2017). A foundation for effective teacher education: Teacher education pedagogy based on situated learning. Clandinin, J., & Husu, J. (Eds.)(2017). *The SAGE handbook of research on teacher education*(Vol. 1 & 2)(pp. 528－544). London: SAGE.

Korthagen, F., Loughran, J., & Lunenberg, M. (2006). Developing fundamental principles for teacher education programs and practices. *Teaching and Teacher Education*, 22(8), 1020－1041.

Korthagen, F., Lessels, J., Koster, B., Lagerwerf, B., & Wubbels, T. (2001). Linking practice and theory: The pedagogy of realistic teacher education.

Mahwah, NJ: Erlbaum. 조덕주, 곽덕주, 이지현, 장경윤, 진석언, 최은식, 최의창, 홍진공(공역)(2007), **반성적 교사교육: 실제와 이론**. 서울: 학지사.

Kosnik, C., Beck, C., & Goodwin, L. (2016). Reform efforts in physical education. In Loughran, J., & Hamilton, M. L. (Eds.) *International handbook of teacher education*(Vol. 1 & 2)(pp. 267–310). Singapore: Springer.

Lederman, N., & Lederman, J. (2015). The status of preservice science teacher education: A global perspective. *Journal of Science Teacher Education*, 26(1), 1–6.

Loughran, J., & Hamilton, M. L. (Eds.)(2016). *International handbook of teacher education*(Vol. 1 & 2). Singapore: Springer.

McDonald, M., Kazemi, E., Kavanagh, S. (2013). Core practices and pedagogies of teacher education: A call for a common language and collective activity. *Journal of Teacher Education*, 64(5), 378–386.

McDonald, M., Kezemi, E., Kelley–Pettersen, M., Mikolasy, K., Thompson, J., Valencia, S., & Windschitl, M. (2014). Practice makes practice: Learning to teach in teacher education. *Peabody Journal of Education*, 89, 500–515.

O'Flaherty, J., & Beal, E. (2018). Core competences and high leverage practices of the beginning teacher: A synthesis of the literature. *Journal of Education for Teaching*, doi.org/10.1080/02607476.2018.1450826.

Orland–Barak, L., & Craig, C. (Eds.)(2015). *International teacher education: Promising pedagogy, Part B*. Bingley, UK: Emerald Publishing.

Powell, D. (2018). Brother, can you paradigm? Toward a theoryt of pedagogical content knowledge in social studies. *Journal of Teacher Education*, 69(3), 252–262.

Rollnick, M., & Mavhunga, E. (2016). The place of subject matter knowledge in teacher education. In Loughran, J., & Hamilton, M. L. (Eds.) *International handbook of teacher education*(Vol. 1 & 2)(pp. 423–452). Singapore: Springer.

Sanger, M., (2017). Teacher beliefs and the moral work of teaching in teacher education. In Clandinin, J., & Husu, J. (Eds.). *The SAGE handbook of research on teacher education*(Vol. 1 & 2)(pp. 349–353). London: SAGE.

Schaefer, L., lisahunter, Murphy, S. (2017). Research for physcial education teacher education. In Clandinin, J., & Husu, J. (Eds.). *The SAGE handbook of research on teacher education*(Vol. 1 & 2)(pp. 681−695). London: SAGE.

Shulman, L. (1987). Knowledge and teaching: Foundations of the new reform. *Harvard Educational Review*, 57(1), 1−22.

Tatto, M. T., Lerman, S., & Novotna, J. (2010). The organization of the mathematics preparation and development of teachers: A report from the ICMI Study 15. *Journal of Mathematics Teacher Education*, 13, 313−324.

Windschitl, M., Thompson, J., Braaten, M., & Stroupe, D. (2012). Proposing a core set of instructional practices and tools for teachers of science. *Science Education*, 96(5), 878−903.

제14장

『論語』『孟子』『荀子』『師說』

김승정 외 14인(2015). 수학, 과학, 교과 중등교원양성 교육과정의 현장 적합성 분석. **아시아교육연구**, 16권 4호.

김이경(2017). 새 정부 출범에 따른 중등교원정책의 쟁점과 과제. **한국교원교육학회 학술대회자료집**.

김정환 · 강선보(2005). **교육학개론**. 서울: 박영사.

김종수 · 이재홍 · 천세영(2017). 중등교원양성기관 학생의 임용시험대비 사교육비 실태 분석. **교육재정경제연구**, 제26권 제4호.

김혜영 · 임채원(2013). 예비교사 교육실습 강화를 위한 스마트러닝 활용 방안: 『SMART Teacher Lab』 사례 연구. **한국교원교육연구**, 제30권 제3호.

박수정 · 맹재숙 · 우현정(2016). 교원양성기관 교직과목의 운영실태 분석. **학습자중심교과교육연구**, 16권 8호.

박은수(2016). 지방 사립 사범대학 영어교육과 학생들의 진로 실태 조사. **학습자중심교과교육연구**, **16**(10) 493−512.

신창호(2011). **교육이란 무엇인가**. 서울: 동문사.

신창호(2012). **유교의 교육학 체계**. 서울: 고려대학교출판부.

신창호(2017). **한국교육 무엇을 고민해야 하는가**. 서울: 박영스토리.

안재희 · 이숙정(2012). 교직이수 학생들의 진로결정에 대한 인식 분석, **열린교육연구**,

20권 2호.
안홍선(2017). 중등교원의 양성 및 임용 실태와 고교학점제 도입의 의의. **교육비평**, 40권.
양성관(2011). 중등교원 양성기관 평가의 책무성 특성 고찰. **한국교원교육연구**, 28권 4호.
이부하 · 정경욱(2015). 우리나라 중등교원 양성체제 개편에 관한 정책적 고찰. **법과정책연구**, 15권 2호.
이원재(2017). 한국 대학에서의 교육사 교육의 현황과 개선방향. **한국교육사학**, 제39권 제1호.
이형행(1993). **교육학개론**. 서울: 양서원.
전병운(2011). 중등특수교사 양성 과정에서 교과교육의 문제점과 개선방안. **특수교육학연구**, 제45권 제4호.
정미경(2011). 세계 주요국의 교원양성 교육과정 및 한국교육에 주는 시사점. **한국교육개발원 연구보고서**, 제10호.
정우현(1988). **교사론**. 서울: 배영사.
청년정책연구센터(2015). **2015 청년가치관 조사 I**. 여의도연구원.
최진선(2016). 예비중등교사의 상호이해교육에 대한 인식 및 요구분석. **다문화와 인간**, 5권 2호.
하원규 · 최남희(2016). **제4차 산업혁명**. 서울: 콘텐츠하다.
한국교원단체총연합회(1991). **교권사건판례집**. 서울: 한국교원단체총연합회.
한국교원단체총연합회(1997). **교원의 사회적 · 경제적 지위에 관한 교원 인식 조사**. 서울: 한국교원단체총연합회.
한유경(2011). 중등교원수급정책의 과제와 발전방향: 현황과 주요쟁점을 중심으로. **제60차 교원교육 학술대회 자료집**.
Phenix, P. H. (1958). *Philosophy of education*. New York: Holt, Rinehart and Winston.

제15장

고등교육법(법률 제9356호, 2009.1.30, 일부개정). 국가법령정보 http://www.law.go.kr/LSW/LsTrmSc.do?menuId=0&query=%EA%B3%A0%EB%93%B1%EA%B5%90%EC%9C%A1%EB%B2%95에서 2009.08.29 인출
고려대학교(2009). 고려대학교 홈페이지 http://www.korea.ac.kr에서 2009.08.31 인출

고전(2009). 교육전문대학원 설립 및 운영방안의 검토와 과제. 제54차 교원교육 학술대회 자료집, 59－93.

교육과학기술부(2008). 교육통계연보. 교육인적자원통계서비스 http://std.kedi.re.kr에서 2009.08.29 인출

교육과학기술부(2008a). 세계수준의 연구중심대학 육성 사업계획.

교육과학기술부(2008b). 교육과학기술의 미래 경쟁력 강화. 2009년 교과부 업무보고자료.

교육부(2016). 2016 고등교육 주요정책.

교육부(2018). 교육부 2019년도 예산안 주요사업비 설명자료.

교육부(2019). 초등학교 영어교육 내실화 계획.

교육인적자원부(2004a). 대학 구조개혁 방안.

교육인적자원부(2005). 대학 특성화 추진 방안.

교육인적자원부(2006). 학교 교육력 제고를 위한 교원양성체제 개선방안.

교육인적자원부(2007). 고등교육 국제화 전략.

교육인적자원부(2007). 고등교육의 국제화 전략 2007년도 추진계획. 2007년 2월 28일.

김기홍 · 박소영(2009). 미국 국제이해교육의 현황분석을 통한 한국국제이해교육에의 정책적 시사점 연구. 수산해양교육연구, 21(1), 106－120.

김귀성(2006). 대학 국제화 교육 프로그램의 발전방안, 교육연구, 25, 41～59.

김명수(2003). 교원양성체제와 신규임용. 제39차 한국교원교육학회 학술대회자료집. 29－78.

김신호 · 전세경 · 이명주(2001). 초등교원 양성체제의 문제점과 개선 방안. 초등교육연구, 14(3), 89－116.

김이경 · 한유경(2002). 한국의 교원정책: OECD 교원정책검토 배경보고서. OR 2002－8. 한국교육개발원.

김홍수(2009). 전지구화 시대의 다문화 한국사회와 시민권. 동북아문화연구, 18, 521－538.

김현덕 · 문영주 · 김현숙(2005). 교실에서의 국제이해교육, 서울: 교육과학사.

낭트대학(2009). 낭트대학 홈페이지 http://www.iufm.univ－nantes.fr/61860545/1/fiche___pagelibre/&RH＝122466112534에서 2009.08.28 인출

동아일보(2007.08.20). 유엔인종차별철폐위 한국 단일민족 개념 극복해야. 국제면.

박남수 · 최영하 · 김관일(2004). 한국의 초등교원 양성체제의 현황과 문제. 교육연구, 1(1), 7－18.

박정수·김병주·이향철(2008). 국립대학 법인화 추진을 위한 지배구조 개혁에 관한 정책연구. 교육과학기술부 정책연구개발사업 2008-위탁-8.

백순근(2007). 교원양성기관평가인정제의 성공적 시행을 위한 정책적 방향. 교육평가연구, 20(2), 25-49.

서울교육대학교(2008). 2008-2009 서울교육대학교 요람.

서울교육대학교(2020). 서울교육대학교 홈페이지 http://www.snue.ac.kr/에서 2020.03.01 인출

송민영·신지원(2008). 전후 일본의 교원양성교육과정에 관한 이론적 고찰. 한국일본교육학연구, 12(2), 55-78.

시드니대학(2009). 시드니대학 홈페이지 http://www.edsw.usyd.edu.au/about/management/index.shtml에서 2009.08.29 인출

신현석(2005). 한국의 고등교육 개혁정책. 서울: 학지사.

신현석 외(2008). 대학유형별 발전 추진 전략 연구-사립대학을 중심으로. PR 2008-03. 고려대학교 고등교육정책연구소.

신현석(2009). 교원양성체제의 개편 방향과 전략의 모색. 제54차 교원교육학회 학술대회 자료집, 3-50.

안종협(2008). 국제어로서의 영어교육과 국제이해교육: 세계 시민성 향상과 의사소통능력 향상을 위한 문화교육의 새로운 방향. 한미문화, 8(1), 153-178.

윤정일·송기창·조동섭·김병주(2003). 한국교육정책의 쟁점. 서울: 교육과학사.

이종재 외(2000). 교직발전종합방안(시안)의 보완을 위한 정책과제 탐색. 교육부 정책연구보고서.

장원순(2009). 한국사회에 적합한 다문화교사교육과정에 관한 연구. 사회과교육, 48(1), 57-79.

전효선(2002). 프랑스의 교원양성체제: 프랑스의 교사교육대학원(Instituts Universitaires de Formation des Maîtres)을 중심으로. 교육문제연구, 3(16), 123-143.

조동섭(2004). 교원양성체제 개편 논의와 발전 방안 검토. 초등교육연구, 17(2), 499-516.

최돈민(2007). 고등교육 영역의 국제 비교 분석. 교육종합연구, 5(2), 131-157.

츠쿠바대학(2009). 츠쿠바대학 홈페이지 http://www.tsukuba.ac.jp/organization/graduate.html에서 2009.08.29 인출

통계청(2018). KOSIS 국가통계포털 http://www.kosis.kr/index.jsp에서 2020.02.28.

인출
한겨레신문(2019.09.04.). 조기유학 변천사 … 기러기 아빠부터 '외특' 노린 리터니까지.
한국교육행정학회(2005). 학교 · 학급 경영론.
한용진(2001). 일본의 교원양성체제 개혁동향. 안암교육학연구, 7(1), 1–26.
호주 교육부(2009). 호주 교육부 홈페이지 http://www. aei.gov.au에서 2009.08.29. 인출.
Baylis, J., Smith, S. & Owens, P. (Eds.). (2007). *The globalization of world politics, 4th ed.* OX: Oxford University Press (하영선 외 역. 세계정치론. 서울: 을유문화사. 2009).
Bohm, A., Davis, D., Meares, D. & Pearce, D. (2002). *The global student mobility 2025 report: Forecasts of the global demand for international education.* Canberra, Australia: IDP.
Darling–Hammond, L., & Bransford, J. (2005). *Preparing teachers for a challenging world.* Jossey–Bass.
Ellingboe, B. J. (1998). Divisional strategies to internationalized a campus portrait: Results, resistance, and recommendations from a case study at a U.S. University, In Mestenhauser, J.A. and Ellingboe, B.J. (eds.) Reforming the Higher Education Curriculum: Internationalizing the Campus. Phoenix, AZ: American Council on Education and Oryx Press, pp.198–228.
Fullan, M. (2007). *The new meaning of educational change, 4th ed.* New York: Teachers College Press.
Knight, J. (1997). Internationalization of Higher Education: A conceptual framework. In J. Knight and H. De Wit (eds.), Internationalization of Higher Education in Asia Pacific Countries. Amsterdam: European Association for International Education.
Knight, J. (2008). *Internationalization in the 21st Century: Concepts, rationales, strategy and issues.* In Kaur, S., Strat, M. & Azman (Eds.), Penerbit University Sains Malaysia(pp. 20–50).
Marginson, S. & van der Wende, M. (2007), Globalization and Higher Education. Paris: OECD.
OECD(2002). *Attracting, Developing and Retaining Effective Teachers–*

Background Report for Korea. Paris: OECD.

OECD(2004). *Internationalization and trade in higher education: opportunities and challenges*. Paris: OECD.

OECD(2005). *Teachers matter: Attracting, developing and retraining effective teachers*. Paris: OECD.

:: 찾아보기 Index

ㄱ

ㄴ

ㅇ

ㅈ

ㅊ

ㅋ

ㅌ

ㅍ

ㅎ

기타

저자 약력

신현석
위스콘신대학교 대학원 교육행정학과 철학박사
한국교원교육학회 회장 역임
고려대학교 사범대학장 겸 교육대학원장 역임
현 고려대학교 사범대학 교육학과 교수

김동중
미시간주립대학교 수학과 수학교육 철학박사
한국수학교육학회 총무 역임
현 고려대학교 사범대학 연구부학장
현 고려대학교 사범대학 수학교육과 교수

김영식
연세대학교 교육학과 졸업
경기도교육청 중등교사
전 경기도교육청 혁신학교 추진위원
현 화정고등학교 교사(휴직중)
현 한국교원교육학회(제31대) 교직단체분과위원장
좋은교사운동 공동대표

김자미
고려대학교 대학원 컴퓨터교육 이학박사
한국컴퓨터교육학회 편집위원장 역임
현 교육부 초등학교 교육과정 심의위원회 위원
현 고려대학교 교육대학원 컴퓨터교육전공 교수

류태호
서울대학교 대학원 교육학박사
한국교육인류학회 회장 역임
한국스포츠교육학회 부회장
현 고려대학교 사범대학 체육교육과 교수

박현숙
고려대학교 대학원 사학과 문학박사
한국역사교육학회 회장 역임
현 동아시아문화교류연구소 소장
현 고려대학교 역사교육과 교수

서태열
서울대학교 대학원 교육학박사
콜로라도 대학 Post-Doc
한국사회과교육연구학회 회장
한국연구재단 인문사회본부장 역임
현 고려대학교 사범대학 지리교육과 교수

신창호
고려대학교 대학원 교육학박사
한국교육철학학회 회장 역임
고려대학교 교양교육실장 역임
현 고려대학교 사범대학 교육학과 교수
고려대학교 평생교육원 원장

어도선
켄트주립대학교 영문학과 문학박사
라깡과현대정신분석학회 회장 역임
고려대학교 영어교육연구소 소장 역임
현 고려대학교 사범대학 영어교육과 교수

유태명
펜실베니아주립대학교 대학원 가정교육과 철학박사
고려대학교 사범대학 가정교육과 교수 역임

정재림
고려대학교 국어교육과 및 국어국문학과 졸업
문학박사
현 고려대학교 사범대학 국어교육과 조교수

정주혁
츠쿠바대학 대학원 박사
후쿠오카교육대학 대학원 교육학 석사
교육과정심의위원 역임
현 고려대학교 사범대학 체육교육과 교수

조영달
펜실베니아대학교 대학원 교수학습과 교사교육, 철학박사
한국사회과교육학회 회장 역임
서울대학교 사범대학장 및 평생교육원장 역임
현 서울대학교 사범대학 사회교육과 교수

최상호
고려대학교 교과교육학과 수학교육 박사
현 고려대학교 사범대학 수학교육과 연구교수

최승식
경기도교육청 학습연구년제 파견교사
고려대학교 대학원 국어교육학과 교육학박사
고려대학교 교육대학원 겸임교수
현 동우여자고등학교 교사

최의창
조지아대학교대학원 스포츠교육학전공 철학박사
한국스포츠교육학회장 역임
서울대학교 IRB위원장 및 서울대학교 사범대학 부학장 역임
현 서울대학교 사범대학 체육교육과 교수

홍서영
고려대학교 대학원 문학박사
현 고려대학교 사범대학 지리교육과 겸임교수

홍후조
위스콘신대학교 대학원 교육과정학과 철학박사
인하대학교 교육학과 교수, 한국교육과정평가원, 한국교육개발원 연구위원 역임
한국교육과정학회 제25대 회장
현 고려대학교 사범대학 교육학과 교수

한국 교원양성교육의 현황과 미래

초판발행 2020년 6월 15일

지은이 신현석 외 17인
펴낸이 노 현

편 집 배근하
기획/마케팅 이선경
표지디자인 이미연
제 작 우인도·고철민

펴낸곳 ㈜ 피와이메이트
서울특별시 금천구 가산디지털2로 53 한라시그마밸리 210호(가산동)
등록 2014. 2. 12. 제2018-000080호
전 화 02)733-6771
f a x 02)736-4818
e-mail pys@pybook.co.kr
homepage www.pybook.co.kr
ISBN 979-11-6519-058-3 93370

정 가 25,000원